Schmid Software GmbH
Bahnhofstr. 32; 86529 Schrobenhausen
Tel: (0 82 52) 91 05-0 Fax: 91 05-50

Windows NT 4 konfigurieren

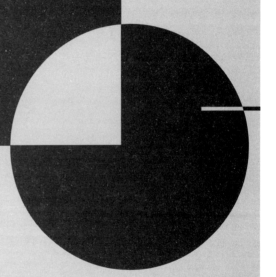

Windows NT 4 konfigurieren

Ralf Weber

San Francisco ■ Paris ■ Düsseldorf ■ Soest (NL)

Fast alle Hard- und Software-Bezeichnungen, die in diesem Buch erwähnt werden, sind gleichzeitig auch eingetragene Warenzeichen und sollten als solche betrachtet werden. Der Verlag folgt bei den Produktbezeichnungen im wesentlichen den Schreibweisen der Hersteller.

Der Verlag hat alle Sorgfalt walten lassen, um vollständige und akkurate Informationen in diesem Buch bzw. Programm und anderen evtl. beiliegenden Informationsträgern zu publizieren. SYBEX-Verlag GmbH, Düsseldorf, übernimmt weder Garantie noch die juristische Verantwortung oder irgendeine Haftung für die Nutzung dieser Informationen, für deren Wirtschaftlichkeit oder fehlerfreie Funktion für einen bestimmten Zweck. Ferner kann der Verlag für Schäden, die auf eine Fehlfunktion von Programmen, Schaltplänen o.ä. zurückzuführen sind, nicht haftbar gemacht werden, auch nicht für die Verletzung von Patent- und anderen Rechten Dritter, die daraus resultiert.

Projektmanagement/Lektorat: Daniel Danhäuser
Satz: Renate Felmet-Starke, Willich
Produktion: Claudia Haas
Farbreproduktionen/Umschlaggestaltung: TYPE & IMAGE GmbH, Düsseldorf
Belichtung, Druck und buchbinderische Verarbeitung: Koninklijke Wöhrmann B.V., Zutphen (NL)

ISBN 3-8155-7257-6
1. Auflage 1997

Alle Rechte vorbehalten. Kein Teil des Werks darf in irgendeiner Form (Druck, Fotokopie, Mikrofilm oder in einem anderen Verfahren) ohne schriftliche Genehmigung des Verlags reproduziert oder unter Verwendung elektronischer Systeme verarbeitet, vervielfältigt oder verbreitet werden.

Printed in the Netherlands
Copyright © 1997 by SYBEX-Verlag GmbH, Düsseldorf

Inhaltsverzeichnis

	Vorwort	XXI
Kapitel 1:	Grundlagen Microsoft Windows NT 4.0	1
Kapitel 2:	Installation I: Textorientierter Teil	25
Kapitel 3:	Installation II: Grafik-Modus	39
Kapitel 4:	Installationsvarianten	55
Kapitel 5:	Registrierungsdatenbank (Registry)	69
Kapitel 6:	Boot-Konfiguration	91
Kapitel 7:	Benutzerprofil und Anmeldung	105
Kapitel 8:	Treiberkonfiguration - Dateisystem und Grafik	121
Kapitel 9:	Treiberkonfiguration II: Kommunikation	137
Kapitel 10:	Systemsteuerung	151
Kapitel 11:	Konfiguration und Verwaltung der Datenträger	183
Kapitel 12:	Diagnose und Performance-Überwachung	215
Kapitel 13:	Netzwerk, Protokolle und Dienste	239
Kapitel 14:	TCP/IP-Konfiguration	273
Kapitel 15:	Client-Installation	317
Kapitel 16:	Benutzerverwaltung	335
Kapitel 17:	Freigaben und Benutzerrechte	359
Kapitel 18:	Win 16-Anwendungen und DOS unter Windows NT 4	381
Kapitel 19:	Druck-Konfiguration	399
Kapitel 20:	Remote Access Service (RAS)	423
Kapitel 21:	Überwachen und Fehlerdiagnose	453
Anhang A:	Glossar	471
Anhang B:	NT-Ressourcen im Internet	499
Anhang C:	Inhalt der CD-ROM	517
	Stichwortverzeichnis	519

Inhaltsverzeichnis

Vorwort		**XXI**
Kapitel 1:	**Grundlagen Microsoft Windows NT 4.0**	**1**
	Vorgeschichte	2
	Entwicklung von Windows NT	3
	Windows NT 4.0	4
	Neuerungen von Windows NT 4.0	5
	Hardware-Voraussetzungen	6
	Prozessor	6
	Hauptspeicher	6
	Grafikkarte	7
	Festplatte / Hostadapter	7
	Bussystem	8
	Netzwerkkarte	8
	CD-ROM	9
	Zusatzkomponenten	9
	Systemaufbau von Windows NT 4.0	10
	Stabilität	11
	Kernel-Modus	11
	User-Modus	12
	Hardware Abstraction Layer (HAL)	13
	Microkernel	13
	Weitere Betriebssystemkomponenten	14
	I/O-Manager	14
	Virtual-Memory-Manager (VMM)	16
	Objekt-Manager	16
	Prozeß-Manager	17
	Local Procedure Call Facility	17
	Security Reference Monitor	17
	Speicherverwaltung von Windows NT 4.0	18
	Virtueller Arbeitsspeicher	18
	Gemeinsam nutzbarer Speicher	20
	Speicherreservierung	21

	Multiprocessing	21
	Multitasking	21
	Symmetrisches Multiprocessing	22
	Unterschiede bei Multiprozessor-Systemen	23
Kapitel 2:	**Installation I: Textorientierter Teil**	**25**
	Vorbereitung der Installation	26
	Hardware	26
	Prozessor	27
	Plattenspeicher- und Arbeitsspeicherbedarf	27
	Datensicherung	28
	Wahl des Dateisystems	28
	Art des Servers	29
	Primärer Domänen-Controller (PDC)	29
	Backup Domänen-Controller (BDC)	30
	Alleinstehender Server	30
	Welche Lizenzierung für den Server?	31
	Lizenzierung pro Server	31
	Lizenzierung pro Client	31
	Start der Installation	31
	Setup-Disketten erstellen	32
Kapitel 3:	**Installation II: Grafik-Modus**	**39**
	Installations-Assistent	40
	Lizenzangaben	40
	Server-Lizenzierung	41
	Computername	41
	Server-Typ	42
	Administrator-Kennwort	43
	Notfalldiskette	43
	Komponenten auswählen	44
	Installation des Netzwerks	47
	Internet Information Server (IIS)	47
	Netzwerkkarte bestimmen	47
	Auswahl der Netzwerkprotokolle	48
	Netzwerkdienste	48
	Bindungen	50
	Netzwerkstart	50
	Domäne oder Arbeitsgruppe	50

	Zeitzone und Uhrzeit	51
	Grafikeinstellungen	52
	Abschluß der Installation	54
Kapitel 4:	**Installationsvarianten**	**55**
	Aufrüstung (Upgrade) von Windows NT 3.51	56
	HPFS-Dateisystem	56
	Aufrüstung durchführen	57
	Aufrüsten mit WINNT32	58
	Massenspeichergeräte	60
	Versionserkennung	60
	Neustart des Systems	60
	Grafikteil der Aufrüstung	61
	Notfalldiskette	62
	Komponentenauswahl	62
	Netzwerkaktualisierung	62
	Abschluß der Aufrüstung	63
	Installation über das Netzwerk	64
	Notfalldiskette nachträglich erstellen	65
	Unbeaufsichtigtes Setup (unattended Setup)	67
Kapitel 5:	**Registrierungsdatenbank (Registry)**	**69**
	Aufbau der Registrierdatenbank	70
	REGEDT32.EXE	71
	Schlüsselnamen	72
	Namen, Werte und Datentypen	72
	Schlüssel und Werte bearbeiten	75
	Ändern von Werten	75
	Hinzufügen von Schlüsseln und Werten	77
	Werte hinzufügen	78
	Schlüssel und Werte löschen	79
	Schlüssel suchen	79
	Sicherheitseinstellungen	80
	Einsehen und Verändern von Berechtigungen	80
	Benutzer oder Gruppe hinzufügen	82
	Löschen von berechtigten Benutzern und Gruppen	84
	Überwachen von Ereignissen	84
	Besitz eines Registrierungsschlüssels übernehmen	85

	Fernwartung der Registrierdatenbank eines	
	anderen Computers	86
	Speichern eincs Schlüssels	87
	Wiederherstellen eines Registrierungsschlüssels	88
	Sichern der Registrierungsdatenbank	89
Kapitel 6:	**Boot-Konfiguration**	**91**
	Vorbereitung für den Start	92
	Hardware-Überprüfung	92
	Phase 1: NTLDR	93
	Phase 2: NTDETECT	94
	Phase 3: NTOSKRNL und HAL	95
	Konfigurationsdateien von Windows NT 4	97
	AUTOEXEC.BAT und CONFIG.SYS	97
	AUTEXEC.NT und CONFIG.NT	97
	SYSTEM.INI und WIN.INI	98
	BOOT.INI	99
	NT-Boot-Diskette	102
	Erstellen der NT-Boot-Diskette	102
	Einsatz der Notfalldiskette	103
Kapitel 7:	**Benutzerprofil und Anmeldung**	**105**
	Wo wird das Benutzerprofil abgelegt?	106
	Verbindliches Benutzerprofil	107
	Benutzerprofil anlegen	107
	Windows NT 4 / Windows 95	109
	Sichten der eingerichteten Benutzerprofile	109
	Anmeldeskript	110
	Anlegen eines Anmeldeskripts	110
	Anmeldeskript-Variablen	111
	Verzeichnis für Anmeldeskripts	112
	Basisverzeichnis	112
	Basisverzeichnis festlegen	113
	NetWare-kompatibles Basisverzeichnis	114
	Verzeichnisreplikation	114
	Einrichten der Verzeichnisreplikation	115
	Export-Server einrichten	115
	Einrichten des Import-Servers	117
	Konfigurieren des Export-Servers	117

	Auswahl der Import-Server	119
	Konfiguration des Import-Servers	119
	Replikation der Anmeldeskripts	120
Kapitel 8:	**Treiberkonfiguration - Dateisystem und Grafik**	**121**
	Vorbereiten der Hardware	122
	Interrupts (IRQ)	122
	I/O-Basis-Adresse	123
	DMA-Kanal	125
	Konfiguration von Erweiterungskarten	126
	Festplatten	126
	IDE oder SCSI?	127
	Installation und Konfiguration von SCSI-Hostadaptern	127
	Eigenschaften des SCSI-Hostadapters	130
	SCSITool	130
	Grafikkarten	133
Kapitel 9:	**Treiberkonfiguration II: Kommunikation**	**137**
	Modeminstallation und Konfiguration	138
	Verbindungseinstellungen	140
	Rufeinstellungen	141
	Fehlerkontrolle	142
	Datenflußkontrolle	142
	Modulationstyp	143
	Weitere Einstellungen	143
	TAPI	143
	Standorteinstellungen	144
	ISDN-Installation und Konfiguration	146
	CAPI	146
	Installation einer ISDN-Karte	147
	NDIS WAN Miniport-Treiber	148
Kapitel 10:	**Systemsteuerung**	**151**
	Akustische Signale	153
	Anschlüsse	153
	Anzeige	154
	Hintergrund	155
	Bildschirmschoner	156

Darstellung	156
Plus!	156
Bandgeräte	157
Datum/Uhrzeit	158
Dienste	158
Startart der Dienste	159
Drucker	160
Eingabehilfen	160
Geräte	161
Internet	161
Konsole	162
Optionen	162
Schriftart	162
Layout	162
Farben	164
Ländereinstellungen	164
Lizenzierung	165
Maus	165
Modems	166
Multimedia	167
Netzwerk	168
PC-Karte (PCMCIA)	168
Schriftarten	168
SCSI-Adapter	169
Server	170
Software	171
Installieren / Deinstallieren	171
Windows NT-Setup	172
System	172
Allgemein	173
Leistungmerkmale	173
Umgebung	175
Starten/Herunterfahren	175
Hardware-Profile	177
Benutzerprofile	178
Tastatur	178
Telefon	180
USV	181

Kapitel 11:	**Konfiguration und Verwaltung der Datenträger**	**183**
	Dateisysteme	184
	Cluster-Größen	185
	Datenkompresion	185
	Datenträgerverwaltung	186
	Aufbau und Organisation von Festplatten	186
	Partitionen	186
	Logische Laufwerke und erweiterte Partitionen	187
	Volumes	187
	Datenträgersatz (Volume Set)	188
	Spiegelsätze (Mirror Sets)	189
	Stripe Sets	189
	Stripe Sets mit (RAID 5) und ohne Parität (RAID 0)	190
	Nachteile bei Stripe Sets mit Parität	191
	RAID-Level	192
	Einrichten und Konfigurieren der Datenträger	193
	Neue primäre Partition einrichten	194
	Formatieren einer Partition oder eines logischen Laufwerks	195
	Logisches Laufwerk einrichten	197
	Erweiterte Partition in logische Laufwerke aufteilen	198
	Löschen von Partition und Laufwerken	200
	Datenträgersatz (Volume Set) erstellen	200
	Erweiterung des Datenträgersatzes	201
	Datenträgersatz löschen	202
	Einrichten der Festplattenspiegelung	202
	Beenden der Spiegelung	204
	Einrichten von Stripe Sets	204
	Einrichten von Stripe Sets ohne Parität (RAID 0)	205
	Einrichten von Stripe Sets mit Parität (RAID 5)	207
	Fehlerbehebung bei einem Stripe Set mit Parität	208
	Löschen eines Stripe Sets	208
	Eigenschaften von logischen Laufwerken	209
	Prüfung von Datenträgern (Laufwerken)	210
	Darstellung und Farben	212
	Notfalldiskette erstellen	213

Kapitel 12:	**Diagnose und Performance-Überwachung**	**215**
	Windows NT-Diagnose	216
	Version	216
	System	216
	Anzeige	216
	Laufwerke	217
	Speicher	218
	Dienste	219
	Ressourcen	222
	Umgebung	223
	Netzwerk	224
	Drucken der Diagnoseinformationen	225
	Ferndiagnose	226
	Systemmonitor	227
	Diagrammansicht des Systemmonitors	227
	Warnungsansicht	230
	Protokollansicht	232
	Reportansicht	234
	Einstellungen Speichern	235
	Task-Manager	235
	Systemleistung	236
	Prozesse	237
	Anwendungen	238
Kapitel 13:	**Netzwerk, Protokolle und Dienste**	**239**
	Client/Server	240
	Arbeitsgruppe	241
	Arbeitsgruppe und Windows NT-Server	242
	Anmeldung bei vielen Servern	243
	Domänen-Modell von Microsoft	244
	Einzelne Domäne (Single Domain Model)	245
	Gruppen in einer Domäne	246
	Lokale Gruppen	246
	Globale Gruppen	247
	Master-Domäne (Master Domain Model)	248
	Mehrfach-Master-Domäne (Multiple Master Domain Model)	249
	Domänen-Modell mit allen Vertrauensstellungen (Complete Trust Domain Model)	251

Netzwerkprotokolle	252
NetBEUI	252
NWLink IPX/SPX	253
Konfiguration von NWLink IPX/SPX	253
Interne Netzwerknummer	254
Netzwerkkarte	254
Rahmentyp	255
Routing	256
TCP/IP	257
Internet-Protokoll (IP)	258
Knotenadresse (Node-Address)	258
IP-Adresse	258
Klasse-A-Netzwerke	259
Klasse-B-Netzwerke	259
Klasse-C-Netzwerke	259
Reservierte Adressen	260
Loopback-Adressen (Rückkopplungsschleifen)	260
Netzwerk-Adressen	260
Broadcast-Adressen	261
TCP	262
User Datagram Protocol (UDP)	262
Adress Resolution Protocol (ARP)	263
TCP/IP-Dienste	263
File Transfer Protocol (FTP)	263
Rcmote Terminal Emulation (TELNET)	264
Simple Mail Transfer Protocol (SMTP)	264
Simple Network Management Protocol (SNMP)	264
Host-Namen und Verfahren zur Namensauflösung	265
Einfache Namensgebung mit HOSTS	266
Domain Naming System (DNS)	270
Dynamic Host Configuration Protocol (DHCP)	271
Windows Internet Naming Service (WINS)	272

Kapitel 14: TCP/IP-Konfiguration   **273**

Konfiguration mit fester IP-Adresse	274
Hinzufügen des Protokolls	274
Zuweisen der IP-Adresse	276
Prüfen der TCP/IP-Verbindung	278
PING	278

Inhaltsverzeichnis

Selbsttest mit PING	279
Parameter von PING	280
TCP/IP-Konfiguration für zwei Subnetze	281
Konfiguration des Routers	281
Konfiguration für das erweiterte Routing	284
Einrichten der Routing-Tabelle	285
Standard-Gateway	287
Vereinfachung der Routing-Informationen	287
Routing Information Protocol (RIP)	288
Installation von RIP	288
Zusätzliche IP-Adresse und Gateways	290
Installation von DHCP	292
Installation und Konfiguration des DHCP-Servers	293
Optionen zu DHCP	296
Aktive Leases	298
Reservieren von IP-Adressen	299
Konfiguration des DHCP-Clients	299
DHCP Relay-Agent	300
WINS-Server	301
Installation des WINS-Servers	302
Konfiguration von WINS	302
Pull-Parameter	306
Push-Parameter	307
Konfiguration der WINS-Clients	308
Überprüfung des WINS-Client	310
DNS-Server	310
Installation des DNS-Servers	310
Konfiguration des DNS-Servers	312
Neuen Host hinzufügen	314
Konfiguration des Client für DNS-Unterstützung	314

Kapitel 15: Client-Installation — **317**

Voraussetzungen für die Client-Installation	318
Hardware-Voraussetzungen	318
Client für DOS und Windows 3.x	319
Installation für DOS und Windows 3.x	319
Client Windows für Workgroups 3.11	324
Installation von TCP/IP unter Windows 3.11	325

	Konfiguration von TCP/IP unter Windows für Workgroups	326
	Netzwerkeinstellungen über die Systemsteuerung	327
	Client für Windows 95	328
	Installation der Netzwerkkomponenten	328
	Installation von TCP/IP unter Windows 95	332
	Verbindung zu einer freigegebenen Ressource im Netzwerk	333
Kapitel 16:	**Benutzerverwaltung**	**335**
	Benutzerkonto	336
	Vordefinierte Benutzer (Administrator/Gast)	337
	Administrator	337
	Gast	338
	Gruppen	338
	Lokale Gruppen	338
	Globale Gruppen	339
	Vordefinierte Gruppen	339
	Spezielle Gruppen	342
	Benutzerkonto anlegen und verwalten	343
	Mehrere Konten gleichzeitig verwalten	349
	Benutzerkonto löschen	350
	Verwalten von Gruppen	350
	Gruppen erstellen	350
	Sicherheitsrichtlinien	352
Kapitel 17:	**Freigaben und Benutzerrechte**	**359**
	Berechtigungen der Dateisysteme	360
	FAT	360
	NTFS	360
	Freigabeberechtigungen	361
	Verfügbare Freigabeberechtigungen	361
	Neue Freigabe festlegen	362
	Freigabe mit dem Server-Manager	364
	Individuelle und beschränkte Berechtigungen	366
	Neue beschränkte Verzeichnisberechtigung hinzufügen	366
	Beschränkte Dateiberechtigungen	368

Standardberechtigungen unter Windows NT 4 369
    Standardberechtigungen für Verzeichnisse
    einsehen und erteilen 369
    Erweiterung der Standardberechtigungen für
    Unterverzeichnisse 371
    Standardberechtigungen für Dateien einsehen
    und erteilen 372
Berechtigungen von der Eingabeaufforderung aus
einsehen und verändern 374
Strategien der Vergabe von Berechtigungen 375
Besitzer von Verzeichnissen und Dateien 376
    Besitzer ermitteln 377
Verzeichnis- und Dateiattribute 377
    Attribute einsehen und verändern 379

Kapitel 18: Win 16-Anwendungen und DOS unter Windows NT 4   **381**

Windows 3.x-Anwendungen in einem Speicherraum 382
    Ausführung von Win 16-Anwendungen
    in einem Speicherraum 383
Win 16-Anwendungen in getrennten Speicherbereichen 383
    Ausführung von Win 16-Anwendungen in
    getrennten Speicherbereichen 383
DOS-Anwendungen unter Windows NT 4 385
    AUTOEXEC.BAT und CONFIG.SYS 385
    AUTEXEC.NT und CONFIG.NT 385
    Eigenschaften von DOS-Programmen 386
Kommandozeilenbefehle von Windows NT 4 391

Kapitel 19: Druck-Konfiguration   **399**

Drucker einrichten 400
    Druckerfreigabe im Netzwerk 404
    Installation zur Ausgabe auf einen Netzwerkdrucker 405
    Zusätzliche Druckerfreigabe 407
Drucker konfigurieren 409
    Trennseiten 410
    Druckprozessor 412
Zugriffsrechte und Sicherheitsbestimmungen
für den Drucker 412

	Sichten und Einstellen der Zugriffsrechte für den Drucker	412
	Druckerüberwachung	414
	Drucker-Pooling	415
	Einrichten des Drucker-Pools	415
	Verfügbarkeit und Prioritäten	416
	Druck-Server verwalten	417
	Verwalten von Druckwarteschlangen	419
	Drucken aus DOS und Windows für Workgroups 3.1x	421
	Druckeranbindung unter Windows für Workgroups	421
	Druckeranbindung unter DOS	422
Kapitel 20:	**Remote Access Service (RAS)**	**423**
	Grundlagen RAS	424
	Komponenten des RAS-Dienstes	426
	Protokolle	426
	RAS-Protokolle	427
	PPP (Point to Point Protocol)	427
	SLIP (Serial Line Internet Protocol)	427
	Microsoft RAS-Protokoll	428
	NetBIOS-Gateway	428
	PPTP	428
	Installation und Konfiguration des RAS-Dienstes	429
	Hardware-Voraussetzungen	429
	Installation der RAS-Software	429
	Konfiguration des RAS-Dienstes	431
	Verschlüsselung	435
	Multilink	436
	Installation des RAS-Clients	437
	RAS-Konfiguration unter Windows 95	438
	Protokolle des RAS-Clients	440
	RAS-Konfiguration unter Windows NT 4	442
	Bearbeiten eines Telefonbucheintrages	444
	RAS-Server verwalten	446
	RAS-Verwaltung	447
	RAS-Benutzer einrichten	449
	Benutzermanager für Domänen	450

Kapitel 21:	**Überwachen und Fehlerdiagnose**		**453**
	Die Ereignisanzeige		454
		Einrichtung und Konfiguration der Ereignisüberwachung (Auditing)	454
		Systemereignisse	455
		Verzeichnis- und Dateizugriffe	457
		Druckerüberwachung	460
		Sicherheitsüberwachung	461
		Anwendungsprotokolle	462
	Fehlersuche und Problembehebung		462
		Dr. Watson	463
		Verhalten von Dr. Watson	464
		NTHQ (NT Hardware Query Tool)	464
		STOP-Fehler (Blue Screen)	467
		Konfiguration der Wiederherstellung	468
Anhang A:	**Glossar**		**471**
	Häufig verwendete Fachbegriffe		472
Anhang B:	**NT-Ressourcen im Internet**		**499**
	Windows NT Home Pages		500
	Windows NT Programming		507
	Search Engines		508
	Deutschsprachige Windows NT Seiten		509
	Windows NT Download Sites		510
		Other Windows 32bit Download Sites	514
		Search Engines	515
Anhang C:	**Inhalt der CD-ROM**		**517**
	Stichwortverzeichnis		**519**

Vorwort

Kaum ein Betriebssystem (die Ausnahme ist Windows 95) hat schon vor dem Erscheinen soviel Aufsehen erregt wie Windows NT 4. Im Jahr 1993 hat Microsoft schon sein Betriebssystem Windows NT vorgestellt. Die damals als Version 3.1 bezeichnete Variante hatte allerdings sehr starke Ähnlichkeit mit dem zuvor nicht gerade erfolgreichen Netzwerkbetriebssystem MS-LAN-Manager. Für ein leistungsfähiges Netzwerkbetriebssystem hatte es noch zu viele Schwächen.

Auch die Hardware-Anforderungen waren für diese Zeit sehr hoch angesetzt. Doch das hat sich im Laufe der Jahre stark geändert. Zwar sind die Anforderungen an die Hardware immer noch sehr hoch, aber bei dem immer schneller fortschreitenden Preisverfall fällt das kaum noch ins Gewicht. Spätestens mit dem Erscheinen von Windows NT 4 ist dieses Betriebsystem nicht mehr aus der Netzwerkwelt wegzudenken.

Immer mehr Software-Firmen setzen auf die Plattform Windows NT. Dadurch kommen wiederum die Unternehmen kaum noch daran vorbei, selbst Windows NT einzusetzen. Windows NT 4 erlaubt eine problemlose Integration in fast jede heterogene Umgebung. Zudem stellt es eine hervorragende Kommunikationsplattform dar. Mit Windows NT 4 haben die Begriffe Internet und Intranet eine neue Bedeutung erhalten.

In diesem Buch möchte ich die Einrichtung und Konfiguration der vielfältigen Möglichkeiten von Windows NT 4 aufzeigen. Es sollte Ihnen als Begleitung bei der Installation verschiedener Komponenten und deren Konfiguration dienen und vielleicht das eine oder andere Problem aus der Welt schaffen helfen.

Für weitere Anregungen und Tips bin ich sehr dankbar. Meine Internet-Adresse lautet *rweber@pop.gun.de*. Zudem bin ich noch in CompuServe unter der ID *100136,103* zu erreichen.

Ich wünsche Ihnen viel Spaß und Erfolg.

Ralf Weber

Grundlagen Microsoft Windows NT 4.0

KAPITEL 1

Windows NT darf nicht als Weiterentwicklung von DOS, Windows 3.x oder Windows 95 angesehen werden. Es stellt ein vollkommen unabhängig entwickeltes Betriebssystem dar. Dabei ist NT trotz der erst seit kurzem aufgekommenen Popularität kein neues Produkt. Selbstverständlich stellt Windows NT 4.0 zwar ein neue Version dar, aber das Betriebssystem Windows NT ist schon einige Jahre präsent.

Vorgeschichte

Abgesehen von dem ersten, nicht gerade leistungsfähigen Netzwerkprodukt MS-NET, das in Lizenz von mehreren Firmen vertrieben wurde, hat Microsoft den Bereich für Netzwerkprodukte mit dem Microsoft LAN-Manager betreten. Auch dieses auf OS/2 basierende Produkt wurde bis zum Jahre 1990 nicht direkt von Microsoft, sondern von IBM, Compaq, 3Com und anderen Firmen vertrieben. Erst ab 1990, nachdem einige der aufgeführten Firmen den Vertrieb des LAN-Managers eingestellt haben, entschied sich Microsoft, selbst den Verkauf zu übernehmen.

Dieser LAN-Manager 1.0 hatte allerdings einen schweren Stand gegen die damals schon sehr verbreitete NetWare von Novell. In vielen Leistungsmerkmalen reichte der LAN-Manager bei weitem nicht an NetWare heran. Erst die darauf erscheinende Version 2.0 des Microsoft LAN-Managers konnte einige dieser Lücken schließen.

Ein großes Manko dabei war die Tatsache, daß der Microsoft LAN-Manager für PCs mit 80286er Prozessoren auf der Plattform OS/2 entwickelt wurde. Novell entwickelte zu dieser Zeit schon NetWare 3, die gezielt den Leistungsvorsprung 80386er-Prozessoren und der Folgetypen unterstützt. Durch den Bruch bei der Zusammenarbeit zwischen Microsoft und IBM wurde nie ein auf 80386er-Prozessoren basierender LAN-Manager fertiggestellt. Die letzte Version dieses Server-Systems trug die Versionsnummer 2.1 und ist 1991 erschienen.

Statt dessen ging Microsoft völlig neue Wege bei der Entwicklung eines neuen Betriebssystems und auch einer Netzwerk-Server-Variante. Dieses Betriebssystem sollte in erster Linie nicht ausschließlich auf Computern mit Intel-Prozessoren lauffähig sein.

Entwicklung von Windows NT

Mit dem Betriebsystem Microsoft Windows NT (*NT=New Technologie*) sollten außer den PCs mit Intel 386er-Prozessoren und deren Nachfolgeversionen auch Computer auf Basis des Power PC, Alpha oder MIPS-RISC-Prozessors ausgestattet werden können.

Bis zum Jahr 1993 hatte Microsoft schon einen Riesenerfolg mit der grafischen Oberfläche Windows 3.0 und 3.1 erzielt. Genau in diesem Jahr wird auch das neue Betriebssystem Windows NT vorgestellt. Um eine Beziehung zum kleinen Bruder Windows 3.1 darzustellen, bekam das erste Windows NT deshalb auch direkt die Versionsnummer 3.1. Dieses neue Betriebssystem besitzt ein transaktionsbasierendes fehlertolerantes Dateisystem, unterstützt symmetrisches Multiprozessing und kann aufgrund seiner Architektur zusätzlich noch auf andere Hardware-Plattformen portiert werden.

Trotz sämtlicher Neuerungen und der Tatsache, daß das mittlerweile betagte DOS nicht mehr benötigt wird, verfügt Windows NT über eine gewisse Abwärtskompatibilität. Außer den Programmen für das eigene 32-Bit-API werden auch viele DOS- und Windows 3.1x-Anwendungen weiterhin unterstützt.

Abb. 1.1: Windows NT 3.51-Desktop

Im Jahr 1994 erscheint die Version 3.5 und ein Jahr später Windows NT 3.51. Seit diesen Versionen unterscheidet Microsoft zwischen NT Server und NT Workstation. Mit der Version 3.5x verfügt das Betriebssystem auch über sämtliche zusätzlichen Features der Windows-Version 3.11. Man kann trotz der rapiden Entwicklung den Eindruck haben, daß Windows NT immer etwas hinterherläuft. 1995 war schließlich das Erscheinungsjahr von Windows 95 und damit der Zeitpunkt für das Aufkommen zahlreicher Neuerungen und Veränderungen.

Windows 95 wird zwar im Gegensatz zu Windows 3.1x als eigenständiges Betriebssystem dargestellt, trotzdem ist dieses gemischte 16/32-Bit-Windows keinesfalls vollkommen von DOS befreit. Diese Eigenschaft besitzt wirklich nur MS-Windows NT.

Windows NT 4.0

Knapp 11 Monate nach dem Erscheinen von Windows 95 kommt im August 1996 Windows NT 4.0 auf den Markt. Es besitzt die gleiche Benutzeroberfläche wie das mittlerweile weit verbreitete Windows 95 und kann mit einigen technischen Verbesserungen, gegenüber den Vorgängerversionen aufwarten. Auch bei dieser Version wird wieder zwischen NT 4 Workstation und NT 4 Server unterschieden.

Abb. 1.2:
Windows NT 4.0-Desktop

Neuerungen von Windows NT 4.0

Die Neuerungen von Windows NT 4.0 zu seiner Vorgängerversion NT 3.5x liegen bei weitem nicht nur in der Übernahme der Windows 95-Oberfläche und der Anpassung an die NT-spezifische Technik. Als kleinen Bonus kann man die Integration verschiedener Optionen sehen, die unter Windows 95 nur durch den Erwerb des Plus!-Pakets möglich sind. Diese "Spielereien" mögen ja noch unter Windows NT 4.0 Workstation einen gewissen Sinn machen, aber für das Netzwerkbetriebssystem Windows NT 4.0 Server spielt so etwas wohl eine eher untergeordnete Rolle.

Anders dagegen der völlig neu entwickelte Task-Manager. Dieses Programm listet nicht nur alle gestarteten Anwendungen und Prozesse auf. Zusätzlich werden auch Speicherverbrauch und benötigte Prozessorzeit ständig überwacht und grafisch dargestellt. Selbst gezielte Eingriffe, um störrische Programme zwangsweise zu beenden, sind möglich.

Weitere Neuerungen bei Windows NT 4.0 sind die im Lieferumfang befindlichen Zusatzprogramme wie zum Beispiel Wordpad, Hyperterminal und verschiedene weitere Applikationen, die erst nach dem Erscheinen von Windows 95 zur Verfügung standen. Schmerzlich vermißt man dagegen Microsoft-Fax und den MSN-Client.

Dies sind nur Merkmale, die auf den ersten Blick bei Windows NT 4.0 ins Auge fallen. Details und weitere Veränderungen werden im Laufe der folgenden Kapitel ausführlich beschrieben.

Mit Windows NT 4.0 Workstation und Server deckt Microsoft vollständig den Markt für Betriebssysteme mit Produkten aus dem eigenen Hause für jede Art von Computer ab.

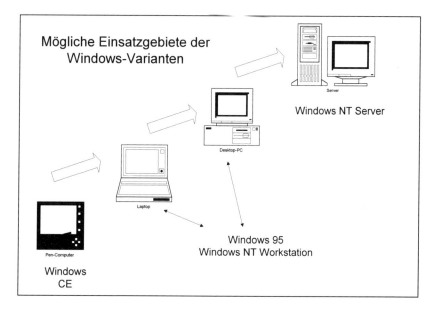

Abb. 1.3: Einsatzgebiete der Windows-Varianten

Hardware-Voraussetzungen

Für jede Software und damit auch das Betriebssystem müssen bestimmte Hardware-Voraussetzungen für den einwandfreien Betrieb vorhanden sein oder geschaffen werden. So auch für Windows NT. Nachfolgend sind die Mindestvoraussetzungen für Windows NT Server und Workstation aufgeführt.

Prozessor

Windows NT unterstützt in der Version 4 verschiedene Hardware-Plattformen. Diese sind:

- Intel CISC Prozessoren der Reihe 80x86 ab i486 oder höher (Pentium/Pentium Pro)
- MIPS RISC Prozessoren der Reihe R4x00
- DEC RISC Prozessoren der Reihe Alpha AXP
- Motorola/IBM Power PC 601/604

Durch den Verzicht auf die als "Hemmschuh" zu bezeichnende Abwärtskompatibilität zum Programmcode des betagten Intel 8086 und der Unterstützung modernster leistungsstarker Prozessoren ist Windows NT dazu geschaffen, die neuen Leistungsmerkmale optimal auszunutzen.

Hauptspeicher

Bis vor zirka 1½ Jahren wäre der Speicherbedarf von Windows NT für viele schon das KO-Kriterium gegen dieses Betriebssystem gewesen. Seit Windows 95 werden die Mindestanforderungen für den RAM-Ausbau jedoch schon in jedem privaten PC erfüllt.

Das absolute Minimum an benötigtem Hauptspeicher auf einem PC mit Intel-Prozessor sind 16 MByte. Aber das ist wirklich gerade soviel um das Betriebssystem Windows NT arbeiten zu lassen. Irgendwelche installierten Zusatzprodukte (z.B. SQL-Server) lassen den RAM-Bedarf schnell ansteigen. Es gilt der Grundsatz, je mehr Arbeitsspeicher, um so leistungsfähiger ist Windows NT. Das gilt sowohl für die Server- als auch für die Workstation-Variante.

Eine Erweiterung des Arbeitsspeichers wirkt sich in vielen Fällen eher leistungssteigernd aus als ein Prozessor-Upgrade. Damit ist allerdings keine Aufrüstung von 486/33 auf Pentium Pro gemeint.

Grafikkarte

Bei der Sicht auf ein Betriebssystem, das als Server in einem Netzwerk seinen Dienst verrichten soll, ist die Frage der Grafikkarte und damit auch solche Aspekte wie Farbtiefe und maximale Auflösung wohl eher Nebensache. Wer schon einmal die Konsole eines Novell-Servers gesehen hat, weiß, wie nebensächlich die Grafikkarte sein kann.

Anders jedoch unter Windows NT. Es wird schließlich nicht umsonst Windows genannt. Allein diese Bezeichnung deutet schon auf eine grafische Benutzeroberfläche hin. Als Grafikminimum kann Standard-VGA (640x480 Bildpunkte / 16 Farben) genannt werden. Höhere Auflösungen und größere Farbtiefe sind ohne weiteres auch zulässig. Allerdings muß in jedem Fall ein NT 4.0-Grafiktreiber passend zur verwendeten Grafikkarte vorhanden sein. Für Windows NT 3.51 oder Windows 95 konzipierte Grafiktreiber können nicht verwendet werden.

Kontrollieren Sie auf jeden Fall, ob für die verwendete Grafikkarte ein NT 4-Treiber verfügbar ist. Selbst zu manchen, viel eingesetzten Grafikkarten mit S3-Chipsatz waren zum Zeitpunkt, als dieses Buch geschrieben wurde, noch keine Treiber für Windows NT 4.0 verfügbar. Es kann wirklich ärgerlich sein, wenn die "teure" Grafikkarte sich gerade mit den Standard-VGA-Daten darstellt.

Gerade wenn Windows NT 4.0 in der Workstation-Variante als lokales Betriebssystem eingesetzt wird, erwartet man doch ein bißchen mehr Komfort.

Festplatte / Hostadapter

Im Gegensatz zur voran aufgeführten Grafikkarte sollte beim Kauf der verwendeten Festplatten und des dazu passenden Hostadapters viel Wert auf Leistung (Datendurchsatz und Zugriffszeit) gelegt werden. Das Speichervolumen spielt bei den heutzutage verfügbaren Kapazitäten eine eher untergeordnete Rolle und ist stark abhängig von den anfallenden Datenmengen und Zusatzapplikationen. Windows NT 4.0 benötigt selbst als Minimum nur ca. 120 MByte.

Als Empfehlung für das Festplattensystem kann nur SCSI genannt werden. Es werden zwar auch IDE-Systeme unterstützt, aber aufgrund der meist anfallenden Kapazitäten und in Betracht des Themas Multitasking, hat man mit SCSI die bessere Wahl getroffen.

Im Gegensatz zu den verwendeten Festplatten, muß bei der Wahl des SCSI-Hostadapters etwas vorsichtiger herangegangen werden. Nicht jeder Hostadapter wird schon von Windows NT 4.0 unterstützt. Ein Blick in die ständig aktualisierte Hardware-Kompatibilitätsliste (*HCL=Hardware Compatibility List*) gibt schnell darüber Auskunft. Auch von irgendwelchen preisgünstigen Exoten kann nur abgeraten werden. In vielen Fällen gibt es kaum oder gar keine technische Unterstützung. Einige Hersteller neigen außerdem dazu, ältere Hostadapter schnell aus der Liste für weiteren Service zu streichen.

Die Geschwindigkeit des Festplattensystems ist nicht nur für den direkten Zugriff auf Daten und Anwendungen entscheidend. Wie schon von anderen Windows-Varianten her bekannt ist, verwendet auch Windows NT Teile des Festplattenspeichers zur Unterstützung des physikalisch vorhandenen RAM-Speichers als "virtueller Arbeitsspeicher". Somit muß nicht nur genügend Festplattenspeicher für Betriebssystem, Applikationen und Daten vorhanden sein, sondern auch genug für die Auslagerungsdatei.

Ein grundsätzliches Deaktivieren der Auslagerungsdatei ist im Gegensatz zu Windows 3.x oder Windows 95 unter Windows NT nicht möglich.

Bussystem

Für einen Windows NT-Rechner sollte eigentlich nichts anderes als ein 32-Bit-Bussystem, vorzugsweise PCI, zum Einsatz kommen. Gerade wegen der Bus-Mastering-Unterstützung von PCI kann von IDE oder veralteten VLB-Systemen abgeraten werden. Auch gegen den leistungsfähigen EISA-BUS ist nichts nachteiliges zu sagen, wobei diese Technologie am Markt in zunehmendem Maß gegenüber PCI abnimmt.

Netzwerkkarte

Hier gilt die gleiche Vorbedingung wie bei den meisten anderen Komponenten für ein NT-System. Die Netzwerkkarte muß entweder eigene Treiber für Windows NT 4.0 im Lieferumfang haben oder direkt von den im Lieferumfang enthaltenen NT-Treibern unterstützt werden. Auch hier hilft ein Blick ins Handbuch zum Netzwerkadapter oder in die Hardware-Kompatibilitätsliste von Windows NT 4.0.

Der Netzwerkkartentyp muß selbstverständlich zur gewünschten Verkabelung und Netzwerktopologie passen. Besitzt das PC-System einen PCI-BUS bietet sich natürlich auch eine entsprechende Netzwerkkarte für dieses Bussystem an.

CD-ROM

Setzt man das CD-ROM-Laufwerk nur für die Installation von Windows NT oder diverse Zusatzprodukte ein, ist die Geschwindigkeit nicht von großer Bedeutung. Ein CD-ROM-Laufwerk mit vierfacher Geschwindigkeit erfüllt dabei allemal seinen Zweck. Soll aber das Windows NT-System, in erster Linie der Server, CDs auch den Benutzern zur Verfügung stellen, ist es ratsam, auch bei dieser Komponente auf Geschwindigkeit (Datendurchsatz/Zugriffszeit) zu achten. Die Preisunterschiede zwischen 4-fach, 8-, 10- oder gar 12-fach CD-ROM-Laufwerken fallen im Verhältnis zu den anderen Komponenten kaum ins Gewicht.

Zusatzkomponenten

Einige weitere Komponenten für ein Windows NT-System spielen bei der Systemleistung zwar eine unbedeutende Rolle, sind aber fast unumgänglich. Dazu zählen Maus, Soundkarten, Modem oder ISDN-Adapter.

Bei der Wahl der Maus ist einer Bus-Maus (PS/2) gegenüber einer seriell angeschlossenen Maus der Vorzug zu geben. Meist verfügen PC-Systeme von Hause aus nur über zwei serielle Schnittstellen. Bei Verwendung der RAS-Dienste (*RAS=Remote Access Service*) und einer unterbrechungsfreien Stromversorgung (*UPS=Uninterruptable Power Supply*) hat man dann schon einen seriellen Port für die Maus zu wenig.

Soundkarten dagegen haben zumindest in einem Server meiner Meinung nach nichts zu suchen. Sie belegen nur unnötig Interrupts, Port-Adressen, DMA-Kanäle und Systemressourcen, die für andere Komponenten weitaus besser genutzt werden können. Außerdem muß es wohl nicht unbedingt sein, daß Systemmeldungen mit Sound in HiFi-Qualität untermalt werden. Eine Existenzberechtigung für Soundkarten halte ich höchsten bei Windows NT-Workstation je nach Einsatzgebiet für angebracht.

Weitaus wichtiger kann dagegen ein Modem oder eine ISDN-Karte sein. Bei der Wahl des Modems sollte selbstverständlich auf Geschwindigkeit geachtet werden. Kompatibilitätsprobleme gibt es zumindest im Bereich der Standardfunktionen und Übertragungsmodi nicht. Anders ist es bei der Unterstützung von ISDN-Adaptern. Viele Hersteller haben es wahrscheinlich noch gar nicht bemerkt, daß es Windows NT 4.0 auch in einer Workstation-Variante gibt. Kaum eine Firma liefert NT 4-Treiber für ihre passiven ISDN-Karten mit. Ist der ISDN-Zugang für Ihr System, egal ob Workstation oder Server, unumgänglich, sollte unbedingt vorher kontrolliert werden, ob auch Windows NT 4.0-Treiber verfügbar sind.

Der namhafte Anbieter AVM beginnt gerade mit der Umstellung seiner Treiber, so daß dann auch passive ISDN-Karten unter Windows NT 4 eingesetzt werden können. Die preiswerte Fritz!-Card von AVM ist ebenfalls unter NT 4 nur mit einem speziellen kostenpflichtigen Treiberpaket einzusetzen. Irgendwo ist es auch verständlich, daß zuerst Unterstützung für die im High-End-Bereich angesiedelten Komponenten geleistet wird.

Schließlich achtet man sonst peinlich genau darauf, daß nur die erlesensten Komponenten in einem Server zum Einsatz kommen und plötzlich ärgert man sich darüber, daß eine Erweiterung von unter DM 200,- nicht standardmäßig unterstützt wird.

Damit wären alle für den Betrieb von Windows NT 4.0 notwendigen Komponenten beschrieben. Daß Monitor oder Tastatur auch notwendig sind, weiß wohl jeder PC-Besitzer. Beim Anschluß von Druckern, Scannern oder anderen Peripheriegeräten gilt wieder der Hinweis auf die Hardware-Kompatibilitätsliste oder die Angaben des Herstellers.

Bedenken Sie beim Einsatz von Windows NT immer: existiert kein spezieller Treiber, sei es im Lieferumfang von NT oder vom Hersteller direkt, ist ein Einsatz unter Windows NT von vorneherein ausgeschlossen. Im weiteren Verlauf dieses Kapitels werden Sie schnell verstehen, warum dies unvermeidbar der Fall ist.

Systemaufbau von Windows NT 4.0

Die Leistungsfähigkeit und das Prinzip von Windows NT versteht man am besten, wenn man sich mit der NT-Architektur etwas intensiver beschäftigt. Der folgende Abschnitt wird Ihnen die System-Architektur und den technischen Aufbau von Windows NT 4.0 etwas näher bringen.

Zunächst muß erst einmal gesagt werden, daß die Basis-Architektur von Windows NT 4.0 Server und Workstation nahezu identisch ist. Der Server ist allerdings in seinem Hauptanwendungsbereich, eben in der Aufgabe als Server, leistungsoptimiert. Außerdem unterstützt er die Domänen-Architektur, erlaubt mehr RAS-Verbindungen und besitzt im Lieferumfang weitere Applikationen und Administrationsprogramme, die nicht zu Windows NT 4.0-Workstation gehören.

Man kann Windows NT als ein modulares Betriebssystem bezeichnen. Es stellt eine strukturierte Sammlung von aufeinander abgestimmte Systemmodule dar. Jedes dieser Module ist für bestimmte Aufgaben konzipiert und bietet über speziell dafür programmierte Schnittstellen Funktionen für das System an. Der Aufruf von Funktionen der Module untereinander erfolgt, sobald es erforderlich wird.

Stabilität

Ein weiteres besonders wichtiges Leistungsmerkmal von Betriebsystemen der Art Windows NT ist die Stabilität und damit seine Zuverlässigkeit. Gerade beim Einsatz als Netzwerk-Server ist dies eine wichtige Voraussetzung. Jeder PC-Anwender wird sich schon mal über die in vielen Fällen nicht rekonstruierbaren Systemabstürze von Windows 3.x oder Windows 95 geärgert haben. Solche Abstürze des Systems resultieren meist daher, daß zwei Programme oder Systemprozesse versuchen, auf den gleichen Speicherbereich oder Speicheradresse zuzugreifen bzw. Betriebssystemfunktionsaufrufe mit falschen Parametern zu versorgen. Das Ergebnis sind die allzu beliebten "allgemeinen Schutzverletzungen", die dazu führen, das gesamte System aus dem Gleichgewicht zu bringen und oft einen Komplettabsturz zu bewirken.

Anders dagegen bei Windows NT. Man unterscheidet da grundsätzlich zwischen privilegiertem und nichtprivilegiertem Modus für Prozesse und Anwendungen. Diese beiden Betriebsmodi werden auch als User-Modus (nichtprivilegiert) und Kernel-Modus (privilegiert) bezeichnet.

Unter Windows NT arbeiten alle Prozesse in streng getrennten Speicherbereichen.

Kernel-Modus

Prozesse in diesem Betriebsmodus von Windows NT 4.0 zählen zu den Prozessen des Betriebssystems selbst. Dies sind in der Regel Prozesse, die auch von anderen Anwendungen benutzt werden, und sie verwenden Speicherbereiche, die dem Kernel-Modus zugewiesen wurden. Dieser Speicherbereich ist für den Zugriff von Anwendungen, die dem User-Modus zugeordnet sind, gesperrt. Umgekehrt ist es jedoch möglich, daß Prozesse des Kernel-Modus auf Speicherbereiche der Anwendungen im User-Modus zugreifen.

Bei Systemen mit Intel-Prozessoren spricht man bei Prozessen im Kernel-Modus auch von Programmcode, der im sogenannten Ring 0 ausgeführt wird. Durch spezielle Schutzmechanismen des Prozessors, dem sogenannten Protected-Mode, sind Prozesse im Ring 0 (*Privileg Level 0*) vor Fehlverhalten anderer Programme im User-Modus (Ring 3) geschützt.

Dieses Verfahren besteht darin, daß von den Prozessoren mehrere Schichten, die Ringe, zur Verfügung gestellt werden. Anwendungen auf den unterschiedlichen Ringen haben unterschiedliche Rechte bei der Nutzung des Speichers, der Steuerung des Prozessors und den Schnittstellen. Diese Rechte werden selbst vom Prozessor kontrolliert. Bei einem Fehlverhalten einer Anwendung wird vom Prozessor eine Fehlermeldung an das Betriebssystem für die Weiterverarbeitung ausgegeben.

1 · Grundlagen Microsoft Windows NT 4.0

Anwendungen im Kernel-Modus, die im Ring 0 laufen, haben die volle Kontrolle über das System. Anwendungen im User-Modus, die im Ring 3 ablaufen, sind in ihren Rechten dagegen sehr beschränkt.

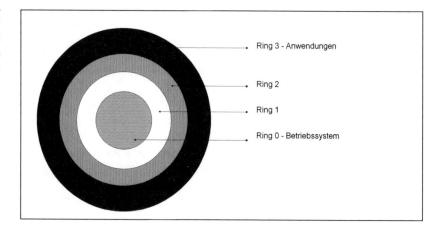

Abb. 1.4: Schema des Intel Protected-Mode (Ring 0-3)

User-Modus

Im User-Modus laufende Prozesse können nur in den ihnen zugewiesenen Speicherbereichen lesen und schreiben. Sie können weder auf Speicherbereiche anderer Anwendungen, noch auf den Speicherbereich des Kernel-Modus zugreifen. Durch diese Beschränkungen wird verhindert, daß eine fehlerhafte Anwendung die Stabilität des gesamten Betriebssystems beeinflußt. Bei Intel-Prozessoren spricht man bei Anwendungen, die im User-Modus laufen, auch von Prozessen im Ring 3.

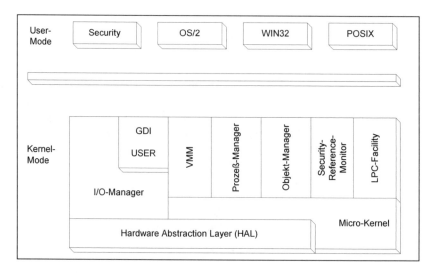

Abb. 1.5: Systemarchitektur von Windows NT 4.0

Weitere wichtige Komponenten der Systemarchitektur von Windows NT 4.0 sind die Komponenten der Windows NT-Executiv-Dienste. In der nachfolgenden Abbildung sind die einzelnen Komponenten und deren Zusammenspiel aufgezeigt. Es ist leicht zu erkennen, daß das Betriebssystem grob in einen privilegierten Bereich (Kernel-Modus) und einen nichtprivilegierten Bereich (User-Modus) aufgeteilt ist.

Hardware Abstraction Layer (HAL)

Wie schon zu Beginn dieses Kapitels erwähnt wurde, ist Windows NT für verschiedene Plattformen (Prozessorsysteme) konzipiert. Um eine solche Portabilität zu erzielen, muß das eigentliche Betriebssystem unabhängig von Prozessor oder Bussystem des Computers sein. Dies erreicht Microsoft bei Windows NT mit dem sogenannten Hardware Abstraction Layer (HAL). Es handelt sich dabei um eine Software-Schicht, die zum einen die Schnittstelle zu den verschiedenen Hardware-Plattformen bietet und durch bestimmte Filtermechanismen dafür sorgt, daß sich die jeweilige Hardware gegenüber dem Betriebssystem und damit den höher angesiedelten Schichten gleich darstellt.

Eine weitere Aufgabe des HAL ist es, dafür zu sorgen, abgesehen von einigen Ausnahmen, daß gleiche Treiber für Peripheriekomponenten auf jeder Plattform unterstützt werden. Routinen des Hardware Abstraction Layers werden sowohl vom Betriebssystem, als auch von den Gerätetreibern aufgerufen. Dieser Teil des Windows NT ist als Dynamic-Link-Library (DLL) implementiert. Die Bezeichnung lautet HAL.DLL oder bei Verwendung von Microchannel-Systemen HALMCA.DLL.

Fast jeder Treiber, die Ausnahme sind bestimmte Kernel-Funktionen und in erster Linie Grafiktreiber, müssen auf HAL-Routinen zugreifen. Damit ist schnell ersichtlich, warum nur speziell für Windows NT 4.0 konzipierte Gerätetreiber eingesetzt werden können.

Microkernel

Diese Komponente stellt den Kern des Betriebssystems Windows NT dar. Dieser eng mit dem HAL zusammenarbeitende Teil ist zuständig für die Steuerung des Prozessors, die Synchronisation der Prozessoren bei SMP-Systemen (*Symmetrisches Multiprocessing*) und die Steuerung von Threads. Ein Prozeß kann aus mehreren Threads bestehen. Als Thread versteht man den kleinsten Programmcode, der unter Windows NT ablaufen kann. Der Microkernel versucht dabei, diese Ausführungseinheiten so effizient wie möglich dem oder den Prozessoren zukommen zu lassen. Threads stellen die wichtigste Basis für effizientes Multitasking und Multiprocessing dar.

Bei der Ausführung der verschiedenen Threads unterscheidet Windows NT zwischen 32 Prioritäten aus den Prioritätsklassen "Realtime" und "Variabel". Threads mit höherer Priorität werden stets vorrangig abgearbeitet, wobei die Prioritätenvergabe nicht statischer Natur ist. Prioritäten unter NT werden dynamisch vergeben.

Weitere Aufgaben des Microkernel bestehen in der Bereitstellung von Schnittstellen, der Interruptverarbeitung und der Verwaltung von Dispatcher- und Control-Objekten. Dispatcher-Objekte überwachen die Ausführung und Synchronisation von Systemprozessen und Control-Objekte die verschiedenen Operationen des Microkernel. Die Kommunikation des Microkernel findet dabei nach oben über die sogenannten Kernelfunktionen statt und nach unten weitgehend zum Hardware Abstraction Layer (HAL). Für bestimmte Aufgaben wird jedoch auch eine direkte Verbindung mit der Hardware aufgenommen.

Weitere Betriebssystemkomponenten

Neben dem Microkernel sind in Windows NT 4.0 noch weitere privilegierte, im Kernel-Modus ablaufende Subsysteme, in der sogenannten Executive, enthalten. Diese lauten:

- I/O-Manager
- Virtual-Memory-Manager
- Objekt-Manager
- Prozeß-Manager
- Local Procedure Call Facility
- Security Reference Monitor

Diese Komponenten stellen mit dem Mikrokernel zusammen das Basisbetriebssystem dar.

I/O-Manager

Dieser Manager stellt den anderen Subsystemen die Schnittstelle für Ein- und Ausgabeoperationen zur Verfügung. Dieser Manager stellt mit den Gerätetreibern die verwaltende Instanz dar. Alle Treiber, mit Ausnahme der Grafiktreiber, sind hier aufzufinden. Der Schwerpunkt liegt in den Zugriffen auf das Netzwerk und die Datenträger. Die Hauptaufgabe des I/O-Managers ist die Vermittlung zwischen den verschiedenen, mehrschichtig aufgebauten Treibern und der dazu gehörenden Verwaltung von Warteschlangen. Solche Warteschlangen werden benötigt, um Anforderungen geregelt abzuarbeiten und zu kontrollieren.

Die Ausführung findet jedoch nicht in der Reihenfolge der Anfragen, sondern nach Prioritäten statt. Das ist besonders wichtig, wenn bestimmte Anforderungen schnell ausgeführt werden müssen.

Alle Ein- und Ausgabeanfragen werden vom I/O-Manager in eine Warteschlange gelegt, und die Kontrolle wird unverzüglich wieder an die Anwendung zurückgegeben. Erst wenn die Anforderung ausgeführt ist, werden die Anwendungen über den Erfolg informiert.

Der I/O-Manager besteht nicht nur aus einer Programmroutine, sondern ist selbst in mehrere Schichten unterteilt. Je nach Art des Treibers wird er in einer höheren oder tieferen Schicht angesiedelt. Treiber für Netzwerk-Routing-Funktionen müssen beispielsweise nicht direkt mit dem Netzwerkadapter kommunizieren und liegen deshalb in einer höheren Schicht als die eigentlichen Treiber für die Netzwerkkarte. Um es mit wenigen Worten darzustellen, kann gesagt werden, daß Gerätetreiber in der untersten Schicht und Schnittstellen für Anwendungen in den obersten Schichten anzutreffen sind.

Abb. 1.6:
Schema des I/O-Managers

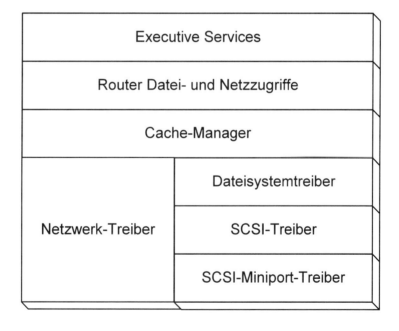

Virtual-Memory-Manager (VMM)

Virtual-Memory oder auf deutsch virtueller Arbeitsspeicher bedeutet, daß vom Betriebssystem mehr Arbeitsspeicher genutzt werden kann, als tatsächlich physikalisch vorhanden ist. Das Speichermodell von Windows NT verwendet einen linearen Adreßraum mit Demand-Paging, auf den über 32-Bit-Adressen zugegriffen wird.

Dabei ist das Demand-Paging die Methode, mit der Daten einzelner Pages (Speicherblöcke) des physikalischen Arbeitsspeichers in eine temporäre Datei auf die Festplatte ausgelagert werden. Dies geschieht natürlich generell mit allen Daten und ist in keiner Weise mit dem Prinzip einer Eimerkette zu verstehen. Es werden nur Daten temporär in die Auslagerungsdatei (Swap-File) geschrieben, die zum aktuellen Zeitpunkt nicht benötigt oder durch andere Daten verdrängt werden. Sobald die Daten erneut benötigt werden, wird der entsprechende Speicherblock wieder in den physikalischen Arbeitsspeicher geladen.

Auf diese Art und Weise kann Windows NT bis zu 4 GByte Arbeitsspeicher nutzen. Voraussetzung dafür ist allerdings genügend freier Festplattenspeicher.

Das Aus- und Einlagern der einzelnen Speicherblöcke verwaltet und steuert der Virtual-Memory-Manager. Der Virtual-Memory-Manager stellt jedem Task einen logischen Adreßraum von 4 GByte zur Verfügung. Dabei können 2 GByte von der Anwendung selbst genutzt werden. Die weiteren 2 GByte werden bei jedem Task für das System frei gehalten und stehen ausschließlich im privilegierten Modus zur Verfügung.

Objekt-Manager

Der Objekt-Manager verwaltet die als Objekte bezeichneten Systemressourcen. Somit können diese Objekte auch abstrakte Systemressourcen genannt werden. Folgende Objekte existieren unter Windows NT:

- Verzeichnis-Objekte
- Datei-Objekte
- Prozeß-Objekte
- Segment-Objekte
- Ereignis- und Semaphoren-Objekte
- Symbolische Link-Objekte
- Objekttyp-Objekte

Mit diesen aufgeführten Objekten werden somit Dateien, Verzeichnisse, Speicherbereiche, Prozesse und Threads dargestellt. Der Objekt-Manager erzeugt, verwaltet und löscht Sie wieder, wenn diese Objekte nicht mehr vom System benötigt werden. Objekte werden, bevor Sie einem Task zur Verfügung gestellt werden, erst vom Security Reference Monitor daraufhin überprüft, ob auch eine ausreichende Berechtigung vorliegt. Dadurch wird außerdem gewährleistet, daß bestimmte Objekte mehrfach vergeben werden, obwohl sie physikalisch nur einmal existieren. Man unterscheidet zwischen Read-Only und Shared.

Das Betriebssystem Windows NT ist so konzipiert, daß bei zukünftigen Erweiterungen auch neue Objekttypen hinzukommen können. Das Verwaltungsprinzip des Objekt-Managers regelt die einheitliche Verfügbarkeit jeglicher Systemressourcen.

Prozeß-Manager

Auch der Prozeß-Manager bedient sich bei den Objekten. Er verwaltet Prozeß- und Thread-Objekte. Zu seiner Aufgabe gehört es, Prozesse und deren Threads zu erzeugen. Fordert ein Subsystem einen Prozeßstart an, wird der Prozeß oder der Thread vom Prozeß-Manager erzeugt, dem Subsystem zur Verfügung gestellt und anschließend nach Abarbeitung des Prozesses wieder entfernt.

Local Procedure Call Facility

Der Local Procedure Call Facility oder auch kurz LPC genannte Dienst sorgt für die schnelle Kommunikation zwischen nichtprivilegierten Objekten in Form von Clients (Applikationen) und Servern (Subsystemen). Dieser Nachrichtenverkehr ist notwendig, damit ein Client unter Verwendung der Subsysteme Systemdienste in Anspruch nehmen kann.

Security Reference Monitor

Dieser im Kernel-Modus (Ring 0) ausgeführte Dienst ist verantwortlich für die Prüfung von Zugriffsberechtigungen auf lokale Objekte, Benutzerprivilegien und die Generierung von Nachrichten des Auditing (Zugriffsprotokoll).

Speicherverwaltung von Windows NT 4.0

Gerade bei den modernen Betriebssystemen ist eine ausgefeilte Speicherverwaltung besonders wichtig. Die damit verbundenen Software-Mechanismen werden auch von der Hardware in Form einer Memory-Management-Unit (MMU) unterstützt. Die Zeit, zu der auf einem Computer nur ein Prozeß gleichzeitig ablief, ist längst vorbei. Immer mehr Aufgaben müssen augenscheinlich gleichzeitig ausgeführt werden. Dabei kann man lästige Hürden wie nicht nutzbare Speicherbereiche im Adreßraum oder Übergriffe anderer Programme wirklich nicht gebrauchen.

Ein wirklich lineares Speichermodell mit dem gewünschten Speicherschutz läßt sich physikalisch kaum realisieren. Also muß versucht werden, dies zumindest annähernd perfekt zu simulieren. Diese Aufgabe übernimmt unter Windows NT ein Teil der Executive, der Virtual-Memory-Manager (VMM). Diese Komponente stellt ein weitgehend flexibles Speichermanagement her. Die Vorteile sind:

- Portabilität auf moderne 32-Bit-Prozessoren
- Lineare Speicherbereiche für Prozesse und Threads
- Speicherschutz
- Gemeinsame Nutzung von Speicherbereichen für Subsysteme oder die Kommunikation zwischen bestimmten Programmen
- Unterstützung von Multiprozessor-Systemen

Virtueller Arbeitsspeicher

Wie schon bei der Beschreibung des Virtual-Memory-Managers erwähnt wurde, ist es nicht möglich, unbegrenzt jedem Prozeß echten physikalischen Arbeitsspeicher zur Verfügung zu stellen. Also muß man sich etwas einfallen lassen, um trotzdem jeder Anwendung weitmöglichst gerecht zu werden. Man ergänzt "einfach" den real vorhandenen Arbeitsspeicher mit Speicher der Festplatte und behält immer nur die Daten im physikalischen Speicher, die gerade im Moment benötigt werden.

Abb. 1.7:
Virtuelle und physikalische Speicherbereiche

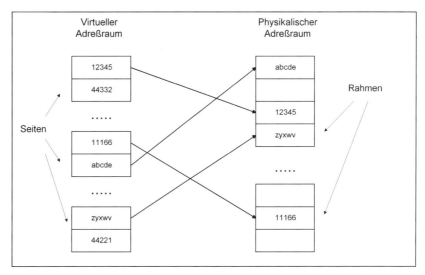

Unter Windows NT ist der gesamte Arbeitsspeicher in Speicherblöcke, auch Seiten (Pages) oder Kacheln genannt, mit einer Größe von 4 KByte aufgeteilt. Diese Blöcke werden im physikalischen Speicher in sogenannte Page-Frames (Seitenrahmen) geladen und stehen dort dem Betriebssystem und den Anwendungen zur Verfügung. Der gesamte verwaltbare Speicherbereich kann bis zu 4 GByte groß sein. Jeder existierende Speicherblock wird auf den verwendeten Massenspeichern, in Form einer Auslagerungsdatei, abgelegt. Unter Windows NT trägt diese auch Swap-File genannte Datei die Bezeichnung PAGEFILE.SYS.

Diese Datei muß nicht, wie es vielleicht unter Windows 3.1x oder Windows 95 her bekannt ist, unbedingt aus einer einzigen Datei bestehen. Aus Gründen der Performance können auch mehrere Dateien auf mehrere Festplatten verteilt werden.

Jede Speicherseite kann zwei verschiedene Zustände haben. Man unterscheidet zwischen "vorhanden (*valid*)" und "ausgelagert (*invalid*)". Dabei befindet sich eine "vorhandene" Seite direkt im Arbeitsspeicher, und es kann sofort vom Betriebssystem oder von Anwendungen darauf zugegriffen werden.

Wird dagegen versucht, auf eine ausgelagerte (*invalid*) Speicherseite zuzugreifen, tritt zunächst ein Seitenfehler auf, der augenblicklich von der Hardware, genauer der Memory-Management-Unit, erkannt wird und einen Interrupt auslöst, der das verantwortliche Programm in seiner Ausführung unterbricht. Um diese erforderliche Speicherseite in den physikalischen Arbeitsspeicher zu laden, wird dafür ein freier Speicherplatz benötigt. Um jetzt nicht willkürlich Daten einer "vorhandenen" Speicherseite auszulagern, führt das Betriebssystem Windows NT eine Liste, in der aufgeführt ist, welche Speicherseiten über eine längere Zeit nicht benötigt wurden.

Im nächsten Schritt wird die angeforderte Speicherseite in den jetzt freien Speicherbereich geschrieben und ist somit eine "vorhandene" Speicherseite. Die unterbrochene Anwendung wird anschließend wieder fortgesetzt und kann die Daten im physikalischen Speicher nutzen.

Man darf bei dieser Beschreibung nicht vermuten, daß Windows NT bei dieser Speicherverwaltung ständig mit "swappen" verschiedener Speicherseiten beschäftigt ist. In der Regel spielt sich soweit wie möglich alles im physikalischen Arbeitsspeicher ab.

Gemeinsam nutzbarer Speicher

Ein weiteres Prinzip der Speicherverwaltung von Windows NT besteht darin, daß mehrere Prozesse auf die gleichen Speicherseiten, allerdings nur lesend, zugreifen können. Dabei existieren in Wirklichkeit zwar verschiedene Prozesse, aber der Programmcode ist tatsächlich nur einmal im Arbeitsspeicher vorhanden. Das macht sich besonders beim Speicherplatzbedarf von Laufzeitbibliotheken (DLLs), die von mehreren Programmen aufgerufen und genutzt werden, bemerkbar.

Selbst wenn eine Anwendung mehrmals gestartet wird, bringt dieses Verfahren eine erhebliche Speicherplatzeinsparung. Dieses Prinzip wird selbstverständlich nur für den Programmcode angewendet. Mögliche Datenbereiche von Anwendungen liegen weiterhin in getrennten Speicherseiten.

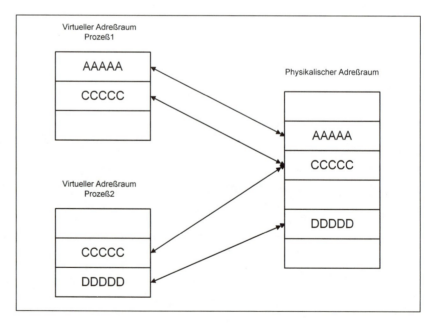

Abb. 1.8: Gemeinsame Nutzung von Speicherblöcken

Speicherreservierung

Anwendungen können sich in weiser Voraussicht unter Windows NT auch Speicherbereiche reservieren lassen. Man unterscheidet aus diesem Grund auch zwischen bestätigtem (*committed*) Speicher und reserviertem (*reserved*) Speicher. Reservierter Speicher kann bei Bedarf zu einem späteren Zeitpunkt von der Anwendung bestätigt werden. Man darf dabei aber nicht denken, daß dieser reservierte Speicher den wirklich verfügbaren physikalischen oder virtuellen Arbeitsspeicher beschränkt. Es wird lediglich der Adreßraum vorgemerkt, der dann im späteren Verlauf im gewünschten reservierten Bereich bereit liegt.

Der eigentliche Vorteil liegt in der unkomplizierten Verwaltung des Speichers. Es müssen bei Bedarf nicht verschiedene Speicherseiten umständlich verschoben werden, um den benötigten Speicherbereich zu schaffen.

Multiprocessing

Auch diese Technik bekommt bei modernen Betriebssystemen und somit auch unter Windows NT immer mehr Bedeutung. Windows NT unterstützt das symmetrische Multiprocessing (SMP). Gerade bei dieser Voraussetzung entspricht der schon lange verwendete Begriff Multitasking endlich seiner eigentlichen Bedeutung.

Multitasking

Bei Verwendung moderner Betriebssysteme hat der Benutzer den Eindruck, daß mehrere Prozesse anscheinend gleichzeitig ablaufen und somit eine echte Parallelverarbeitung stattfindet. Das ist bei den meisten Prozessen in einem PC jedoch ein Trugschluß. In einem System mit einem Prozessor teilen sich die laufenden Prozesse die verfügbare Rechenzeit.

Ein Prozeß muß unterbrochen werden, um einen anderen Prozeß fortfahren zu lassen. Die Aufteilung solcher Zeiten für die verschiedenen Prozesse wird in sogenannten "Zeitscheiben" vorgenommen. Ist der Anteil eines Prozesses an einer solchen Zeitscheibe abgelaufen, findet ein Kontextwechsel zu einem anderen wartenden Prozeß statt. Dies findet unter Windows NT ohne Zutun des eigentlichen Prozesses und ohne, daß er sich dagegen wehren kann, statt. Ein solches Multitasking wird auch als "preemptiv" bezeichnet und stellt damit sicher, daß kein Prozeß sich mehr Rechenzeit auf Kosten anderer Prozesse verschaffen kann.

Die meisten PC-Besitzer kennen wohl noch das Problem mit der nicht mehr verschwindenden Sanduhr unter Windows 3.1x. Ein Neustart des Systems war meist unumgänglich. Unter Windows 3.1x verwendete Microsoft noch das kooperative Multitasking und überlies es den Anwendungen, den Prozessor und damit die Rechenzeit für weitere Prozesse freizugeben. Damit ist bei Windows NT Schluß und ganz besonders dann, wenn Sie Applikationen einsetzen, die für dieses Betriebssystem geschaffen sind.

Die einzelnen Anteile der Prozesse an einer Zeitscheibe werden allerdings nicht wie ein Kuchen unter den laufenden Prozessen aufgeteilt. Nicht jedem Prozeß kann nach Ablauf der Zeit einfach der Stuhl weggezogen werden. Stellen Sie sich mal das Chaos gerade bei Ein- und Ausgabeanweisungen, zum Beispiel dem Speichern auf Festplatte, vor. Windows NT besitzt für verschiedenste Prozesse unterschiedliche Mechanismen für die Ausführung einer Unterbrechung, und zusätzlich werden noch bestimmte Prioritäten festgelegt.

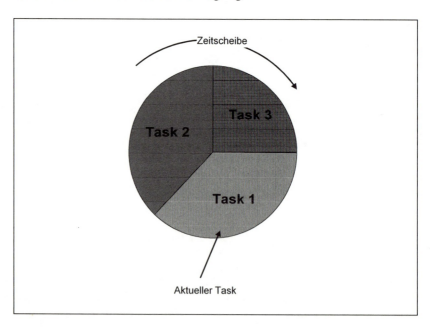

Abb. 1.9: Prinzip der Zeitscheibenaufteilung

Symmetrisches Multiprocessing

In der Computertechnik unterscheidet man zwischen asymmetrischem und symmetrischem Multiprocessing. Asymmetrisches Multiprocessing läßt sich relativ einfach in einem Computersystem realisieren. Man verwendet verschiedene Prozessoren für jeweils ganz bestimmte Aufgaben. Allerdings ist ein solches System zum einen sehr unflexibel und, wenn ein wichtiger Prozessor im System gerade viele Anfragen bekommt, stellt er unweigerlich den Flaschenhals des Ganzen dar, und alle anderen Prozessoren müssen warten. Eine Entlastung durch die anderen Prozessoren ist zu diesem Zeitpunkt auch nicht möglich.

Windows NT unterstützt dagegen das symmetrische Multiprocessing (SMP). Da Windows ein auf Threads basierendes Betriebssystem ist und selbst die meisten Komponenten der Executive und des Mikro-Kernels aus mehreren Threads bestehen, ist es naheliegend, diese Threads allen Prozessoren zur Verfügung zu stellen. Eine Ausnahme dabei ist die eigentliche Komponente für die Verteilung der Threads. Es handelt sich um den Prozeß-Manager, der die gesamte Zeit nur von ein und demselben Prozessor verarbeiten läßt.

Die anderen Systemprozesse werden dynamisch auf die verfügbaren Prozessoren verteilt. Dadurch gibt es keinen vorrangigen Prozessor, und die Lastverteilung ist ausgeglichen. Man spricht in dieser Form von symmetrischem Multiprocessing.

Unterschiede bei Multiprozessor-Systemen

Multiprozessor-System ist nicht gleich Multiprozessor-System. Mit dieser Aussage sind nicht die üblichen Leistungsunterschiede, wie Taktfrequenz, Arbeitsspeicher oder die Leistung der Datenträger, gemeint. Man kann grob zwischen Systemen mit gemeinsamem Cache für die Prozessoren oder Systemen mit getrenntem Cache für jeden einzelnen Prozessor unterscheiden.

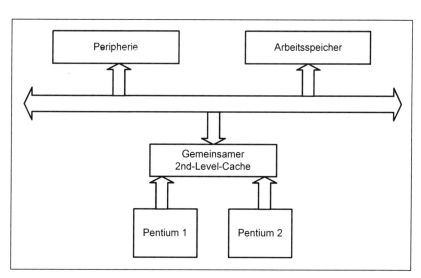

Abb. 1.10: Prinzip Dual-Pentium-Board

Die einfachste Form eines Systems mit zwei Prozessoren verwendet ein Dual-Prozessor-Motherboard, ausgelegt für zwei Pentium-Prozessoren von Intel. Bei solchen Systemen nutzen beide Prozessoren gemeinsam den verfügbaren 2nd-Level-Cache. Werden auf diesem Computer in der Regel rechenintensive Anwendungen ausgeführt, kann man eine Leistungssteigerung von bis zu 70% gegenüber Single-Prozessor-Systemen erwarten.

Kommt es jedoch zu häufigen Thread-Wechseln, bewirkt die gemeinsame Nutzung des Cache schnell merkliche Leistungseinbrüche durch die eingeschränkte Effektivität des 2nd-Level-Cache. Es wird einfach zuviel durch den gemeinsamen Cache-Speicher verarbeitet, so daß angeforderte Daten nur selten noch im Cache vorzufinden sind.

Bedeutend leistungsfähiger sind dagegen Computersysteme mit getrenntem (dediziertem) Cache für jeden einzelnen Prozessor. Als populäres Beispiel können dabei Pentium Pro-Systeme mit mehreren Prozessoren genannt werden. Aufgrund des speziellen Bussystems für symmetrisches Multiprocessing auf Basis des Pentium Pro sind leistungsfähige Boards mit bis zu vier Prozessoren keine Seltenheit im High-End-Bereich der PCs mehr. Systeme mit mehr als die aufgeführten vier Prozessoren sind zwar möglich, doch stellen sie extreme Anforderungen an das verwendete Bussystem und bringen z.Z. unter Windows NT keinen bedeutenden Performance-Gewinn.

Hersteller solcher Boards liefern i.d.R. eine eigene HAL für Windows NT mit aus, die eine bessere Anpassung zwischen NT und Hardware erreicht als mit der Standard-HAL von Microsoft.

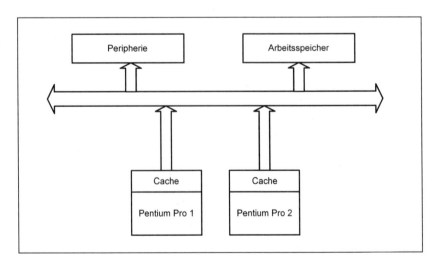

Abb. 1.11: Prinzip eines Multiprozessor-Systems mit Pentium Pro

Installation I: Textorientierter Teil

KAPITEL 2

Die Installation von Windows NT 4.0 wird anhand der Server-Version in den folgenden drei Kapiteln ausführlich beschrieben. Jedes dieser einzelnen Kapitel kann als eigenständiger Schritt bei der Installation des Betriebssystems angesehen werden.

Vorbereitung der Installation

Jede Software-Installation, und das gilt in erster Linie für Betriebssysteme und im besonderen für Server, sollte genau geplant und vorbereitet sein. Daß es sich bei Windows NT 4.0 um ein sehr komplexes Betriebssystem handelt, dürfte schon nach dem Lesen des ersten Kapitels klar geworden sein. Um so wichtiger ist es, daß bestimmte Anforderungen an das System vorher überlegt sein sollten. Auch die zu verwendende Hardware sollte genaustes auf die Eignung beim Einsatz von Windows NT 4.0 und einwandfreie Funktion überprüft werden.

Gerade Hardware-Probleme nimmt Ihnen Windows NT schnell übel. Solche Probleme sind zwar bei keinem technischen Gerät völlig auszuschließen, dennoch kann ich nur empfehlen, unter Zuhilfenahme verschiedener Test- und Diagnoseprogramme das System auf Herz und Nieren zu prüfen. Dazu zählt in erster Linie der Arbeitsspeicher und die vorhandenen Festplatten. Testprogramme für diese und weitere Systemkomponenten gibt es in zahlreichen Varianten sowohl für DOS als auch für Windows.

Die Zeit für solche Tests sollte Ihnen ein später einwandfrei arbeitender Windows NT 4.0-Server wert sein.

Hardware

Einen der kritischsten Punkte für die Installation von Windows NT 4.0 stellt die vorhandene Hardware dar. Es muß sichergestellt sein, daß auch die richtige Hardware für den Einsatz von Windows NT vorhanden ist. Viele Erweiterungen, die von DOS oder Windows 3.1x und 95 problemlos unterstützt werden, versagen unter Windows NT ihren Dienst. Microsoft gibt für solche Zwecke eine ständig aktualisierte Hardware-Kompatibilitätsliste aus. Eine aktuelle Version erhalten Sie zum Beispiel im Internet unter http://www.microsoft.com/ntserver/hcl/hclintro.htm.

Aber auch wenn Ihre verwendete Hardware nicht in dieser Liste aufgeführt ist, bedeutet dies noch nicht, daß Sie nicht unter Windows NT eingesetzt werden kann. Fragen Sie vorsichtshalber noch beim Hersteller oder Lieferanten nach. Microsoft verlangt von den Herstellern viel Geld für das Testen der Hardware. So ist es ohne weiteres möglich, daß die Hardware, trotzdem Sie nicht in der HCL aufgeführt ist, einwandfrei mit Windows NT zusammenarbeitet.

Auf alle Fälle sollte dieser Umstand vor dem Kauf neuer Hardware und vor der Installation des Betriebssystems kontrolliert werden.

Prozessor

Im Kapitel 1 wurden schon die von Windows NT 4.0 unterstützten Prozessoren aufgelistet. An dieser Stelle möchte ich nur nochmals darauf hinweisen, daß Windows NT 4.0 im Gegensatz zu seinen Vorgängerversionen CPUs vom Intel-Typ i386 oder darunter nicht mehr unterstützt. Es verfügt über verschiedene Programmroutinen, die als Minimum bei Verwendung eines Intel-basierenden Systems einen Prozessor vom Typ i486 voraussetzen.

Sind alle Voraussetzungen von Seiten der Hardware der benötigten Treiber erfüllt, empfiehlt es sich, alle Konfigurationsinformationen zur vorhandenen Hardware zu notieren. Wichtige Angaben zu vorhandenen Erweiterungskarten sind dabei der verwendete Interrupt (IRQ), E/A-Adresse und gegebenenfalls der DMA-Kanal. Sollen direkt mehrere Computer eingerichtet werden, kann eine identisch konfigurierte Hardware eine erhebliche Arbeitserleichterung darstellen.

Plattenspeicher- und Arbeitsspeicherbedarf

Bis auf die Minimum-Angaben für das Betriebsystem Windows NT 4.0-Server oder Workstation ist zu diesen Angaben kaum eine genaue Aussage zu machen. Entscheidend für beide Fälle sind die Anzahl der Benutzer, die installierten Anwendungen und die Gesamtgröße der vorhandenen Daten. Besonders wichtig ist es auch, dafür zu sorgen, daß genügend Festplattenspeicher für die Auslagerungsdatei vorhanden ist.

Als Faustregel kann ohne Berücksichtigung von Daten und Anwendungen 150 MByte für das Betriebssystem, 12 MByte für die Standardmaximalgröße der Registrierdatenbank und Festplattenspeicher gemäß vorhandenem Hauptspeicher als Minimum angesehen werden. Bei einem Speicherausbau von 64 MByte sind somit mindestens 226 MByte freier Festplattenspeicher notwendig.

Da heutzutage kaum noch Festplatten unter 1 GByte aufzutreiben sind, kann man in der Praxis gut und gerne auf eine solche Kalkulation verzichten.

Datensicherung

Handelt es sich bei der bevorstehenden Installation um einen neuen Server, brauchen Sie sich um die Datensicherung zu diesem Zeitpunkt noch keine Gedanken zu machen. Soll aber statt dessen von einem anderen Betriebssystem oder einer Vorgängerversion von Windows NT auf Windows NT 4.0 umgestellt werden, kann nur dringend zu einer vollständigen Sicherung der vorhandenen Daten geraten werden.

Auf welche Art und Weise die Daten gesichert werden, spielt im Großen und Ganzen keine besondere Rolle. In der Regel verfügt ein Server über ein Bandlaufwerk für die Datensicherung. Aus Sicherheitsgründen empfehle ich mindestens zwei Sicherungen auf unterschiedliche Bänder. Auch solche Bandkassetten können mal einen Defekt bekommen.

Wahl des Dateisystems

Eine weitere wichtige Überlegung vor der Installation von Windows NT 4.0 betrifft das zu verwendende Dateisystems. Man hat dabei die Wahl zwischen FAT und NTFS, oder man entscheidet sich für die Kombination von beidem auf dem PC.

Im übrigen unterstützt Windows NT auch die VFAT von Windows 95, so daß lange Dateinamen bei diesem Dateisystem zum Einsatz kommen können.

Beide Varianten haben unter gewissen Umständen ihre Vor- und Nachteile. Überlegen Sie genau, welche Anforderungen Sie an das Dateisystem oder, wie in diesem Beispiel beschrieben, an den Windows NT-Server stellen. Möchten Sie ein Multiboot-System mit DOS (Windows 95) und Windows NT 4.0 einrichten und zusätzlich noch von jedem Betriebssystem auf Daten und Programme zugreifen können, dann kommt nur FAT als Dateisystem in Frage. Für einen Netzwerk-Server dagegen bringt FAT nur Einschränkungen mit sich.

Gerade die Sicherheit und damit die Sicherheit bis auf Dateiebene sowie mögliche Datenkompression oder Macintosh-Unterstützung stellen einige der wichtigsten Leistungsmerkmale für einen Server dar. Diese Möglichkeiten bietet jedoch nur das Windows NT Dateisystem NTFS. Auch wenn vielleicht vorhandene Novell NetWare-Server mit Dateien, Verzeichnissen und den schon vergebenen Zugriffsrechten zu Windows NT migriert werden sollen, ist nur NTFS die richtige Wahl. Diesen Ausführungen nach spricht eigentlich alles für NTFS. Bedenken Sie jedoch, daß andere Betriebssysteme nichts mit dem Dateisystem NTFS anfangen können.

Wahl des Dateisystems

Ein weiterer nicht zu vernachlässigender Vorteil ist der sparsame Umgang mit dem Festplattenspeicher bei NTFS gegenüber FAT. Setzen Sie beispielsweise eine 2-GByte-Festplatte ein, hat die kleinste Speichereinheit beim FAT-Dateisystem die Mindestgröße von 32.768 Byte. Unter NTFS sind es gerade mal 512 Byte.

Ein Kompromiß wäre die Kombination beider Dateisysteme. Man könnte zum Beispiel eine kleine Boot-Partition auf Basis des Dateisystems FAT einrichten und den restlichen Speicherplatz oder weitere Datenträger mit NTFS formatieren. Für diese Boot-Partition reicht eine Größe von 200 MByte für die Aufnahme des Betriebssystems Windows NT 4.0 und vielleicht diverser Hilfsprogramme völlig aus.

Der Vorteil einer solchen Installationsvariante liegt darin, daß dieses System mit einer einfachen DOS-Bootdiskette gestartet und auf die Systemdateien von Windows NT zugegriffen werden kann. Alle weiteren NTFS-Partitionen können mit den oben aufgeführten Komfort und Sicherheitsmerkmalen für Daten und Applikationen genutzt werden.

Art des Servers

Ein Windows NT 4.0-Server kann auf verschiedene Arten in einem Netzwerk eingerichtet werden und dabei unterschiedliche Funktionen ausüben. Windows NT 4.0 erlaubt die Installation als:

- Primärer Domänen-Controller in einer neuen Domäne
- Backup Domänen-Controller in einer bestehenden Domäne
- Alleinstehender Server in einer Arbeitsgruppe

Die Entscheidung, welche Aufgabe der Server im Netzwerk bekleiden soll, muß genau überlegt sein, da spätere Änderungen nur mit Aufwand oder sogar unmöglich sind und eine Neuinstallation erfordern.

Primärer Domänen-Controller (PDC)

Ein primärer Domänen-Controller kann nur in Verbindung mit einer neuen Domäne eingerichtet werden. Bedenken Sie, daß mit dieser Art des Servers auch ein neues Administratorkonto eingerichtet wird, das später für die gesamte Domäne Gültigkeit hat. Sie werden dabei auch nach einem Administratorpaßwort gefragt. Notieren Sie sich am besten dieses Paßwort, und deponieren Sie es an einem sicheren Ort. Ohne dieses Paßwort ist später kein Zugang oder irgendeine Administration möglich, und eine Neuinstallation wird fällig. Beachten Sie außerdem, daß

Windows NT auch beim Paßwort zwischen Groß- und Kleinschreibung unterscheidet. Gerade Administratoren, die aus der Novell-Welt stammen, schenken diesem Umstand zunächst keine Beachtung.

Backup Domänen-Controller (BDC)

Ein Backup Domänen-Controller kann nur eingerichtet werden, wenn schon ein primärer Domänen-Controller existiert und mit dem Netzwerk verbunden ist. Ohne Erkennung dieses primären Domänen-Controllers läßt die Installation keine Einrichtung eines Backup Domänen-Controllers zu. Bevor Sie sich spontan für die Einrichtung eines BDC entschließen, bedenken Sie, daß laut Empfehlung von Microsoft nur ein BDC pro 2.000 Benutzer benötigt wird.

Alleinstehender Server

Auch alleinstehende Server ohne Domänenverantwortung können Mitglieder einer Domäne werden. Das gleiche gilt auch für Computer mit dem Betriebssystem Windows NT 4.0-Workstation. Diese Server erhalten im Gegensatz zu den Domänen-Controllern keine Kopie der Benutzerdatenbank. Sie können zwar darauf zugreifen, besitzen aber zusätzlich eine eigene Benutzerdatenbank, die sich auf die Ressourcen des lokalen Systems beschränkt.

Ein alleinstehender Server kann nicht ohne Neuinstallation zu einem Domänen-Controller umgewandelt werden.

Das Netzwerk-Modell von Windows NT scheint zunächst etwas unflexibel zu sein, aber bei richtiger Planung und Einsatz des entsprechenden Domänen-Modells kann es unter Berücksichtigung aller Sicherheitsaspekte sehr gut administriert und erweitert werden. Genaue Informationen zu den Domänen-Modellen von Windows NT erhalten Sie im Kapitel 7 dieses Buches.

Welche Lizenzierung für den Server?

Über eine Dialogbox während der Installation fragt Windows NT die gewünschte Art der Lizenzierung ab. Zur Auswahl steht:

- pro Server
- pro Client

Lizenzierung pro Server

Bei dieser Art der Lizenzierung wird die Anzahl der gleichzeitigen Verbindungen zu diesem Server gezählt. Bei 50 Mitarbeitern, von denen nur maximal 25 gleichzeitig im Netzwerk arbeiten, genügt in diesem Falle ein Server mit 25 Lizenzen. Kommen jedoch noch weitere NT-Server dazu, muß jeder dieser Server über 25 Lizenzen verfügen.

Lizenzierung pro Client

Wählen Sie die Lizenzierung pro Client aus, gilt die Lizenz nicht für einen speziellen Server, sondern für den Arbeitsplatz. Man benötigt für jeden Arbeitsplatz im Unternehmen eine Lizenz. Existieren im Unternehmen 10 NT-Server kann ein Benutzer mit seiner Client-Lizenz auf alle Server zugreifen.

Bei mehreren Servern ist mit Sicherheit die Client-Lizenzierung die günstigere Variante. Handelt es sich aber um einen Server der beispielsweise an das Internet angebunden ist, fährt man mit einer entsprechenden Server-Lizenz besser. Schließlich möchte man ja keine Client-Lizenzen für hunderte von Besuchern erwerben.

Start der Installation

Sind alle Voraussetzungen erfüllt, kann es nun endlich an die Installation von Windows NT 4.0 gehen. Im Lieferumfang von Windows NT 4.0 befinden sich außer einer CD-ROM auch drei Setup-Disketten mit den Bezeichnungen:

```
Windows NT Setup Boot-Diskette

NT-Diskette 2

NT-Diskette 3
```

Dabei handelt es sich nicht um eine Minimalversion von Windows NT, sondern lediglich um die notwendige Start-Software für den Installationsvorgang. Das eigentliche Betriebssystem befindet sich auf der beiliegenden CD-ROM.

Haben Sie jedoch schon Zugriff auf die CD-ROM oder anderweitig auf das Verzeichnis \I386 (Intel-Prozessoren), kann auch direkt von dort das eigentliche Installationsprogramm WINNT oder WINNT32 gestartet werden. Das Programm WINNT muß bei der Installation von DOS oder Windows verwendet werden und das Programm WINNT32 bei einer Aufrüstung von einer früheren Windos NT-Version.

Die einfachste und in vielen Fällen auch die bevorzugte Art mit der Installation zu beginnen, ist die Verwendung der beiliegenden Setup-Disketten. Doch schon dieser Schritt kann zum Scheitern verurteilt sein. Verwenden Sie ein CD-ROM-Laufwerk, das nur unter DOS, aber nicht unter Windows NT anzusprechen ist, kann das Installationsprogramm dieses CD-ROM-Laufwerk nicht erkennen und bricht die Installation ab.

Anders dagegen die Installation mit WINNT oder WINNT32. Diese Art der Installation kommt zwar auf Wunsch ohne die Setup-Disketten aus, ist aber dafür einiges zeitaufwendiger. Deshalb sei empfohlen, wenn es das verwendete CD-ROM-Laufwerk erlaubt, die Installation mit den Setup-Disketten durchzuführen. Dieser Diskettensatz läßt sich auch problemlos im nachhinein erstellen.

Setup-Disketten erstellen

Zunächst benötigen Sie dafür drei formatierte 3,5-Zoll-Disketten. Wechseln Sie anschließend bei Intel-basierenden Systemen in das Verzeichnis \I386 auf der Windows NT-CD-ROM.
Beispiel:

```
D: ⏎

CD \I386 ⏎
```

In diesem Beispiel wird davon ausgegangen, daß das CD-ROM-Laufwerk den Laufwerksbuchstaben D: trägt.

Geben Sie nun in der DOS-Kommandozeile den Befehl

WINNT /OX ⏎

ein. Auf dem Bildschirm erhalten Sie Hinweise zur nachfolgenden Prozedur und Angaben für die Bezeichnungen der drei Setup-Disketten. Legen Sie die nun die als SERVER-SETUP-DISKETTE 3 bezeichnete Diskette ein, und bestätigen Sie den Kopiervorgang mit ⏎. Nach Einiger Zeit werden Sie aufgefordert, Diskette 2 und die spätere SERVER-SETUP-BOOT-DISKETTE einzulegen. Ist der gesamte Kopiervorgang abgeschlossen, verfügen Sie über einen neuen Satz an Windows NT-Setup-Disketten.

WINNT oder WINNT32 verfügen außer der oben beschriebenen Option noch über weitere Parameter, mit denen Einfluß auf die Ausführung der Installation genommen werden kann. Folgende Optionen stehen zur Verfügung, die Sie sich jederzeit durch Anfügen des Parameters /? anzeigen lassen können:

/S:*Pfad*   Mit diesem Parameter geben Sie den Pfad zu Installationdateien von Windows NT an. Die Angabe kann sowohl als lokaler Pfadname (Bsp. L:*Pfad*), als auch in der UNC-Schreibweise (Bsp. *Server**Pfad*) angegeben werden.

/T:*Laufwerk*   Gibt das Laufwerk an, auf dem die temporären Setup-Dateien angelegt werden sollen. Ohne diese Angabe verwendet das Setup-Programm das erste Laufwerk mit genügend Speicherplatz.

/I:*Inf-Datei*   Bestimmt den Namen der Setup-Informationsdatei, die standardmäßig die Bezeichnung DOSNET.INF trägt. Die Angabe muß ohne Pfadangabe erfolgen, da dieser schon mit der Option /S angegeben wird.

/O   Nur Setup-Disketten für den Start der Installation erstellen

/OX   Setup-Disketten für CD-ROM- oder Disketten-Installation erstellen

/X   Keine Installationsdisketten mehr erstellen, es werden bereits vorhandene genutzt.

/F   Keine Überprüfung der Dateien beim Erstellen von Setup-Disketten. Diese Option beschleunigt den Vorgang, stellt aber auch einen Unsicherheitsfaktor dar (nur WINNT).

/C   Die Überprüfung des freien Speicherplatzes für das Setup wird ausgelassen (nur WINNT).

/B	Installation ohne Setup-Disketten. Die notwendigen Boot-Dateien werden temporär auf die Festplatte kopiert. Wird mit dieser Option nicht der Parameter /S angegeben, fragt das System nach dem Quellpfad der Installationsdateien.
/U:*Skript*	Dieser Parameter erlaubt die unbeaufsichtigte Installation auf Basis einer Skriptdatei. Auch hier sollte der Parameter /S verwendet werden, da sonst trotzdem eine Abfrage erfolgt (nur WINNT).
/UDF	Legt eine Zeichenfolge fest, die verwendet wird, um bestimmte Abschnitte der Skriptdatei für die unbeaufsichtigte Installation durch die mit dieser Zeichenfolge gekennzeichneten Abschnitte in der UDF-Datei zu ersetzen. Damit können Abschnitte in Antwortdateien (Bsp. UNATTEND.TXT) ersetzt werden, ohne jeweils neue Antwortdateien zu erstellen.
/R	Erstellt ein optionales Verzeichnis (nur WINNT)
/RX	Kopiert ein optionales Verzeichnis (nur WINNT)

Jetzt geht es aber endlich los.

Legen Sie die Setup-Boot-Diskette in das Laufwerk, und starten Sie den PC neu. Beim Laden der ersten Diskette untersucht das Setup-Programm die Hardware des PC und die Windows NT-Ausführungsschicht wird geladen. Nach kurzer Zeit werden Sie aufgefordert, die Setup-Diskette 2 einzulegen. Folgen Sie dieser Anweisung, und bestätigen Sie mit ⏎.

Das Setup-Programm lädt im folgenden einige Dateien, darunter Bildschirmtreiber, Tastaturtreiber, Treiber für das FAT-Dateisystem und verschiedene Setup-Dateien. Kurz darauf schaltet der Computer auf den 50-Zeilen-Modus um und zeigt anschließend den folgenden Begrüßungsbildschirm an.

```
Windows NT Server Setup

   Willkommen zum Setup.

   Mit dem Setup-Programm für das Betriebssystem Microsoft
   Windows (R) NT (TM),Version 4.0, wird Windows NT auf Ihrem
   Computer installiert. Drücken Sie

     - die F1-TASTE, um weitere Informationen zum Setup zu erhal-
       ten.

     - die EINGABETASTE, um Windows NT jetzt zu installieren.
```

```
           - die R-TASTE, um eine beschädigte Installation von Windows
             NT, Version 4.0, zu reparieren.

           - die F3-TASTE, um Setup zu beenden, ohne Windows NT zu in-
             stallieren.

              EINGABE=Fortsetzen   R=Reparieren   F1=Hilfe   F3=Beenden
```

Nachdem die Abfrage mit ⏎ für die Ausführung der Installation bestätigt ist, wird über einen weiteren Dialog gefragt, ob eine automatische Erkennung von SCSI-Adaptern durchgeführt werden soll. Zur Auswahl stehen die Optionen

EINGABE = AUTOMATISCHE ERKENNUNG

oder

A = ERKENNUNG AUSLASSEN UND SPÄTER SELBST AUSWÄHLEN

In der Regel erkennt das Setup-Programm die installierten SCSI-Adapter korrekt. Trotzdem kann es in Ausnahmefällen dazu kommen, daß sich das System gerade an dieser Stelle bei Verwendung bestimmter SCSI-Adapter "aufhängt". In diesem Fall müssen Sie halt die Installation von vorn beginnen und an dieser Stelle den SCSI-Adapter manuell auswählen. Ein Versuch schadet ja nicht.

Nach Fortsetzen der Installation mit ⏎, werden auf dem Bildschirm die erkannten Hard- und Software-Komponenten angezeigt. Dazu zählt:

- Computertyp
- Anzeige
- Tastatur
- Tastaturlayout
- Zeigegerät

Kontrollieren Sie die dazu ausgegebenen Angaben, und setzen Sie die Installation mit ⏎ auf dem Feld AKZEPTIEREN fort. Unter Zuhilfenahme der Pfeiltasten können allerdings auch Felder ausgewählt und mit anschließendem ⏎ Angaben zu den Komponenten manuell geändert werden.

Danach werden Sie aufgefordert, die Setup-Diskette 3 einzulegen und mit ⏎ zu bestätigen. Es werden weitere Treiber, darunter auch der Treiber für den erkannten SCSI-Adapter, und anschließend die erkannten Geräte auf dem Bildschirm angezeigt. IDE oder ESDI-Geräte und Laufwerke werden automatisch erkannt und nicht extra in dieser oben erwähnten Liste angezeigt.

Mit ⏎ kann jetzt die Installation fortgesetzt werden oder durch Drücken der Taste Z zusätzliche Massenspeichergeräte angegeben werden. Auch ein Abruch der Installation ist an dieser Stelle immer noch durch Drücken der Taste F3 möglich.

Bei Ausführung der Option über die Taste Z erhalten Sie eine Liste aller Windows NT 4.0 bekannten Massenspeichergeräte. Mit Hilfe der Pfeiltasten markieren Sie den entsprechenden Gerätetyp und bestätigen anschließend die Wahl mit ⏎, um den dazugehörenden Treiber zu installieren. Auch Treiber von einer Diskette des Herstellers können an dieser Stelle installiert werden. Verwenden Sie dazu einfach aus der Liste den Eintrag ANDERE, und bestätigen Sie mit ⏎. Sie werden direkt aufgefordert, die Diskette mit dem Treiber einzulegen.

Sind alle notwendigen Treiber installiert, zeigt das Setup-Programm das erkannte Plattensystem mit Informationen zu den erkannten Partitionen und Kapazitäten an und fragt, auf welcher Partition Windows NT installiert werden soll. Mit den Pfeiltasten ↓↑ kann eine Partition oder ein unpartitionierter Bereich ausgewählt werden. Mit anschließendem Betätigen der Taste ⏎ bestätigen Sie, daß Windows NT in diesem gewählten Bereich installiert wird.

Über weitere Optionen haben Sie außerdem die Möglichkeit, eine Partition in einem freien Bereich des Datenträgers zu erstellen oder sogar eine bestehende Partition zu löschen. Denken Sie aber daran, daß das Löschen einer Partition immer mit dem kompletten Datenverlust dieser Partition verbunden ist. Das Partitionieren eines ausgewählten Bereichs beginnen Sie mit Drücken der Taste e und das Löschen mit L.

Im nächsten Schritt kann auf Wunsch die gewählte Partition formatiert werden. Auch dabei wird Ihnen wieder eine kleine Auswahl an Optionen angeboten:

- Formatieren mit dem Dateisystem FAT
- Formatieren mit dem Dateisystem NTFS
- Konvertieren eines bestehenden FAT-Systems nach NTFS
- Aktuelles Dateisystem und Daten beibehalten

An dieser Stelle sei nochmals darauf hingewiesen, daß für einen NT-Server eigentlich nur das NTFS-Dateisystem in Frage kommen sollte. Anders sieht es dagegen bei Windows NT-Workstation aus. Um auch von DOS auf das Dateisystem zugreifen zu können, ist in diesem Fall das FAT-Dateisystem notwendig.

Wählen Sie die Option zur Konvertierung eines bestehenden FAT-Systems nach NTFS, findet diese Umwandlung nicht sofort, sondern erst zum Abschluß nach dem Neustart statt. Also nicht wundern, wenn nach dem nächsten Start zuerst ein erkanntes FAT-Dateisystem gemeldet wird.

Ist die gewünschte Partition für Windows NT ausgewählt und bestätigt, fragt die Installationsroutine nach dem Namen des Zielverzeichnisses. Als Vorgabe wird Ihnen das Verzeichnis \WINNT angeboten. Möchten Sie jedoch, vielleicht auch nur aus Test- oder Sicherheitszwecken, mehrere Installationen durchführen oder unterschiedliche NT-Versionen betreiben, sollten andere eindeutige Namen für das Zielverzeichnis gewählt werden.

Beispiel:

Aus Testzwecken sollen zwei Windows NT 4.0-Versionen und zusätzlich noch eine ältere Windows NT 3.51-Version installiert werden. In diesem Fall würden sich folgende Verzeichnisnamen anbieten:

\WINNT.4_1

\WINNT.4_2

\WINNT.351

Nun muß die gewählte Festplatte einem Test unterzogen werden. Gerade wenn eine schon bestehende Partition als Ziel für Windows NT verwendet wird, halte ich diesen Punkt für besonders wichtig. Zwei Arten von Überprüfungen stehen zur Auswahl - eine einfache oder ein gründliche Überprüfung. Bei IDE-Festplattensystem kann die gründliche Überprüfung schon sehr zeitaufwendig werden. Bei SCSI-Systemen fällt der Unterschied dagegen kaum ins Gewicht.

Nach Abschluß der Überprüfung beginnt das Installationsprogramm damit, die notwendigen Installationsdateien an ihre richtige Position zu kopieren. Je nach Geschwindigkeit des Systems kann dieser Vorgang schon mal eine längere Zeit dauern. Da dabei keine weiteren Abfragen erscheinen und dieser Vorgang automatisch abläuft, kann es der ideale Zeitpunkt für eine Kaffee-, Tee- oder ähnliche Pause sein.

Sind alle Dateien kopiert, möchte das Setup-Programm einen Neustart des Computers durchführen. Über einen Hinweis auf dem Bildschirm werden Sie aufgefordert, vorhandene Disketten und CD-ROM aus den Laufwerken zu entfernen und mit ⏎ den Neustart zu bestätigen.

Haben Sie die Umwandlung von FAT zu NTFS für die Partition gewählt, wird dies nach dem Neustart an dieser Stelle durchgeführt. Diese Prozedur dauert nur kurze Zeit, und ein weiterer Neustart des Systems wird abschließend ausgeführt.

Damit ist der textorientierte Teil der Windows NT 4.0-Installation abgeschlossen, und das System beginnt nach dem Neustart mit dem zweiten, dem grafischen Teil des Setups. Ab jetzt kann wieder zur Maus gegriffen werden.

Installation II: Grafik-Modus

KAPITEL 3

Beim Start des Computers wird zunächst das NT-Menü noch im Textmodus angezeigt, die schon vorhandenen Komponenten (Treiber, Mikrokernel u.a.) geladen und je nach vorheriger Auswahl auch das bestehende FAT-Dateisystem nach NTFS konvertiert. Ist dieser Vorgang abgeschlossen wird es endlich wieder bunt.

Installations-Assistent

Die weitere Installation wird über die grafische Benutzerschnittstelle (*GUI=Graphical User Interface*) fortgesetzt. Als Zeigegerät kommt jetzt auch wieder die Maus zum Einsatz. Die grafische Darstellung beschränkt sich zu diesem Zeitpunkt noch auf Standard-VGA mit einer Auflösung von 640 x 480 Bildpunkten und 16 Farben, da dieser Modus von allen VGA-Grafikkarten und Monitoren unterstützt wird.

Zur Installationsunterstützung verwendet Windows NT 4.0 einen Installations-Assistenten (*Installation Wizard*), der Sie Schritt für Schritt durch diesen zweiten Teil des Setups führt. Es kann bequem bei jedem einzelnen Installationsschritt vor- und zurückgeblättert werden, und man erhält dabei noch hilfreiche Informationen zu den Neuerungen von Windows NT 4.0.

Nach Lesen und Bestätigen des angezeigten Lizenzvertrages (*EULA=End User Licence Agreement*) wird über ein weiteres Informationsfenster angezeigt, daß der folgende Teil der Installation in drei Phasen erfolgt. Diese Phasen sind:

1. Zusammenstellung von Informationen über diesen Computer

2. Installation des Windows NT-Netzwerks

3. Abschluß der Installation

Mit Klick auf WEITER leiten Sie den Start der ersten Phase ein.

Lizenzangaben

Es erscheint ein Dialogfenster zur Eingabe des Benutzer- und des Firmennamens oder der Organisation. Erst nach Eingabe dieser Informationen kann das Setup-Programm fortgesetzt werden. Mit WEITER gelangen Sie zu einer weiteren Dialogbox für die Eingabe der CD-Kennummer. Auch diese Angabe ist für die Fortsetzung der Installation zwingend notwendig und kann nicht umgangen werden, es sei denn, Sie installieren von einer Microsoft Select-CD.

Abb. 3.1:
Dialogbox für Benutzer- und Firmenname

Damit wäre der Teil zu den Lizenzangaben von Windows NT 4.0 abgeschlossen, und das Installationsprogramm verlangt von Ihnen die Angabe zur gewünschten Lizenzierung des Servers. Sollten Sie bezüglich der Lizenzierung noch unsicher sein, sei empfohlen, zunächst die Lizenzierung "Pro Server" zu wählen. Stellt es sich erst später heraus, daß dies nicht die geeignete Lizenzierung für Ihr System ist, kann später noch einmal zum Modus "Pro Arbeitsplatz" gewechselt werden.

Server-Lizenzierung

Bei der Wahl der Lizenzierung "Pro Server" fragt Sie das System außerdem, über wie viele Lizenzen Sie verfügen. Per kleinen Pfeilschaltern oder durch Direkteingabe kann die Anzahl angegeben werden.
Klicken Sie auf WEITER, um mit der Installation fortzufahren.

Computername

Über das folgende Dialogfenster werden Sie aufgefordert, einen Computernamen einzugeben. Dieser Computername muß eindeutig sein und darf nicht schon von einem anderen Computer innerhalb einer Domäne oder Arbeitsgruppe im Netzwerk verwendet werden. Die Maximallänge für den zu vergebenden Namen darf 15 Zeichen nicht überschreiten.

Auch wenn dabei die Auswahl getroffen wird, ist es nicht endgültig. Der Name und die gegebenenfalls ausgewählte Domäne kann auch im nachhinein immer noch über SYSTEMSTEUERUNG/NETZWERK geändert werden. Klicken Sie nach Eingabe des Namens auf WEITER, um fortzufahren.

Server-Typ

Jetzt kommen Sie zu einem Punkt der Windows NT 4.0-Installation, über den Sie sich schon vorher Gedanken gemacht haben müssen. Es wird nach dem gewünschten Typ des zu installierenden Servers gefragt. Zur Auswahl steht

- Primärer Domänen-Controller
- Sicherungs-Domänen-Controller
- Alleinstehender Server

Bedenken Sie dabei, daß später zwar die Rolle der Domänen-Controller gewechselt, jedoch nicht ein ALLEINSTEHENDER SERVER ohne Neuinstallation Domänen-Controller oder umgekehrt werden kann. Handelt es sich bei dem zu installierenden Computer um den ersten Server in einer neuen Domäne, so muß es ein PRIMÄRER DOMÄNEN-CONTROLLER werden. Wird dieser Server jedoch ein weiterer Server innerhalb einer bestehenden Domäne, so sollte es ein SICHERUNGS -DOMÄNEN-CONTROLLER werden.

Wird dagegen nicht beabsichtigt, eine Domäne einzurichten, wählen Sie ALLEINSTEHENDER SERVER. Genauere Informationen zum Domänenkonzept erhalten Sie im Kapitel 13 des Buches.

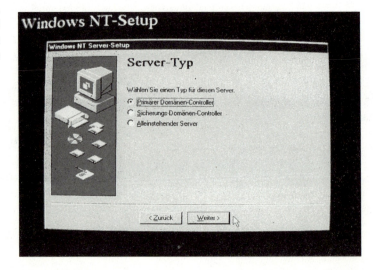

Abb. 3.2: Auswahl des Server-Typs

Administrator-Kennwort

Haben Sie sich bei der Wahl der Rolle des Servers für einen primären Domänen-Controller oder einen alleinstehenden Server entschieden und die getroffene Auswahl mit Klick auf WEITER bestätigt, werden Sie über eine Dialogbox aufgefordert, ein Kennwort für den Administrator einzugeben und in einem weiteren Feld wiederholt zu bestätigen.

Die maximale Länge des Kennwortes darf 14 Zeichen nicht überschreiten, und es wird zwischen Groß- und Kleinschreibung unterschieden. Dieses Administrator-Kennwort ist entweder für den ALLEINSTEHENDEN SERVER oder aber für die gesamte neue Domäne gültig. Handelt es sich dagegen beim Typ des Servers um einen SICHERUNGS-DOMÄNEN-CONTROLLER, der in einer bestehenden Domäne eingerichtet werden soll, wird bei der Angabe des Kennworts ein vorhandenes Kennwort eines Administrators der Domäne benötigt. Schließlich soll ja wohl nicht jeder in der Lage sein, irgendwelche Server in einer Domäne einzurichten.

Notfalldiskette

Im nächsten Schritt kann eine Notfalldiskette erstellt werden. Es handelt sich bei dieser Diskette später nicht um eine Boot-Diskette für Windows NT 4.0, sondern um eine Diskette mit den wichtigsten Informationen zur Konfiguration des Systems. Bei möglichen Fehlern kann später unter Zuhilfenahme der Installationsdisketten anhand dieser Informationen versucht werden, ein defektes System wieder zu reparieren.

Eine erstellte Notfalldiskette ist im Gegensatz zu den Setup-Disketten nicht für jeden Computer zu verwenden. Für jeden Computer mit Windows NT 4.0 muß eine eigene Notfalldiskette erzeugt werden. Werden im späteren Verlauf Änderungen an der Konfiguration eines Windows NT-Rechners durchgeführt, kann unter Verwendung des Hilfsprogramms RDISK jederzeit eine aktualisierte Notfalldiskette erstellt werden.

Abb. 3.3:
Notfalldiskette
erstellen

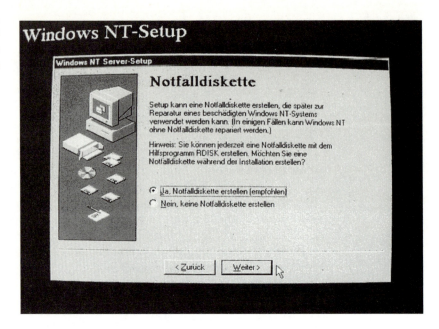

Komponenten auswählen

Nachdem Sie sich für oder gegen das Erstellen einer Notfalldiskette entschieden und mit Klick auf WEITER die Installation fortgesetzt haben, können Sie über ein Auswahlfenster zusätzliche Komponenten für die Installation auswählen.

Das muß allerdings nicht unbedingt zu diesem Zeitpunkt erfolgen. Auch nach der NT 4.0-Installation lassen sich diese optionalen Komponenten jederzeit hinzufügen. Diese zusätzlichen Komponenten sind in verschiedene Gruppen aufgeteilt. Über die Schaltfläche DETAILS können einzelne Bestandteile einer jeden Gruppe ausgewählt werden. Die verfügbaren Gruppen lauten:

- EINGABEHILFEN
- MICROSOFT EXCHANGE
- MULTIMEDIA
- SPIELE
- VERBINDUNGEN
- ZUBEHÖR

Über die links befindlichen Kontrollkästchen können diese jeweiligen Komponentengruppen an- oder abgewählt werden. Ein angekreuztes Kontrollkästchen mit grauem Hintergrund besagt, daß nur Teile dieser Komponentengruppe ausgewählt sind. Innerhalb der verschiedenen Komponentengruppen stehen folgende Bestandteile zur Auswahl:

Eingabehilfen

Keine weiteren einzelnen Bestandteile

Microsoft Exchange

- INTERNET MAIL
- MICROSOFT EXCHANGE
- MICROSOFT MAIL-DIENSTE

Multimedia

- AUDIODATEIEN
- AUDIORECORDER
- CD-SPIELER
- JUNGLE-AUDIOSCHEMA
- LAUTSTÄRKEREGELUNG
- MEDIENWIEDERGABE
- MUSICA-AUDIOSCHEMA
- ROBOTZ-AUDIOSCHEMA
- UTOPIA-AUDIOSCHEMA

Spiele

- FREECELL
- PINBALL
- SOLITÄR
- MINESWEEPER

Verbindungen

- HYPERTERMINAL
- TELEFON
- WAHLHILFE

3 · Installation II: Grafik-Modus

Zubehör

- BILDSCHIRMSCHONER
- DESKTOP-HINTERGRUND
- DOKUMENTVORLAGEN
- IMAGING
- MAUSZEIGER
- OBJEKT-MANAGER
- PAINT
- SCHNELLANSICHT
- RECHNER
- UHR
- WORDPAD
- ZEICHENTABELLE
- ZWISCHENABLAGE

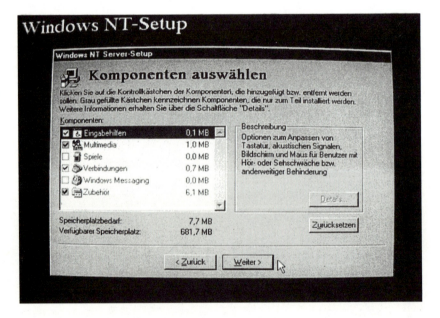

Abb. 3.4: Auswahl zusätzlicher Komponenten für die Installation

Welche Software-Komponenten installiert werden, bleibt im großen und ganzen dem Administrator überlassen. Über den Sinn von Spielen und Multimedia-Komponenten auf einem Server läßt sich allerdings streiten.

Nachdem alle gewünschten Komponenten markiert sind, kann die Installation mit Klick auf WEITER fortgesetzt werden.

Installation des Netzwerks

Der Installationsassistent möchte zuerst von Ihnen wissen, wie der Computer mit dem Netzwerk verbunden wird. Folgende Optionen stehen Ihnen an dieser Stelle zur Auswahl:

- COMPUTER NOCH NICHT MIT DEM NETZWERK VERBINDEN
- VERBINDUNG ZWISCHEN COMPUTER UND NETZWERK HERSTELLEN

  DIREKT AM NETZWERK ANSCHLIESSEN

  REMOTE-ZUGRIFF AUF DAS NETZWERK

Im Fall dieser Beispielinstallation wählen Sie die Option VERBINDUNG ZWISCHEN COMPUTER UND NETZWERK HERSTELLEN - DIREKT AM NETZWERK ANSCHLIESSEN. Die Variante REMOTE-ZUGRIFF AUF DAS NETZWERK wird nur benötigt, wenn der Computer über eine Fernverbindung (z.B. Modem) mit dem Netzwerk verbunden werden soll.

Wählen Sie die gewünschte Anschlußart, und klicken Sie auf WEITER.

Internet Information Server (IIS)

Über ein weiteres Dialogfenster des Installations-Assistenten werden Sie an dieser Stelle gefragt, ob der Internet Information Server installiert werden soll. Damit kann Ihr Server auch seine Server-Dienste im Internet/Intranet zur Verfügung stellen. In diesem Beispiel wird an dieser Stelle die Installation des Internet Information Servers ausgelassen. Diese Komponente kann auch jederzeit nach dem eigentlichen Setup von Windows NT 4.0 nachinstalliert werden. Es wird sogar dafür ein entsprechendes Symbol auf dem Desktop angelegt.

Netzwerkkarte bestimmen

Mit Klick auf WEITER kommen Sie zu dem Punkt, an dem die Netzwerkkarte des PC eingerichtet werden muß. Auch dabei ist der Installations-Assistent sehr hilfreich. Er bietet die Möglichkeit, eine installierte Netzwerkkarte automatisch zu erkennen oder die entsprechende Netzwerkkarte manuell aus einer Liste auszuwählen.

3 • Installation II: Grafik-Modus

Die automatische Erkennung ist in der Lage, zumindest Netzwerkkarten der bekanntesten Hersteller oder entsprechende kompatible Modelle ausfindig zu machen. Nur in seltenen Fällen findet der Installations-Assistent keine Netzwerkkarte. Sollte sich der PC bei der Suche dummerweise "aufhängen", müssen Sie leider das Setup von vorne beginnen und an dieser Stelle manuell die Netzwerkkarte mit Ihrer Konfiguration auswählen. Mit WEITER setzen Sie das Setup fort.

Auswahl der Netzwerkprotokolle

Nun möchte der Installations-Assistent von Ihnen wissen, welche Netzwerkprotokolle von diesem Computer unterstützt werden sollen. Zur Auswahl stehen:

- TCP/IP
- NWLink IPX/SPX-kompatibler Transport
- NetBEUI

Als Vorgabe sind TCP/IP und NWLink aktiviert. Bei dieser Beispielinstallation des Windows NT 4.0-Servers wird bei den Protokollen zunächst nur NWLINK IPX/SPX-KOMPATBLIBLER TRANSPORT ausgewählt. Genauere und auch notwendige Informationen zur TCP/IP-Konfiguration und zum zusätzlichen Protokoll NetBEUI erhalten Sie in einem späteren Kapitel des Buches.

Außer diesen aufgeführten Protokollen lassen sich über die Schaltfläche AUS LISTE AUSWÄHLEN noch folgende Protokolle zusätzlich hinzufügen:

- DLC-Protokoll
- Point to Point Tunneling-Protokoll (PPTP)
- Streams-Umgebung

Auch dazu würde eine genaue Beschreibung den Rahmen dieses Kapitels zum Thema Installation sprengen. Genaue Informationen erhalten Sie im Kapitel zur Netzwerkkonfiguration. Mit Klick auf WEITER gelangen Sie zur Abfrage der zu installierenden Netzwerkdienste.

Netzwerkdienste

Auch bei dieser Auswahl werden Ihnen Vorgabeeinstellungen angeboten, die wiederum aus einer weiteren Liste erweitert werden können. Üblicherweise werden nachfolgende Dienste schon aufgelistet:

RPC-Konfiguration

NetBIOS-Schnittstelle

Arbeitsstationsdienst

Serverdienst

Je nachdem welche Protokolle zuvor hinzugefügt wurden, kann diese Vorgabe abweichen. Weitere Dienste lassen sich auch an dieser Stelle aus einer Liste über die Schaltfläche Aus Liste auswählen hinzufügen.

Diese Dienste sind:

DHCP Relay-Agent

Einfache TCP/IP-Dienste

Gateway (und Client) Service für NetWare

Microsoft DHCP-Server

Microsoft DNS-Server

Microsoft Internet Information Server 2.0

Microsoft TCP/IP-Druckdienst

Netzwerkmonitoragent

Netzwerkmonitorprogramme und -agent

RAS-Dienste (Remote Access Service)

Remote-Boot-Dienst

RIP für das Internet-Protokoll

RIP für NWLink IPX

RIP-Unterstützung für Banyan

SAP-Agent

Service für Macintosh

SNMP-Dienst

WINS-Dienst

Eine Beschreibung zur Funktion dieser Dienste sowie die Installation und Konfiguration einiger Dienste erhalten Sie noch im Verlauf der weiteren Kapitel.

Nach Klick auf Weiter erscheint noch eine Sicherheitsabfrage, ob die ausgewählten Netzwerkkomponenten installiert werden sollen. Auch an dieser Stelle sind Änderungen an der Auswahl noch durch Anklicken von ZURÜCK möglich. Eine erneute Bestätigung mit WEITER zeigt erst an dieser Stelle die erkannten Konfigurationseinstellungen zur Netzwerkkarte.

Auch bei automatisch erkannter Netzwerkkarte sollten Sie unbedingt die angezeigten Einstellungen (Interrupt, E/A-Adresse und Shared Memory Bereich) kontrollieren und mit den tatsächlich bekannten Einstellungen vergleichen und gegebenenfalls ändern. Die automatische Erkennung hat bei diesen Angaben so manchmal ihre Probleme.

Bindungen

Nach erneuter Bestätigung der angezeigten Einstellungen werden die Programmroutinen für die gewählten Protokolle und Dienste installiert. Anschließend werden über ein Dialogfenster die Netzwerkbindungen angezeigt. An dieser Stelle können diese Bindungen aktiviert oder deaktiviert werden, was normalerweise aber nicht notwendig ist, weshalb statt dessen mit WEITER die Installation fortgesetzt werden kann.

Netzwerkstart

Jetzt wird es spannend. Über ein Info-Fenster wird Ihnen mitgeteilt, daß Windows NT jetzt das Netzwerk gemäß Ihren Angaben starten kann. Mit Klick auf WEITER wird der Start der installierten Komponenten eingeleitet. Wundern Sie sich nicht, wenn dieser Start etwas länger dauern sollte. Das ist in vielen Fällen normal.

Domäne oder Arbeitsgruppe

Ist das Netzwerk erfolgreich gestartet, müssen Sie anschließend, je nachdem welcher Server-Typ zu Anfang bestimmt wurde, angeben, welche Domäne der Server verwalten, welcher Domäne oder Arbeitsgruppe er angehören soll oder welche Arbeitsgruppe er zur Verfügung stellt. Handelt es sich beim Server um einen Primären Domänen-Controller, erscheint ein Dialogfenster für die Eingabe des Server-Namens und der neuen zu verwaltenden Domäne.

Bei einem Backup-Domänen-Controller muß zusätzlich noch der Administratorname und das Administartorkennwort angegeben werden. Der Domänenname bei diesem Server-Typ muß allerdings schon im Netzwerk existieren. Bei einem ALLEINSTEHENDEN SERVER geben Sie statt des Domänennamens die Arbeitsgruppe für den Server an.

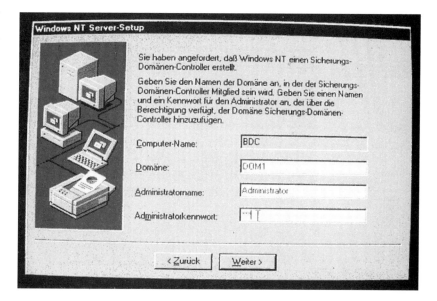

Abb. 3.5:
Eingabefenster für Server- und Domänenname

Nach Bestätigung der Eingaben mit Klick auf WEITER ist die zweite Phase des grafischen Setups von Windows NT 4.0 abgeschlossen, und Sie werden aufgefordert, die Phase 3 mit Klick auf die Schaltfläche FERTIGSTELLEN einzuleiten.

Zeitzone und Uhrzeit

Das Installationsprogramm nimmt noch einige Konfigurationseinstellungen vor und zeigt nach wenigen Augenblicken das Einstellfenster für Zeitzone und Uhrzeit. Dabei ist die Uhrzeit meist schon durch die Echtzeituhr des PC richtig eingestellt. Wichtiger dagegen ist es, für den Server die richtige Zeitzone einzustellen. Ist das nicht gewährleistet, kann es vorkommen, daß die Server in einer WAN-Umgebung mit verschiedenen lokalen Zeiten arbeiten.

Wählen Sie bei Bestimmung immer eine Zeitzone mit der angegebenen Hauptstadt zu der Zeitzone. In Deuschland wäre das die Zeitzone mit den Angaben:

```
(GMT +01:00) Berlin, Stockholm, Rom, Bern, Brüssel, Wien
```

Das ist besonders wichtig, da auch Länder der gleichen Zeitzone unter Umständen verschiedene Regelungen für die Umstellung zwischen Sommer- und Winterzeit haben. Dafür steht im gleichen Dialogfenster ein eigenes Kontrollkästchen bereit.

Nach Auswahl der Zeitzone und Überprüfung des Datums und Uhrzeit können Sie dieses Fenster durch Anklicken der Schaltfläche SCHLIESSEN verlassen und das Setup von Windows NT 4.0 fortsetzen.

Abb. 3.6: Auswahl der Zeitzone

Grafikeinstellungen

Das Ende der Installation naht. Der Installations-Assistent versucht nun, die verwendete Grafikkarte zu erkennen, und gibt Ihnen über ein Informationsfenster aus, welche Grafikkarte erkannt wurde. Das funktioniert bei den meisten Grafikkarten mit Chipsätzen bekannter Hersteller (z.B. S3, Tseng u.a.) zwar problemlos, aber wie bei allen Hardware-Komponenten kann es auch hierbei der Fall sein, daß gerade Ihre verwendete Grafikkarte nicht automatisch erkannt oder sogar von Hause aus nicht von Windows NT 4.0 unterstützt wird.

In einem solchen Fall zeigt Ihnen das Informationsfenster als erkannte Grafikkarte STANDARD-VGA an. Wenn Sie nicht gerade wirklich eine Uralt-Standard-VGA-Grafikkarte verwenden, hat das zur Folge, daß in den meisten Fällen die Mehrleistung der Grafikkarte nicht genutzt wird. Dazu zählt eine höhere Auflösung, Farbtiefe oder bessere Bildwiederholfrequenz.

Egal was Ihnen das Installationsprogramm in diesem Informationsfenster anzeigt, um fortzufahren müssen Sie dies in jedem Fall mit OK bestätigen. Das dahinter liegende Dialogfenster erlaubt es jetzt schon für den nächsten Start von Windows NT 4.0, die gewünschte Auflösung, Farbtiefe und Bildwiederholfrequenz einzustellen. Änderungen bei falsch oder gar nicht erkannter Grafikkarte sind zu diesem Zeitpunkt der Installation nicht vorzunehmen. Damit nicht alle Variationen mühselig durchprobiert werden müssen, können Sie sich durch Anklicken des Schalters ALLE MODI ANZEIGEN... informieren, welche verschiedenen Darstellungen Ihre verwendete Grafikkarte erlaubt.

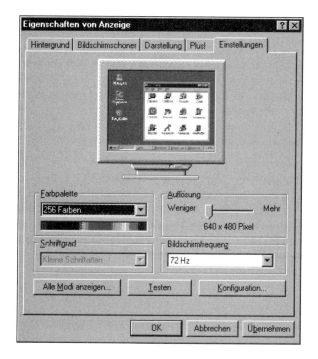

Abb. 3.7: Eigenschaften der Anzeige

Jede gewählte Einstellung muß vom System vor dem Abschluß der Installation getestet werden. Dieser Test macht nicht nur Sinn für die Einstellung zur Grafikkarte. Es kann ohne weiteres der Fall sein, daß zwar Ihre Grafikkarte die gewünschte Einstellung darstellen kann, aber der Monitor damit seine Schwierigkeiten bekommt. Mit Klick auf die Schaltfläche TESTEN können Sie sich davon überzeugen.

Es wird für den Zeitraum von 5 Sekunden ein Bildmuster entsprechend der gewählten Einstellungen angezeigt. Nach Ablauf dieser Zeit erscheint eine Sicherheitsabfrage, ob das Testmuster einwandfrei angezeigt wurde. Wird das bejaht, verwendet Windows NT 4.0 nach Abschluß der Installation und dem nächsten Neustart diese Grafikeinstellung.

Abschluß der Installation

Mit Klick auf OK schließen Sie das Dialogfenster für die Grafikeinstellungen, und der Installationsassistent beginnt augenblicklich Konfigurationseinstellungen zu speichern, weitere Dateien zu kopieren und somit den frisch eingerichteten Windows NT 4.0-Server für den Neustart vorzubereiten.

Dieser Vorgang nimmt wenige Minuten in Anspruch. Zum Abschluß werden noch die temporär angelegten Installationsdateien gelöscht, und über ein letztes Dialogfenster werden Sie aufgefordert, den Neustart des Computers zu bestätigen.

Wenn alle Angaben und Einstellungen zur Konfiguration des NT-Servers korrekt angegeben wurden, bootet der PC neu, lädt das Betriebssystem Windows NT 4.0 und verlangt anschließend eine Anmeldung von Ihnen.

Weitere Varianten der Installation erfahren Sie im nächsten Kapitel.

Installations-varianten

KAPITEL 4

Nicht immer muß oder kann an einem Computer eine Lokalinstallation, wie im vorherigen Kapitel beschrieben, durchgeführt werden. In vielen Fällen möchte man vielleicht nur ein bestehendes NT 3.51-System auf Windows NT 4 aktualisieren.

Gerade bei Maschinen, auf denen schon viele Einstellungen an den Benutzerdaten, viele registrierte Programme oder umfangreiche Netzwerkeinstellungen durchgeführt wurden, ist eher eine Aufrüstung (Upgrade) durchzuführen. Im anderen Fall sollten Sie einer Aufrüstung immer eine Neuinstallation vorziehen. Ist beispielsweise die bisherige Systemkonfiguration fehlerhaft, sollte man eher sofort eine Neuinstallation durchführen, als mühselig zu versuchen, den Fehler nach einer Aufrüstung zu beheben.

Eine andere Form der Installation ist die Installation über das Netzwerk. Sollen beispielsweise direkt mehrere Windows NT 4-Server oder Workstations neu installiert werden, stellt die Installation über das Netzwerk eine erhebliche Arbeitserleichterung dar.

Im diesem Kapitel werden beide Varianten der Windows NT 4-Installation ausführlich beschrieben. Welche Installation für Ihre Umgebung in Frage kommt (Neuinstallation, Aufrüstung, Netz-Installation), müssen Sie dabei selbst entscheiden.

Aufrüstung (Upgrade) von Windows NT 3.51

Zu Beginn muß noch gesagt werden, daß eine Aufrüstung nicht nur von einer früheren Windows NT-Version auf Windows NT 4 möglich ist. Auch eine Aufrüstung von Windows 3.1 oder Windows 95 ist möglich. Verwendet man bei dieser Aufrüstung das gleiche Zielverzeichnis, werden sogar die Informationen der meisten registrierten Programme übernommen. Bei manchen Programmen kommt man leider nicht an einer Neuinstallation vorbei.

Eine weitere Ausnahme bei der Aufrüstung besteht zwischen Windows NT-Server und Workstation. Man kann keine NT-Workstation ohne Neuinstallation zu einem Windows NT-Server aufrüsten.

HPFS-Dateisystem

Weitere Vorüberlegungen betreffen das Dateisystem. Windows NT 4 unterstützt nicht mehr das von OS/2 stammende HPFS-Dateisystem. Sollte sich also eine frühere NT-Version auf einer Festplatte mit

HPFS-Dateisystem befinden oder zumindest einige Partitionen in diesem Format vorhanden sein, muß zuerst zu NTFS konvertiert werden. Verwenden Sie dazu das Programm CONVERT.EXE der älteren Windows NT-Version (Z. B. Version 3.51). CONVERT.EXE von Windows NT 4 unterstützt die Konvertierung von HPFS zu NTFS nicht mehr.

Syntax von CONVERT.EXE (Windows NT 3.51):

```
CONVERT Laufwerk: /FS:NTFS (/V) (/NAMETABLE:Dateiname)
```

Laufwerk
Mit Laufwerk wird das Laufwerk angegeben, das zu NTFS konvertiert werden soll. Ein Konvertieren des aktuellen Laufwerks ist nicht möglich.

/FS:NTFS
Mit diesem Parameter wird angewiesen, den Datenträger zu NTFS zu konvertieren.

/V
Detailanzeige während der Konvertierung

/NAMETABLE:Dateiname
Mit dieser Angabe wird CONVERT veranlaßt, eine Namensübersetzungstabelle zu erstellen und unter dem angegeben Namen zu speichern.

Aufrüstung durchführen

Die Aufrüstung von einer früheren Windows NT-Version kann auf verschiedene Arten durchgeführt werden. Die erste Möglichkeit entspricht in der Vorgehensweise im weitesten Sinne einer Neuinstallation. Dabei starten Sie den Computer mit der eingelegten Setup-Boot-Diskette. Die Installationsroutine erkennt automatisch das bestehende Windows NT-System und schlägt Ihnen eine Aufrüstung vor. Der restliche Ablauf entspricht wieder einer Neuinstallation. Um bestehende Informationen und Registriereinträge beibehalten zu können, muß lediglich darauf geachtet werden, das gleiche Zielverzeichnis zu verwenden.

Die zweite Variante zur Aufrüstung verwendet die Installationsprogramme WINNT oder WINNT32. Dabei ist WINNT unter DOS und WINNT32 unter Windows NT auszuführen. Bei einem Intel-basierenden System befinden sich beide Programme im Quellverzeichnis \i386.

Es spielt keine Rolle, ob sich dieses Verzeichnis mit den Dateien in einem lokalen Verzeichnis, Netzwerkverzeichnis oder auf der Windows NT 4-CD-ROM befindet. Während der Aufrüstung werden bestehende Dateien durch die neuen ersetzt und Systemeinstellungen sowie Programmgruppen der neuen Version angepaßt. Davon ausgenommen sind folgende Angaben und Einstellungen:

- Einstellungen zu Netzwerkprotokollen
- Angaben zur Netzwerkkarte
- Kontoinformationen für Benutzer und Gruppen
- Gespeicherte Informationen zu Administrationsprogrammen oder Programmen der Gruppe ZUBEHÖR.
- Einstellungen zum RAS-Dienst (*Remote Access Services*)

Aufrüsten mit WINNT32

Starten Sie zunächst den Computer wie bisher mit der alten Windows NT-Version. Nach erfolgter Anmeldung öffnen Sie ein Fenster mit der NT-Eingabeaufforderung.

Abb. 4.1: Windows NT 3.51 Eingabeaufforderung

In diesem Beispiel wird davon ausgegangen, daß die Aufrüstung unter Verwendung der Windows NT 4-CD-ROM durchgeführt wird. Bei Computern mit Intel-Prozessoren wechseln Sie jetzt in das Verzeichnis \i386 auf der CD-ROM. Dort befindet sich unter anderem auch das Programm WINNT32.EXE.

In dem Fenster der NT-Eingabeaufforderung starten Sie das Programm mit der Eingabe

WINNT32 ⏎

oder

WINNT32 /b ⏎.

Mit der Option /b werden die benötigten Boot-Dateien nicht auf Disketten, sondern direkt auf die Festplatte kopiert. Dieses Variante findet im Beispiel Verwendung.

Nach dem Aufruf des Programms durch die Eingabe von

```
WINNT32 /b ⏎
```

wird zunächst eine Speicherplatzüberprüfung durchgeführt und anschließend ein Dialogfenster zur Eingabe des Quellpfads angezeigt. Tragen Sie dort den genauen Pfad zu den Windows NT 4-Dateien ein, und bestätigen Sie mit FORTSETZEN.

Jetzt wird die Informationsdatei DOSNET.INF ausgelesen und die Startdateien auf die Festplatte kopiert. Dieser Vorgang kann je nach Geschwindigkeit des Systems und CD-ROM-Laufwerk einige Minuten in Anspruch nehmen. Als Fortschrittsanzeige wird auf dem Bildschirm ein blauer Balken angezeigt.

Nachdem dieser Teil der Aufrüstung abgeschlossen ist, werden Sie über ein Hinweisfenster darauf aufmerksam gemacht, daß der Computer neu gestartet werden muß und danach das Setup fortgesetzt wird. Bestätigen Sie das durch Anklicken der Schaltfläche COMPUTER NEU STARTEN.

Abb. 4.2:
Hinweisfenster -
Neustart des
Systems

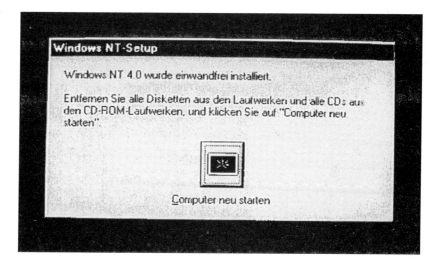

Nach dem Neustart wird die Aufrüstung, zunächst im textorientierten Modus, automatisch fortgesetzt. Kurze Zeit später werden Sie vom System willkommen geheißen und über das gleiche Dialogfenster gefragt, ob jetzt Windows NT 4 installiert, eine beschädigte Variante von Windows NT 4 repariert oder die Installation an dieser Stelle abgebrochen werden soll.

Massenspeichergeräte

Mit Betätigen der Taste ⏎ bestätigen Sie die Installation, und auf dem nächsten Bildschirm werden die erkannten Massenspeichergeräte angezeigt. Mit Z kann an dieser Stelle ein zusätzliches Gerät angegeben, über F3 die Installation abgebrochen und mit ⏎ die Installation fortgesetzt werden. Nach Bestätigung von ⏎ gelangen Sie zum Lizenzvertrag von Windows NT 4. Über die Taste Bild↓ können Sie bis an das Ende des Vertrages blättern und mit F8 dem Abkommen zustimmen.

Versionserkennung

Jetzt weist das Installationsprogramm Sie darauf hin, daß eine bestehende Windows NT-Version erkannt wurde. Ausgegeben wird dabei das Verzeichnis, der Windows NT-Typ (Server oder Workstation) und die Versionsnummer. In dem hier aufgeführten Beispiel lautet der Text:

```
D:\WINNT35 "WINDOWS NT SERVER, VERSION 3.51"
```

Sie können jetzt immer noch entscheiden, ob die Installation abgebrochen, das bestehende System aktualisiert oder eine neue Version in einem anderen Verzeichnis installiert werden soll.

Mit ⏎ entscheiden Sie sich in diesem Fall für die Aufrüstung im gleichen Zielverzeichnis. Nun erscheint die Abfrage zur Datenträgerüberprüfung. Durch Drücken von ⏎ entscheiden Sie sich zu einer gründlichen Überprüfung, und mit Esc kann diese etwas mehr Zeit in Anspruch nehmende Prüfung ausgelassen werden. Sind auf dem entsprechenden Datenträger des öfteren Lesefehler aufgetreten, sollten Sie die gründliche Überprüfung wählen. Die Datensicherheit sollte Ihnen die Zeit wert sein.

Nach dieser Überprüfung beginnt die Installationsroutine mit dem Aktualisieren und Kopieren von verschiedenen Dateien. Auch dieser Vorgang kann je nach Systemgeschwindigkeit zwischen 5 und 15 Minuten in Anspruch nehmen.

Neustart des Systems

Sind alle benötigten Dateien kopiert, ist mal wieder ein Neustart des Computers fällig. Entfernen Sie alle möglicherweise eingelegten Disketten und sogar CD-ROMs. Moderne Computer sind auch in der Lage, von CD-ROM zu booten und die Windows NT 4-CD-ROM ist eine solche bootfähige CD-ROM. Je nach BIOS-Einstellung würde der Rechner immer zuerst von der eingelegten CD-ROM starten und die Installation von neuem durchführen.

Wenn alle Vorkehrungen getroffen sind, kann mit ⏎ der Neustart eingeleitet werden. Der Computer startet neu und setzt nach wenigen Augenblicken die hier beschriebene Aufrüstung mit der grafischen Benutzeroberfläche fort.

Grafikteil der Aufrüstung

Dieser Teil der Aufrüstung geschieht in mehreren Phasen. Über ein Dialogfenster werden Sie darüber informiert, daß während der ersten Phase die Informationen über den Computer überprüft werden. Mit Klick auf WEITER führen Sie die Aktion durch.

Jetzt erfolgt die Abfrage der CD-Kennummer.

Eine Ausnahme bildet die Installation von einer Microsoft Select CD. Hier benötigen Sie keine Kennummer.

Übertragen Sie die auf der CD-Hülle befindliche Kennummer in die entsprechenden Felder des Dialogfensters, und bestätigen Sie mit WEITER. Es erscheint ein weiteres Dialogfenster, über das Sie bestimmen können, ob eine Notfalldiskette für eine spätere Reparatur erstellt werden soll oder nicht.

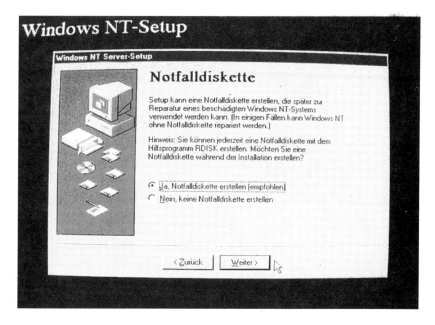

Abb. 4.3: Notfalldiskette erstellen

Notfalldiskette

Es handelt sich bei dieser Diskette später nicht um eine Boot-Diskette für Windows NT 4.0, sondern um eine Diskette mit den wichtigsten Informationen zur Konfiguration des Systems. Bei möglichen Fehlern kann später unter Zuhilfenahme der Installationsdisketten anhand dieser Informationen versucht werden, ein defektes System wieder zu reparieren. Für jeden Computer mit Windows NT 4.0 muß eine eigene Notfalldiskette erzeugt werden. Werden im späteren Verlauf Änderungen an der Konfiguration eines Windows NT-Rechners durchgeführt, kann unter Verwendung des Hilfsprogramms RDISK jederzeit ein neue Notfalldiskette erstellt werden.

Komponentenauswahl

Mit Klick auf WEITER kann die Installation fortgesetzt werden. Im daraufhin eingeblendeten Dialogfenster kann ausgewählt werden, ob die Standardkomponenten installiert werden sollen oder die Komponentenliste zur Detailauswahl eingeblendet werden soll.

Die Auswahl muß allerdings nicht unbedingt zu diesem Zeitpunkt erfolgen. Auch nach der NT 4.0-Aufrüstung lassen sich diese optionalen Komponenten jederzeit hinzufügen. Diese zusätzlichen Komponenten sind in verschiedene Gruppen aufgeteilt. Über die Schaltfläche DETAILS können einzelne Bestandteile einer jeden Gruppe ausgewählt werden. Die Komponenten sind in folgende Gruppen unterteilt:

- EINGABEHILFEN
- MICROSOFT EXCHANGE
- MULTIMEDIA
- SPIELE
- VERBINDUNGEN
- ZUBEHÖR

Ist die Wahl getroffen, kann mit WEITER die Aufrüstung fortgesetzt werden.

Netzwerkaktualisierung

Nun gelangen Sie zur Phase zwei der Aufrüstung. Bei diesem Vorgang werden die schon installierten Netzwerkdienste für Windows NT 4 aktualisiert. Ein Klick auf WEITER bestätigt diese Aktualisierung. Ulkigerweise erscheint direkt darauf ein weiteres Fenster mit dem Hinweis, daß die Netzwerkkomponenten jetzt aktualisiert werden und möglicherweise auch verschiedene Dialogfelder während der Aktion angezeigt werden.

Bei diesem Fenster bleibt Ihnen kaum etwas anderes übrig, als mit WEITER fortzufahren. Die Schaltfläche ZURÜCK ist zu diesem Zeitpunkt inaktiv.

Nun werden alle Informationen zu den installierten Protokollen und Bindungen auf Windows NT 4 aktualisiert. Eingeblendete Dialogfenster stellen eher eine Sicherheitsabfrage dar, ob die angezeigten Einstellungen auch für das neue Windows NT 4 übernommen werden sollen. Automatisch gelangen Sie nach der Aktualisierung zur Phase 3 der Windows NT-Aufrüstung, die mit Klick auf FERTIGSTELLEN ausgeführt wird.

Abschluß der Aufrüstung

Es werden noch verschiedene Aktualisierungen durchgeführt, und anschließend werden Sie über ein weiteres Dialogfenster gefragt, ob der Internet Information Server installiert werden soll. In diesem Beispiel wird die Installation des Internet Information Servers ausgelassen, deaktivieren Sie also das Kontrollkästchen und bestätigen Sie mit OK. Diese Komponente kann auch jederzeit nach dem eigentlichen Setup von Windows NT 4.0 nachinstalliert werden.

Abb. 4.4: Desktop - Windows NT 4

Es werden noch einige weitere Dateien kopiert, Verknüpfungen erstellt, die Konfiguration gespeichert und abschließend die noch vorhandenen temporären Dateien gelöscht. Ein eingeblendetes Fenster weist darauf hin, daß dieser Computer erfolgreich auf Windows NT 4 aktualisiert wurde und nun neu gestartet werden kann. Ein Klick auf die dazugehörige Schaltfläche löst den Neustart des Systems aus.

Damit ist die Aufrüstung zu Windows NT 4 abgeschlossen, und der Computer startet ohne weitere Meldungen mit dem neuen Betriebssystem.

Installation über das Netzwerk

Eine weitere sehr praktische Variante der Windows NT 4-Installation ist die Installation über ein Netzwerk. Wie bei fast jeder Konfiguration und Installation müssen auch dafür bestimmte Vorkehrungen getroffen werden. Oberste Priorität hat dabei der Zugriff auf die Installationsdateien im Netzwerk. Dabei muß es sich beim Netzwerk-Server nicht unbedingt um einen Windows NT-Server handeln. Praktisch jeder Server inklusive Novell NetWare, Vines oder OS/2 kann die Quelle für die Installationsdateien von Windows NT 4 sein.

Im ersten Schritt müssen die notwendigen Daten von Windows NT 4 auf einem Datenträger des Servers abgelegt werden. Dabei reicht es völlig aus, die Dateien des entsprechenden Verzeichnisses (z. B. \i386) auf das Netzwerklaufwerk in ein Verzeichnis mit gleichem Namen zu kopieren. Zum Kopieren kann einfach der Befehl XCOPY verwendet werden.

Beispiel:

```
XCOPY E:\i386 L:\i386 /S ↵
```

Mit dieser Anweisung wird vom CD-ROM-Laufwerk E: das gesamte Verzeichnis \i386 inklusive sämtlicher Unterverzeichnisse auf das Netzwerklaufwerk L: kopiert. Die Laufwerksbuchstaben müssen selbstverständlich Ihrer Arbeitsumgebung angepaßt werden. Um jedoch Dateien auf ein Netzwerklaufwerk kopieren zu können, müssen Sie über die nötigen Zugriffsrechte verfügen. Auch die Laufwerkszuordnungen, in diesem Beispiel L:, müssen vorher festgelegt sein.

Handelt es sich bei dem Netzwerk um einen Windows NT-Server, verwendet man an der Arbeitsstation den Befehl:

```
NET USE L: \\Servername\Freigabename
```

Verwenden Sie statt dessen einen Novell NetWare-Server, lautet der Kommandozeilenbefehl für die Laufwerkszuordnung:

```
MAP ROOT L:=Servername/Volume:Verzeichnis
```

Für das Anlegen des Quellverzeichnisses mit den Windows NT 4-Dateien benötigen Sie das Recht, Dateien zu schreiben und zu erstellen. Bei der späteren Installation aus dem Netzwerk reicht das Lese-Recht völlig aus.

Sind nun alle Dateien für Windows NT 4 von der Installations-CD-ROM in das Netzwerkverzeichnis kopiert, können jetzt von diesem Verzeichnis weitere Stationen eingerichtet werden.

Stellen Sie zunächst von dem einzurichtenden Computer die Verbindung zum Netzwerk her, und wechseln Sie zu dem Quellverzeichnis durch Eingabe des zugeordneten Laufwerksbuchstabens. Auch wenn Sie erst jetzt eine Laufwerkszuordnung treffen, bringt das für die Installation keine Nachteile mit.

```
L: ⏎
```

Je nachdem welches Betriebssystem sich auf dem lokalen PC befindet, kann die Installation mit dem Programm WINNT oder WINNT32 durchgeführt werden. WINNT ist zuständig für DOS-Arbeitsstationen und WINNT32 für Windows NT-Arbeitsstationen.

In diesem dargestellten Beispiel wird eine zusätzliche Installation von Windows NT 4 auf einem NT-Rechner über das Netzwerk beschrieben und dafür aus der NT-Eingabeaufforderung der Befehl

```
WINNT32 /b ⏎
```

verwendet. Mit dem Parameter /b wird das Erstellen der drei Setup-Disketten umgangen.

Die weitere Vorgehensweise entspricht den Abfragen und Angaben einer Neuinstallation direkt von CD-ROM.

Notfalldiskette nachträglich erstellen

Wie schon bei den verschiedenen Abfragen beschrieben wurde, kann die Notfalldiskette für die Reparatur eines Windows NT-Systems auch nachträglich erstellt werden. Es handelt sich bei dieser Diskette später nicht um eine Boot-Diskette für Windows NT 4.0, sondern um eine Diskette mit den wichtigsten Informationen zur Konfiguration des Systems. Bei möglichen Fehlern kann später unter Zuhilfenahme der Installationsdisketten anhand dieser Informationen versucht werden, ein defektes System wieder zu reparieren.

Eine erstellte Notfalldiskette ist im Gegensatz zu den Setup-Disketten computerspezifisch und nicht für jeden Computer zu verwenden. Für jeden Computer mit Windows NT 4.0 muß eine eigene Notfalldiskette erzeugt werden.

Nachträglich kann eine solche Notfalldiskette mit dem Hilfsprogramm RDISK.EXE aktualisiert oder erstellt werden. Dieses Programm befindet sich im Verzeichnis \SYSTEM32 und kann entweder von der Eingabeaufforderung durch

> RDISK ⏎

oder aus dem Explorer mit Doppelklick gestartet werden.

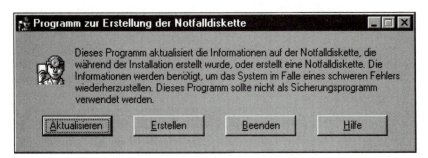

Abb. 4.5: Startbildschirm - RDISK.EXE

Über die Schaltfläche ERSTELLEN kann eine neue Notfalldiskette erzeugt werden. Nach Betätigen der Schaltfläche werden Sie aufgefordert, eine neue Diskette mit dem Namen NOTFALLDISKETTE zu beschriften und in das Diskettenlaufwerk A: einzulegen. Beachten Sie, daß möglicherweise vorhandene Daten auf dieser Diskette gelöscht werden. Mit OK bestätigen Sie den Hinweis, und die Diskette wird automatisch formatiert.

Nach Abschluß der Formatierung kopiert RDISK.EXE alle notwendigen Konfigurationsdateien auf die Diskette und wechselt automatisch wieder zum Programm-Menü. Folgende Dateien befinden sich anschließend auf der Notdiskette:

```
SETUP    LOG       50.805  24.02.97  14:21  SETUP.LOG
SYSTEM    _        76.872  24.02.97  14:23  SYSTEM._
SOFTWARE  _       125.476  24.02.97  14:23  SOFTWARE._
SECURITY  _         2.995  24.02.97  14:23  SECURITY._
SAM       _         4.094  24.02.97  14:23  SAM._
DEFAULT   _        16.319  24.02.97  14:23  DEFAULT._
NTUSER   DA_       14.831  24.02.97  14:23  NTUSER.DA_
AUTOEXEC NT           450  09.08.96   1:00  AUTOEXEC.NT
CONFIG   NT         2.994  24.02.97  15:20  CONFIG.NT
```

Über die Schaltfläche AKTUALISIEREN im Programm RDISK.EXE kann eine aktuelle Notfalldiskette nach Änderungen am System wieder auf den aktuellen Stand gebracht werden. Dabei werden die schon vorhandenen Dateien auf der Diskette überschrieben.

Mit BEENDEN kann RDISK.EXE nach Erstellen oder Aktualisieren der Notfalldiskette wieder geschlossen werden.

Unbeaufsichtigtes Setup (unattended Setup)

Wenn in einem Zug direkt mehrere Arbeitsstationen mit Windows NT 4 ausgestattet werden müssen, kann das durch die ständigen Abfragen während der Installation sehr mühselig und zeitaufwendig werden. Microsoft hat dafür ein hilfreiches Tool entwickelt, mit dem auf bequeme Art und Weise passende Antwortdateien erstellt werden. Leider gehört der "Windows NT Setup Manager" nicht zum Lieferumfang von Windows NT.

Er ist Bestandteil der "Technischen Referenz zu Windows NT 4" (NT 4 Resource Kit). Mit diesem Programm können über verschiedene Dialogfenster sämtliche Einträge zu den Abfragen während der Installation festgelegt und in einer Datei gespeichert werden.

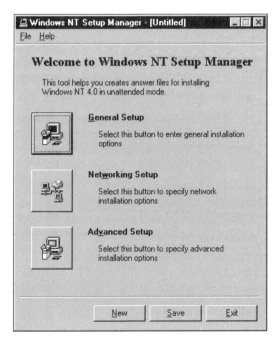

Abb. 4.6: Startbildschirm - Windows NT Setup Manager

Das eigentliche Installationsprogramm wird dann mit der Option

```
WINNT /u:Antwortdatei /s:Quellpfad ⏎
```

oder

```
WINNT32 /u:Antwortdatei /s:Quellpfad ⏎
```

gestartet. Für Systemverwalter oder Mitarbeiter im Benutzerservice stellt die technische Referenz zu Windows NT 4 mit den dazugehörigen Büchern eine wahre Fundgrube an Information und hilfreichen Programmen dar.

Registrierungs- datenbank (Registry)

KAPITEL 5

5 · Registrierungsdatenbank (Registry)

Wer kennt nicht die unzähligen verschiedenen .INI-Dateien von Windows bis zur Version 3.11. Wenn man dann einmal irgendeinen Eintrag suchte, war man oft gezwungen, viele dieser .INI-Dateien mühselig zu durchkämmen. Damit soll unter Windows NT endlich Schluß sein.

Microsoft hat dafür die Registrierdatenbank ins Leben gerufen. In dieser Datenbank sind alle Konfigurationsinformationen des Systems enthalten. Zunächst hört sich das ja wie ein Geschenk des Himmels an. Wer aber schon mal einen Blick in diese Registrierdatenbank geworfen hat, weiß wie komplex und undurchschaubar diese Datenbank in verschiedenen Teilbereichen sein kann. Auch die Bedienung des Registrierungseditors ist nicht gerade das Komfortabelste. Im folgenden Kapitel wird versucht, etwas mehr Licht in das Dunkel zu bringen.

Aufbau der Registrierdatenbank

Die Registrierdatenbank von Windows NT 4 ist eine hierarchisch aufgebaute Datenbank mit allen Informationen zur Hardware, Benutzereinstellungen sowie Angaben zu Einstellungen installierter Anwendungen. Es handelt sich dabei nicht um eine Textdatei, wie es bei den .INI-Dateien der Fall war, sondern um ein Dateisystem, das nur mit einem speziellen Editor manuell bearbeitet werden kann.

Außerdem sind moderne Anwendungen und die Systemsteuerung in der Lage, Änderungen an der Registrierdatenbank durchzuführen. Für einfache Systemeinstellungen wird wohl jeder eher die Möglichkeiten der Systemsteuerung nutzen, als bestimmte Schlüssel über den Editor REGEDIT.EXE bzw. REGEDT32.EXE zu verändern.

Der hierarchische Aufbau der Registrierdatenbank setzt sich aus den Komponenten Teilbaum, Schlüssel und Wert zusammen. Die Teilbäume der Registrierdatenbank stellen fünf grob dargestellte Kategorien dar. Jede Kategorie ist für die Aufnahme ganz bestimmter Informationen zuständig.

HKEY_LOCAL_MACHINE
Dieser Teilbaum enthält Angaben zur Hardware. Dazu zählt die Hardware-Ausstattung und Konfiguration. Außerdem sind hier bestimmte Einträge zum Betriebssystem (Boot-Vorgang, zu ladende Gerätetreiber u.a.) des lokalen Computers vorzufinden.

HKEY_CLASSES_ROOT
Hier sind Informationen zu Dateiverknüpfungen eingetragen. So wird zum Beispiel festgelegt, daß bei einem Doppelklick auf eine Datei mit der Endung .XLS automatisch MS-Excel ausgeführt wird. Auch die OLE-Datenbank ist in diesem Teilbaum abgelegt.

HKEY_USERS
Dieser Teilbaum beinhaltet alle geladenen Benutzerprofile. Dazu gehört immer das Standardprofil und das Profil des aktuell dem System bekannten Benutzers (HKEY_CURRENT_USER).

HKEY_CURRENT_USER
Enthält alle Benutzerinformationen des augenblicklich an der Maschine angemeldeten Benutzers. Dazu gehören nicht nur Sicherheitsmerkmale, sondern auch Einstellungen wie Farbeinstellungen, Druckerparameter oder Laufwerkszuordnungen.

HKEY_CURRENT_CONFIG
Auch dieser Teilbaum beinhaltet Informationen zur aktuellen Hardware-Konfiguration. Im speziellen sind es die Hardware-Informationen, die für den Boot-Vorgang benötigt werden. Es handelt sich dabei um einen duplizierten Teil von HKEY_LOCAL_MACHINE.

Der hierarchische Aufbau der Registrierdatenbank setzt sich in den Teilbäumen in Form von Schlüsseln, Unterschlüsseln und dazugehörigen Werteneinträgen fort. Bevor jedoch genauere Erläuterungen folgen, sollte zuerst der Editor für die Registrierdatenbank gestartet werden.

REGEDT32.EXE

Hinter diesem Programmnamen verbirgt der 32-Bit-Editor für die Registrierdatenbank. Dieses Hilfsprogramm befindet sich im Verzeichnis \SYSTEM32 im Windows NT 4-Verzeichnis. Alternativ dazu gibt es auch noch die 16 Bit-Variante direkt im Windows NT-Verzeichnis. Im folgenden möchte ich mich aber auf das Arbeiten mit dem 32-Bit-Editor beschränken.

Nach dem Aufruf des Programms über das START-Menü und die Option AUSFÜHREN oder Doppelklick auf das Symbol aus dem Explorer heraus werden sofort überlappende Fenster aller Teilbäume der Registrierdatenbank angezeigt.

Die Darstellung entspricht im weitesten Sinne der Verzeichnisanzeige im Windows-Explorer. Hier stellen die einzelnen Register jedoch keine Unterverzeichnisse, sondern weitere Schlüssel (Bereiche) im hierarchischen Aufbau der Datenbank dar. Die Verschachtelung geht bis zu dem Schlüssel, in dem dazugehörige Werte eingesehen, hinzugefügt oder geändert werden können.

Im Teilbaum HKEY_LOCAL_MACHINE finden Sie beispielsweise die Hauptschlüssel HARDWARE, SAM, SECURITY, SOFTWARE und SYSTEM.

5 · Registrierungsdatenbank (Registry)

Abb. 5.1:
REGEDT32.EXE
- Startbildschirm

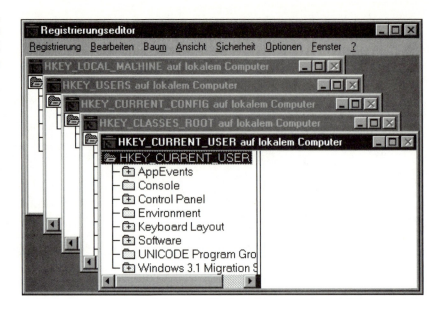

Schlüsselnamen

Die genaue Bezeichnung eines Schlüssels setzt sich aus dem vollständigen Pfad zu diesem entsprechenden Schlüssel zusammen. So beinhaltet der Schlüssel HARDWARE den Unterschlüssel DEVICEMAP und dieser wiederum den Schlüssel VIDEO. Möchte man jetzt diesen Schlüssel VIDEO genau bezeichnen, lautet der vollständige Name

HKEY_LOCAL_MACHINE\HARDWARE\DEVICEMAP\VIDEO.

Je nach gewähltem Schlüssel kann der Teil des Baumes noch einige Ebenen weiter in die Tiefe gehen. Daß es noch weitere Ebenen in einem Schlüssel gibt, erkennen Sie an einem Pluszeichen im dargestellten Register. Durch Doppelklick auf ein solches Register öffnen sie jeweils eine weitere Ebene des Teilbaums.

Namen, Werte und Datentypen

Wenn Sie sich beispielsweise den Schlüssel

HKEY_LOCAL_MACHINE\HARDWARE\DESCRIPTION\SYSTEM

anzeigen lassen, werden zu diesem Schlüssel Werte im rechten Fenster des Registrierungseditors angezeigt. Die Aufteilung beider Fenster am Bildschirm kann durch Anklicken und Ziehen mit der Maus zur besseren Übersicht verändert werden.

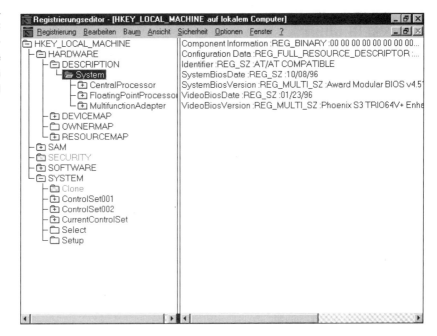

Abb. 5.2: Registrierungseditor - Anzeige von Werten zum Schlüssel

Jede Zeile stellt einen Werteintrag in der Registrierdatenbank dar. Der Eintrag

    SystemBiosDate:REG_SZ:09/18/96

könnte sich bei den früher verwendeten .INI-Dateien mit Angabe der Sektion so darstellen:

    [SYSTEM]

    SystemBiosDate = 09/18/96

Aber was bedeutet die Angabe REG_SZ?

Mit dieser zusätzlichen Angabe wird der Datentyp des folgenden Wertes von Windows NT 4 identifiziert (Zeichenketten, Binärdaten, Wahrheitswerte u.a.). Fünf verschiedene Datentypen sind standardmäßig unter Windows NT 4 bekannt.

REG_BINARY
Bei diesem Datentyp handelt es sich um reine Binärdaten, die im Editor sowohl hexadezimal, als auch binär eingesehen oder geändert werden können. Die meisten Angaben zur Hardware werden in diesem Format

eingetragen. Man kann es sich eigentlich sparen, dort manuell Veränderungen vorzunehmen, da ein Entschlüsseln der Informationen in der Regel zum scheitern verurteilt ist. Solche Einträge werden meist durch Einstellungen über die Systemsteuerung angepaßt oder beim Installieren neuer oder anderer Hardware.

Beispiel:

```
Component Information:REG_BINARY:00 00 00 00 00 00 00 ...
```

REG_DWORD
Auch bei diesem Datentyp handelt es sich um einen binären Wert mit der genauen Länge von 4 Byte. Solche Datentypen werden oft bei Angaben zu booleschen Wahrheitswerten (True/False oder 1/0) oder verschlüsselten Datumsangaben verwendet.

Beispiel:

```
InstallDate:REG_DWORD:0x32f64450
```

REG_EXPAND_SZ
Dieser Datentyp repräsentiert eine Zeichenkette von variabler Größe. Dabei kann es sich um Klartext oder eine Systemvariable mit voran- und nachgestellten Prozentzeichen (%username%) handeln. Dieser Datentyp läßt sich oft gegenüber den voran beschriebenen Datentypen leicht entziffern und deuten.

Beispiel:

```
MediaPathUnexpanded:REG_EXPANDED_SZ:%SystemRoot%\Media
```

REG_MULTI_SZ
Hier handelt es sich um einen weiteren Zeichenkettentyp. Dieser Datentyp erlaubt mehrzeilige Einträge, die durch das Zeichen Null getrennt werden.

Beispiel:

```
AtachedComponents:REG_MULTI_SZ:Root\LEGACY_ATAPI\0000  ..
```

REG_SZ
Bei diesem Datentyp handelt es sich um eine einfache Zeichenkette. Er beinhaltet Klartext und wird unter anderem für die Einträge von Umgebungsvariablen verwendet.

Beispiel:

```
ComputerName:REG_SZ:PDC-DOM1
```

Diese verschiedenen Datentypen lassen sich gemäß ihrer Aufgabe wie folgt zuordnen:

Zeichenkette:	REG_EXPAND_SZ
	REG_MULTI_SZ
	REG_SZ
DWORD:	REG_DWORD
Binär:	REG_BINARY

Schlüssel und Werte bearbeiten

Bevor die Art und Weise beschrieben wird, wie die Bearbeitung von Schlüsseln und Werten in der Registrierdatenbank vor sich geht, sollten Sie bedenken, daß falsche Einträge und Änderungen ohne weiteres zu einem Systemausfall führen können.

In diesem Abschnitt sollen nicht verschiedene Einträge in der Registrierdatenbank, sondern lediglich die Möglichkeiten und die Vorgehensweise beim Editieren der Informationen beschrieben werden.

Ändern von Werten

Zuerst muß über den Registrierungseditor der richtige Teilbaum und der gewünschte Schlüssel in der Struktur ausgewählt werden. Wird dieser Schlüssel mit dazugehörigem Wert in der rechten Fensterhälfte angezeigt, kann mit Doppelklick der linken Maustaste das Editierfenster geöffnet werden.

Je nach ausgewähltem Datentyp erscheint auch das dazu passende Editierfenster. Alternativ dazu kann auch aus dem Menü BEARBEITEN ein gewünschter Datentyp (Binär, Zeichenkette, DWORD, Mehrteilige Zeichenkette) zum Editieren ausgewählt werden.

Der Doppelklick dürfte dabei wohl die einfachste Variante sein. Wer möchte schon eine Zeichenkette im Binärcode editieren?

Im angezeigten Editierfenster wird direkt der aktuelle Wert übernommen und kann direkt an Ort und Stelle verändert werden. Mit ABBRECHEN verwerfen Sie durchgeführte Änderungen, und mit OK werden sie als Wert übernommen.

Abb. 5.3:
Registrierungs-
editor - Anzeige
Schlüssel und
Werte

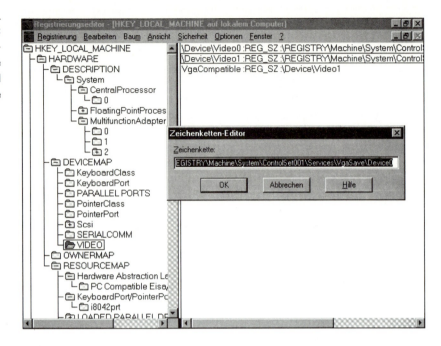

Abb. 5.4:
Registrierungs-
editor - Zeichen-
ketten-Editor

Dieser Zeichenketten-Editor kommt immer bei Werten vom Typ REG_SZ und REG_EXPAND_SZ zum Einsatz. Ein weiterer Editor ist der Binäreditor für Werte des Datentyps REG_BINARY. Obwohl nur in den seltensten Fällen bei diesem Datentyp Werte manuell eingetragen werden, bietet dieser Editor die Möglichkeit, für das Einsehen und Verändern zwischen binärer oder hexadezimaler Schreibweise umzuschalten.

Bei Werten vom Datentyp REG_DWORD kommt der DWORD-Editor zum Einsatz. Auch bei diesem Editor kann zwischen verschiedenen Ansichten gewählt werden. Zur Auswahl steht BINÄR für Wahrheitswerte (0 oder 1), DEZIMAL für Zahlenwerte mit der Basis 10 und HEXADEZIMAL mit der Basis 16. Hexadezimale Einträge sind zum Beispiel bei der Angabe von Speicheradressen zu empfehlen.

Schlüssel und Werte bearbeiten

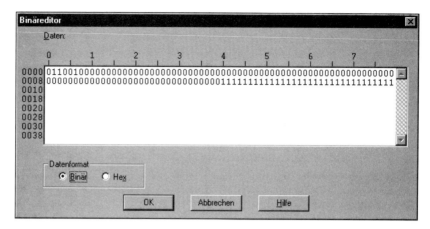

Abb. 5.5: Registrierungseditor - Binäreditor

Als letztes gibt es noch einen besonderen Editor für mehrzeilige Zeichenketten vom Datentyp REG_MULTI_SZ. Für solche Datentypen wird ein etwas größeres Eingabefenster angezeigt. Wie bei der Textverarbeitung oder einem einfachen Editor werden die einzelnen Einträge mit ⏎ getrennt.

Hinzufügen von Schlüsseln und Werten

Die Registrierdatenbank kann auch manuell mit weiteren Schlüsseln oder Werten ergänzt werden. Auch hier muß wieder gesagt werden, daß so etwas in der Praxis selten notwendig sein wird.

Um einen Schlüssel hinzuzufügen, wählen Sie einen Unterschlüssel an, unter dem der neue Schlüssel dargestellt werden soll. Wählen Sie aus dem Menü BEARBEITEN den Befehl SCHLÜSSEL HINZUFÜGEN an, und Sie erhalten ein Dialogfenster auf dem Bildschirm. Im Eingabefeld SCHLÜSSELNAME tragen Sie den Namen für den neuen Schlüssel ein und unter KLASSE den Datentyp für Werte zu dem neuen Schlüssel. Die Angabe des Datentyps ist an dieser Stelle nicht notwendig, da beim Hinzufügen von Werten der entsprechende Datentyp bestimmt werden kann.

Es können dabei nur eindeutige Schlüsselnamen, die noch nicht in der gewählten Ebene existieren, verwendet werden. Doppelte Schlüsselnamen sind nicht zulässig.

Auf die oben beschriebene Art kann jetzt ohne Probleme ein ganzer Ast im gewählten Teilbaum erzeugt werden.

Werte hinzufügen

Um Werteinträge hinzuzufügen, wählen Sie zuerst den entsprechenden Schlüssel in der Struktur des Teilbaums aus. Wählen Sie dann den Befehl WERT HINZUFÜGEN aus dem Menü BEARBEITEN an. Über ein Dialogfenster werden Sie nach einem WERTNAMEN und dem DATENTYP des Wertes gefragt. Dabei ist der Wertname als Oberbegriff für den später anzugebenden Wert zu sehen.

Abb. 5.6: Registrierungseditor - Wert hinzufügen

Sind beide Angaben festgelegt und mit OK bestätigt, wird der Editor zum gewählten Datentyp angezeigt. Über diesen Editor kann jetzt der Wert für den vorher bestimmten Wertnamen eingetragen werden.

Ein einmal vergebener Datentyp kann im nachhinein nicht mehr gewechselt werden. Änderungen am Datentyp sind nur über den Umweg möglich, indem Sie den Eintrag zuerst löschen und danach wieder neu mit anderem Datentyp anlegen.

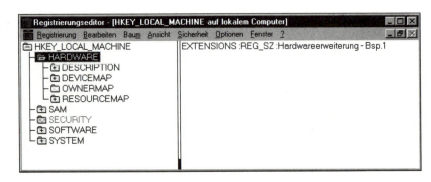

Abb. 5.7: Registrierungseditor - Anzeige hinzugefügter Schlüssel und Werte

Schlüssel und Werte löschen

Nichts einfacher als das. Markieren Sie einfach den zu löschenden Schlüssel oder Wert, und betätigen Sie die Taste [Entf]. Es erscheint noch ein Sicherheitsabfrage, ob Sie wirklich löschen möchten, und nach Bestätigung mit JA wird der Schlüssel oder Wert aus der Registrierdatenbank entfernt.

Bedenken Sie, daß mit dem Löschen eines Schlüsseleintrags auch der gesamte darunter befindliche Zweig mit allen weiteren Schlüsseln und Einträgen gelöscht wird! Wer das Risiko liebt, kann die Sicherheitsabfrage auch unter OPTIONEN über den Menüpunkt LÖSCHEN BESTÄTIGEN deaktivieren.

Schlüssel suchen

Wenn Sie einen namentlich bekannten Schlüssel suchen möchten, muß das nicht unbedingt bedeuten, daß der gesamte Teilbaum manuell durchkämmt werden muß. Der Registrierungseditor bietet auch die Möglichkeit, nach Schlüsselnamen oder Teilen eines solchen Namens in der Datenbank zu suchen.

Wählen Sie dazu aus dem Menü ANSICHT die Option SCHLÜSSEL SUCHEN an, und Sie erhalten ein kleines Dialogfenster auf dem Bildschirm.

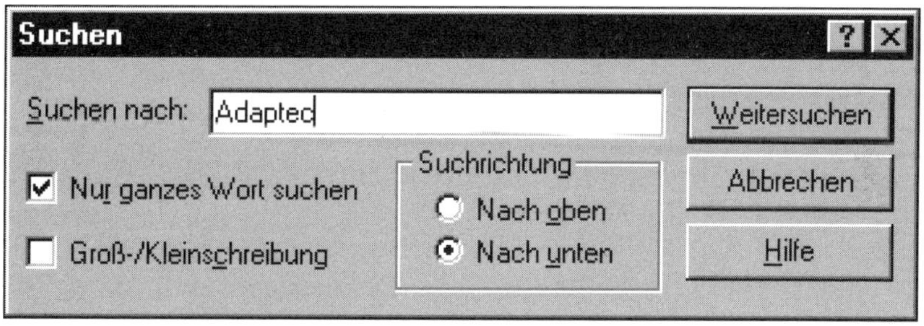

Abb. 5.8:
Registrierungseditor - Schlüssel suchen

In diesem Dialogfeld kann nun der gesuchte Name oder bekannte Teile des Namens eingegeben werden. Um die Suche etwas einzuschränken, können Sie zusätzlich bestimmen, ob nur das ganze Wort gesucht und ob zwischen Groß- und Kleinschreibung unterschieden werden soll.

Als letzte Option kann zusätzlich die Suchrichtung beginnend von der Markierung im Teilbaum festgelegt werden. Je nach angegebener Zeichenkette und Suchoptionen kann es schon mal vorkommen, daß der gesuchte Begriff sehr häufig in der Registrierdatenbank zu finden ist.

Sicherheitseinstellungen

In den vorherigen Abschnitten wurde schon mehrmals davor gewarnt, unüberlegte Veränderungen mit dem Registrierungseditor in der Datenbank vorzunehmen. Eine Vorsichtsmaßnahme gegen solche Änderungen ist die Vergabe von Berechtigungen. Dadurch wird auf jeden Fall schon mal gewährleistet, daß nicht jeder Benutzer leichtsinnig Veränderungen vornehmen kann.

Einsehen und Verändern von Berechtigungen

Die aktuellen Berechtigungen auf einen Teilbaum oder Schlüssel der Registrierdatenbank können, nachdem der entsprechende Schlüssel markiert ist, über die Option BERECHTIGUNGEN im Menü SICHERHEIT eingesehen werden.

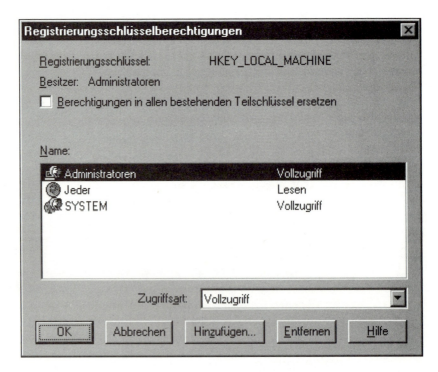

Abb. 5.9: Registrierungsschlüsselberechtigungen

Sicherheitseinstellungen

Über das Dialogfenster mit der langen Bezeichnung REGISTRIERUNGS-SCHLÜSSELBERECHTIGUNGEN ist zu erkennen, welcher Benutzer oder Gruppe Zugriffsrechte auf diesen Registrierungsschlüssel besitzt. Auch die Art des Zugriffs wird darin angezeigt. Man unterscheidet zwischen VOLLZUGRIFF, LESEN und BESCHRÄNKTER ZUGRIFF.

Mit dem Zugriffsrecht VOLLZUGRIFF kann ein Benutzer oder eine Gruppe uneingeschränkt Änderungen zu diesem Schlüssel der Registrierdatenbank vornehmen. Das Recht LESEN erlaubt dagegen nur das Sichten der Einträge, aber kein Verändern.

Wählen Sie für eine Gruppe oder einen Benutzer das Recht BESCHRÄNKTER ZUGRIFF aus, erhalten Sie ein weiteres Dialogfenster, über das detaillierte Angaben zu den Berechtigungen festgelegt werden können.

Abb. 5.10: Registrierungseditor - Berechtigungen - Beschränkter Zugriff

Außer den zuvor schon beschriebenen Rechten VOLLZUGRIFF und LESEN können folgende Berechtigungen im Abschnitt ANDERE erteilt werden:

WERT EINSEHEN
Erlaubt einem Benutzer oder einer Gruppe den Werteintrag zu einem Schlüssel zu lesen

WERT SETZEN
Mit diesem Recht können Werteinträge zu einem Registrierungsschlüssel verändert werden.

TEILSCHLÜSSEL ERSTELLEN
Erlaubt, in dem ausgewählten Schlüssel einen neuen Teilschlüssel (Unter-Schlüssel) zu erstellen

TEILSCHLÜSSEL AUFLISTEN
Erst mit diesem Recht kann ein Benutzer oder eine Gruppe darunter befindliche Teilschlüssel (tiefere Struktur) eines Schlüsseleintrags einsehen.

BENACHRICHTIGEN
Mit diesem Recht können Ereignisse eines Registrierungsschlüssels vom Benutzer oder einer Gruppe überwacht werden.

VERKNÜPFUNG ERSTELLEN
Diese Berechtigung dient dazu, es einem Benutzer oder einer Gruppe zu erlauben, symbolische Verknüpfungen in einem Schlüssel zu erstellen.

LÖSCHEN
Durch das recht LÖSCHEN ist ein Benutzer oder eine Gruppe in der Lage, Schlüssel und dazugehörige Werteinträge zu löschen.

DAC SCHREIBEN
Erlaubt, in einem Schlüssel eine eigene ACL (*Access Control List* = Zugriffskontrolliste) zu schreiben

BESITZER FESTLEGEN
Mit diesem Recht kann ein Benutzer oder eine Gruppe sich selbst als Besitzer für einen Schlüssel eintragen.

ZUGRIFF LESEN
Ist dieses Recht gesetzt, kann ein Benutzer oder eine Gruppe auf Sicherheitsinformationen des Schlüssels zugreifen.

Unter Verwendung dieser verfügbaren Rechte können Sehr detilliert Zugriffsrechte für Teile der Registrierdatenbank vergeben werden. Sind alle Berechtigungen festgelegt, kann das Auswahlfenster für BESCHRÄNKTER ZUGRIFF mit OK geschlossen werden.

Benutzer oder Gruppe hinzufügen

In dem Dialogfenster zu den Berechtigungen für einen Schlüssel der Registrierdatenbank können über die Schaltfläche HINZUFÜGEN weitere Benutzer und Gruppen eingetragen werden. Sie erhalten ein Auswahlfenster mit allen vordefinierten Gruppen und Benutzern. Wählen Sie daraus die gewünschte Gruppe oder den Benutzer an, und bestätigen Sie die Wahl mit HINZUFÜGEN. Über ZUGRIFFSART kann die Berechtigung für den Zugriff auf den Registrierschlüssel bestimmt werden.

Abb. 5.11:
Benutzer oder Gruppen mit Zugriffsberechtigungen hinzufügen

Haben Sie eine Gruppe angewählt, kann über MITGLIEDER die Mitgliedsliste der Gruppe eingesehen und einzelne Benutzer daraus ausgewählt werden. SUCHEN erlaubt es, die Domäne nach einem bestimmten Benutzer oder einer Gruppe zu durchsuchen. Dazu muß bestimmt werden, welcher Gruppen- oder Benutzername gesucht werden soll und ob nur eine bestimmte oder alle bekannten Domänen nach diesem Namen durchsucht werden sollen.

Das Suchergebnis wird im unteren Drittel des Fensters angezeigt, und über HINZUFÜGEN kann die Gruppe oder der Benutzer direkt in das vorherige Fenster übernommen werden. Ein Mausklick auf OK beendet das Hinzufügen weiterer Benutzer und Gruppen in die Berechtigtenliste.

Die neu hinzugefügten Benutzer und Gruppen werden in dem Dialogfenster REGISTRIERUNGSSCHLÜSSELBERECHTIGUNGEN mit ihren Berechtigungen aufgelistet. Das zusätzliche Kontrollkästchen BERECHTIGUNGEN IN ALLEN BESTEHENDEN TEILSCHLÜSSELN ERSETZTEN bewirkt, daß, sobald es aktiviert wird, die Berechtigungen auf alle vorhandenen Teilschlüssel (Unter-Schlüssel) übertragen werden.

Löschen von berechtigten Benutzern und Gruppen

Wählen Sie dazu den gewünschten Benutzer oder die entsprechende Gruppe an, und betätigen Sie die Schaltfläche ENTFERNEN. Ohne weitere Sicherheitsabfrage wird das markierte Objekt aus der Liste Zugriffsberechtigter gelöscht. Die Taste (Entf) hat an dieser Stelle keine Bedeutung.

OK schließt das Dialogfenster und kehrt zur Standardanzeige des Registrierungseditors zurück.

Überwachen von Ereignissen

Wie bei jeder möglichen Überwachung von Ereignissen muß die Funktion ÜBERWACHEN über den Benutzer-Manager aktiviert sein. Öffnen Sie dazu das Programm BENUTZER-MANAGER oder BENUTZER-MANAGER FÜR DOMÄNEN aus dem START-Menü über PROGRAMME/VERWALTUNG (ALLGEMEIN). Über den Befehl ÜBERWACHEN im Menü RICHTLINIEN erhalten Sie ein Dialogfenster, über das die Überwachung aktiviert und zu überwachende Ereignisse ausgewählt werden können. Mit Aktivieren des Optionsfelds DIESE EREIGNISSE ÜBERWACHEN und Bestätigung mit OK haben Sie ohne weitere Änderungen die Überwachung aktiviert, und der Benutzer-Manager kann wieder geschlossen werden.

Auch die Aktivitäten bestimmter Benutzer oder Gruppen in einem ausgewählten Teilschlüssel können überwacht werden. Dazu wählen Sie zuerst im Registrierungseditor den zu überwachenden Schlüssel aus und anschließend den Befehl ÜBERWACHEN im Menü SICHERHEIT. In dem angezeigten Dialogfenster kann nun zunächst über ein Kontrollkästchen festgelegt werden, ob sich die Überwachung nur auf den ausgewählten Schlüssel oder auch auf alle existierenden Teilschlüssel beziehen soll.

Anschließend muß dem System noch mitgeteilt werden, wer überwacht werden soll. Mit HINZUFÜGEN erhalten Sie die Auswahlliste aller vordefinierten Gruppen. Über die Schaltfläche BENUTZER ANZEIGEN wird die Liste noch um die vordefinierten Benutzer erweitert.

Das Verfahren, bestimmte Benutzer oder Gruppen auszuwählen und zu suchen, entspricht dem voran beschriebenen für Zugriffsberechtigte zu einem Schlüssel. Sind alle zu überwachenden Benutzer und Gruppen ausgewählt, kann das Fenster mit OK geschlossen werden.

Erst jetzt sind die Kontrollkästchen für die zu überwachenden Ereignisse anzuwählen. Man unterscheidet bei der Überwachung bei jedem Ereignis zwischen ERFOLGREICH und FEHLSCHLAG. Die verschiedenen Ereignisse entsprechen den Zugriffsrechten bei der Wahl von BESCHRÄNKTER ZUGRIFF.

Sicherheitseinstellungen

Abb. 5.12:
Dialogfenster Registrierungs-schlüssel-überwachung

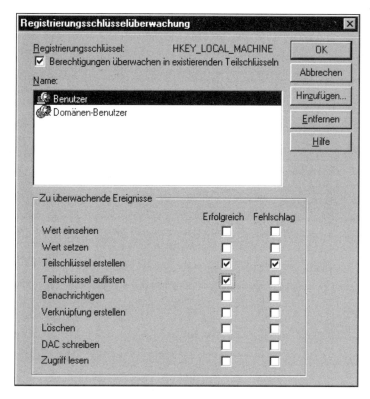

Sind alle Einstellungen getroffen, kann das Fenster mit den Einstellungen zur Überwachung des Registrierungsschlüssels mit OK geschlossen werden. Alle ausgewählten Aktivitäten der zu überwachenden Benutzer werden in der Ereignisanzeige von Windows NT 4 im Protokoll SICHERHEIT aufgezeichnet.

Besitz eines Registrierungsschlüssels übernehmen

Als Besitzer bezeichnet man den jeweiligen Benutzer, der den markierten Registrierschlüssel besitzt. Nur dieser Besitzer kann anderen Benutzern erlauben, Besitz von diesem Schlüssel zu übernehmen. Eine Ausnahme stellen dabei Mitglieder der Gruppe ADMINISTRATOREN dar. Auch Mitglieder dieser Gruppe können den Besitz eines Registrierungsschlüssels übernehmen.

Für die Besitzübernahme gibt es im Menü SICHERHEIT den Menüpunkt BESITZER. Das kleine Dialogfeld zeigt den Namen des gewählten Registrierschlüssels und den Namen des aktuellen Besitzers an. Über die Schaltfläche BESITZ ÜBERNEHMEN kann nun, wenn ausreichende Berechtigung vorhanden ist, der Besitz übernommen werden.

Abb. 5.13:
Besitz über einen Registrierschlüssel übernehmen

Fernwartung der Registrierdatenbank eines anderen Computers

Normalerweise wird beim Start vom Registrierungseditor die lokale Datenbank des Computers geöffnet. Über den Befehl COMPUTER AUSWÄHLEN im Menü REGISTRIERUNG kann auch auf die Registrierdatenbank Netzwerk-entfernter Computer zugegriffen werden.

Der Zugriff beschränkt sich jedoch auf die Teilbäume HKEY_USERS und HKEY_LOCAL_MACHINE. Doch für diese Teilbäume können mit ausreichender Berechtigung die gleichen Veränderungen durchgeführt werden.

Im Hauptmenü REGISTRIERUNG befinden sich weitere Befehle, mit denen Registrierschlüssel gesichert und eingeladen werden können. Somit wird eine Offline-Bearbeitung der Registrierdatenbank anderer Computer ermöglicht.

STRUKTUR LADEN
Das Anwählen dieses Befehls ist nur möglich, wenn einer der beiden verfügbaren Teilbäume HKEY_LOCAL_MACHINE oder HKEY_USERS ausgewählt ist. Ist das geschehen, kann ein zuvor gespeicherter Schlüssel in diesen Teilbaum temporär eingeladen werden.

STRUKTUR ENTFERNEN
Entfernt die Informationen aus der Registrierdatenbank, die vorher über den Befehl STRUKTUR LADEN eingeladen wurden. Durchgeführte Änderungen werden dabei in die betreffende Datei zurückgeschrieben.

SCHLÜSSEL SPEICHERN
Dieser Befehl speichert die Informationen eines Registrierungsschlüssels in einer Datei. Diese Dateien können mit der Anweisung STRUKTUR LADEN oder WIEDERHERSTELLEN in eine Registrierdatenbank geladen werden.

Fernwartung der Registrierdatenbank eines anderen Computers

WIEDERHERSTELLEN
Stellt die Struktur eines Registrierungsschlüssels auf Basis einer gespeicherten Datei wieder her. Dabei wird der vorhandene Registrierungsschlüssel mit den wiederherzustellenden Daten überschrieben.

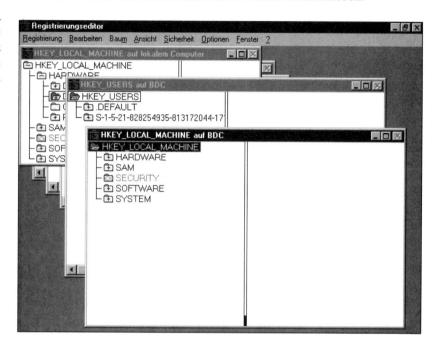

Abb. 5.14: Registrierdatenbank eines entfernten Computers

Speichern eines Schlüssels

Zuerst muß der gewünschte Schlüssel ausgewählt werden, der in einer Datei gespeichert werden soll. Betätigen Sie anschließend den Befehl SCHLÜSSEL SPEICHERN im Menü REGISTRIERUNG.

In dem angezeigten Dialogfenster wählen Sie nun das Laufwerk, das Verzeichnis und den Namen für die Schlüsseldatei. Mit Klick auf SPEICHERN werden die Angaben bestätigt, und der Registrierungseditor speichert den ausgewählten Schlüssel mit allen untergeordneten Schlüsseln und Werteinträgen.

Wiederherstellen eines Registrierungsschlüssels

Wählen Sie zuerst den wiederherzustellenden Schlüssel in der Struktur an. Existiert dieser Schlüssel nicht und möchten Sie ihn aber in die Registrierdatenbank einfügen, muß er zuerst mit dem entsprechenden Namen angelegt werden.

Nun betätigen Sie den Menüpunkt WIEDERHERSTELLEN im Menü REGISTRIERUNG. Es erscheint ein Dialogfeld mit der Bezeichnung SCHLÜSSEL WIEDERHERSTELLEN. Über dieses Dialogfenster kann jetzt das Laufwerk, das Verzeichnis und die gewünschte Schlüsseldatei für die Wiederherstellung ausgewählt werden.

Abb. 5.15: Dialogfenster - SCHLÜSSEL WIEDERHERSTELLEN

Nachdem Sie die richtige Datei ausgewählt und die Schaltfläche ÖFFNEN betätigt haben, wird ein Warnhinweis auf dem Bildschirm angezeigt. Es handelt sich dabei um die Sicherheitsabfrage, ob die aktuellen Werteinträge und Teilschlüssel wirklich gelöscht und mit den Informationen aus der Datei ersetzt werden sollen. NEIN bricht den Vorgang ab, und ein Klick auf JA bestätigt die Aktion.

Achten Sie bei allen Aktionen unbedingt darauf, daß Sie über ausreichende Berechtigung verfügen und keine Teilschlüssel in Benutzung sind.

Sichern der Registrierungsdatenbank

Bei der Registrierungsdatenbank handelt es sich um eine Datenbank, die direkt nach dem Start des Systems geöffnet wird und für den gesamten Zeitraum der Nutzung auch geöffnet bleibt. Somit ist ein einfaches Kopieren der Registrierungsdatenbank nicht möglich. Allerdings gehört zum Lieferumfang von Windows NT 4 ein Backup-Programm, mit dem es möglich ist, auch die Registrierungsdatenbank auf Band zu sichern.

Eine andere Alternative ist das Programm RDISK.EXE, mit dem eine Notfall-Diskette erzeugt werden kann. Auch dabei wird die Registrierungsdatenbank mit gesichert.

Verfügen Sie über das Resource-Kit von Windows NT 4, können Sie auch die darin befindlichen Programme REGBACK.EXE und REGREST.EXE verwenden. REGBACK.EXE erzeugt eine Sicherheitskopie der Registrierdatenbank, und REGBACK.EXE kann diese Sicherheitskopie wieder zurückspielen.

Boot-Konfiguration

KAPITEL 6

Es ist einfach zu beschreiben, wie die Installation in allen Varianten durchgeführt werden kann und wie sie von Zauberhand problemlos auf Anhieb funktioniert. Aber das ist nicht immer der Fall. Je nach verwendeter Hardware, und dazu zählt eigentlich fast jede Komponente eines PC, ist eine Installation nur mit "Klimmzügen" durchzuführen. Selbst ein Computer, der mit Windows NT 3.51 problemlos funktionierte, war nicht von Windows NT 4 zu überzeugen.

Auch das nett gemeinte Angebot, Windows NT 4 mit der ZULETZT FUNKTIONSFÄHIGE KONFIGURATION (*Last Known Good*) zu starten, hilft bei manchen Problemen auch nicht weiter. Der folgende Abschnitt wird daher etwas Licht in das Dunkel des Boot-Vorgangs von Windows NT 4 bringen. Vielleicht hilft Ihnen diese Kenntnis über die einzelnen Phasen beim Booten, verschiedene mögliche Probleme einfacher und schneller zu diagnostizieren.

Vorbereitung für den Start

Legen Sie zuerst ein paar Tropfen Baldrian und Taschentücher zum Ausweinen in unmittelbarer Nähe des Computers bereit. Aber Scherz beiseite, ein möglicher Fehlstart ist schließlich eine ernste Angelegenheit und kann einem den ganzen Tag verderben.

Hardware-Überprüfung

Zur eigentlichen Vorbereitung gehört die Überprüfung der Hardware auf ordnungsgemäße Funktion und Konfiguration. Dazu gehört in erster Linie die einwandfreie Funktion der Boot-Laufwerke (Diskette und Festplatte), sowie des CD-ROM-Laufwerks. Die einfachste Art, diese Komponenten auf Funktion zu prüfen, ist die Verwendung einer DOS-Bootdiskette mit den notwendigen Treibern für den Betrieb dieser Geräte.

Tauchen dabei schon Probleme beim Zugriff auf Diskette, Festplatte oder CD-ROM auf, brauchen Sie den Fehler gar nicht erst bei Windows NT zu suchen.

Eine weitere Fehlerquelle stellen Hardware-Konflikte dar. Haben Sie beispielsweise eine neue Hardware-Komponente in den Computer eingebaut und kommt es zu Startproblemen, ist häufig ein Hardware-Konflikt daran schuld. Hardware-Konflikte entstehen in der Regel durch doppelte Interrupt-Belegung oder falsche Vergabe von E/A-Adressen.

Wie schon bei der Installation beschrieben wurde, sollten Sie eine Liste mit allen Konfigurationseinstellungen zu den verwendeten Hardware-Komponenten führen. So ist schnell zu ersehen, welche Einstellung für ein neues Gerät noch zur Verfügung steht. Liegt eine solche Liste nicht vor, kann noch zu verschiedenen Diagnoseprogrammen gegriffen werden. Eine kleine Auswahl dazu finden Sie auf der beiliegenden CD-ROM.

Ist ein möglicher Konflikt trotzdem nicht zu diagnostizieren, bleibt nur noch der Weg, die Einstellungen sämtlicher Komponenten der Reihe nach einzeln zu überprüfen.

Funktioniert die Hardware dem Anschein nach einwandfrei, kann der Boot-Vorgang von Windows NT 4 eingeleitet werden.

Phase 1: NTLDR

In der ersten Phase lädt Windows NT 4 das Programm NTLDR (NT-Loader). Dieses Programm befindet sich im Stammverzeichnis des Boot-Laufwerks. Auch wenn Sie Windows NT 4 beispielsweise auf einer zweiten Partition mit dem Laufwerksbuchstaben D: installiert haben, befindet sich NTLDR dennoch auf der Partition C:.

Abhängig davon, welche weiteren Betriebssysteme zusätzlich auf dem PC installiert sind, meldet sich das System mit

OS LOADER V4.00

Im folgenden sucht NTLDR nach bestimmten Dateien, um den Boot-Vorgang fortzusetzen. Diese Dateien lauten:

BOOT.INI
Textdatei, mit Angaben zu den aktuellen Bootmenü-Einstellungen

NTDETECT.COM
Programm zur Ermittlung der vorhandenen Hardware auf dem Computer

BOOTSECT.DOS
Zusatzprogramm für die zusätzliche Verwendung von DOS auf dem System

NTBOOTDD.SYS
Diese Datei wird für das Booten von einem SCSI-Laufwerk benötigt.

Sollte schon in dieser Phase ein Fehler auftreten, daß beispielsweise irgendeine Datei nicht gefunden wird oder geladen werden kann, ist oft eine Rettung mit der hoffentlich erstellten NT-Notfalldiskette möglich. In vielen Fällen kann damit eine fehlerhafte Struktur wiederhergestellt werden.

Haben Sie zum Beispiel neben Windows NT auch DOS auf dem Computer installiert, erscheint ein kleines Boot-Auswahlmenü. Die Bildschirmmeldung kann wie folgt aussehen:

```
OS Loader V4.00

Wählen Sie das zu startende Betriebsystem:

        Windows NT Server, Version 4.00
        Windows NT Server, Version 4.00 [VGA-Modus]
        MS-DOS

Verwenden Sie die NACH-OBEN- oder die NACH-UNTEN-TASTE, um Ihre
Auswahl zu markieren.
Drücken Sie anschließend die EINGABETASTE, um Ihre Auswahl zu
bestätigen.

Sekunden, bis die markierte Auswahl automatisch gestartet wird:
19
```

Die Option WINDOWS NT SERVER, VERSION 4.00 [VGA-MODUS] steht Ihnen für den Start des Systems zur Verfügung, falls es Probleme mit falsch eingestellten Grafikeinstellungen gibt.

Haben Sie sich für den Start von Windows NT entschieden, wird automatisch das Programm NTDETECT gestartet.

Phase 2: NTDETECT

NTDETECT überprüft nun die installierte Hardware des Systems und meldet dazu:

    NTDETECT V4.00 ÜBERPRÜFT DIE HARDWARE

Dabei werden folgende Komponenten geprüft und identifiziert:

- BUS-System
- Tastatur
- Grafikkarte
- Serielle und parallele Schnittstellen
- Diskettenlaufwerke
- ID-Byte des PC

Startprobleme von Windows NT 4 in dieser Boot-Phase deuten auf bisher unerkannte Hardware-Konflikte. Das Ergebnis ist meist ein vollständig "hängendes" System. Ausführliche Fehlermeldungen brauchen Sie dabei nicht zu erwarten.

Abhilfe, zumindest was die Fehlerdiagnose angeht, kann mit einer erweiterten Version von NTDETECT geschaffen werden. Diese Version befindet sich auf der NT-CD-ROM im Verzeichnis

```
\SUPPORT\DEBUG\I386
```

und trägt die Bezeichnung NTDETECT.CHK. Kopieren Sie diese Datei in das Stammverzeichnis des Boot-Laufwerks, und benennen Sie sie in NTDETECT.COM um. Zuvor sollte die ursprüngliche Datei NTDETECT .COM gesichert werden.

Ist kein Zugriff auf die Partition möglich, da es sich um eine NTFS-Partition handelt, kann die erweiterte Version von NTDETECT.COM auch auf eine Sicherungskopie der ersten Installationsdiskette kopiert werden und der Boot-Vorgang von Diskette versucht werden.

Ist die Überprüfung von NTDETECT ohne Probleme durchgeführt, werden die entsprechenden Hardware-Informationen in der Registrierdatenbank unter

```
HKEY_LOCAL_MACHINE\HARDWARE
```

abgelegt. Dies geschieht bei jedem Neustart des Systems.

Phase 3: NTOSKRNL und HAL

Im nächsten Schritt wird der NT-Kernel und der Hardware Abstraction Layer (HAL) geladen.

Auf dem Bildschirm erscheint

```
OS Loader V4.00

Drücken Sie JETZT die LEERTASTE, um das Menü für das Hardware-Profil
und die letzte als funktionierend bekannte Konfiguration abzurufen.
```

Dabei handelt es sich um die im englischen als "Last Known Good Menu" bezeichnete Möglichkeit, bei einer Falschkonfiguration auf die letzte noch lauffähige Konfigurationseinstellung zurückzugreifen.

Verwenden Sie diese Option, wird über das dazugehörige Menü eine Auswahl der vorhandenen Konfigurationen angeboten. Die Anzeige auf dem Bildschirm lautet zum Beispiel:

6 · Boot-Konfiguration

```
              Hardware-Profil und Wiederherstellung der Konfiguration
                   (Letzte als funktionierend bekannte Konfiguration)

In diesem Menü können Sie ein Hardware-Profil auswählen, das beim
Start von Windows NT verwendet werden soll.

Dieses Menü ermöglicht es Ihnen außerdem, zu einer früheren System-
konfiguration zu wechseln, so daß System-Startprobleme vermieden
werden können.
WICHTIG: Alle Änderungen der Systemkonfiguration, die seit dem letzten
         erfolgreichen Starten gemacht worden sind, gehen verloren.

     Originalkonfiguration

     Testkonfiguration

Verwenden Sie die NACH-OBEN- oder die NACH-UNTEN-TASTE, um Ihre Auswahl
zu markieren. Drücken Sie die EINGABETASTE, sobald Sie die gewünschte
Auswahlgetroffen haben.
Drücken Sie die L-TASTE, um die letzte als funktionierend bekannte
Konfiguration zu verwenden. Drücken Sie die F3-TASTE, um dieses Menü zu
verlassen und den Computer neu zu starten.
```

Nach dem Laden des Kernels beginnt die Initialisierungsphase. Erkennbar ist diese Phase daran, daß vom System in die 50-Zeilen-Darstellung vor blauem Hintergrund umgeschaltet wird. Im Fachjargon wird diese Phase auch *Blue Screen* genannt und zählt zu den kritischsten Phasen des Boot-Vorgangs, bei der sich auch die meisten Inkompatibilitäten der Hardware bemerkbar machen. Sie werden sicherlich den Augenblick kennen, bei dem Sie gespannt die Pünktchen dieser Ladephase beobachten.

Die Treiber werden geladen und initialisiert. Jeder Punkt steht für einen geladenen Dienst oder Treiber. Automatisch startet NT das Programm AUTOCHK.EXE für eine Überprüfung des Dateisystems. AUTOCHK.EXE ist vergleichbar mit dem DOS-Programm CHKDSK.EXE. Zusätzlich werden Speicherseiten für den virtuellen Speicher eingerichtet.

Durch den automatisch gestarteten Service-Manager (SMSS.EXE) wird im nächsten Schritt das Win32-Subsystem geladen. Dieses Subsystem ist zuständig für die Ausführung aller automatisch startenden Dienste. Windows NT speichert in dieser Phase auch die aktuelle Konfiguration als die letzte funktionsfähige Konfiguration, da davon ausgegangen werden kann, daß der Start erfolgreich verlaufen ist.

Sie befinden sich jetzt schon im Grafikmodus von Windows NT 4, und zum Abschluß startet Win32 noch das Programm WINLOGON.EXE für die Anmeldung am System.

Drücken Sie nun [Strg]+[Alt]+[Entf], um sich am Windows NT-System anzumelden. Verläuft die Anmeldung erfolgreich, ist die Konfiguration des Systems in Ordnung.

Konfigurationsdateien von Windows NT 4

Außer der im vorherigen Kapitel beschriebenen Registrierdatenbank kennt Windows NT 4 noch einige weitere Konfigurationsdateien. Dazu zählen:

- AUTOEXEC.BAT
- CONFIG.SYS
- AUTOEXEC.NT
- CONFIG.NT
- SYSTEM.INI
- WIN.INI
- BOOT.INI

Auch auf einem NT-Rechner finden sich die bekannten Konfigurationsdateien für den Start des Systems wieder. Allerdings haben die meisten dieser Dateien keine oder nur geringe Bedeutung für Windows NT 4.

AUTOEXEC.BAT und CONFIG.SYS

Beim Start wertet Windows NT 4 zwar die Datei AUTOEXEC.BAT aus, aber es werden nur die möglicherweise vorhandenen Anweisungen PATH, PROMPT und SET berücksichtigt. Die Datei CONFIG.SYS bleibt ganz außen vor und hat für Windows NT 4 keine Bedeutung, da alle Gerätetreiber zum System gehören und entsprechende Einstellungen in der Registrierdatenbank (Registry) gespeichert werden.

AUTEXEC.NT und CONFIG.NT

Außer diesen beiden Startdateien kennt Windows NT 4 noch Dateien mit der Bezeichnung CONFIG.NT und AUTOEXEC.NT. Diese Dateien werden für die Ausführung von DOS-Programmen unter Windows NT 4 verwendet. Im Gegensatz zu den Konfigurationsdateien eines DOS-PC, können an der Datei AUTOEXEC.NT und CONFIG.NT Än-

6 · Boot-Konfiguration

derungen ohne Neustart des Computers vorgenommen werden. Sie werden bei Ausführung eines DOS-Programms unter Windows NT 4 immer wieder neu ausgelesen.

```
Beispiel der Datei AUTOEXEC.NT:
@echo off

REM C:\AUTOEXEC.BAT wird nicht zum Initialisieren der
REM MS-DOS-Umgebung verwendet.
REM Stattdessen wird die Datei AUTOEXEC.NT verwendet,
REM wenn es nicht anders in einer PIF-Datei angegeben wird.

REM Installieren der CD ROM-Erweiterung
lh %SystemRoot%\system32\mscdexnt.exe

REM Installieren des Netzwerk-Redirectors
lh %SystemRoot%\system32\redir

REM Installieren der DPMI-Unterstützung
lh %SystemRoot%\system32\dosx
```

SYSTEM.INI und WIN.INI

Auch diese beiden von Windows 3.x her bekannten Dateien haben noch Ihre Existenzberechtigung unter Windows NT 4. Sie sind zwar nicht für Windows NT 4 und NT-Applikationen notwendig, dienen aber der Abwärtskompatibilität bei 16-Bit-Anwendungen.

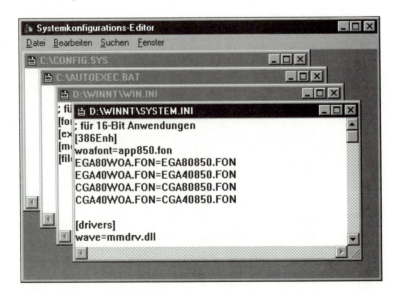

Abb. 6.1: SYSEDIT

Viele solcher Programme verlangen Angaben in diesen beiden Dateien, da sie nicht in der Lage sind, Einträge in die Registrierdatenbank zu schreiben oder auszulesen.

Mit dem Hilfsprogramm SYSEDIT.EXE können Sie einen Editor starten, der direkt die Dateien AUTOEXEC.BAT, CONFIG.SYS, SYSTEM.INI und WIN.INI lädt.

BOOT.INI

Eine auch für Windows NT 4 sehr wichtige Konfigurationsdatei ist BOOT.INI. Diese Datei befindet sich im Stammverzeichnis des Boot-Laufwerks und besitzt standardmäßig die Dateiattribute SCHREIBGESCHÜTZT (*Read Only*), VERSTECKT (*Hidden*) und SYSTEM. Damit ist sie mit dem einfachen DIR-Befehl nicht sichtbar und kann auch nicht versehentlich gelöscht oder verändert werden.

Bedenken Sie also, daß die Attribute vor dem Ändern dieser Datei zurückgesetzt werden müssen!

Die Datei BOOT.INI stellt das Boot-Menü beim Start von Windows NT 4 zur Verfügung. Dadurch haben Sie die Auswahl, mit verschiedenen installierten Betriebssystemen den Computer zu starten.

Beispiel der Datei BOOT.INI:

```
[boot loader]
timeout=30
default=multi(0)disk(0)rdisk(0)partition(2)\WINNT
[operating systems]
multi(0)disk(0)rdisk(0)partition(2)\WINNT="Windows NT Server, Version 4.0"
multi(0)disk(0)rdisk(0)partition(2)\WINNT="Windows NT Server, Version 4.0 [VGA-Modus]" /basevideo /sos
C:\="MS-DOS"
```

Die einzelnen Abschnitte in der Datei BOOT.INI sind durch die Einträge in den eckigen Klammern gekennzeichnet.

[boot loader]
Dieser Abschnitt definiert die Voreinstellung für den Start. Dazu gehört die Angabe des standardmäßig zu ladenden Betriessystems und die Wartezeit, bis diese Vorgabe automatisch gestartet wird. Es können in diesem Abschnitt zwar manuell Änderungen durchgeführt werden, aber ein Bearbeiten ist über die Systemsteuerung von Windows NT 4 doch sicherer und einfacher.

In der Systemsteuerung finden Sie unter SYSTEM ein Register mit der Bezeichnung STARTEN/HERUNTERFAHREN. Über Pfeilschalter kann dort bequem die Vorgabe für das zu startende Betriebssystem und die Wartezeit für die Auswahlliste eingestellt werden.

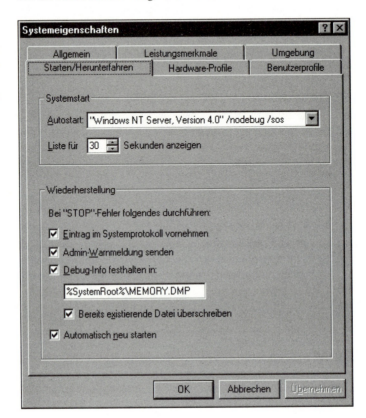

Abb. 6.2: Systemsteuerung - System mit Register STARTEN/HERUNTERFAHREN

[operating system]
Dieser Abschnitt beinhaltet die verschiedenen Startoptionen für den Computer. Bei einem System, auf dem nur Windows NT 4 einmal installiert ist, finden Sie dort nur zwei Zeilen, die der Auswahl im Menü entsprechen. Ist Windows NT 4 mehrfach installiert oder zusätzlich vielleicht noch DOS, sind dementsprechend viele Einträge vorzufinden.

Bis auf die Textabschnitte in Anführungszeichen sollten an den weiteren Angaben keine Änderungen durchgeführt werden. Die Textabschnitte können so angepaßt werden, daß die einzelnen Menüpunkte für die Auswahl aussagekräftiger werden.

Sicher wird Ihnen auch die etwas seltsam anmutende Schreibweise, wie zum Beispiel

```
default=multi(0)disk(0)rdisk(0)partition(2)
```

bei den weiteren Angaben in jeder dieser Zeilen aufgefallen sein.

Es handelt sich dabei um sogenannte ARC-Namen. ARC steht dabei für *Advanced Risc Computer*. Windows NT verwendet diese Beschreibungsart jedoch nicht nur für RISC-Computer, sondern auch bei x86-Plattformen. Jedes einzelne Feld bestehend aus Name und Wert in runden Klammern definiert eine bestimmte Charakteristik dieser Systempartition. Die Bedeutungen sind:

multi(n)
Dieser Eintrag wird bei Nicht-SCSI-Systemen oder SCSI-Systemen mit eigenem BIOS verwendet. Der erste Hostadapter bekommt die Nummer 0, und jeder weitere wird von 1-3 durchnummeriert.

scsi(n)
Eintrag für SCSI-Systeme ohne SCSI-BIOS

disk(n)
Bei SCSI-Systemen wird mit dem dazugehörigen Wert die SCSI-Bus-Nummer des SCSI-Adapters angegeben. Steht voran die Angabe multi(n) ist der Wert immer 0.

rdisk(n)
Diese Angabe und der dazugehörige Wert kennzeichnet bei IDE- oder EIDE-Systemen die Nummer der Festplatte am Hostadapter für diese Partition. Bei SCSI ist der Wert n immer 0.

partition(n)
Hiermit wird die Nummer der Partition von 0 bis 3 durchnummeriert angegeben. Erweiterte oder nicht partitionierte Bereiche erhalten keinen Wert.

Es können zu den vorhandenen und automatisch eingetragenen Zeilen in der Datei BOOT.INI noch weitere Einträge hinter das Ende der jeweiligen Zeile angehängt werden. Diese Einträge können sehr hilfreich bei der Diagnose des Systems oder bei Systemabstürzen sein. Folgende Optionen sind noch möglich:

/BASEVIDEO
Diese Option bewirkt den Start der jeweiligen Menüauswahl im VGA-Standard-Modus mit 640x480 Bildpunkten. Bei Problemen mit anderen Grafikauflösungen sollte diese Option verwendet werden.

/CRASHDEBUG
Dieser Parameter regelt die automatische Wiederherstellung von Windows NT 4 nach Systemabstürzen.

/MAMMEM:n
Damit legen Sie fest, wieviel Arbeitsspeicher Windows NT maximal verwenden darf.

/NODEBUG
Verhindert das Protokollieren von DEBUG-Informationen durch Windows NT. DEBUG-Informationen sind in der Regel nur für Programmierer interessant.

/NOSERIALMICE=COMn
Deaktiviert die automatische Erkennung einer seriell angeschlossenen Maus

/SCSIORDINALn
Dient zur Unterscheidung zwei identischer SCSI-Hostadapter

/SOS
Gibt während des Starts anstelle der Punkte beim Laden von Treibern die tatsächlichen Namen der Treiber auf dem Bildschirm aus

NT-Boot-Diskette

Das hört sich ja toll an. Windows NT 4 auf einer Boot-Diskette. Bei den neuen 120 MByte-Disketten mit Sicherheit keine Utopie, vorausgesetzt es gibt die entsprechenden Treiber dazu. Aber auch eine bootfähige 1,44 MByte-Diskette kann eine große Hilfe bei Startproblemen von Windows NT 4 sein.

Eine solche NT-Boot-Diskette beinhaltet zwar kein lauffähiges Windows NT 4, reicht aber dafür aus, das System zu starten, bis NT den Startvorgang wieder von der Festplatte übernehmen kann.

Im Gegensatz zu der schon häufig angesprochenen Notfalldiskette ist eine solche Boot-Diskette rechnerunabhängig und kann für jedes System mit Problemen beim Systemstart zum Einsatz kommen.

Erstellen der NT-Boot-Diskette

Zunächst benötigen Sie eine formatierte Diskette. Allerdings darf es sich nicht um eine unter DOS formatierte Diskette mit übertragenem System handeln. Eine solche Diskette sucht während des Boot-Vorgangs nach den Dateien MSDOS.SYS und IO.SYS. Die Diskette ist zwar bootfähig, aber das Ganze hat relativ wenig mit Windows NT 4 zu tun.

Formatieren Sie deshalb die Diskette unter Windows NT 4 mit dem Explorer oder von der Eingabeaufforderung mit der Eingabe

```
Format A: ⏎
```

Im nächsten Schritt müssen verschiedene Dateien aus dem Stammverzeichnis der Boot-Partition auf die Diskette kopiert werden. Diese Dateien lauten:

NTLDR
NTDETECT.COM
BOOT.INI
NTBOOTDD.SYS

Die Datei NTBOOTDD.SYS ist nur notwendig, wenn der Computer von einer SCSI-Festplatte gestartet wird. NTBOOTDD.SYS stellt einen Mini-SCSI-Treiber dar.

Damit ist die Einrichtung der NT-Boot-Diskette abgeschlossen, und zumindest der Startvorgang eines beschädigten NT-Systems kann mit dieser Diskette eingeleitet werden.

Bei RISC-basierenden Computersystemen benötigen Sie auf der Boot-Diskette lediglich die Dateien

OSLOADER.EXE

und

HAL.DLL.

Einsatz der Notfalldiskette

E s ist empfehlenswert, in gewissen Zeitabständen nach Änderungen an den Systemeinstellungen eine Notfalldiskette zu erstellen oder eine bestehende Notfalldiskette zu aktualisieren. Auf dieser Diskette befinden sich alle notwendigen Konfigurationsdateien für die Reparatur eines beschädigten Systems folgende Dateien befinden sich auf einer solchen Notdiskette:

```
SETUP    LOG      50.805  24.02.97  14:21  SETUP.LOG
SYSTEM   _        76.872  24.02.97  14:23  SYSTEM._
SOFTWARE _       125.476  24.02.97  14:23  SOFTWARE._
SECURITY _         2.995  24.02.97  14:23  SECURITY._
SAM      _         4.094  24.02.97  14:23  SAM._
DEFAULT  _        16.319  24.02.97  14:23  DEFAULT._
NTUSER   DA_      14.831  24.02.97  14:23  NTUSER.DA_
AUTOEXEC NT          450  09.08.96   1:00  AUTOEXEC.NT
CONFIG   NT        2.994  24.02.97  15:20  CONFIG.NT
```

Bedenken Sie, wenn mehrere NT-Computer, sei es Workstation oder Server, im Einsatz sind, benötigen Sie für jeden einzelnen Computer eine Notfalldiskette. Die Notfalldiskette ist nicht Windows NT 4-spezifisch sondern rechnerspezifisch.

Der Einsatz der Notfalldiskette bei einem beschädigten System ist denkbar einfach. Starten Sie zuerst den Computer mit der Windows NT 4-Setup-Boot-Diskette, und folgen Sie den Installationsanweisungen bis zu dem Punkt, an dem Sie die Installationsroutine fragt, ob Sie eine neue Windows NT 4-Installation durchführen oder durch Drücken der Taste [R] die Reparatur einer existierenden Windows NT-Installation durchführen möchten.

Betätigen Sie an dieser Stelle die Taste [R], und Sie erhalten über ein Menü die Auswahl, welche Bereiche für die Reparatur überprüft werden sollen. Zur Auswahl steht

- Untersuchen der Registrierungsdateien
- Untersuchen der Startumgebung
- Überprüfen der Windows NT Systemdateien
- Überprüfen des Boot-Sektors

Durch Markieren eines Eintrags und Betätigen der [   ]-Taste können die X-Zeichen gesetzt und gelöscht werden. Wählen Sie so den oder die gewünschten Bereiche aus, und bestätigen Sie die Wahl durch Markieren der Zeile Fortsetzen und [↵].

Im weiteren folgen Sie den Anweisungen auf dem Bildschirm bis zur Aufforderung, die Notfalldiskette einzulegen und zu bestätigen. Anschließend werden Sie aufgefordert, die Bereiche auszuwählen, die in der Registrierdatenbank wiederhergestellt werden sollen.

Nach erfolgter Reparatur sollten Sie wieder ein lauffähiges Windows NT 4-System vorfinden.

Es ist sehr empfehlenswert, die Notfalldiskette in regelmäßigen Zeitabständen zu aktualisieren. Schließlich verlieren Sie bei einer Reparatur mit einer veralteten Notfalldiskette alle Einträge in der Registrierdatenbank, die seit dem Erstellen der Diskette vorgenommen wurden.

Benutzerprofil und Anmeldung

KAPITEL 7

7 · Benutzerprofil und Anmeldung

Wer kennt die Problematik aus früheren Windows 3.x-Zeiten nicht? Man teilt sich einen PC mit anderen Benutzern, und wenn man dann endlich wieder an den Rechner kommt, ist alles "verstellt". Dic Farben stimmen nicht mehr, Gruppen sind durcheinander oder wie durch Geisterhand neu hinzugekommen. Man glaubt ja gar nicht, welche Einstellungen alle verändert werden können.

Abhilfe dagegen schafft Windows NT 4 mit dem "Benutzerprofil". Das Benutzerprofil stellt die Umgebung eines Benutzers auf einer Windows NT 4-Arbeitsstation dar. Es beinhaltet unter anderem:

- Einstellungen zu Farben, Klängen u.a.
- Persönliche Programmgruppen
- Netzverbindungen
- Einstellungen zum Druckmanager
- Gewünschte Zubehörprogramme
- Einstellungen zu installierten Applikationen

Dabei wird zwischen einem lokalen Benutzerprofil und serverbasierenden Benutzerprofil unterschieden. Das lokale Benutzerprofil wird auf der jeweiligen Festplatte der Arbeitsstation abgelegt. Das serverbasierende Benutzerprofil befindet sich dagegen zentral auf dem Datenträger des Domänen-Controllers in einer Datei. Somit steht es von jeder Arbeitsstation der Domäne aus zur Verfügung. Ein Benutzer erhält unabhängig vom Arbeitsplatz seine gewohnte Umgebung.

Eine weitere Unterscheidung wird außerdem zwischen persönlichen Benutzerprofilen (.DAT), vom jeweiligen Benutzer veränderbaren und verbindlichen Benutzerprofilen (.MAN) gemacht. Verbindliche Benutzerprofile können zwar im Laufe der Sitzung verändert werden, alle Änderungen gehen aber mit dem Abmelden wieder verloren. Bei einer Neuanmeldung wird deshalb wieder die ursprüngliche Umgebung dargestellt.

Wo wird das Benutzerprofil abgelegt?

Standardmäßig gilt das Verzeichnis

WINNT\PROFILES\Benutzername

als Zielverzeichnis für das Benutzerprofil. Für den Benutzer SYLVIA würde also das Verzeichnis für das Benutzerprofil

WINNT\PROFILES\SYLVIA

lauten. In diesem Verzeichnis sind für die verschiedenen Einstellungen Ordner angelegt.

Abb. 7.1:
Verzeichnis mit Benutzerprofil

So befinden sich im Ordner DESKTOP die Verknüpfungen, die sich von den Standardeinstellungen unterscheiden. Die Datei NTUSER.DAT beinhaltet die schon zu Beginn aufgeführten Einstellungen des Benutzers.

Bei der Datei NTUSER.DAT.LOG handelt es sich um eine Transaktionsverfolgungsdatei, mit der Windows NT 4 in der Lage ist, ein beschädigtes Profil wieder herzustellen.

Verbindliches Benutzerprofil

Um einen Benutzer daran zu hindern, Änderungen an seiner Benutzerumgebung permanent vorzunehmen, wird ein verbindliches Benutzerprofil benötigt. Dies richten Sie ganz einfach dadurch ein, indem Sie die Datei NTUSER.DAT in NTUSER.MAN umbenennen. Jetzt kann der Benutzer zwar Änderungen während der Sitzung vornehmen, die aber am Ende der Sitzung nicht mehr gespeichert werden.

Benutzerprofil anlegen

Um ein Benutzerprofil und auch den Pfad dazu anzugeben, benötigen Sie den BENUTZER-MANAGER oder den BENUTZER-MANAGER FÜR DOMÄNEN. Das Programm starten Sie aus dem Ordner PROGRAMME / VERWALTUNG (ALLGEMEIN) über den START-Knopf.

Wählen Sie aus der Liste in der oberen Fensterhälfte des Benutzer-Managers einen Benutzer mit einem Doppelklick der linken Maustaste an. Das ist mit Sicherheit der schnellste Variante, um an die Eigenschaften eines Benutzers zu gelangen. Alternativ kann nach Markieren des Benutzers auch die Eingabetaste ⏎ oder über den Menüpunkt BENUTZER die Option EIGENSCHAFTEN gewählt werden. Sie erhalten in jedem Fall das Dialogfenster BENUTZEREIGENSCHAFTEN.

In diesem Dialogfenster finden Sie am unteren Rand die Schaltfläche mit der Bezeichnung PROFIL. Mit Betätigung dieser Schaltfläche erhalten Sie ein weiteres Dialogfenster mit der Bezeichnung UMGEBUNGSPROFIL FÜR BENUTZER.

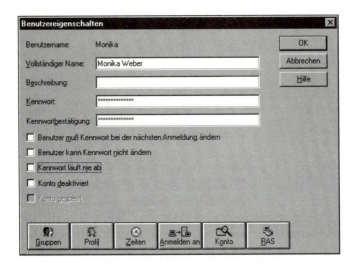

Abb. 7.2: Dialogfenster - BENUTZEREIGENSCHAFTEN

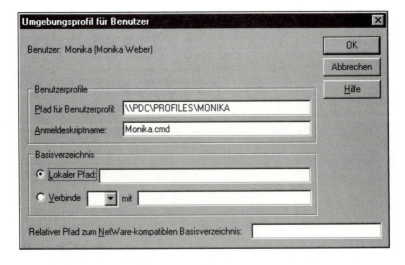

Abb. 7.3: Dialogfenster - UMGEBUNGSPROFIL FÜR BENUTZER

Im Abschnitt BENUTZERPROFILE tragen Sie nun den Pfad zum Benutzerprofil in der UNC-Schreibweise ein.

Beispiel: \\SERVER\PROFILES\BENUTZER

Wo wird das Benutzerprofil abgelegt?

Sollte einmal der Fall auftreten, daß von der Arbeitsstation kein Zugang zum Netzwerk möglich ist, greift Windows NT 4 automatisch auf eine lokal abgelegte Kopie des Benutzerprofils zurück.

Windows NT 4 / Windows 95

Auch Windows 95 kennt Benutzerprofile. Allerdings werden diese Benutzerprofile nicht von Windows NT 4 berücksichtigt. Arbeiten Sie also auf einer Windows 95-Arbeitsstation, benötigen Sie dort auch Windows 95-Benutzerprofile. Um trotzdem die Benutzerprofile zentral zu deponieren, benötigen Sie nur den Zugang zu einem Basisverzeichnis im Netzwerk unter Verwendung der entsprechenden Microsoft-Client-Software. Der Client hält automatisch dort auch die Benutzerprofile von Windows 95 bereit, ohne in Konflikt mit bestehenden Windows NT 4-Profilen zu kommen.

Sichten der eingerichteten Benutzerprofile

Schnell und einfach kann in Erfahrung gebracht werden, welche Benutzerprofile bislang angelegt und gespeichert sind. Öffnen Sie dazu zunächst den Ordner SYSTEMSTEUERUNG, und wählen Sie die Option SYSTEM mit Doppelklick der linken Maustaste an.

Abb. 7.4: SYSTEMEIGENSCHAFTEN - Gespeicherte Benutzerprofile

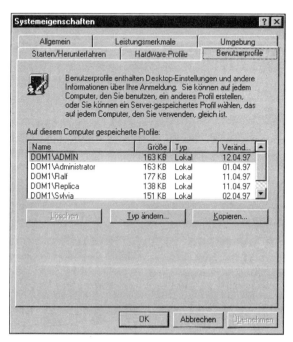

Auf dem Bildschirm wird ein Dialogfenster mit verschiedenen Registern dargestellt. Eines dieser Register trägt die Bezeichnung BENUTZERPROFILE. Durch Anklicken des Schriftzugs holen Sie dieses Registerblatt in den Bildschirmvordergrund.

In einem Listenfenster sind alle auf dem Computer gespeicherten Benutzerprofile aufgeführt. Zum Namen des jeweiligen Benutzerprofils kann die Größe, der Typ (LOKAL oder SERVERGESPEICHERT) und das Datum der letzten Änderung eingesehen werden. Über die drei Schaltflächen unterhalb dieser Liste kann ein Benutzerprofil gelöscht, der Typ geändert oder das Profil in ein anderes Verzeichnis kopiert werden.

Mit OK schließen Sie das Dialogfenster zu den Systemeigenschaften wieder.

Anmeldeskript

Wie schon im vorherigen Abschnitt beschrieben wurde, dienen Benutzerprofile dazu, einem Benutzer, egal an welchem Arbeitsplatz er sich befindet, seine gewohnte Umgebung zur Verfügung zu stellen. Eine weitere Möglichkeit, die Arbeitsumgebung für einen Benutzer herzustellen, bieten die Anmeldeskripts (englisch Logon Script).

Im Gegensatz zu den voran beschriebenen Benutzerprofilen sind die Anmeldeskripts nicht nur für Arbeitsstationen mit Windows NT gültig. Auch Arbeitsstationen mit anderen Betriebssystemen können diese Anmeldeskripts nutzen. Zudem besteht auch die Möglichkeit, ein Anmeldeskript von mehreren Benutzern eines Systems nutzen zu können. Sie stellen somit eine nützliche Ergänzung zu den Benutzerprofilen dar.

Mit den Anmeldeskripts können beispielsweise automatisch nach der Anmeldung bestimmte Anwendungen ausgeführt oder Netzwerkverbindungen aufgebaut werden. Es handelt sich dabei um Stapeldateien mit der Endung .CMD, .BAT oder auch .EXE. Die Möglichkeiten sind zwar nicht so vielseitig wie die der Benutzerprofile, aber unter gewissen Umständen eine nützliche Arbeitserleichterung.

Gerade wenn viele Arbeitsstationen mit unterschiedlichen Betriebssystemen in einem Netzwerk vorhanden sind, ist das Anmeldeskript die einzige Möglichkeit, zentral die Benutzerumgebung in gewissem Rahmen zu verwalten.

Anlegen eines Anmeldeskripts

Ein Anmeldeskript ist zunächst mal nichts anderes als eine Stapeldatei (Batch-Datei), wie sie vielleicht schon von DOS her bekannt ist. Sie können in einem solchen Anmeldeskript sowohl interne NT-Befehle wie COPY oder DIR verwenden als auch externe Programme wie NET oder EDIT aufrufen.

Zusätzlich können noch relevante Befehle für Batch-Dateien, zum Beispiel IF oder GOTO, zum Einsatz kommen. Administratoren mit Novell NetWare-Kenntnissen werden sich gerade bei den Anmeldeskripts sofort heimisch fühlen. Allerdings ist der Befehlsumfang und auch die Auswahl an vordefinierten Umgebungsvariablen unter Windows NT 4 stark eingeschränkt.

Anmeldeskript-Variablen

Es stehen verschiedene vordefinierte Umgebungsvariablen für die Verwendung in den Anmeldeskripten zur Verfügung. Diese werden immer in Prozentzeichen (%) eingerahmt im Anmeldeskript eingetragen und dienen als Platzhalter für den tatsächlichen Namen oder die Beschreibung.

Folgende Umgebungsvariablen stehen unter Windows NT 4 zur Verfügung:

Tab. 7.1: Die Umgebungsvariablen von Windows NT 4

VARIABLE	VERWENDUNG
%HOMEDRIVE%	Laufwerksbezeichnung der Arbeitsstation mit der Verbindung zum Basisverzeichnis (Home-Directory) eines Benutzers
%HOMEPATH%	Vollständiger Pfad zum Basisverzeichnis eines Benutzers ohne zugeordneten Laufwerksbuchstaben
%HOMESHARE%	Freigabename des Basisverzeichnisses eines Benutzers
%OS%	Betriebssystem der Arbeitsstation
%PROCESSOR_IDENTIFIER%	Prozessortyp der Arbeitsstation
%SYSTEMDRIVE%	Laufwerk des Betriebssystems
%SYSTEMROOT%	Pfad zum Betriebssystem mit Laufwerksangabe
%USERDOMAIN%	Domäne, die das Benutzerkonto enthält.
%USERNAME%	Benutzername des Anwenders

Beispiel eines Anmeldskripts mit Umgebungsvariablen:

```
@echo off
echo Guten Tag Benutzer %USERNAME%,
echo Sie sind in der Domäne %USERDOMAIN%   angemeldet.
echo Das lokale Betriebssystem ist %OS%
```

7 · Benutzerprofil und Anmeldung

```
echo und Ihr Computer verwendet als Prozessor
echo den %PROCESSOR_IDENTIFIER%.
echo Viel Spass bei der Arbeit
net use P: \\NT4S1\Programm
clock.exe
```

Als Ausgabe auf dem Bildschirm erhält man beispielsweise:

GUTEN TAG BENUTZER HANSS,
SIE SIND IN DER DOMÄNE DOM1 ANGEMELDET.
DAS LOKALE BETRIEBSSYSTEM IST WINDOWS_NT
UND IHR COMPUTER VERWENDET ALS PROZESSOR
DEN X86 FAMILY 5 MODEL 0 STEPPING 1, AUTHENTICAMD.
VIEL SPASS BEI DER ARBEIT.

Zusätzlich wird durch den letzten Befehl noch der Laufwerksbuchstabe P: dem Verzeichnis mit dem Freigabenamen PROGRAMM auf dem Server NT4S1 zugeordnet und die Desktop-Uhr von Windows NT gestartet.

Verzeichnis für Anmeldeskripts

Standardmäßig werden Anmeldeskripts im Verzeichnis

WINNT\SYSTEM32\REPL\IMPORT\SCRIPTS

abgelegt. Doch dieses Verzeichnis ist dafür nicht zwingend vorgeschrieben. Der Vorteil bei Verwendung dieses Pfades liegt jedoch darin, im Feld ANMELDESKRIPTNAME im Umgebungsprofil für den Benutzer nur der Name der Anmeldeskriptdatei und nicht der vollständige Pfad mit Dateiname angegeben werden muß.

Befinden sich mehrere Server (PDC oder BDC) im Netzwerk, muß außerdem dafür gesorgt werden, daß auf jedem Server eine Kopie des Anmeldeskripts vorliegt. Damit ist sichergestellt, daß jeder dieser Server die Benutzeranmeldung prüfen und die Umgebung einstellen kann.

Basisverzeichnis

Das Basisverzeichnis (englisch Homedrive) eines Benutzers hat den Zweck, jedem Benutzer ein Verzeichnis für persönliche Dateien zur Verfügung zu stellen. Es gilt außerdem als Standardvorgabe für die Optionen ÖFFNEN und SPEICHERN von Anwendungsprogrammen. Auf dieses Verzeichnis sollte ein Benutzer vollen Zugriff haben. Das gilt jedoch nur für sein eigenes Basisverzeichnis und nicht das der anderen Benutzer.

Basisverzeichnis festlegen

Um das Basisverzeichnis für einen Benutzer festzulegen, starten Sie zuerst den BENUTZER-MANAGER oder den BENUTZER-MANAGER FÜR DOMÄNEN. Mit Doppelklick auf das Symbol zum gewünschten Benutzer erhalten Sie das Dialogfenster BENUTZEREIGENSCHAFTEN. Wählen Sie dort die Schaltfläche PROFIL an, um ein weiteres Dialogfenster mit der Bezeichnung UMGEBUNGSPROFIL FÜR BENUTZER zu erhalten.

In diesem Dialogfenster gibt es zwei Optionen für die Angabe eines Basisverzeichnisses für den betreffenden Benutzer. Sie lauten:

- LOKALER PFAD
- VERBINDE *LAUFWERKSBUCHSTABE* MIT *NETZWERKPFAD*

Mit der Auswahl einer der beiden verfügbaren Optionen bestimmen Sie, ob das Basis- oder in diesem Fall besser Standardverzeichnis genannte Arbeitsverzeichnis lokal auf der Arbeitsstation oder im Netzwerk liegen soll. Beide Optionen haben ihre Vor- und Nachteile. Welche Variante von Ihnen bevorzugt wird, spielt letztendlich keine Rolle.

Nur Windows NT-Clients sind in der Lage, eine Laufwerksverbindung zu einem über die Option VERBINDE MIT *angegebenen Laufwerk einzurichten.*

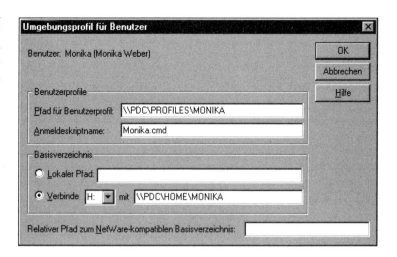

Abb. 7.5: UMGEBUNGSPROFIL FÜR BENUTZER - Basisverzeichnis

Wählen Sie die Variante VERBINDE MIT, muß ein Laufwerksbuchstabe für die Netzwerkverbindung und der Netzwerkpfad in der UNC-Schreibweise angegeben werden. Der entscheidende Nachteil bei Verwendung eines Basisverzeichnisses im Netzwerk liegt darin, daß es unter Windows NT 4 keine Möglichkeit gibt, den verfügbaren Speicherplatz für den Benutzer in dem Verzeichnis zu beschränken.

NetWare-kompatibles Basisverzeichnis

Befinden Sie sich in einem heterogenen Netzwerk mit Novell NetWare-Servern und Windows NT 4-Servern ist der Nachteil mit der fehlenden Speicherplatzbeschränkung schnell aus der Welt geschaffen.

In der Eingabezeile mit der Bezeichnung

RELATIVER PFAD ZUM NETWARE-KOMPATIBLEN BASISVERZEICHNIS:

kann anstelle der anderen Pfadangaben auch ein Verzeichnis auf einem Novell NetWare-Server angegeben werden. Unter NetWare lassen sich Speicherplatzbeschränkungen für Verzeichnisse und Volumes einrichten.

Verzeichnisreplikation

Im vorangegangenen Abschnitt zu den Anmeldeskripten der Benutzer wurde schon darauf hingewiesen, daß es in einer Multi-Server-Umgebung wichtig ist, daß die Anmeldeskripts auf jedem der vorhandenen Server (PDC und BDC) vorliegen. Nur so kann jeder Server die Anmeldung eines Benutzers entgegennehmen und auch seine Benutzerumgebung herstellen.

Damit das nicht in mühseliger Kleinarbeit durch manuelles Kopieren geschehen muß, kann dafür der Verzeichnisreplikationsdienst in Anspruch genommen werden.

Dieser nicht nur im aufgeführten Beispiel nützliche Dienst erlaubt es, den Inhalt von Verzeichnissen automatisch auf andere Windows NT-Computer zu übertragen. Man spricht in diesem Zusammenhang von Export-Servern, die den Inhalt von Verzeichnissen liefern, und Import-Servern, auf denen dann diese Daten repliziert werden. Dabei ist es zwingend vorgeschrieben, daß nur ein Windows NT 4-Server als Export-Server tätig werden kann. Bei den Import-Servern spielt es keine Rolle, ob es sich dabei um Windows NT 4-Server oder Windows NT 4-Workstations handelt.

Die Verzeichnisreplikation ist kein einmaliger Vorgang, sondern wird bei jeder Änderung automatisch durchgeführt. Deshalb ist es besonders wichtig, sich vorher genauestens zu überlegen, welche Verzeichnisse automatisch abgeglichen werden sollen und welche besser manuell kopiert werden. Falsche Planung kann zu unnötiger Netzwerkbelastung führen.

Einrichten der Verzeichnisreplikation

Wie die meisten Zusatzfunktionen von Windows NT 4 ist auch die Verzeichnisreplikation als Dienst ausgelegt. Die Einrichtung dieses Dienstes muß in mehreren Schritten durchgeführt werden. Im Gegensatz zu den anderen Diensten von Windows NT 4, die als Teil des Systems gestartet werden, erfordert der Verzeichnisreplikationsdienst einen Dummy-Benutzer mit entsprechenden Berechtigungen und der Zuordnung, daß dieser Benutzer den Verzeichnisreplikationsdienst starten darf.

Außerdem sollte darauf geachtet werden, daß

- das Kennwort des Benutzers nie abläuft,
- zu jeder Zeit auf das Konto zugegriffen werden kann,
- das Benutzerkonto der Gruppe SICHERUNGS-OPERATOREN und REPLIKATIONS-OPERATOR zugeordnet ist.

Die Einrichtung erfolgt mit dem Verwaltungsprogramm BENUTZER-MANAGER oder BENUTZER-MANAGER FÜR DOMÄNEN. Eine genaue Beschreibung der durchzuführenden Aktionen für das Einrichten eines neuen Benutzers erhalten Sie im Kapitel 16: *Benutzerverwaltung*.

Export-Server einrichten

Ist der Dummy-Benutzer eingerichtet, geht es an die Installation des Export-Servers. Dies geschieht über das Programm SERVER-MANAGER, das sich im START-Menü PROGRAMME/VERWALTUNG (ALLGEMEIN) befindet. Der Startbildschirm des Server-Managers zeigt Ihnen alle bekannten Server und Arbeitsstationen in einer Liste an.

Markieren Sie nun den entsprechenden Server mit der Maus und wählen aus dem Hauptmenü COMPUTER die Option DIENSTE an. In einem weiteren Listenfenster werden alle installierten Dienste mit Status und Startart aufgezeigt. So auch der Verzeichnisreplikationsdienst.

Abb. 7.6:
Server-Manager -
Dienste

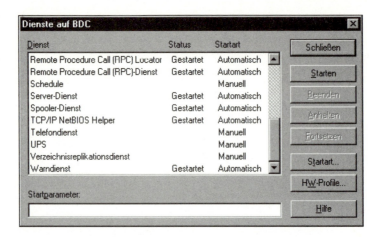

In diesem Dialogfenster müssen Sie nun die Schaltfläche STARTART betätigen, um die notwendigen Einstellungen für den Dienst vornehmen zu können. Sie erhalten ein weiteres Dialogfenster.

Abb. 7.7:
Dialogfenster -
Dienst auf
Domäne

Damit der Verzeichnisreplikationsdienst bei jedem Start des Servers ausgeführt wird, muß als Startart die Option AUTOMATISCH gewählt werden.

Im Abschnitt ANMELDEN ALS markieren Sie nun die Option DIESES KONTO und wählen über den rechts befindlichen Auswahlknopf das Benutzerkonto für den Replikationsdienst aus. Alternativ dazu kann der Kontoname bestehend aus

```
Domäne\Benutzer
```

manuell in diesem Feld angegeben werden. Zum Schluß geben Sie noch das Kennwort mit Bestätigung für den Replikationsbenutzer ein und beschließen die Eingaben mit OK. Ein Meldung auf dem Bildschirm bestätigt nochmals, daß dem entsprechenden Benutzerkonto die Anmeldung als Dienst erteilt wurde. Ein weiterer Klick auf OK schließt das Dialogfenster und führt Sie zurück zum Listenfenster mit den installierten Diensten.

Einrichten des Import-Servers

Als Import-Server kann sowohl eine Windows NT-Workstation als auch ein Windows NT-Server fungieren. Die Einrichtung des Import-Servers erfolgt auf die gleiche Art und Weise, wie schon bei der Installation des Export-Servers beschrieben wurde.

Da eine Arbeitsstation mit Windows NT 4-Workstation nicht über das Verwaltungsprogramm SERVER-MANAGER verfügt, muß bei einer lokalen Einrichtung des Dienstes VERZEICHNISREPLIKATION in der SYSTEMSTEUERUNG die Option DIENSTE verwendet werden. Die Angaben entsprechen denen bei der Einrichtung des Export-Servers.

Beide eingerichteten Verzeichnisreplikationsdienste, sowohl auf dem Export-Server als auch auf dem oder den Import-Servern, können durch Betätigen der Schaltfläche STARTEN im Dialogfenster DIENSTE ohne Neustart des Systems aktiviert werden.

Konfigurieren des Export-Servers

Zur Konfiguration des Export-Servers gehört die Angabe der Masterverzeichnisse, die bei der Replikation dupliziert werden sollen, und die Liste der Computer, auf die diese Verzeichnisse importiert werden sollen. Mit Doppelklick auf den eingerichteten Export-Server im Listenfenster des Server-Managers erhalten Sie das Dialogfenster EIGENSCHAFTEN FÜR SERVER auf dem Bildschirm. Alternativ dazu kann auch die Option EIGENSCHAFTEN aus dem Menü COMPUTER gewählt werden.

Betätigen Sie nun die Schaltfläche REPLIKATION am unteren Rand des Dialogfensters, um zu dem Konfigurationsfenster für die Verzeichnisreplikation zu gelangen.

Abb. 7.8:
Dialogfenster -
Verzeichnis-
replikation auf
Server

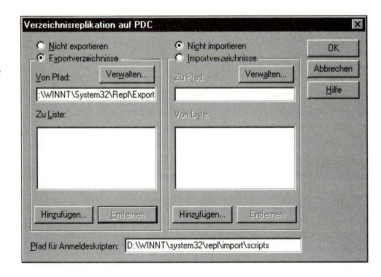

Aktivieren Sie in diesem Dialogfenster die Option EXPORTVERZEICHNISSE, und tragen Sie im Eingabefeld VON PFAD das gewünschte Verzeichnis ein, dessen Inhalt (Unterverzeichnisse und Dateien) exportiert werden soll. Die Standardvorgabe lautet

```
Systemverzeichnis\SYSTEM32\REPL\EXPORT
```

In diesem Verzeichnis muß der Systemverwalter alle Dateien in dem Exportverzeichnis bereitstellen, die auf andere Import-Server exportiert werden sollen. Mit VERWALTEN erhalten Sie ein weiteres Dialogfenster, über das mit HINZUFÜGEN weitere Unterverzeichnisse im Exportverzeichnis für die Replikation angegeben werden können. ENTFERNEN löscht hinzugefügte Verzeichnisse aus der Liste.

Abb. 7.9:
Export-
verzeichnisse
verwalten

Weitere Einstellungen in diesem Fenster erlauben es, bestimmte eingetragene Unterverzeichnisse für den Export zu sperren.

WARTEN BIS STABILISIERT
Wenn dieses Kontrollkästchen aktiviert wird, dürfen alle Dateien und Unterverzeichnisse mindestens zwei Minuten lang nicht verändert worden sein, bevor Sie repliziert werden können. Ist das Kontrollkästchen deaktiviert, beginnt die Replikation unmittelbar nach der Veränderung.

REKURSIV
Bei aktiviertem Kontrollkästchen werden alle Dateien und auch vorhandene Unterverzeichnisse mit Dateien exportiert. Ist es nicht aktiv, betrifft die Replikation nur das angegebene Verzeichnis mit den darin befindlichen Dateien.

Auswahl der Import-Server

In dem standardmäßig leeren Feld ZU LISTE können gezielt Domänen oder Import-Server angegeben werden, zu denen die Export-Dateien reproduziert werden sollen. Bleibt das Feld leer, wird in die Domäne zu allen Import-Servern repliziert.

Sind alle notwendigen Angaben für die Verzeichnisreplikation getroffen, kann das Einstellfenster mit OK verlassen werden.

Konfiguration des Import-Servers

Über das Programm SERVER MANAGER können Sie auch die Eigenschaften der Import-Server einsehen und verändern. Wählen Sie den betreffenden Import-Server mit Doppelklick der linken Maustaste, um das Eigenschaftsfenster zu öffnen. Mit Klick auf REPLIKATION öffnen Sie das Dialogfenster zu den Replikationseinstellungen für den Import-Server.

Dieses Dialogfenster auf einer Windows NT 4-Workstation entspricht in etwa der Hälfte des Fensters für den Export-Server und erlaubt Angaben zum Import-Pfad und den Domänen oder zum Export-Server für die Verzeichnisreplikation.

Tragen Sie auch dort den gewünschten Import-Pfad ein, oder übernehmen Sie die Standardvorgabe

```
Systemverzeichnis\SYSTEM32\REPL\IMPORT
```

Abb. 7.10:
Dialogfenster für die Verzeichnisreplikation auf dem Import-Server (Windows NT 4-Workstation)

Sind sowohl Export-Server als auch Import-Server konfiguriert, wird nach festgelegten Zeiten die Verzeichnisreplikation durchgeführt. Diese vordefinierten Werte lassen sich in der Registrierdatenbank unter

```
HKEY_LOCAL_MACHINE\SYSTEM\Current\Controlset\ Services\
Replicator\Parameters
```

im Bereich von 1 bis 60 Minuten verändern. Der Registrierungstyp lautet REG_DWORD.

Replikation der Anmeldeskripts

Möchten Sie ausschließlich nur die Anmeldeskripts eines primären Domänen-Controllers auf Sicherungs-Domänen-Controller replizieren, brauchen Sie in dem Abschnitt ZU LISTE nichts einzutragen. Teilen Sie lediglich den Sicherungs-Domänen-Controllern mit, daß sie importieren und der primäre Domänen-Controller exportieren und importieren muß.

Beachten Sie dabei, daß die Anmeldskripts unter

Systemverzeichnis\SYSTEM32\REPL\EXPORT

und nicht unter dem Standardverzeichnis \IMPORT abgelegt werden müssen.

Treiberkonfiguration - Dateisystem und Grafik

KAPITEL 8

Oft bleibt es bei einem System nicht lange bei der zu Beginn eingerichteten Konfiguration. Das betrifft in erster Linie wohl eher die Arbeitsstation als den Server. Die Änderungen an einem Computer sind bei der eingerichteten Software und der verwendeten Hardware zu finden.

Man möchte seinen PC auf- oder umrüsten. Gründe dafür können gewünschte oder erhoffte Leistungssteigerungen oder einfach ein defektes Teil sein. Wie die Hardware auszusehen hat und welche Hardware-Voraussetzungen Windows NT 4 verlangt, haben Sie schon in den Kapiteln zur Installation weitgehendst erfahren. Im folgenden Kapitel möchte ich daher etwas genauer auf Zusatzkomponenten, Einrichtung und Treiberkonfiguration eingehen.

Wie vor der Installation von Windows NT 4 ist auch bei einer Auf- oder Umrüstung des Computers zwingend erforderlich, die Hardware für den Einsatz im System vorzubereiten.

Vorbereiten der Hardware

Zu den Vorbereitungen bei der Hardware gehören die schon bei der Installation von Windows NT 4 erwähnten Einstellungen zum Interrupt, I/O-Adresse und DMA-Kanal. Erst wenn diese Einstellungen zu einer neuen Erweiterungskarte richtig getroffen sind, ist ein Zusammenspiel zwischen dieser Hardware-Erweiterung und dem bestehenden System möglich.

Interrupts (IRQ)

Wie es die deutsche Übersetzung des Begriffes Interrupt schon sagt, handelt es sich hierbei um eine Unterbrechung. Und genau das führt ein Interrupt im PC auch herbei. Der Prozessor wird während seiner augenblicklichen Arbeit unterbrochen, um sich einer anderen Aufgabe widmen zu können.

Diese Unterbrechungsanforderungen erfolgen über spezielle Signalleitungen und werden als IRQs (Interrupt Request) bezeichnet. Benötigt der Prozessor beispielsweise neue Daten von der Festplatte für die Weiterverarbeitung, wird für die Ausführung dieses Zugriffs ein Interrupt ausgelöst, um dem Kontroller mitzuteilen, Daten von der Festplatte zu holen.

Damit die verschiedenen Interrupts der einzelnen Geräte unterschieden werden können, werden sie mit Nummern von 0 bis 15 versehen. Anhand dieser Nummer erkennt der Prozessor, welches Gerät die Interrupt-Anforderung ausgelöst hat. Diese Erkennung funktioniert aber nur so reibungslos, wenn jedes Gerät einen eigenen eindeutigen Interrupt zugewiesen bekommen hat. Es gilt die Standardregel, daß jede Systemkomponente ihren eigenen Interrupt benötigt.

Ausnahmen davon sind Systeme, die das Verfahren des Interrupt-Sharings beherrschen. Dazu gehört EISA, und auch die Plug & Play-Spezifikation von Intel sollte so etwas ermöglichen können. Allerdings gibt es kaum Software, die das regeln kann, so daß die Standardregel, jedem seinen Interrupt, wieder zum Tragen kommt.

Standardbelegung der Interrupts:

Tab. 8.1: Standardbelegung der Interrupts

IRQ	VERWENDUNG
0	Timer (Motherboard)
1	Tastatur (Motherboard)
2	Interrupt-Kontroller / Kaskadierung
8	Echtzeituhr (Motherboard)
9	Frei oder SCSI-Controller (PCI-Motherboard) Verweist auf IRQ 2
10	Frei
11	Frei
12	Frei oder Maus-Port
13	Coprozessor
14	Erster Festplattenkontroller (IDE)
15	Frei oder zweiter Festplattenkontroller (EIDE)
3	COM2
4	COM1
5	LPT2
6	Kontroller für Disketten-Laufwerke
7	LPT1

I/O-Basis-Adresse

Zusätzlich zum voran beschriebenen Interrupt muß jedem Gerät noch eine I/O-Basis-Adresse (Eingabe/Ausgabe-Adresse) zugewiesen werden. Dieser kleine, auch als Port-Adresse bezeichnete Speicherbereich wird für den Transport der Daten von oder zu einem Gerät verwendet.

Wie bei den Interrupts muß auch hierbei unbedingt darauf geachtet werden, daß sich die Daten verschiedener Systemkomponenten nicht in die Quere kommen. Keine zwei System-Erweiterungen dürfen den gleichen Speicherbereich der I/O-Adressen verwenden.

8 · Treiberkonfiguration - Dateisystem und Grafik

Standard-I/O-Basis-Adressen in einem ISA-PC

Tab. 8.2:
Standard I/O Basis Adressen

ADRESSE IN HEX	VERWENDUNG
000-01F	Erster DMA-Controller
020-021	Erster Interrupt-Controller
022	Chip-Set-Data-Port – Index
023	Chip-Set-Data-Port - Data
026	Power-Management-Port - Index
027	Power-Management-Port - Data
040-05F	Timer 8254
060-06F	Tastatur-Controller 8042
070-07F	CMOS-RAM, Real Time Clock
080-08F	DMA-Seitenregister
090-097	Frei
0A0-0BF	Zweiter Interrupt-Controller
0C0-0DF	Zweiter DMA-Controller
0F0-0FF	Coprozessor
100-1EF	Frei oder 170h-177h= 2. Festplatten-Controller 178h: Power-Management-Port - Index 179h: Power-Management-Port - Data
1F0-1F7	Festplatten-Controller
1F8	A20-Gate
1F9-1FF	Frei
200-20F	Game-Port
210-217	Frei
220-22F	Soundblasterkarte (Standardeinstellung)
22F-277	Frei
278-27F	Zweite Druckerschnittstelle
280-2EF	Frei
2F8-2FF	COM2
300-31F	Prototyp-Karte oder Netzwerkkarte
320-32F	Frei
330-337	MPU401 (MIDI-Standard)
338-377	Frei
378-37F	Erste Druckerschnittstelle
380-387	Frei
388-38B	AdLib-Standard (FM-Sound-Chip)
3D0-3DF	CGA-Grafikkarte
3E0-3EF	Frei
3F0-3F7	Kontroller für Diskettenlaufwerke
3F8-3FF	COM1

DMA-Kanal

Die Abkürzung DMA steht für Direct-Memory-Access (direkter Speicherzugriff). Auf dem Motherboard eines PC existiert eine bestimme Datenleitung, die direkt von den Steckplätzen für Erweiterungskarten zu den RAM-Bausteinen führt. Dies führt zu hohen Verarbeitungsgeschwindigkeiten, da die Daten ohne zusätzliche Umwege direkt zum Arbeitsspeicher gelangen können.

Diese DMA-Datenleitung darf gleichzeitig nur von einer Erweiterungskarte in Anspruch genommen werden. Würden zwei Erweiterungen die DMA-Datenleitung gleichzeitig nutzen, käme es sofort zu Datensalat mit dem der PC nichts anfangen könnte. Ein Systemabsturz wäre das Ergebnis.

Trotzdem bei der Konfiguration von Erweiterungskarten oft verschiedene DMA-Kanäle wählbar sind, gibt es nur diese eine voran beschriebene Datenleitung. Die verschiedenen DMA-Nummern werden nur zur Unterscheidung der einzelnen PC-Erweiterungen verwendet. Damit der Prozessor auch erkennt, welches Gerät eine DMA-Anforderung abgeschickt hat, gibt es weitere Leitungen, sogenannte DRQs (DMA Request). Über diese Signalleitungen werden die betreffenden DMA-Anforderungen bekanntgegeben.

Daß dieser schnelle Datentransport möglich ist, regeln spezielle Bausteine auf dem Motherboard. Es handelt sich dabei um die DMA-Kontroller. Sie sorgen bei der Ausführung des direkten Speicherzugriffs dafür, daß die Daten am Prozessor vorbei zum Arbeitsspeicher gelangen. Diese Peripherie-Bausteine übernehmen dafür die Kontrolle über den Bus.

Beim Prinzip des Busmaster-DMA geht man sogar noch einen Schritt weiter. Bei diesem Verfahren werden auch die DMA-Kontroller übergangen und die Bussteuerung direkt von der Einheit der DMA-Anforderung übernommen.

Standardbelegung der DMA-Kanäle:

Tab. 8.3: Standardbelegung der DMA-Kanäle

DMA-KANAL	VERWENDUNG
0	Frei
1	Frei
2	Diskettenlaufwerkskontroller
3	Festplattenkontroller oder Parallel Port (IEEE1284)
4	Kaskadierung
5	EIDE-Kontroller, zweiter Kanal
6	Frei
7	Festplattenkontroller

Konfiguration von Erweiterungskarten

Haben Sie sich über die Konfiguration der vorhandenen Komponenten des Systems informiert, dürfte es eigentlich keine Schwierigkeit darstellen, für eine neue Erweiterungskarte passende Einstellungen zu finden. Voraussetzung dafür ist jedoch, daß noch freie Interrupts zur Verfügung stehen.

Die Einstellungen bei den meisten Erweiterungskarten werden entweder über Jumper (kleine Steckbrücken), DIP-Schalter oder sogar per Software vorgenommen.

Durch die Konfiguration per Software ist es mittlerweile erheblich leichter geworden, Informationen zu den aktuellen Einstellungen zu erhalten oder die Einstellungen zur Hardware-Erweiterung zu ändern. Trotzdem sollten Sie sich sämtliche getroffenen Einstellungen notieren, um einen Überblick über das gesamte Computersystem zu haben. Gerade bei einem System mit vielen zusätzlich Erweiterungen (Bsp. SCSI-Controller, Soundkarte, ISDN-Karte) kann es ohne weiteres vorkommen, daß eine Erweiterung nicht mehr einzusetzen ist.

Vor dem Kauf sollte man sich deshalb über das eigene System informieren und über die Konfigurationsmöglichkeiten der neuen Hardware-Erweiterung. Die meisten Erweiterungskarten lassen nur einen kleinen Spielraum an Konfigurationsmöglichkeiten zu.

Festplatten

Durch den immer mehr anwachsenden Speicherplatzbedarf der Betriebssysteme und Anwendungsprogramme kommt automatisch auch der Bedarf nach einer größeren Festplatte auf. Nach dem Einbau herrscht erst einmal das Gefühl, unendlich viel Speicherplatz zu besitzen. Nach wenigen Monaten kommt Ernüchterung auf. Den Daten wird es schon wieder zu eng auf der Festplatte.

Waren vor einigen Jahren 1-GByte-Festplatten noch als gigantischer Speicherplatz anzusehen, gehört diese Größe mittlerweile zur Standardausstattung eines jeden PC. Auf Servern sind insgesamt Festplattenkapazitäten im zweistelligen GByte-Bereich keine Seltenheit.

IDE oder SCSI?

Gerade bei einem Windows NT 4-Server spielt die Wahl des richtigen Plattensystems eine wichtige Rolle. Hier kommt es in erster Linie auf Geschwindigkeit, Kapazität und Ausbaufähigkeit an.

Ist es doch so schön einfach, eine kleinere IDE-Festplatte gegen eine neue, schnellere und größere auszutauschen. Bei Preisen von 300,- DM für eine 1 GByte-Festplatte fällt der Kostenfaktor gar nicht mehr so ins Gewicht.

Anders bei der Umstellung auf SCSI. Zunächst benötigen Sie einen SCSI-Host-Adapter. Diese Komponenten, nur selten direkt schon auf dem Motherboard, liegen preislich im Bereich von 200,- bis 500,- DM. Auch die Festplatten und CD-ROM-Laufwerke für den Anschluß an den SCSI-Bus sind etwas teurer als ihre IDE-Konkurrenten.

Dagegen steht die Flexibilität und einfache Konfiguration von SCSI. Berücksichtigt man die richtige Nummerierung (LUN) der angeschlossenen SCSI-Geräte und die notwendige ordnungsgemäße Terminierung des SCSI-Bus ist SCSI immer die bessere Wahl. Die meisten SCSI-Adapter namhafter Hersteller werden von fast jedem Betriebssystem unterstützt. Der bekannte NCR-Fast-SCSI-II-Adapter unterstützt beispielsweise DOS, Windows 95, Windows NT, OS/2, Netxstep, Linux, SCO-Unix, Unixware und Novell NetWare. Auch bei anderen Herstellern ist es nur in Ausnahmefällen anders.

Installation und Konfiguration von SCSI-Hostadaptern

Wird der SCSI-Hostadapter erst nach der Installation von Windows NT 4 installiert oder ein weiterer Hostadapter hinzugefügt, muß der notwendige Treiber in Windows NT 4 eingebunden werden. Da Windows NT 4 nicht über eine Plug and Play-Funktionalität verfügt, geschieht das manuell.

Öffnen Sie dazu zunächst das Fenster der Systemsteuerung über den START-Knopf und die Option EINSTELLUNGEN. Unter den vielen Symbolen befindet sich auch eins mit der Bezeichnung SCSI-ADAPTER.

Mit Doppelklick auf das betreffende Symbol öffnen Sie das dazugehörige Dialogfenster. Im Register GERÄTE bekommen Sie alle eingerichteten Controller und Hostadapter für Massenspeichergeräte aufgelistet. Dazu gehören nicht nur SCSI-Hostadapter, auch IDE-Controller werden in dieser Liste geführt.

8 · Treiberkonfiguration - Dateisystem und Grafik

Abb. 8.1:
Systemsteuerung

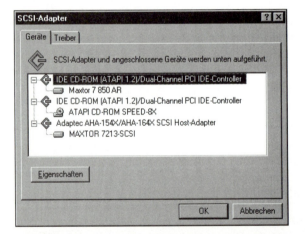

Abb. 8.2:
Dialogfenster SCSI-Adapter - Geräteliste

Durch einen weiteren Doppelklick auf daß Symbol eines dargestellten Controllers oder Hostadapters bekommen Sie zusätzlich noch die angeschlossenen Geräte angezeigt. Das angeschlossene Geräte vorhanden sind, erkennen Sie durch ein vorangestelltes +-Zeichen. Ein neuer SCSI-Hostadapter wird in dieser Liste noch nicht geführt. Haben Sie jedoch einen weiteren SCSI-Hostadapter vom gleichen Typ eines Installierten hinzugefügt, ist auch dieses Gerät erkennbar, da es den gleichen Treiber verwendet.

Ein Klick auf das Register TREIBER listet die geladenen Treiber mit dem aktuellen Status auf. Die während der Sitzung aktiven Treiber haben den Status [GESTARTET]. Mit Hinzufügen wird eine Treiberliste zusammengestellt und anschließend ein Auswahlfenster mit Darstellung der verschiedenen Herstellern und jeweiligen Hostadaptern angezeigt.

Wählen Sie daraus den entsprechenden Adaptertyp aus, und bestätigen Sie mit OK. Ist der von Ihnen eingesetzte SCSI-Adapter nicht in der Liste geführt, kann mit Klick auf DISKETTE auch auf eine Treiberdiskette des Herstellers verwiesen werden.

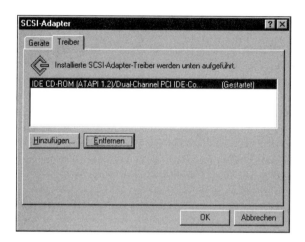

Abb. 8.3: Dialogfenster - Treiber installieren

Sie werden aufgefordert, die benötigte Windows NT 4-CD einzulegen, um den Treiber von dort auf die Festplatte zu kopieren. Alternativ dazu kann auch ein anderer Pfad zu diesen Installationsdateien angegeben werden.

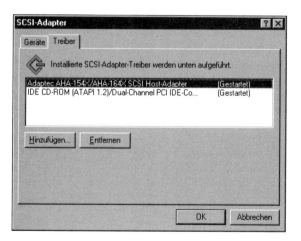

Abb. 8.4: Liste der installierten Treiber mit neu hinzugefügtem SCSI-Adapter

Nach dem Kopiervorgang werden Sie über ein Dialogfenster darauf hingewiesen, daß die Änderungen erst nach einem Neustart des Computers wirksam werden. Bestätigen Sie die Abfrage zum Neustart mit JA, wird das System heruntergefahren und der Computer direkt wieder neu gestartet. Wird die Abfrage verneint, ist der notwendige Treiber zwar installiert, hat aber bis zum nächsten Neustart den Status [NICHT GESTARTET].

Eigenschaften des SCSI-Hostadapters

Nachdem der Treiber für den SCSI-Hostadapter installiert und das System neu gestartet ist, sollte jetzt eigentlich unter der Option SCSI-ADAPTER in der Systemsteuerung auch der neue Hostadapter mit seinen angeschlossenen Geräten aufgeführt sein. Um die Einstellungen des SCSI-Adapters einzusehen, markieren Sie den betreffenden Eintrag in der Liste und betätigen anschließend die Schaltfläche EIGENSCHAFTEN.

Über ein Dialogfenster mit drei verschiedenen Registern können Sie Informationen zum Typ des verwendeten Hostadapters, dem dazugehörigen Treiber und den vom Adapter verwendeten Ressourcen einsehen.

Unter RESSOURCEN bekommen Sie den I/O-Adreßbereich, ROM-Speicherbereich, belegten Interrupt und verwendeten DMA-Kanal angezeigt. Änderungen sind an dieser Stelle nicht durchzuführen.

SCSITool

Im Lieferumfang von Windows NT 4 befindet sich ein Hilfsprogramm, der "SCSI Interrogator", das Ihnen bei möglichen Problemen mit SCSI-Hostadaptern und daran angeschlossenen Geräten hilfreich bei der Fehlersuche sein kann. Dieses Programm wird jedoch nicht automatisch mit der Installation von Windows NT 4 eingerichtet. Für die Nutzung muß zuerst eine spezielle Diskette generiert werden.

Sie benötigen dazu lediglich eine formatierte 1,44 MByte-Diskette. Legen Sie diese Diskette in das Diskettenlaufwerk, und wechseln Sie mit dem NT-Explorer auf der Windows NT 4-CD in das Verzeichnis

```
\SUPPORT\SCSITOOL.
```

In diesem Verzeichnis befindet sich unter anderem eine Stapeldatei mit der Bezeichnung MAKEDISK.BAT. Sobald diese Datei aufgerufen wird, beginnt die Routine FD144.EXE gemäß der Image-Datei SCSI eine Diskette zu erstellen. Nach Fertigstellung befinden sich die Dateien

- AUTOEXEC.BAT
- COMMAND.COM
- CONFIG.SYS
- IO.SYS
- MSDOS.SYS
- SCSI.EXE
- SCSI.TXT
- SCSIZIP.EXE
- SETRAMD.BAT

und das Verzeichnis DOS auf der Diskette.

Das Verzeichnis DOS beinhaltet zusätzlich die Dateien:

- ASPI8XX.SYS
- BTDOSM.SYS
- EMM386.EXE
- FINDRAMD.EXE
- FLASHPT.SYS
- HIMEM.SYS
- RAMDRIVE.SYS

Anhand der aufgeführten Dateien ist es leicht erkennbar, daß es sich bei der erstellten Diskette um eine bootfähige DOS-Diskette handelt.

Starten Sie nun den Computer mit der eingelegten Boot-Diskette neu. Nach kurzer Zeit erhalten Sie auf dem Bildschirm ein Menü, über das Sie den Hersteller des installierten SCSI-Adapters angeben müssen. Unterstützt werden vom SCSI-Tool lediglich die Hersteller Adaptec und Buslogic. Markieren Sie mit den Pfeiltasten den jeweiligen Eintrag, und bestätigen Sie mit ⏎.

Der Ladevorgang wird fortgesetzt, automatisch eine RAM-Disk erstellt und eine Datei mit dem Namen SCSIZIP.EXE in diese RAM-Disk entpackt. Nach wenigen Sekunden schaltet das Programm in den Grafikmodus um und kann wieder mit Maus bedient werden. Das Startfenster weist darauf hin, daß mit diesem Programm der SCSI-Adapter und die angeschlossenen SCSI-Devices identifiziert werden.

Ein Klick auf YES startet die Adapter-Identifizierung und listet nach wenigen Augenblicken die erkannten SCSI-Hostadapter mit ihrer Ressourcenbelegung in einem Fenster auf.

Mit Betätigen der Schaltfläche SCSI Devices erhalten Sie eine Auflistung aller angeschlossenen SCSI-Devices mit umfangreichen ausgelesenen Produktdaten. Über Print Current Topic kann die angezeigte Liste auf einen angeschlossenen Drucker ausgegeben werden und mit Save die kompletten Informationen entweder auf Diskette oder eine unter DOS verfügbare Festplatte gespeichert werden.

Die gespeicherte Datei trägt den Namen SCSI.TXT und kann mit jedem Editor eingesehen werden. Exit veranlaßt das Programm, den SCSI Interrogator zu beenden.

Die Datei SCSI.TXT enthält beispielsweise folgende Informationen:

```
Device Type: Direct-access device (e.g. disks)
Removable Device: No
ANSI SCSI Version: SCSI-2
Wide 32-bit bus support: No
Wide 16-bit bus support: No
Synchronous support: Yes
Command queuing support: Yes
Soft-reset support: No
Vendor ID: QUANTUM
Product ID: FIREBALL_TM3200S
Product Revision: 300X
Connected to adapter: Adaptec AHA-1540C/1542C - Port 330h
Device Type: Direct-access device (e.g. disks)
Removable Device: No
ANSI SCSI Version: SCSI-1
Wide 32-bit bus support: No
Wide 16-bit bus support: No
Synchronous support: No
Command queuing support: No
Soft-reset support: No
Vendor ID: MAXTOR
Product ID: 7213-SCSI
Product Revision: 7442
Connected to adapter: Adaptec AHA-1540C/1542C - Port 330h
ASPI for Windows is not available!
```

Grafikkarten

Wichtige ergonomische Einstellungen sind für den Bildschirmadapter vorzunehmen. Während der Installation können lediglich Grobeinstellungen vorgenommen werden. Feineinstellungen bezüglich Farbpalette, Auflösung, Bildschirmfrequenz und Schriftgrad sind erst im nachhinein vorzunehmen.

Zu den entsprechenden Einstellungen gelangen Sie über die Systemsteuerung und darin vorhandenen Symbol mit der Bezeichnung ANZEIGE. Alternativ dazu können Sie auch den freien Desktop-Bereich mit der rechten Maustaste anklicken und aus dem Kontextmenü die Option EIGENSCHAFTEN anwählen. Sie erhalten das Dialogfenster EIGENSCHAFTEN VON ANZEIGE auf dem Bildschirm.

An dieser Stelle möchte ich nur auf das Register EINSTELLUNGEN eingehen, da alle weiteren Register lediglich die Darstellung des Desktops betreffen.

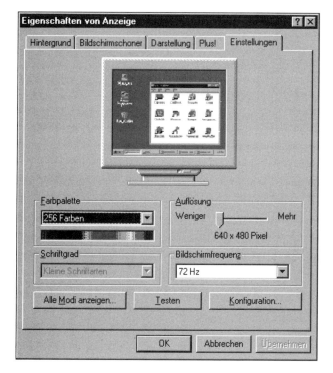

Abb. 8.5: Eigenschaften von Anzeige - EINSTELLUNGEN

8 • Treiberkonfiguration - Dateisystem und Grafik

Bevor Sie sich direkt daran geben, irgendwelche wünschenswerten Einstellungen für Ihre Bildschirmanzeige zu treffen, sollte man sich erst einmal darüber informieren, was die Grafikkarte zu leisten vermag und welche Einstellungen für den eingesetzten Monitor möglich sind. Ein Überschreiten der maximalen Auflösung und Bildschirmfrequenz kann zur Zerstörung des Monitors führen.

Durch Betätigen des Schalters KONFIGURATION erhalten Sie zunächst einmal die Informationen zum vom System erkannten Bildschirmadapter. Sollte die Anzeige nicht dem tatsächlich installierten Adapter entsprechen, können Sie über ERKENNEN einen neuen Grafikkarten-Erkennungstest starten.

Wird die Grafikkarte trotzdem nicht richtig identifiziert, kann über den Schalter ÄNDERN eine Liste mit den Herstellern und deren Grafikadaptern zur Auswahl aufgerufen werden. Schauen Sie zuerst nach, ob der von Ihnen verwendete Grafikadapter überhaupt in dieser Liste geführt wird.

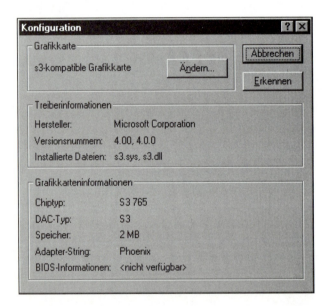

Abb. 8.6: Eigenschaften von Anzeige - KONFIGURATION

Bei wirklich exotischen Grafikkarten bleibt häufig nur die Wahl

VGA-KOMPATIBLE GRAFIKKARTE

übrig. Trotzdem ist es möglich, daß zwar mittlerweile ein Treiber für Windows NT 4 zu dieser Grafikkarte existiert, aber zum Auslieferungstermin von Windows NT 4 noch nicht verfügbar war. In diesem Fall kontrollieren Sie die Treiberdisketten des Herstellers, oder fragen Sie bei Ihrem Hardware-Lieferanten nach. Eine gute Quelle für Treiber und Treiber-Updates ist auch das Internet. Viele Hersteller sind im Internet präsent und bieten darüber auch technische Unterstützung.

Ist der richtige Treiber installiert, kann man an die Feineinstellungen unter Berücksichtigung des verwendeten Monitors gehen. Wählen Sie über die Schieberegler die gewünschte AUFLÖSUNG und über die Pfeilschalter die Einstellungen zu FARBPALETTE, SCHRIFTGRAD und ganz wichtig BILDSCHIRMFREQUENZ. Dabei werden Ihre Augen es Ihnen danken, wenn statt der möglichen Auflösung von 1024x768 und 60 Hz eine Auflösung von 800x600 Bildpunkten mit 75 Hz gewählt wird.

Es ist fast unzumutbar, ständig an einem flimmernden Bildschirm zu sitzen.

Sind Sie sich nicht sicher, welche Einstellung mit dem Monitor darzustellen ist, benutzen Sie einfach den Schalter TESTEN. Es wird dadurch ein Testbild für 5 Sekunden dargestellt. Ist dieses Testbild nicht einwandfrei dargestellt, brauchen Sie diese Einstellung gar nicht zu wählen. Der Desktop wird genauso unkenntlich aussehen.

Mit abschließenden Klick auf OK werden die neuen Einstellungen gespeichert. Je nach Art der Änderungen kann jetzt auch noch ein Neustart des Systems angefordert werden.

Treiberkonfiguration II: Kommunikation

KAPITEL 9

Kommunikation gehört zu den wichtigsten Bestandteilen des öffentlichen Lebens. Mit der Vernetzung von Computern und dem damit möglichen Datenaustausch ist ein weitere Art von Kommunikation ins Leben gerufen worden. Millionen Menschen verfügen über ein elektronisches Postfach, über das sie ihre sogenannten E-Mails empfangen. Aber selbst die Personen, die diese Möglichkeit nicht nutzen, kommen irgendwann in die Situation, zumindest Daten per DFÜ (Datenfernübertragung) auszutauschen.

Die Möglichkeit, angeschlossene Modems oder ISDN-Karten für die Datenfernübertragung zu nutzen, bietet auch Windows NT 4. In diesem Kapitel des Buches möchte ich die Einrichtung und Konfiguration dieser Komponenten beschreiben. Die Installation der RAS-Dienste (Remote Access Services) wird in einem späteren Kapitel behandelt.

Modeminstallation und Konfiguration

Ein Modem, Abkürzung für MOdulator/DEModulator, dient dem Datenaustausch über Telefonleitung. In der Regel handelt es sich dabei um Wählleitungen. Sowohl auf der Sender- als auch auf der Empfängerseite muß sich ein solches Modem befinden.

Die Installation und Konfiguration eines Modems wird über die entsprechende Option in der Systemsteuerung von Windows NT 4 vorgenommen. Öffnen Sie dazu zunächst den Ordner der Systemsteuerung und wählen mit Doppelklick die Option MODEMS an. Das Startdialogfenster erlaubt es, zwischen automatischer Erkennung und manueller Modem-Auswahl zu entscheiden. Mit einfachem Klick auf WEITER starten Sie die automatische Erkennung. Geht diese Erkennung schief und das angeschlossene Modem wird nicht richtig erkannt, kann später immer noch eine manuelle Einrichtung vorgenommen werden.

Im nächsten Schritt prüft der Installationsassistent sämtliche seriellen Schnittstellen, ob nicht irgendwo ein Modem angeschlossen ist. Ist das der Fall, gibt er nach kurzer Zeit über ein weiteres Dialogfenster die Meldung aus, daß ein Modem vom Typ X an der Schnittstelle COMx gefunden wurde.

Entspricht das erkannte Modem nicht den tatsächlichen Begebenheiten, kann über ÄNDERN der Modem-Typ manuell ausgewählt werden. Mit WEITER bestätigen Sie die Installation des erkannten Modems. Nachdem der benötigte Treiber installiert und grundlegende Konfigurationseinstellungen für das Modem vom System vorgenommen sind, erhalten Sie die Rückmeldung, daß das Modem jetzt konfiguriert ist. Ein

Klick auf FERTIGSTELLEN schließt das Meldungsfenster und wechselt direkt zu einem neuen Dialogfenster für Einstellungen zu den Eigenschaften des Modems.

Abb. 9.1: Neues Modem installieren

Markieren Sie dort die Zeile mit dem neu eingetragenen Modem, und betätigen Sie die Schaltfläche EIGENSCHAFTEN. Ein weiteres Dialogfenster mit der Bezeichnung EIGENSCHAFTEN VON MODEM wird auf dem Bildschirm dargestellt. Dieses Dialogfenster besitzt die Register ALLGEMEIN und EINSTELLUNGEN.

Abb. 9.2: Eigenschaften von Modem - ALLGEMEIN

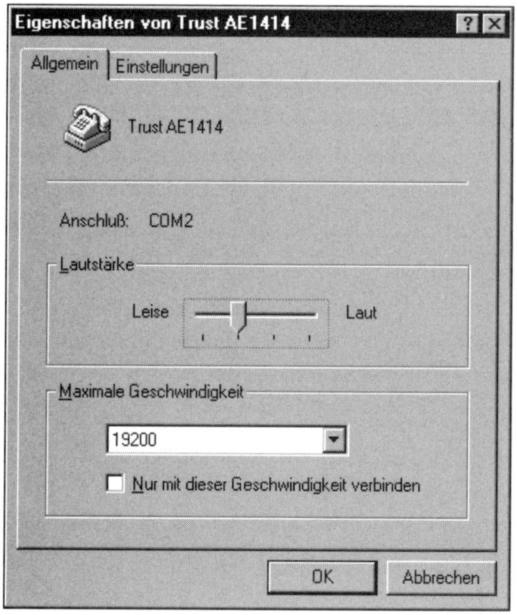

Im Register ALLGEMEIN wird der Modem-Typ und die Anschlußschnittstelle des Modems angezeigt. Über den Schieberegler in der Mitte des Fensters kann die Lautstärke des Modem-Lautsprechers beim Aufbau einer Verbindung bestimmt werden. Über den darunter befindlichen Pfeilschalter legen Sie die maximale Geschwindigkeit fest, mit der dieses Modem Daten übertragen kann. Je nach Komprimierungsrate des Modems kann dieser Wert schon das vierfache der normalen Datenübertragung haben.

Nur wenn beide Modems auf beiden Seiten der Verbindung zu dieser Übertragungsgeschwindigkeit in der Lage sind und sich außerdem optimal verstehen (Das ist nicht immer Fall!) und zusätzlich noch eine störungsfreie Leitung gefunden wird, sind die Maximalübertragungsraten möglich. Im anderen Fall einigen sich die Modems auf eine gemeinsame niedrigere Übertragungsrate.

Wollen Sie jedoch nur Verbindungen mit einer bestimmten eingestellten Geschwindigkeit, aktivieren Sie das Kontrollkästchen NUR MIT DIESER GESCHWINDIGKEIT VERBINDEN.

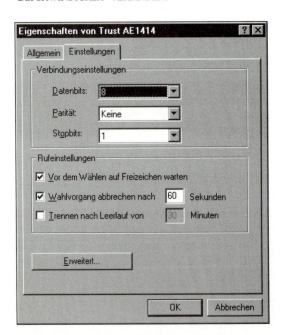

Abb. 9.3:
Eigenschaften von Modem - EINSTELLUNGEN

Verbindungseinstellungen

Im Register EINSTELLUNGEN können Angaben bezüglich der Kommunikation zwischen dem Computer und dem angeschlossenen Modem sowie Wähleinstellungen festgelegt werden. Unter VERBINDUNGSEINSTELLUNGEN bestimmen Sie, mit wie vielen Datenbits, welcher Parität und wie vielen Stopbits die Kommunikation mit der Gegenstelle erfolgen soll. Als Vorgabe wird Ihnen schon die Einstellung

- 8 Datenbits
- Keine Parität
- 1 Stopbit

angeboten.

Rufeinstellungen

Bei den Rufeinstellungen gilt als Vorgabe, daß vor dem Wählen auf ein Freizeichen gewartet werden soll. Die meisten Nebenstellen liefern jedoch ein anderes Freizeichen, so daß dieses Kontrollkästchen bei Betrieb des Modems an einer Nebenstelle deaktiviert werden muß. Zusätzlich kann in diesem Abschnitt festgelegt werden, nach welcher Zeitspanne der Wählvorgang automatisch abgebrochen werden soll.

Die Angabe Trennen nach Leerlauf von nn Minuten gibt an, nach welcher Zeit, in der keine Daten übertragen wurden, die Verbindung automatisch abgebrochen werden soll. Gerade bei unbeaufsichtigten Datenübertragungen kann diese Angabe unter Umständen viele Kosten für unnötige Leitungsgebühren ersparen.

Abb. 9.4: Erweiterte Einstellungen für Modem

Zusätzlich verfügt das Register Einstellungen noch über eine Schaltfläche mit der Bezeichnung Erweitert. Mit Betätigen dieses Schalters wird ein weiteres Dialogfenster für die speziellen Modem-Einstellungen zu

- Fehlerkontrolle
- Datenflußkontrolle
- Modulationstyp
- Weitere Einstellungen

angezeigt.

Fehlerkontrolle

Um Datenübermittlungsfehler automatisch zu korrigieren, ist die Fehlerkontrolle standardmäßig eingeschaltet. Soll die Fehlerkontrolle unbedingt zum Einsatz kommen, können Sie das Kontrollkästchen mit der Bezeichnung Für Verbindung notwendig aktivieren.

Um einen höheren effektiven Datendurchsatz zu erzielen, ist auch als Vorgabe die Datenkomprimierung eingeschaltet. Die Datenkompression sorgt dafür, daß vor der Übertragung alle Daten komprimiert werden. Je nach Datentyp erzielen die Kompressionsverfahren eine Komprimierung von 4:1. Ein 14,4 KBit/s-Modem kommt somit zu einer maximalen Übertragungsrate von 57,6 Kbit/s.

Datenflußkontrolle

Für eine störungsfreie Datenübertragung ist auch die Verbindung zwischen Computer und externem Modem verantwortlich. Um Übertragungsfehler schon auf diesem Weg auszuschalten, ist standardmäßig die Datenflußkontrolle eingeschaltet. Man unterscheidet dabei zwischen hardware- und softwaremäßger Datenflußkontrolle. Für die hardwaregestützte Datenflußkontrolle müssen die Leitungen RTS und CTS im seriellen Verbindungskabel durchgeschaltet sein.

Ist dies nicht der Fall, kann auf Datenflußkontrolle per Software umgeschaltet werden. Dabei wird der Beginn und das Ende einer Übertragung durch ein spezielles XON- und XOFF-Zeichen signalisiert.

Modulationstyp

Über dieses Feld kann zwischen Standard-Modultionstyp und Nicht Standard (Bell, HST) umgeschaltet. In der Regel wird der Standard-Modulationstyp verwendet. Sollten doch meist Verbindungen nit den USA aufgenommen werden, muß auf Nicht Standard gewechselt werden. In den USA wird für die Modulation meist die Bell-Norm verwendet. Wichtig ist dabei allemal, daß beide Verbindungsstellen den gleichen Modulationstyp verwenden.

Weitere Einstellungen

In dem dazugehörigen Eingabefeld können zusätzliche Modem-Befehle eingetragen werden. Diese Befehlsfolgen werden dann bei der Initialisierung des Modems an das Gerät geschickt.

Sollten häufig Probleme bei der Datenübertragung auftauchen, kann mit dem Kontrollkästchen Protokolldatei aufzeichnen festgelegt werden, ob eine Protokoll mitgeschnitten werden soll. Diese Datei trägt den Namen MODEMLOG.TXT und befindet sich im Windows NT 4-Stammverzeichnis. Diese Datei kann mit jedem Editor eingesehen werden.

Damit wäre die Einrichtung und Konfiguration des Modems abgeschlossen. Alle diese getroffenen Einstellungen gelten für die Benutzung des Modems durch Applikationen, die über die sogenannte TAPI-Schnittstelle (Telephony Application Programming Interface) kommunizieren.

TAPI

Unter DOS oder Windows 3.x war es bisher immer üblich, daß die Applikationen dafür verantwortlich waren, mit dem Modem zu Kommunizieren und die Steuerung zu übernehmen. Das Ergebnis dürfte den meisten Lesern bekannt sein. Modem-Einstellungen mußten bei jedem dieser Programme einzeln festgelegt werden. Das Betriebssystem stellte lediglich die serielle Schnittstelle zur Verfügung.

Um dieses Problem aus der Welt zu schaffen, hat Microsoft die TAPI-Schnittstelle entwickelt. TAPI versucht selbstständig zu erkennen, welches Modem am PC angeschlossen ist. Wird ein Modem richtig erkannt, weiß TAPI auch, mit welchen Modem-Befehlen beispielsweise angewählt, die Lautstärke eingestellt oder die Fehlerkorrektur ein- und ausgeschaltet wird.

Aus diesem Grund stehen bei eingetragenem Modem-Typ Standard-Modem auch die meisten Einstellungen nicht zur Verfügung. Es gibt nun mal keinen hundertprozentigen Modem-Standard.

TAPI ist auch zuständig für die Standortinformationen des Computers und verwendet automatisch für eine Verbindung die notwendigen Vorwahlen und Landeskennzahlen. Verwenden Sie zum Beispiel ein Notebook für DFÜ-Verbindungen, muß bei einem Ortswechsel der TAPI-Schnittstelle nur der neue Standort mitgeteilt werden. Automatisch werden dann Rufnummern, die bisher Ortsgespräche waren, mit Vorwahl angewählt.

Alle Anwendungen, die nicht TAPI-konform sind, müssen weiterhin mit den eigenen COM-Port-Einstellungen konfiguriert werden.

Standorteinstellungen

Durch die oben aufgeführte Erläuterung zur TAPI-Schnittstelle dürfte wohl der Sinn und Zweck von Standorteinstellungen und Wahlparametern klar geworden sein. Auch diese Einstellungen werden aus der Systemsteuerung über die Option MODEMS vorgenommen. Im Dialogfenster EIGENSCHAFTEN VON MODEMS finden Sie am unteren Rand eine Schaltfläche mit der Bezeichnung WAHLPARAMETER.

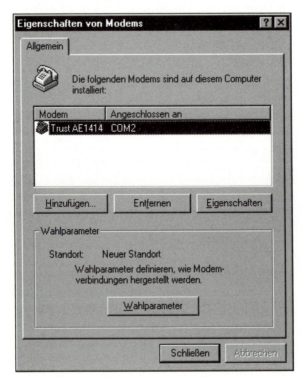

Abb. 9.5:
EIGENSCHAFTEN
VON MODEMS

Nach Betätigen des Schalters wird ein Dialogfenster für die Eingabe von Standortinformationen und Wahlparametern auf dem Bildschirm angezeigt. Unter STANDORT geben Sie am besten den jeweiligen Aufenthaltsort ein. Darunter tragen Sie im Feld ORTSKENNZAHL die dazugehörige Vorwahl des Standorts ein und wählen über den Pfeilschalter LAND das entsprechende Land aus, damit beim Standortwechsel gegebenenfalls auch die richtige Landeskennzahl gewählt wird.

Abb. 9.6:
WAHLPARAMETER

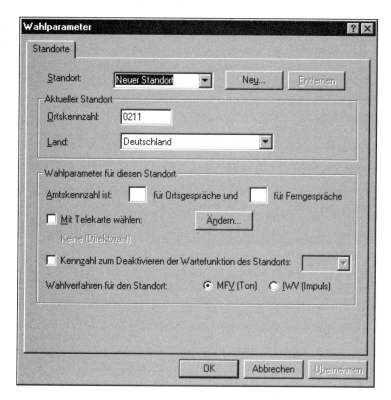

Im Bereich WAHLPARAMETER FÜR DIESEN STANDORT tragen Sie ein, auf welche Art und Weise der Wahlvorgang an diesem Standort vorgenommen wird. Dazu gehören Angaben zur Amtskennzahl für Orts- oder Ferngespräche bei Nebenstellenanlagen. Tragen Sie die notwendigen Kennziffern in die dazugehörigen Felder ein.

Wird an dem Standort von Ihnen eine Telekarte (Calling-Card) verwendet, aktivieren Sie das Kontrollkästchen und tragen die weiteren Parameter über das Dialogfeld ÄNDERN ein.

Arbeitet die Telefonleitung mit einer Wartefunktion, muß das Kontrollkästchen dazu aktiviert und die benötigte Kennzahl eingegeben werden.

Ganz wichtig bei Verwendung von Modems ist die Angabe des Wählverfahrens am Standort. Man unterscheidet dabei zwischen MFV (Ton) und IWV (Impuls). MFV steht dabei für Mehrfrequenzverfahren und IWV für Impulswahlverfahren.

Sind Sie sich dessen nicht sicher, heben Sie einfach den Telfonhörer ab und wählen zwei bis drei Ziffern. Hören Sie bei jeder Zifferneingabe einen anderen Ton handelt es sich um das MFV-Verfahren. Ist außer einigen Knack- oder Knattergeräuschen nichts beim Wählen zu hören, verwendet der Standort das betagte Impulswählverfahren (IWV). Bei Verwendung von ISDN-Adaptern spielt die Angabe zum Wählverfahren keine Rolle.

Mit OK werden alle Eingaben gespeichert und das Dialogfenster für die Standortangaben geschlossen.

ISDN-Installation und Konfiguration

Die Abkürzung ISDN steht für "Integrated Services Digital Network" und ist ein rein digitaler Dienst, der in Deutschland von der Telecom angeboten wird. Es stellt eine Kombination des klassischen Telefons und einer Reihe zusätzlicher Dienste dar.

Ohne detailliert ISDN beschreiben zu wollen, möchte ich trotzdem die Vorteile gegenüber dem analogen Telefon in Stichworten aufzählen:

- Höhere Datenübertragungsrate 64 KBit/s (Bundling 128 KBit/s)
- Verbindungsaufbau innerhalb einer Sekunde
- Rufnummernübermittlung
- Höherer Datenschutz durch Digitalisierung

CAPI

Für den Zugang zu ISDN von einem PC gibt es seit geraumer Zeit einen Standard. Dieser Standard trägt die Bezeichnung CAPI (Common ISDN API), und es gibt ihn für eine Reihe von Betriebssystemen und Applikationen. Aber auch ein Standard wird ständig weiterentwickelt. So kommt es, daß es mittlerweile CAPI 1.1 und CAPI 2.0 gibt und leider beide nicht miteinander kompatibel sind. Je nach Applikation muß der benötigte CAPI-Treiber zur Verfügung gestellt werden.

Einige Hersteller, dazu gehört AVM oder TELES stellen sogenannte "Dual-CAPI-Treiber" zur Verfügung, die sowohl CAPI 1.1 und CAPI 2.0 unterstützen.

Doch das ist nicht die größte Hürde beim Einsatz von Windows NT 4. Es müssen erst einmal ISDN-Kartentreiber für Windows NT 4 verfügbar sein. Nach Erscheinen von Windows NT 4 waren schnell Treiber für die aktiven Karten der verschiedenen Hersteller lieferbar. Aber die Unterstützung von passiven ISDN-Adaptern ließ lange Zeit auf sich warten.

Einer der ersten Hersteller war TELES, die schon im Lieferumfang ihrer passiven Karten Windows NT 4-Treiber hatten. Seit Anfang 1997 bietet auch AVM ein Zusatzsoftwarepaket mit Windows NT 4-Treibern für alle ihre ISDN-Karten (incl. Fritz!-Card) kostenpflichtig an. Man hat wohl erkannt, daß Windows NT 4 doch verbreiteter ist, als man dachte. Für viele Anwender hat die Umstellung von Windows 3.1x oder Windows 95 auf Windows NT 4 als KO-Kriterium die fehlende Unterstützung der vorhandenen ISDN-Karte.

Installation einer ISDN-Karte

Pauschale Aussagen zur Installation einer ISDN-Karte sind an dieser Stelle wohl kaum zu treffen. Jeder Hersteller hat sein eigenes Setup-Programm und Installationsroutine. Am Beispiel der Firma AVM wird zur aktiven ISDN-Karte B1 für Windows NT 4 eine Setup-Diskette mit dem notwendigen CAPI-Treiber mitgeliefert. Die Installation stellt sich sehr einfach dar.

Durch Starten des Programms SETUP.E wird man schnell durch die Installation geführt. Wie bei jeder zusätzlichen Hardware-Erweiterung müssen auch dabei Kenntnisse über verfügbare Interrupts und I/O-Adressen vorhanden sein. Zum Abschluß können Sie noch entscheiden, ob die ISDN-Karte automatisch beim Start von Windows NT 4 aktiviert werden oder ob das nur bei Bedarf manuell geschehen soll.

Abb. 9.7:
Ordner zur ISDN-Karte AVM B1 nach der Treiber-installation

Großartige Einstellungen oder Eigenschaftsinformationen sind nicht vorhanden. Lediglich ein Ordner mit Symbolen zum Laden und Entladen der Kartentreiber sowie ein Selbsttest stehen zur Verfügung. Nach Abschluß dieser Treiberinstallation kann jedes Programm, das einen CAPI-Treiber benötigt, auf die installierten Treiber zurückgreifen und den ISDN-Adapter nutzen.

NDIS WAN Miniport-Treiber

Im eigentlichen Sinne behandelt Windows NT 4 ISDN-Adapter wie Netzwerkkarten. Doch erst mit einem sogenannten NDIS WAN Miniport-Treiber wird die ISDN-Karte zu einem echten WAN-Adapter (Wide Area Network).

NDIS ist die Abkürzung für Network Device Interface Specifikation und stellt einen Standard für die Anbindung von Netzwerkkarten an Netzwerkprotokolle dar. NDIS WAN ist eine Erweiterung dieses Standards von Microsoft für Wide Area Networking (WAN). Über den NDIS WAN Miniport-Treiber kann der ISDN-Adapter als WAN-Karte genutzt werden. Dabei wird die ISDN-Karte weiterhin über CAPI angesprochen.

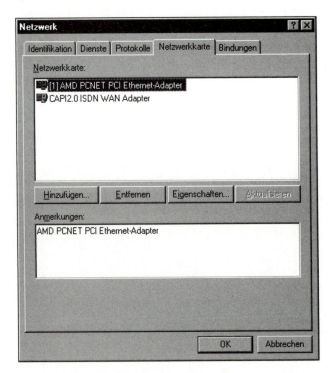

Abb. 9.8:
NETZWERK - Register NETZWERKKARTE mit NDIS WAN Miniport-Treiber

Die Installation der AVM NDIS WAN Miniport-Treiber stellt sich wie die Einrichtung einer zusätzlichen Netzwerkkarte dar und erfolgt dementsprechend über die Option NETZWERK in der Systemsteuerung. Da der notwendige Treiber nicht zum Lieferumfang von Windows NT 4 gehört, muß bei der Auswahl des "Netzwerkadapters" auf Diskette verwiesen werden.

Nach Abschluß der Installation erscheint die Meldung, daß das Setup für den NDIS WAN Miniport-Treiber abgeschlossen ist, und im Register NETZWERKKARTE wird eine zusätzliche Komponente mit der Bezeichnung

```
CAPI 2.0 ISDN WAN Adapter
```

aufgeführt. Damit ist jetzt die Nutzung von Remote Access Services via ISDN möglich.

Systemsteuerung

KAPITEL 10

Ein weiteres Hilfsmittel zur Konfiguration von Windows NT 4 stellt die Systemsteuerung dar. Das dazugehörige Programm mit dem Namen CONTROL.EXE stellt sich selbst wie ein Verzeichnisordner mit vielen verschiedenen Symbolen für die unterschiedlichsten Einstellungen dar. Im folgenden Kapitel werden die verschiedenen möglichen Anpassungen durch die Systemsteuerung beschrieben.

Der Aufruf der Systemsteuerung erfolgt über das START-Menü und dann EINSTELLUNGEN / SYSTEMSTEUERUNG. Alternativ dazu kann auch über AUSFÜHREN das Programm CONTROL.EXE aufgerufen werden. Da mit Start von CONTROL.EXE direkt das Fenster auf dem Bildschirm geöffnet wird, bietet es sich ja gerade an, eine Verknüpfung zu diesem Programm auf dem Desktop abzulegen. CONTROL.EXE befindet sich im Verzeichnis \SYSTEM32 des Windows NT 4-Stammverveichnisses.

Abb. 10.1: Startfenster - SYSTEMSTEUERUNG

Der Inhalt des Fensters SYSTEMSTEUERUNG kann, je nach installierter Hardware, von Rechner zu Rechner unterschiedlich sein. Zu den Einstellungen der jeweiligen Komponente gelangen Sie mit Doppelklick auf das betreffende Symbol.

Akustische Signale

Mit Doppelklick auf das Symbol erhalten Sie ein Dialogfenster, über das Sie den verschiedenen Systemereignissen unterschiedliche Klänge zuordnen können. Bei den Klängen handelt es sich um kleine WAV-Dateien. Sie können verschiedene vordefinierte Zuordnungen als Schema laden oder eigene unter einem neuen Namen als Schema abspeichern. Zum Schutz Ihrer Nerven sollten Sie nicht unbedingt jedem Systemereignis ein Geräusch zuordnen.

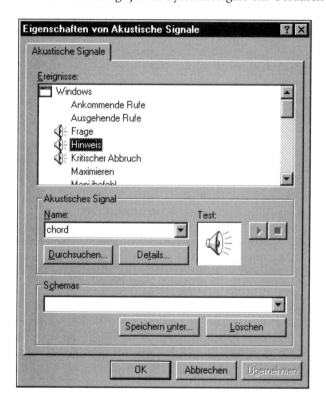

Abb. 10.2: Systemsteuerung - AKUSTISCHE SIGNALE

Anschlüsse

Über dieses Dialogfenster können Sie die seriellen Ports Ihres Computers konfigurieren. Die seriellen Ports werden in den meisten Fällen für den Anschluß der Maus und des Modems verwendet. Es können über die Schaltfläche EINSTELLUNGEN Voreinstellungen zu

- Baudrate
- Datenbits
- Parität
- Stopbits
- Protokoll

vorgenommen werden oder über HINZUFÜGEN weitere serielle Schnittstellen angegeben werden. Mit LÖSCHEN entfernen Sie einen Anschluß aus der Liste.

Über den Schalter ERWEITERT im Fenster EINSTELLUNGEN FÜR ... können die standardmäßigen Belegungen (E/A-Adresse und Interrupt) für die Schnittstelle verändert werden. Auch das Aktivieren oder Deaktivieren des FIFO-Buffers (*First In First Out*) ist an dieser Stelle möglich.

Abb. 10.3: Systemsteuerung - EINSTELLUNGEN FÜR COM2:

Wundern Sie sich nicht, daß der serielle Anschluß der Maus nicht in der Liste der zu konfigurierenden Ports erscheint. Die Steuerung erfolgt über den Maustreiber von Windows NT 4 und ist nicht konfigurierbar.

Anzeige

Bei dieser Option in der Systemsteuerung handelt es sich schon um ein sehr umfangreiches Konfigurationsfenster mit verschiedenen Registern für die jeweiligen Einstellungen. Folgende Einstellungen sind möglich:

- Hintergrund
- Bildschirmschoner
- Darstellung
- Plus!
- Einstellungen

Hintergrund

Über die Einstellungen in diesem Register können Sie ein Muster oder ein Hintergrundbild für die Darstellung des Desktops wählen. Bei den Hintergrundbildern handelt es sich um Bilder im BMP-Format. Mit Durchsuchen können Sie auch Bilder von anderen Datenträgern und Verzeichnissen auswählen.

Mit der Option Fläche oder Mitte zum Bereich Anzeige wird bestimmt, ob das gewählte Bild zentriert oder mehrfach auf der gesamten Bildschirmoberfläche angezeigt werden soll.

Entscheiden Sie sich jedoch für ein Hintergrundmuster ist über den Schalter Muster bearbeiten eine einfache Editierhilfe für Muster aufzurufen.

Je nach verwendeter Grafikkarte und Treiber-Software erhalten Sie hier ein weiteres Register, über das Sie spezielle Einstellungen der Grafikkarte vornehmen können.

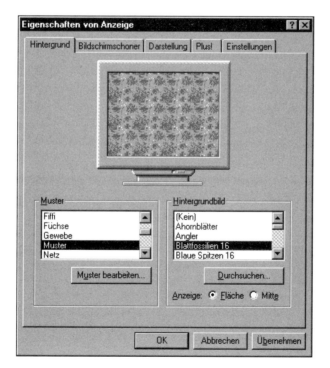

Abb. 10.4: Systemsteuerung - Hintergrundeinstellungen

Bildschirmschoner

Dieses Register erlaubt es, einen Bildschirmschoner für den Computer zu wählen. Je nach gewähltem Bildschirmschoner sind noch zusätzliche Angaben über Einstellungen festzulegen. Mit Angabe der Wartezeit bestimmen Sie den Zeitraum, in dem keine Tastatureingaben oder Mausbewegungen durchgeführt wurden, bis der Bildschirmschoner aktiviert wird.

Zusätzlich ist auch die Vergabe eines Kennworts zum Deaktivieren des Bildschirmschoners möglich. Damit ist ein gewisser Schutz gegen Fremdzugriffe gewährleistet.

Gerade bei einem Windows NT 4-Server sollte unbedingt darauf verzichtet werden, einen der verfügbaren OpenGL-Bildschirmschoner zu verwenden. Sie sind zwar schön anzusehen, stellen aber eine extrem hohe Prozessorbelastung dar.

Darstellung

Unter Darstellung kann das allgemeine Erscheinungsbild der Benutzeroberfläche angepaßt werden. Auch hier lassen sich vorgegebene Schemata auswählen oder individuelle Einstellungen vornehmen. Zu den individuellen Einstellungen der verschiedenen Bildelemente gehören:

- Farbe
- Breite der Rahmen und Bildlaufleisten (Rollbalken)
- Schriftart, -farbe und Schriftgröße

Plus!

Hinter dem Register PLUS! verbergen sich verschiedene Einstellungen, die bei Windows 95 nur mit dem zusätzlichen Kauf des Plus!-Packs ermöglicht werden.

Dazu gehört die Möglichkeit, die Symbole der Standard-Desktop-Objekte zu verändern und verschiedene Änderungen an der Optik des Desktops und der Symbole vorzunehmen. Beachten Sie dabei aber, daß die Einstellungen

- Fensterinhalt beim Ziehen der Maus anzeigen
- Bildschirmschriftarten glätten
- Symbole mit höchster Farbanzahl anzeigen

auf Kosten der Systemleistung gehen und das System verlangsamen.

Abb. 10.5:
Eigenschaften
von Anzeige
- DARSTELLUNG

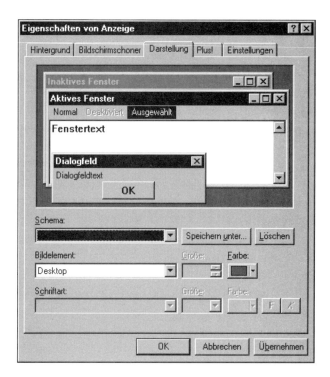

Bandgeräte

In diesem Dialogfenster können eingebaute Bandlaufwerke zur Datensicherung konfiguriert oder nachträglich angeschlossene Bandlaufwerke hinzugefügt werden. Über HINZUFÜGEN im Register TREIBER erhalten Sie eine Liste zur Auswahl des Herstellers und des Gerätetyps. Ist das von Ihnen verwendete Gerät dort nicht aufgeführt, kann der Treiber von einer Diskette des Herstellers nachinstalliert werden oder ein Standard-Bandlaufwerk ausgewählt werden.

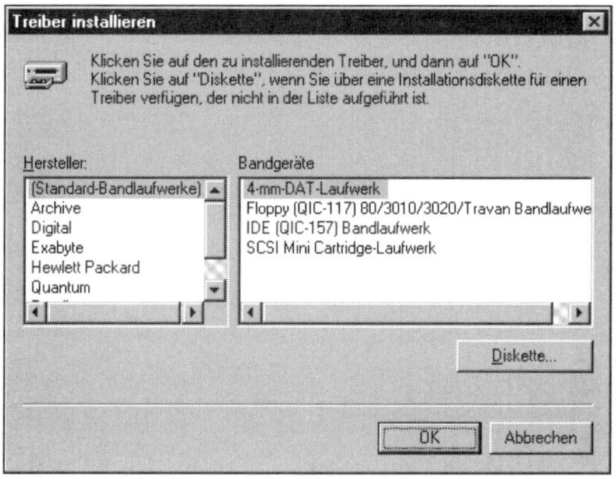

Abb. 10.6:
Treiberauswahl
für Band-
laufwerke

Datum/Uhrzeit

Über diese Option der Systemsteuerung können Datum, Uhrzeit und die Zeitzone des Computers eingestellt werden. Ferner kann die automatische Umstellung auf Sommer- bzw. Winterzeit ein- oder ausgeschaltet werden.

Gerade bei Systemen, die untereinander Daten und Informationen abgleichen, ist eine synchrone Zeit sehr wichtig.

Abb. 10.7: Einstellungen - Datum und Uhrzeit

Dienste

Das Einstellfenster DIENSTE hat schon etwas mehr mit der Konfiguration des Systems zu tun als die voranbeschriebenen Optionen in der Systemsteuerung. Über dieses Dialogfenster und die Menüs zu den verschiedenen Schaltflächen legen Sie die Startart der Dienste fest und können Hardware-Profile aktivieren und deaktivieren.

Außerdem lassen sich die aufgelisteten Dienste starten, beenden, anhalten und fortsetzen. Man kann bei den Diensten von Windows NT 4 zwischen zwei Gruppen unterscheiden, den Systemdiensten und den als Dienst ausgeführten Anwendungen.

Systemdienste sind Komponenten, die nicht Bestandteil der Executive oder des Kernels sind. Dazu gehören zum Beispiel der SERVER-DIENST, ARBEITSSTATIONSDIENST oder der COMPUTERSUCHDIENST.

Anwendungsprogramme, die als Dienst ausgeführt werden, bergen den Vorteil, daß sie unabhängig von der Anmeldung eines Benutzers laufen. Zu dieser Sorte gehören viele Client/Server-Anwendungen.

Im Listenfenster DIENSTE bekommen Sie alle eingerichteten Dienste mit ihrem Status angezeigt. Über die Schaltflächen STARTEN und BEENDEN kann ein ausgewählter Dienst manuell gestartet oder beendet werden. Für die Fehlersuche sind die Schalter ANHALTEN und FORTSETZEN sehr praktisch. Damit kann vorübergehend ein Dienst gestoppt und ohne viel Aufwand schnell wieder fortgesetzt werden.

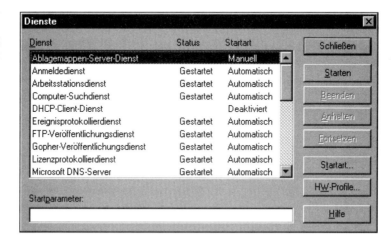

Abb. 10.8: Systemsteuerung - DIENSTE

Startart der Dienste

In den meisten Fällen nehmen Sie keine manuellen Veränderungen bei der eingetragenen Startart für einen Dienst vor. Notwendige Systemdienste werden in der Regel automatisch gestartet und Zusatzdienste manuell.

Abb. 10.9: Dienst - STARTART

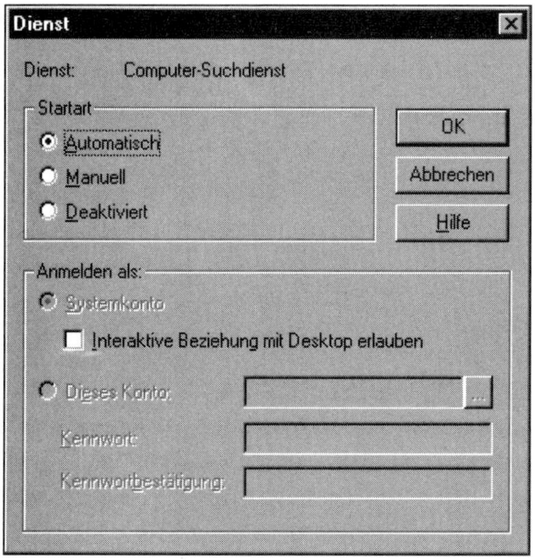

Über den Schalter STARTART haben Sie jedoch die Möglichkeit, die Vorgaben zu verändern. Zudem kann in dem Bereich ANMELDEN ALS ein Benutzerkonto angegeben werden, das sich als Dienst anmeldet. Eine solche Anmeldung als Dienst ist beispielsweise für die Verzeichnisreplikation notwendig.

Drucker

Über das Symbol DRUCKER öffnen Sie einen weiteren Ordner. In diesem Ordner sind schon installierte Drucker als Icon aufgeführt. Mit Doppelklick auf das Symbol NEUER DRUCKER starten Sie den Assistenten für die Druckerinstallation, um einen weiteren Drucker einzurichten.

Die genaue Vorgehensweise erfahren Sie im Kapitel zur Druckerinstallation unter Windows NT 4.

Abb. 10.10: Ordner - DRUCKER

Eingabehilfen

Hinter dem Symbol EINGABEHILFEN verbergen sich verschiedene Einstellungen, mit denen körperbehinderten Anwendern die Arbeit mit Windows NT 4 erleichtert werden kann.

Dazu zählen Einstellungen für Tastatur, Maus sowie die Unterstützung durch akustische Signale. Alles in allem kann der gezielte Einsatz dieser Zusatzoptionen eine große Erleichterung beim Umgang mit dem PC bringen.

Geräte

Ähnlich wie bei der Option DIENSTE bekommen Sie im Dialogfenster GERÄTE alle eingerichteten Gerätetreiber aufgelistet. Auch finden Sie hier wieder die Schalter, um die Ausführung eines gewählten Treibers zu beenden oder zu starten.
Über STARTART sind folgende Startvarianten zu wählen:

- Neustart
- System
- Automatisch
- Manuell
- Deaktiviert

Zu den Startoptionen der jeweiligen Gerätetreiber kann aus diesem Dialogfenster auch auf die Hardware-Profile zugegriffen werden.

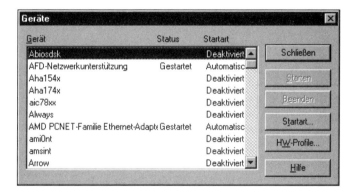

Abb. 10.11: Systemsteuerung - GERÄTE

Internet

Wenn über einen Proxy-Server im lokalen LAN der Zugang zum Internet erfolgen soll, tragen Sie im Dialogfenster ZU INTERNET den als Proxy-Server eingerichteten Server ein. Mit Aktivieren des Kontrollkästchens bestimmen Sie, daß alle Internet-Anforderungen durch den Proxy-Server gefiltert werden. Ausnahmen geben Sie im Listenfeld PROXY UMGEHEN an.

Konsole

Über diese Einstellung in der Systemsteuerung kann die Windows NT-Eingabeaufforderung konfiguriert und den eigenen Wünschen angepaßt werden. Auch dieses Dialogfenster ist sehr umfangreich und in vier verschiedene Register unterteilt.

Optionen

In diesem Register sind

- CURSORGRÖSSE (Klein, Mittel, Groß)
- ANZEIGEOPTIONEN (Fenster oder Vollbild)
- BEFEHLSPEICHER (Puffergröße, Anzahl der zu puffernden Befehle, Duplikate löschen)
- QuickEdit-Modus
- Einfügemodus

einzustellen.

Mit dem Kontrollkästchen QUICKEDIT-MODUS können Informationen im Fenster zur NT-Eingabeforderung direkt mit der Maus markiert werden, ohne zuvor über das Menü BEARBEITEN gehen zu müssen.

Schriftart

Dieses Register der Konsoleneigenschaften erlaubt es, Schriftart und Schriftgröße für die NT-Eingabeaufforderung zu wählen. Eine Vorschau am unteren Fensterrand erleichtert die Auswahl.

Layout

Mit den hier möglichen Einstellungen bestimmen Sie FENSTERPUFFERGRÖSSE, FENSTERGRÖSSE und FENSTERPOSITION der NT-Eingabeaufforderung.

Die FENSTERPUFFERGRÖSSE bestimmt die virtuelle Größe des Fensters und die FENSTERGRÖSSE die dargestellte Größe in Anzahl Spalten und Zeilen. Ist die Fenstergröße kleiner als die Fensterpuffergröße gewählt, wird an der rechten Seite ein Rollbalken eingeblendet.

Mit der FENSTERPOSITION legen Sie die Position des linken und oberen Fensterrands auf dem Bildschirm fest.

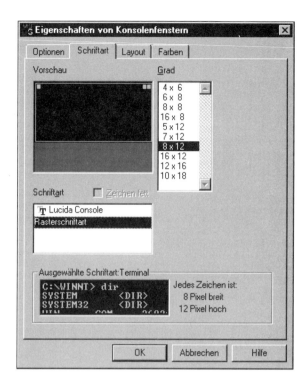

Abb. 10.12:
Konsole
- SCHRIFTART

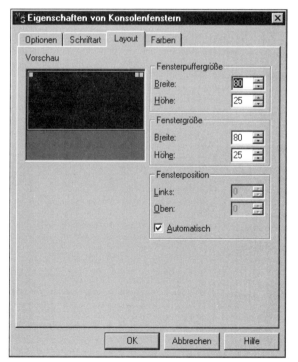

Abb. 10.13:
Konsole - LAYOUT

Farben

Jetzt wird's bunt! In diesem Register zu KONSOLE können Hintergrund und Schriftfarbe sowie die Farbdarstellung bei Popup-Fenstern für die Darstellung der NT-Eingabeaufforderung eingestellt werden.

Ländereinstellungen

Nach dem Motto "Andere Länder - Andere Einstellungen" erlaubt Windows NT 4 unter Ländereinstellungen die Anpassung des Systems an die Normen des jeweiligen Landes. Dazu zählt unter anderem:

- Zahlendarstellung
- Maßsystem
- Währungsdefinition
- Darstellung von Datum und Uhrzeit
- Länderspezifische Eingabeeinstellungen (Tastaturlayout und Schemaumschaltung)

Abb. 10.14: Ländereinstellungen - GEBIETSSCHEMA

Eine grobe oder besser gesagt eine Komplettanpassung an ein anderes Land nehmen Sie am schnellsten über das Register GEBIETSSCHEMA vor. Je nach ausgewähltem Land werden automatisch die dafür relevanten Angaben auch in die anderen Register übernommen.

Lizenzierung

Das Thema Lizenzierung und damit die Lizenzierungsvarianten ist schon während der Installation behandelt worden. In dem Dialogfeld LIZENZIERUNGSMODUS WÄHLEN haben Sie die Möglichkeit, weitere erworbene NT-Lizenzen hinzuzufügen oder zu entfernen. Außerdem kann zwischen Lizenzierung PRO SERVER zur Lizenzierungsmethode PRO ARBEITSPLATZ gewechselt werden.

Über die Schaltfläche REPLIKATION kann die Lizenzreplikation für den Abgleich zwischen Domänen-Controllern oder Organisations-Servern eingestellt werden. Bei diesem Haupt-Server handelt es sich um den zentralen Punkt, an dem alle Lizenzen zusammenlaufen.

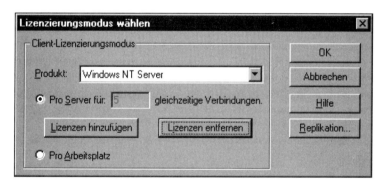

Abb. 10.15:
Lizenzierungsmodus wählen

Maus

Wieder mal ein umfangreiches Dialogfenster mit Einstellungen, die eher nach dem persönlichen Geschmack und Empfinden anzupassen sind. Über vier verschiedene Register mit den Bezeichnungen

- TASTEN
- ZEIGER
- BEWEGUNG
- ALLGEMEIN

kann die TASTENKONFIGURATION, zwischen rechts- und linkshändiger Benutzung der Maus umgeschaltet, die DOPPELKLICKGESCHWINDIGKEIT eingestellt, Bewegungsgeschwindigkeit angepaßt und das Erscheinungsbild der Mauszeiger ausgewählt werden.

Über ein Kontrollkästchen im Register BEWEGUNG ist es möglich, die Mauseinstellungen so anzupassen, daß der Zeiger bei jedem geöffneten Dialogfeld automatisch zur aktiven Standardschaltfläche springt.

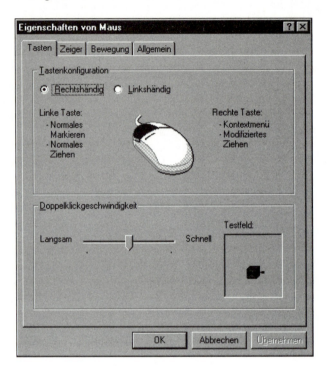

Abb. 10.16: Eigenschaften von Maus

Modems

Über dieses Symbol gelangen Sie zu den Grundeinstellungen installierter Modems. Ist während der Installation von Windows NT 4 noch kein Modem eingerichtet worden, startet mit Doppelklick auf das Symbol MODEMS automatisch der Assistent für die Modem-Installation.

Dabei kann über ein Kontrollkästchen zwischen automatischer Erkennung und manuellem Angeben eines Modems gewählt werden.

Eine genaue Beschreibung zur Einrichtung von Modems und Treibern zur Kommunikation finden im vorherigen Kapitel 9.

Multimedia

Die Option MULTIMEDIA in der Systemsteuerung ist auf die Register

- AUDIO
- VIDEO
- MIDI
- CD-MUSIK
- GERÄTE

verteilt. Über das Register GERÄTE können neue Multimedia-Geräte (Soundkarten u.a) installiert werden. Bevor Sie jedoch Ihrem Windows NT 4-Computer eine Soundkarte spendieren, sollten Sie sich erst einmal darüber informieren, ob im Lieferumfang von Windows NT 4 oder vom Hersteller ein passender Treiber für das Gerät vorhanden ist. Ohne entsprechenden Treiber bleibt der Computer stumm.

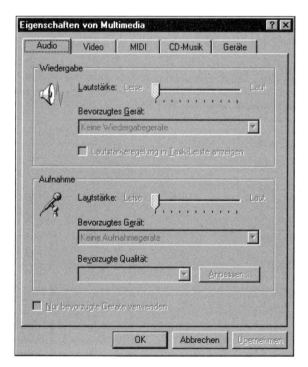

Abb. 10.17: EIGENSCHAFTEN VON MULTIMEDIA

Die übrigen Register (AUDIO, VIDEO, MIDI, CD-MUSIK) dienen der Konfiguration der verschiedenen Eigenschaften installierter Multimedia-Geräte. Dazu zählt unter anderem Lautstärke, Aufnahmequalität, Anzeigeeinstellungen zur Video-Darstellung oder MIDI-Schema.

Netzwerk

Gerade diesem Bereich wird in diesem Buch große Aufmerksamkeit in einigen folgenden Kapiteln gewidmet. Über diese Option in der Systemsteuerung können Netzwerkdienste, Protokolle, Netzwerkkarten und Bindungen konfiguriert werden.

Da eine Kurzbeschreibung dazu nicht möglich ist, wird an dieser Stelle auf die Kapitel 13 und 14 verwiesen.

PC-Karte (PCMCIA)

Über diesen Bereich können Einstellungen an der Konfiguration möglicherweise vorhandener PCMCIA-Controller oder eingesetzter PCMCIA-Karten vorgenommen werden. Das Dialogfenster zu den Einstellungen erhalten Sie nur, wenn tatsächlich ein PCMCIA-Controller eingebaut ist.

Schriftarten

Mit Doppelklick auf das entsprechende Symbol erhalten Sie Fenster mit allen installierten Schriftarten angezeigt. Über den Menüpunkt DATEI können weitere Schriftarten installiert oder unbenötigte gelöscht werden.

Mit Doppelklick auf eine gewählte Schriftart erhalten Sie ein weiteres Fenster mit einer Mustervorschau der Schriftart in unterschiedlichen Größen und verschiedene Angaben zu Dateigröße, Name oder Copyright. Dieses Musterblatt kann durch Betätigen des Schalters DRUCKEN ausgedruckt werden.

Abb. 10.18:
Schriftarten -
Mustervorschau

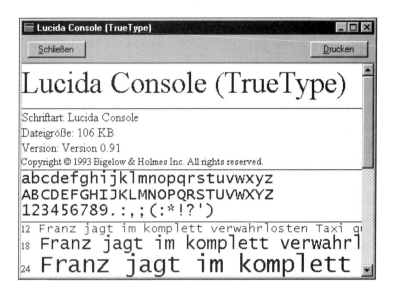

SCSI-Adapter

Diese Option dient dem Hinzufügen und Konfigurieren von Adaptern und Treibern für Massenspeichergeräte. Das Dialogfenster ist in zwei Register mit den Bezeichnungen

- GERÄTE

- TREIBER

unterteilt. Unter GERÄTE bekommen Sie alle installierten Host-Adapter aufgezeigt. Da in den seltensten Fällen kein Gerät am jeweiligen Hostadapter installiert ist, kann mit Doppelklick auf den jeweiligen Adapter zusätzlich die Anzeige um die angeschlossenen Geräte erweitert werden.

Bei den aufgelisteten Host-Adaptern muß es sich im Gegensatz zur Bezeichnung dieser Systemsteuerungsoption nicht unbedingt um SCSI-Komponenten handeln. Auch IDE-Controller und daran angeschlossene Geräte werden aufgelistet.

Durch Auswählen eines Host-Adapters und anschließendes Betätigen der Schaltfläche EIGENSCHAFTEN erhalten Sie Informationen zum Typ, dem Treiber und den davon verwendeten Ressourcen (Interrupt / E/A-Adresse).

Abb. 10.19:
Systemsteuerung
- SCSI-Adapter

Über das Register TREIBER im Dialogfenster SCSI-ADAPTER können Treiber für weitere Adapter hinzugefügt oder entfernt werden. Mit Betätigen von HINZUFÜGEN bekommen Sie ein Auswahlfenster, unterteilt in Hersteller und SCSI-Adapter, um weitere Treiber zu installieren.

Verfügt Windows NT 4 nicht über einen passenden Treiber für das Gerät, kann über Diskette auch auf einen Treiber von einer Hersteller-Diskette verwiesen werden.

Server

Auch dieser Bereich der Systemsteuerung wäre zu umfangreich, um ihn an dieser Stelle ausführlich zu beschreiben.

Sie können sich über das dazugehörige Dialogfenster und die verschiedenen Schaltflächen die zur Zeit mit dem Server verbundenen Benutzer anzeigen lassen oder trennen, Freigaben und benutzte Dateien sichten sowie Verzeichnisreplikationen einrichten.

Außerdem lassen sich über WARNUNGEN Benutzer eintragen, zu denen automatisch Admin-Warnmeldungen verschickt werden sollen. Genaue Informationen zur Konfiguration der verschiedenen Optionen erhalten Sie in den Kapiteln zur

- Benutzereinrichtung (Kapitel 16)
- Freigaben (Kapitel 17)
- Verzeichnisreplikation.

Abb. 10.20:
Systemsteuerung
- SERVER

Software

Mit diesem Bereich der Systemsteuerung können Sie zusätzliche Software installieren oder deinstallieren und das Windows NT 4-Setup nachträglich anpassen. Es können dabei zusätzliche Windows NT 4-Komponenten installiert oder schon installierte Komponenten entfernt werden.

Installieren / Deinstallieren

Über dieses Register läßt sich Windows NT 4-Software bequem einrichten oder wieder entfernen. Eine saubere Deinstallation ist jedoch stark von der jeweiligen Software abhängig, und es reicht bei weitem nicht aus, nur die zum Programm gehörenden Dateien zu entfernen.

Ferner müssen auch nur von dieser Applikation benötigte DLLs gelöscht und Einträge in der Registrierdatenbank oder .INI-Dateien ausgetragen werden.

Entfernt werden installierte Programme durch Markieren und anschließendes Betätigen des Schalters HINZUFÜGEN/ENTFERNEN. Bei verschiedenen Applikationen wird daraufhin das Setup-Programm gestartet, was wiederum meist eine Deinstallation ermöglicht.

Abb. 10.21:
Software -
INSTALLIEREN/
DEINSTALLIEREN

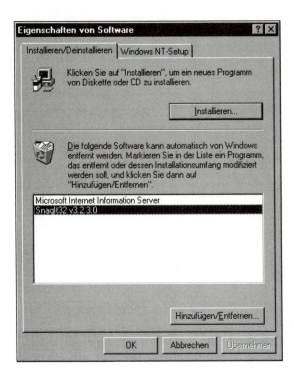

Windows NT-Setup

Dieses Register erlaubt die nachträgliche Anpassung der Windows NT 4-Installation. Durch Aktivieren oder Deaktivieren der verschiedenen Kontrollkästchen zu verfügbaren Software-Komponenten können Windows NT 4-Komponenten hinzugefügt oder wieder entfernt werden.

Besteht ein Bereich aus verschiedenen Einzelkomponenten kann über den Schalter DETAILS eine ausführlichere Selektierung erfolgen.

System

Hierbei handelt es sich wieder um eine sehr umfangreiche Option der Systemsteuerung. SYSTEM ist aufgeteilt in die Register

- ALLGEMEIN
- LEISTUNGSMERKMALE
- UMGEBUNG
- STARTEN/HERUNTERFAHREN
- HARDWARE-PROFILE
- BENUTZERPROFILE

und erlaubt darüber zum Teil sehr hardwarenahe Einstellungen.

Allgemein

Das erste Register zeigt lediglich einige Informationen zum Betriebssystem, der Registrierung und dem verwendeten Computer an. Änderungen und Einstellungen sind dabei nicht möglich.

Leistungmerkmale

Unter LEISTUNGSMERKMALE bestimmen Sie die Rechenleistung für die Anwendung im Vordergrund. Eine maximale Leistung für die Anwendung bewirkt geringere Leistung für Hintergrundanwendungen.

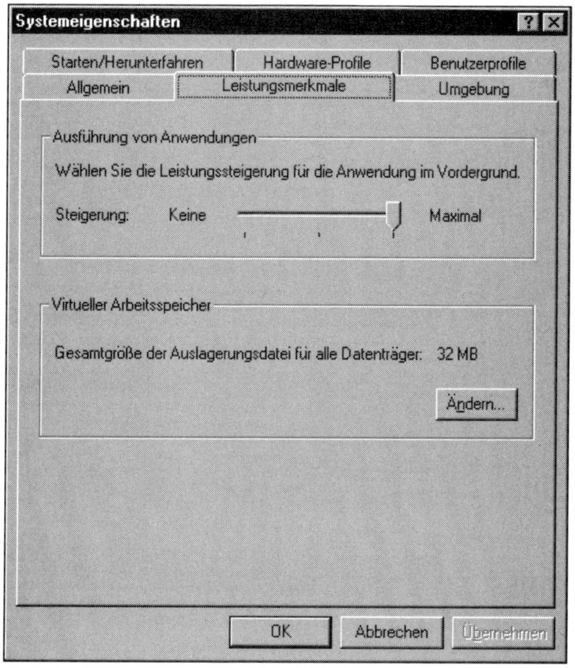

Abb. 10.22: System - LEISTUNGSMERKMALE

Im Abschnitt VIRTUELLER ARBEITSSPEICHER können Sie Einstellungen zur Auslagerungsdatei und Größe der Registrierdatenbank vornehmen. Mit Klick auf ÄNDERN erhalten Sie ein weiteres Dialogfenster mit den dazugehörigen Einstellungen.

Wählen Sie zunächst im oberen Listenfenster das Laufwerk aus, auf dem Windows NT 4 die Auslagerungsdatei (PAGEFILE.SYS) anlegen soll. Tragen Sie nun in den Feldern ANFANGSGRÖSSE (MB) und MAXIMALE GRÖSSE (MB) die von Ihnen gewünschten Werte in MByte ein. Mit SETZEN wird die Eingabe übernommen.

Im Bereich

GESAMTGRÖSSE DER AUSLAGERUNGSDATEI FÜR ALLE LAUFWERKE

finden Sie Angaben zur von Windows NT 4 empfohlenen Größe der Auslagerungsdatei. Setzen Sie den Wert für die maximale Größe nicht zu hoch an. Bei 32 MByte Arbeitsspeicher und einer Auslagerungsdatei von beispielsweise 96 MByte spielt sich fast alles nur noch auf der Festplatte ab und ist dementsprechend sehr langsam. Ein gutes Verhältnis für die Größe der Auslagerungsdatei ist der gleiche Wert, wie er an physikalischem Arbeitsspeicher zur Verfügung steht.

Im Abschnitt GRÖSSE DER REGISTRIERUNGSDATENBANK legen Sie die maximale Größe für die Datei fest. Zu Beginn kann die voreingestellte Größe beibehalten werden. Werden jedoch viele Anwendungen installiert und Benutzer eingerichtet, sollte schon mal ein Blick auf den angezeigten Wert AKTUELLE GRÖSSE geworfen werden.

Abb. 10.23: Leistungsmerkmale - VIRTUELLER ARBEITSSPEICHER

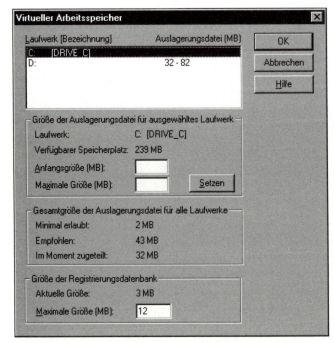

Umgebung

In dem Register UMGEBUNG können Einstellungen vorgenommen werden, die bei DOS-PCs üblicherweise in den Dateien CONFIG.SYS und AUTOEXEC.BAT festgeschrieben sind.

Im oberen Listenfenster finden Sie Angaben zu den Systemvariablen und im darunter befindlichen Fenster Einträge zu benutzerspezifischen Variablen. Dabei handelt es sich um Umgebungsvariablen für den gerade angemeldeten Benutzer.

Änderungen der Einträge zur Umgebung des Systems werden in den Feldern VARIABLE und WERT gesetzt oder gelöscht.

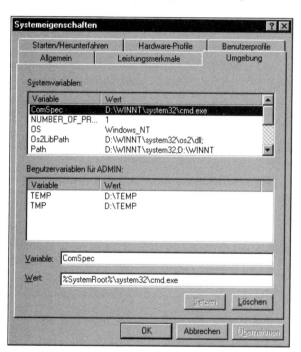

Abb. 10.24: Systemeigenschaften - UMGEBUNG

Starten/Herunterfahren

Dieses Register stellt die einfache Variante zur Bearbeitung der Startdatei BOOT.INI dar. Alle Angaben in diesem Register betreffen nur diese Datei.

Im Abschnitt SYSTEMSTART bestimmen Sie, welches installierte Betriebssystem vorrangig automatisch und nach Ablauf welcher Zeit gestartet werden soll. Ist nur eine Windows NT 4-Installation und kein weiteres Betriebssystem auf dem Computer eingerichtet, kann der Wert für das Anzeigen der Auswahlliste getrost auf ein Minimum (2-5 Sekunden) reduziert werden. Dadurch wird der automatische Start um die Wartezeitverkürzung beschleunigt.

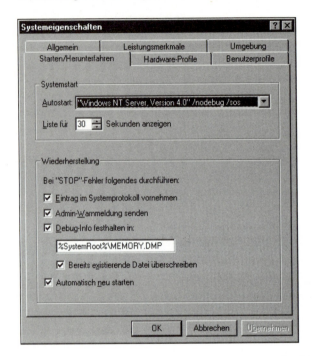

Abb. 10.25: Systemeigenschaften - STARTEN/HERUNTERFAHREN

Im Bereich WIEDERHERSTELLUNG bestimmen Sie das Verhalten von Windows NT 4 nach einem System-Crash. Leider wirken sich diese Einstellungen nicht bei allen Systemabstürzen aus. Sie wirken ausschließlich bei sogenannten STOP-Fehlern beim Systemstart.

Zur Auswahl stehen die Aktionen:

- Eintrag im Systemprotokoll vornehmen
- Admin-Warnmeldung senden
- Debug-Info festhalten in (Memorydump-Datei)
- Automatisch neu starten

Hardware-Profile

Über das Register HARDWARE-PROFILE können Sie verschiedene Hardware-Profile für die Auswahl beim Start von Windows NT 4 erstellen. Unter Zuhilfenahme der Hardware-Profile erkennt Windows NT 4, welche Treiber mit welchen Einstellungen zu laden sind. Interessant ist das zum Beispiel bei Testumgebungen mit ständig veränderter Hardware-Konfiguration. Doch der praktische Einsatz kommt eigentlich erst bei Verwendung von tragbaren Computern zur Geltung.

Bei Laptops oder Notebooks verändert sich die Hardware-Ausstattung schon, sobald Sie in eine Docking-Station geschoben werden. Zusätzlich benötigen diese Geräte im Außeneinsatz keine Netzwerkunterstützung. Die Konfiguration verschiedener Hardware-Profile für diesen Verwendungszweck ist sehr einfach.

Markieren Sie zunächst das einzige verfügbare Hardware-Profil mit der Bezeichnung ORIGINALKONFIGURATION (AKTUELL), und betätigen Sie die Schaltfläche KOPIEREN. Tragen Sie nun im Feld NACH den neuen Namen, beispielsweise "Extern", ein und bestätigen Sie mit OK.

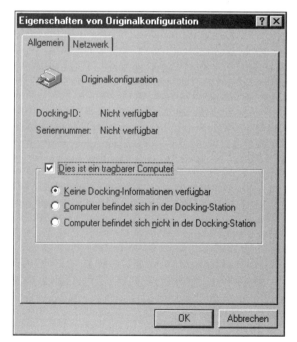

Abb. 10.26: Eigenschaften von HARDWARE-PROFIL

Im nächsten Schritt markieren Sie den neuen Eintrag und drücken die Schaltfläche EIGENSCHAFTEN. Es wird ein weiteres Dialogfenster mit zwei Registern auf dem Bildschirm angezeigt.

Aktivieren Sie im Register ALLGEMEIN das Kontrollkästchen DIES IST EIN TRAGBARER COMPUTER und die Option COMPUTER BEFINDET SICH NICHT IN DER DOCKING-STATION.

Wechseln Sie nun zum Register NETZWERK. Da in der Regel unterwegs keine Netzwerkunterstützung benötigt wird, kann in diesem Fall das Kontrollkästchen KEIN NETZWERK FÜR DIESES HARDWARE-PROFIL aktiviert werden. Mit OK bestätigen Sie die Angaben und schließen das Dialogfenster wieder, um zum Register HARDWARE-PROFILE der Systemeigenschaften zurückzukehren.

Bestimmen Sie jetzt im Bereich MEHRERE HARDWARE-PROFILE, wie lange beim Systemstart auf eine Benutzerauswahl gewartet werden soll. Die Vorgabeeinstellung lautet 30 Sekunden.

Benutzerprofile

Benutzerprofile beinhalten benutzerspezifische Einstellungen zum Erscheinungsbild der Desktop-Oberfläche und diverse andere Angaben. Somit können sich mehrere Benutzer einen Computer teilen und trotzdem individuelle Einstellungen vornehmen.

Über das Register BENUTZERPROFILE der Systemeigenschaften können Sie vorhandene Benutzerprofile löschen, kopieren und den Typ ändern. Die Typänderung erlaubt es, zwischen lokalem Profil und servergespeichertem Profil zu wechseln. Für servergespeicherte Benutzerprofile muß im Benutzer-Manager von Windows NT 4 zuerst ein Pfad zu den Profilen für den Benutzer festgelegt werden.

Weitere Informationen dazu erhalten Sie im Kapitel 16 Benutzerverwaltung.

Tastatur

Die Option TASTATUR erlaubt, ähnlich den Einstellungen zur Maus, die individuelle Anpassung der Tastatur für die tägliche Arbeit mit dem PC.

Im Register GESCHWINDIGKEIT können ANSCHLAGVERZÖGERUNG, WIEDERHOLRATE und CURSORBLINKGESCHWINDIGKEIT eingestellt werden. In einem extra dafür vorgesehenen Eingabefeld können die verschiedenen Einstellungen getestet werden.

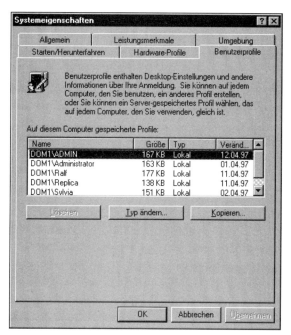

Abb. 10.27: Systemeigenschaften - BENUTZERPROFILE

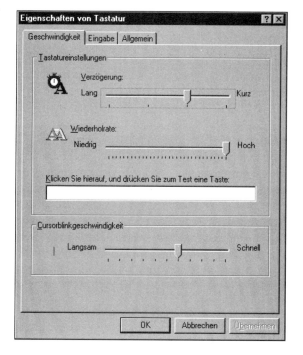

Abb. 10.28: Systemsteuerung - EIGENSCHAFTEN VON TASTATUR

Unter EINGABE besteht die Möglichkeit, verschiedene Tastaturlayouts einzurichten. Über Tastenkombinationen kann später im laufenden Betrieb das Layout der Tastatur auf ein anderes Gebietsschema umgeschaltet werden. Mit dem Kontrollkästchen SPRACHANZEIGE AKTIVIEREN (Task-Leiste) wir im aktivierten Zustand das aktuell verwendete Gebietsschema in der Task-Leiste angezeigt.

Das Register ALLGEMEIN enthält nur Angaben zum verwendeten Tastaturtyp und erlaubt es, ein anderes Tastaturmodell einzurichten.

Telefon

Unter Windows NT 4 ist es möglich, Telefonverbindungen auch vom Computer her aufzubauen. Dazu müssen Angaben zum Standort und dem verwendeten Telefontreiber vorgenommen werden. Beim erstmaligen Aufruf dieser Option werden Sie über einen Assistenten zunächst nach Ortsnetzkennzahl, Kennziffer für Amtsholung und dem Wahlverfahren (Ton oder Puls) gefragt.

Mit SCHLIESSEN gelangen Sie zum nächsten Dialogfenster, über das genauere Einstellungen zum Standort und Telefontreiber vorgenommen werden können. Es ist empfehlenswert, für die Angabe des Standorts einen aussagekräftigen Namen zu verwenden, da auch mehrere Standorte definiert werden können.

Abb. 10.29:
Telefon - WAHL-
PARAMETER

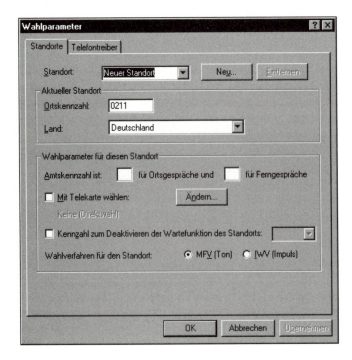

Als Telefontreiber stehen unter Windows NT 4 TAPI-Treiber oder Modem-Treiber zur Auswahl. Über den Schalter HINZUFÜGEN können jedoch noch weitere Treiber der Hersteller von Modems oder ISDN-Karten eingerichtet werden.

Beachten Sie, daß die Standortinformationen nicht nur für die Telefoniedienste, sondern auch bei der Datenfernübertragung verwendet werden.

Beachten Sie, daß die Standortinformationen nicht nur für die Telefoniedienste, sondern auch bei der Datenfernübertragung verwendet werden.

Aus Sicherheitsgründen sollte jeder Server über eine unterbrechungsfreie Stromversorgung (USV) mit dem Stromnetz verbunden sein. Die Konfiguration der USV wird entweder mit der zum Lieferumfang gehörenden Software oder über die Option USV in der Systemsteuerung vorgenommen.

Verwenden Sie die Einstellungen unter USV, müssen Angaben über die Verbindung der USV mit dem Computer und weitere technische Angaben zur unterbrechungsfreien Stromversorgung gemacht werden. Leider können dazu keine pauschalen Einstellungen genannt werden, da dies abhängig von der jeweils eingesetzten USV ist und nur gemäß der Angaben im Handbuch vorgenommen werden kann.

Abb. 10.30: Systemsteuerung - USV

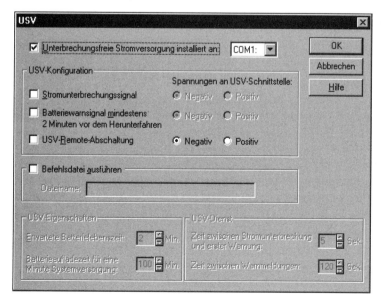

Unterbrechungsfreie Stromversorgungen erhalten nicht nur die Betriebsspannung eine Zeit bei einem Stromausfall aufrecht. Zusätzlich filtern Sie die Netzspannung noch und schützen so vor Überspannung und Spannungsspitzen.

Konfiguration und Verwaltung der Datenträger

KAPITEL 11

Dateisysteme

Schon mit OS/2 wurde ein neues Dateisystem mit dem Namen HPFS (*High Performance File System*) eingeführt, das endlich das betagte FAT-Dateisystem von MS-DOS ablösen sollte. Warum sollte dann ein so modernes Betriebssystem wie Windows NT 4 nachstehen? Auch unter Windows NT gibt es ein verbessertes Dateisystem. Dies trägt den Namen NTFS (*New Technology File System*) und bietet einige Vorteile und Verbesserungen gegenüber HPFS und natürlich der DOS-FAT sowie Windows 95-VFAT.

Die entscheidenden Unterschiede sind:

- Unterscheidung zwischen Groß- und Kleinschreibung aufgrund der geforderten POSIX-Kompatibilität. Dabei werden UNIX-Links unterstützt und neben dem Erstellungsdatum auch das Datum des letzten Zugriffs auf eine Datei gespeichert.
- Verwendung von internationalen Zeichen, somit auch deutsche Umlaute, bei Datei- und Verzeichnisnamen
- Erweiterte Attribute für die Implementierung zusätzlicher Rechte und Restriktionen. Dazu gehören unter anderem auch von Novell her bekannte Attribute.
- Spiegelung von Festplatten zur Ausfallsicherheit
- Logische Volumes über mehrere Festplatten hinweg
- Verbesserte Wiederherstellung (Recovery) nach einem Systemausfall
- Unterstützung sehr großer Speichermedien

	FAT	HPFS	NTFS
Namenskonvention	DOS 8+3 Zeichen Windows NT und Windows 95 255 Zeichen Unicode	254 Zeichen	255 Zeichen und Unicode
Datenträgergröße	4 GByte	2.048 GByte	18 Mio. TByte (EXA-Byte)
Dateigröße	4 GByte	4 GByte	18 Mio. TByte (EXA-Byte)
Sicherheit	Nein	Nein	Windows NT Security
Attribute	Hidden, Read-only, System, Archiv	FAT-Attribute zuzügl. Max. 64 KByte erweiterte Attribute	ohne Einschränkung
Unterscheidung Groß-/Kleinschreibung	Nein	Nein	Ja

Tab. 11.1: Die Merkmale der verschiedenen Dateisysteme

Dateisysteme 185

Allein diese Merkmale sowie die zusätzlichen Vorteile, die schon unter HPFS vorhanden sind, deuten darauf hin, daß unter Windows NT 4 nur das Dateisystem NTFS zum Einsatz kommen sollte. In der vorstehenden Tabelle finden Sie die wichtigsten Unterschiede zwischen den bekannten Dateisystemen FAT, HPFS und NTFS aufgelistet.

Cluster-Größen

Als Cluster eines Datenträgers bezeichnet man die kleinste Speichereinheit. Mag eine Datei noch so klein sein, belegt Sie dennoch mindestens den Speicherplatz eines Clusters. Auch in diesem Fall zeigt NTFS deutliche Vorteile gegenüber FAT auf. Der Vorteil liegt klar auf der Hand. Unter NTFS wird bei weitem nicht so viel kostbarer Festplattenspeicher verschwendet wie unter FAT.

Tab. 11.2: Die Cluster-Größen im Überblick

PARTITIONSGRÖSSE	FAT	NTFS
< 127 MByte	2.048 Byte	512 Byte
< 255 MByte	4.096 Byte	512 Byte
< 512 MByte	8 Kbyte	512 Byte
< 1 GByte	16 Kbyte	1.024 Byte
1 GByte - 2 Gbyte	32 Kbyte	2.048 Byte
> 2 GByte	32 Kbyte	4.096 Byte

Datenkompresion

Seit der Version Windows NT 3.51 stellt NTFS auch die Option der Datenkompression zur Verfügung. Aktiviert wird diese Kompression durch ein weiteres Attribut. Dieses Attribut kann Dateien oder ganze Verzeichnisse mit deren Unterverzeichnissen für die Kompression kennzeichnen. Die Art der Kompression stellt einen Kompromiss zwischen Kompressionsfaktor und Geschwindigkeit dar.

Man darf diese Kompression nicht mit den bekannten Packprogrammen wie PKZIP, ARJ oder ähnlichen vergleichen. Solche Programme haben meist einen bedeutend höheren Kompressionsfaktor, der allerdings auf Kosten der Pack- und Entpackgeschwindigkeit geht. Außerdem sind solche gepackte Dateien nicht direkt ausführbar. Sie müssen vor der Ausführung erst wieder dekomprimiert werden.

Bei der Datenkompression unter NTFS ist das anders. Auf NTFS komprimierte Dateien können alle Anwendungen völlig transparent zuweisen. Und die Geschwindigkeitseinbuße hält sich dabei in Grenzen. Gerade bei schnellen Prozessoren und Festplatten macht sich das kaum bemerkbar.

Trotz dieses Vorteils sollte man sich gut überlegen, welche Dateien und Verzeichnisse von der NTFS-Kompression unterstützt werden sollen. Je nach Dateityp ist die Ausbeute an zusätzlichem Speicherplatz sehr gering und der zusätzliche Rechenaufwand das Ergebnis nicht wert. Besonders gut und effizient lassen sich Bilddateien und Texte komprimieren. Je nach Typ liegt die Kompressionsrate bei bis zu 75% der Ursprungsgröße.

Datenträgerverwaltung

In diesem Abschnitt geht es um die effiziente Organisation von Festplatten, das Einrichten von Partitionen, logischen Laufwerken sowie Volumes, die aus mehreren physikalischen Datenträgern bestehen (Stripe Sets).

Es versteht sich fast von selbst, daß die hier aufgezeigten Beispiele oder überhaupt Änderungen an den Datenträgern und dem Dateisystem nicht im laufenden Netzwerk-Betrieb und aus Sicherheitsgründen immer erst nach Ausführung mehrerer Datensicherungen durchgeführt werden sollten. Was hundertmal problemlos funktionierte, geht im Ernstfall prompt daneben.

Viele Veränderungen erfordern häufig einen Neustart des Systems, was zudem den Netzwerkbetrieb immens stören würde.

Aufbau und Organisation von Festplatten

Im Laufe dieses Kapitels werden Sie immer wieder auf Begriffe stoßen, die bestimmte Merkmale und Eigenschaften von Festplatten bezeichnen. Diese Begriffe werden im Vorfeld kurz erläutert.

Auf einem "normalen" Heim-PC gilt in der Regel die Aufteilung: pro Festplatte ein Laufwerksbuchstabe. Bei einem Server ist diese Einteilung nur selten vorzufinden. Es kommt beispielsweise vor, daß eine große Server-Festplatte sich für den Benutzer in vier verschiedenen Laufwerksbuchstaben darstellt. Im anderen Fall stellen mehrere Festplatten nur einen Laufwerksbuchstaben dar. Man merkt sofort, daß die Festplatten eigentlich in keinem festen Zusammenhang mit den Laufwerksbuchstaben stehen.

Selbstverständlich ist zwar der physikalische Datenträger die Basis der Speichereinheit, aber die Aufteilung bleibt dem Administrator überlassen.

Partitionen

Festplatten unter 500 MByte gehören mittlerweile schon zu den Raritäten im Computerbereich. Handelsübliche Größen beginnen schon bei mindestens 1 GByte Festplattenkapazität wobei z.Z. 2 GByte die Regel ist. Alle diese Festplatten kommen in der Regel schon Low-Level-formatiert vom Hersteller.

Doch damit ist die Festplatte noch nicht für die Aufnahme von Daten bereit. Im nächsten Schritt, und das ist schon Ihre Aufgabe, muß eine Festplatte partitioniert werden. Man unterscheidet dabei primäre und erweiterte Partitionen. Mindestens eine primäre Partition muß auf der Festplatte eingerichtet werden, damit das System überhaupt "booten" kann. Erweiterte Partitionen werden meist nur angelegt, wenn mehr als vier logische Partitionen vorhanden sein müssen oder das Betriebssystem DOS eingesetzt wird. DOS kennt nur eine primäre Partition.

Im nächsten Schritt müssen diese Partitionen formatiert werden. Primäre Partitionen erhalten nach der Formatierung direkt einen zugehörigen Laufwerksbuchstaben. Erweiterte Partitionen erlauben dagegen eine Formatierung für die Zuordnung mehrerer Laufwerksbuchstaben.

Warum überhaupt mehrere Partitionen?

Der schon bei der Installation beschriebene Grund dafür kann sein, daß Sie wechselweise das System unter DOS, Windows 95 oder Windows NT starten möchten, aber zu jedem Betriebssystem das optimale Dateisystem verwenden möchten. Beachten Sie dabei, daß unter DOS oder Windows 95 kein Zugriff auf das NTFS-Dateisystem möglich ist (mit Ausnahme z.B. NTFSDOS).

Logische Laufwerke und erweiterte Partitionen

Eine Festplatte kann höchsten eine erweiterte Partition besitzen. Im Gegensatz zu einer primären Partition kann eine solche erweiterte Partition noch in verschiedene logische Laufwerke unterteilt werden. Eine theoretische Grenze für logische Laufwerke existiert zwar nicht, da aber jedem logischen Laufwerk oder primären Partition ein Buchstabe zugewiesen werden muß, liegt die Grenze bei 24 oder, wenn kein zweites Diskettenlaufwerk vorhanden ist, bei 25 logischen Laufwerken.

Volumes

Wie schon erwähnt wurde, können auf gerade partitionierte Datenträger noch keine Daten gespeichert werden. Jede Partition und jedes logische Laufwerk muß zuerst noch formatiert werden. Das FAT- und das

NTFS-Dateisystem stehen dazu unter Windows NT 4 zur Verfügung. Jede formatierte Partition und jedes logische Laufwerk werden als Volume bezeichnet.

Datenträgersatz (Volume Set)

Datenträgersätze oder im englischen "Volume Sets" werden dafür verwendet, durch die Kombination des Speicherplatzes verschiedener Laufwerke und Partitionen ein möglichst großes Volume zu schaffen. Ein solcher Datenträgersatz wird mit einem zugewiesenen Laufwerksbuchstaben angesprochen und kann sich über mehrere Partitionen und Festplatten erstrecken. Besteht ein Datenträgersatz nur aus Teilen einer physikalischen Festplatte, ist sogar das Formatieren wie bei einem logischen Laufwerk möglich.

Bei diesen Datenträgersätzen ist ein dynamisches Vergrößern um weitere Festplattenbereiche möglich. Ein Verkleinern ist nur möglich, wenn er vorher gelöscht und danach neu eingerichtet wird. Im Gegensatz zum Vergrößern des Datenträgersatzes ist das Verkleinern immer mit Datenverlust verbunden. Aber selbst das Vergrößern kann ich nur nach vorheriger Datensicherung empfehlen.

Windows NT 4 erlaubt es, bis zu 32 freie Bereiche einer oder mehrerer Festplatten zu einem Datenträgersatz zusammenzufassen. Dabei spielt es keine Rolle, welche Größe die einzelnen Teile haben oder ob es sich um IDE- oder SCSI-Laufwerke handelt. Eine Ausnahme sind dabei Wechselmedien. Solche Datenträger können nicht Bestandteil eines Datenträgersatzes sein.

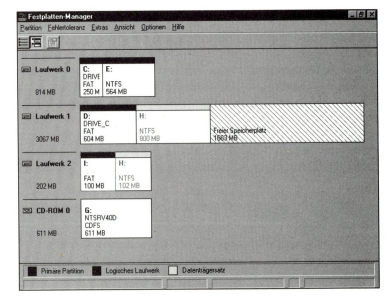

Abb. 11.1: Beispiel eines Datenträgersatzes (Volume Set)

Gemäß dem obigen Beispiel ist zu ersehen, daß aus verschiedenen freien Bereichen zweier Festplatten ein größeres Volume Set zusammengestellt wurde. Dadurch können selbst kleine Festplatten-Fragmente noch einem sinnvollen Zweck zugeführt werden.

Hüten Sie sich jedoch davor, echtes Patchwork aus vielen Festplatten zu betreiben. Fällt ein Segment des Volume Sets aus, ist der gesamte Datenträgersatz davon betroffen.

Spiegelsätze (Mirror Sets)

Datenträgersätze bieten keinen Schutz vor Datenverlusten und dienen lediglich dazu, den vorhandenen Speicherplatz besser zu nutzen. Einen wirklichen Schutz bietet dagegen die Festplattenspiegelung. Ein sogenannter Spiegelsatz besteht immer aus einer Haupt- und einer Spiegelpartition. Dabei ist es unumgänglich, daß beide Partitionen auf unterschiedlichen Datenträgern angelegt sind.

Mirror Sets dienen zwar nicht dazu, Speicherplatz zu sparen, da ja sämtliche Daten zweimal vorhanden sind, aber dafür erzielt man eine sehr hohe Datensicherheit. Fällt die Hauptpartition aus, gibt es keinen Datenverlust oder Ausfall des Netzwerks, sondern die Spiegelpartition übernimmt ohne Verzögerung die Arbeit. Leider ist auch diese Funktion nur beim Windows NT Server anzuwenden.

Das Einrichten der Mirror Sets muß nicht bei der Installation des Dateisystems oder des NT-Servers vorgenommen werden. Es ist die einzige Partitionsgruppe, die aus schon bestehenden Partitionen erstellt werden kann. Dazu wird lediglich die zu spiegelnde Partition und ein freier Speicherbereich mit entsprechender Größe einer anderen Festplatte ausgewählt. Die Partition der zweiten Festplatte wird zur Spiegelpartition.

Nach dem Neustart des Systems werden Haupt- und Spiegelpartition synchronisiert und während des ganzen Betriebs immer synchron gehalten. Somit kann beim Ausfall der Hauptpartition direkt auf die Spiegelpartition zugegriffen werden.

Stripe Sets

Stripe Sets (Streifensätze) dienen je nach Einrichtung dem Schutz der Daten und in erster Linie der Optimierung der Lese- und Schreibgeschwindigkeit. Der Aufbau ähnelt sehr den voran beschriebenen Volume Sets. Auch hier können bis zu 32 freie Segmente zu einem Stripe Set zusammengefaßt werden.

Es werden dabei jedoch nicht die einzelnen Partitionen wie bei einem Volume Set der Reihe nach beschrieben, sondern alle Partitionen eines Stripe Sets gleichzeitig in Form von Streifen (deshalb Stripe Set) gefüllt. Voraussetzung dafür ist, daß alle Partitionen die gleiche Größe besitzen und von unterschiedlichen Festplatten stammen. Dies führt zu erheblichen Geschwindigkeitsvorteilen, da parallel Daten geschrieben und gelesen werden können.

Werden für ein Stripe Set Partitionen unterschiedlicher Größe markiert, erzeugt Windows NT automatisch nur Stripe Sets mit der Größe der kleinsten Partition.

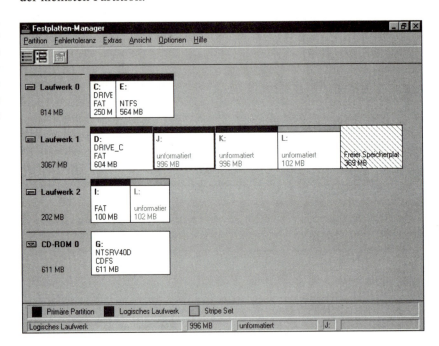

Abb. 11.2: Stripe Set auf drei Festplatten mit unterschiedlichen freien Bereichen

Stripe Sets mit (RAID 5) und ohne Parität (RAID 0)

Windows NT 4-Server erlaubt es, Stripe Sets mit und ohne Parität einzurichten. Der Unterschied wird jedem schnell deutlich werden. Verwendet man Stripe Sets ohne Parität (RAID 0) bedeutet das, daß zwar ein Geschwindigkeitsvorteil durch paralleles Schreiben und Lesen erzielt wird, aber beim Ausfall einer Festplatte des Stripe Sets das gesamte Stripe Set betroffen ist. Das Ausfallrisiko wird somit erhöht statt verringert.

Um so mehr Festplatten zu einem solchen Stripe Set ohne Parität gehören, desto wahrscheinlicher ist es, daß eine dieser Festplatten ausfällt.

Bei Stripe Sets mit Parität (RAID 5) ist die Sicherheit vor Datenverlust bei Ausfall von Festplatten bedeutend höher. Stripe Sets mit Parität speichern die Daten auf die Festplatten des Sets in der gleichen Art wie "einfache" Stripe Sets. Die Fehlertoleranz wird dadurch erzielt, daß mit den Daten auch Paritätsinformationen fortlaufend auf die beteiligten Festplatten geschrieben werden. Leider sinkt dadurch, zumindest beim Schreiben der Geschwindigkeitsvorteil der Stripe Sets. Beim Lesen von Daten hat man immer noch den Performance-Gewinn.

Anhand dieser Paritätsinformationen ist das System in der Lage, den Datenbestand einer defekten Festplatte mit den Informationen der anderen Festplatten zu rekonstruieren. Allerdings sinkt diese Sicherheit schnell mit dem Ausfall einer weiteren Festplatte. Das bedeutet, defekte Festplatten eines Stripe Sets sollten schnellstmöglich ausgetauscht werden.

Nachteile bei Stripe Sets mit Parität

Eigentlich darf man in diesem Zusammenhang wirklich nicht von Nachteilen, sondern eher von Einschränkungen und Voraussetzungen sprechen. Die oben erwähnten Paritätsinformationen belegen selbstverständlich Speicherplatz auf den Festplatten des Stripe Sets. Dieser Speicherplatz ist daher nicht für Nutzdaten zu verwenden.

Je nach Anzahl der Festplatten in diesem Stripe Set verteilt sich der Verlust bei den einzelnen Festplatten. Verwenden Sie beispielsweise ein Stripe Set mit drei Festplatten, so beträgt der Kapazitätsverlust 33% der Gesamtkapazität. Bei fünf beteiligten Festplatten sind es dementsprechend 20% pro Festplatte. Mindestens drei Festplatten sind für ein Stripe Set mit Parität notwendig und maximal 32 Festplatten dürfen zu einem Stripe Set gehören.

Eine weitere Voraussetzung für ein Stripe Set mit Parität betrifft den Arbeitsspeicher des Servers. Mindestens 25% mehr Arbeitsspeicher sollten Sie bei Verwendung von Stripe Sets mit Parität dem Computer spendieren. Schließlich müssen die Paritätsinformationen laufend zusätzlich berechnet werden.

Trotz dieser etwas umfangreich anmutenden Voraussetzungen sind Stripe Sets mit Parität doch wirtschaftlicher einzustufen als die einfache Spiegelung von Partitionen. Bei der Spiegelung verliert man grundsätzlich den gesamten Speicherplatz je nach Größe der zu spiegelnden Partition.

RAID-Level

Gerade im Zusammenhang mit den Stripe Sets ist einige Male der Begriff RAID gefallen. Die Abkürzung RAID steht für *Redundant Arrays of Inexpensive Disks*. Im folgenden werden die RAID-Level 1-5 mit wenigen Worten beschrieben. Höhere RAID-Level stehen in diesem Zusammenhang nicht zur Diskussion, da Sie durch ihre Komplexität softwaremäßig kaum noch oder nur mit erheblichen Performanceeinbußen zu realisieren sind. In der Regel werden dafür Hardware-Lösungen (spezielle RAID-Controller) eingesetzt.

RAID 0
Dieser RAID-Level entspricht dem Verfahren der Stripe Sets ohne Parität. Er besitzt noch keine Fehlertoleranz und dient lediglich dazu, Daten auf mehrere Festplatten zu verteilen und somit einen Geschwindigkeitsvorteil durch paralleles Schreiben und lesen zu erzielen.

RAID 1
Der RAID-Level 1 ist die Umsetzung der Festplattenspiegelung (Mirroring). Die Daten einer Festplatte werden nochmals auf eine zweite Festplatte übertragen und synchron gehalten. Fällt das erste Laufwerk aus, kann ohne Verzögerung mit dem zweiten Laufwerk weitergearbeitet werden.

RAID 2
RAID 2 beinhaltet in etwa die Vorteile von RAID-Level 0 und RAID-Level 1. Auch hier sind die Daten auf mehrere Festplatten verteilt, jedoch nicht komplett gespiegelt. Es wird zusätzlich noch ein Fehlerkorrekturcode auf den Datenträgern gespeichert. Mit Hilfe dieses Codes können auftretende Fehler korrigiert werden.

RAID 3
Bei diesem RAID-Level wird eine Festplatte dazu verwendet, den Fehlerkorrekturcode aufzunehmen. Die Daten selbst werden auf die anderen beteiligten Platten verteilt. Treten Lesefehler auf, können anhand der vorhandenen Daten und des Fehlerkorrekturcodes die Fehler behoben werden. Das erhöhte Risiko liegt in den vielen Zugriffen der einen Platte mit den Fehlercodes.

RAID 4
Im Unterschied zum RAID-Level 3 wird bei RAID 4 nicht Bit-weise die Festplatte gewechselt, sondern gesamte Blöcke auf die jeweilige Festplatte geschrieben. Eine dedizierte Festplatte für die Fehlercodes kommt auch bei diesem RAID-Level zum Einsatz und führt zwangsläufig zu einer stärkeren Belastung dieser Einheit.

RAID 5

Dieser RAID-Level kompensiert einen gravierenden Nachteil von RAID-Level 3 und 4. Unter diesen RAID-Leveln muß bei jedem Schreibvorgang in jedem Fall auf die Festplatte mit den Fehlerkorrekturinformationen zugegriffen werden. Dies verursacht einen nicht unerheblichen Geschwindigkeitsverlust beim Schreiben. Das Lesen von Daten ist davon nicht betroffen.

Beim RAID-Level 5 wird dieser Nachteil dadurch teilweise kompensiert, daß auch der Fehlerkorrekturcode über alle beteiligten Festplatten gleichmäßig verteilt wird. Windows NT-Server unterstützt dieses Verfahren unter dem Namen "Stripe Sets mit Parität".

Einrichten und Konfigurieren der Datenträger

Endlich geht es an die praktische Umsetzung der theoretischen Information zu den Datenträgern eines Windows NT 4-Servers. Dafür hat Ihnen Microsoft ein mächtiges und zudem leicht bedienbares Werkzeug mitgegeben, den Festplatten-Manager.

Bevor Sie sich jedoch direkt auf dieses Hilfsprogramm stürzen, sollten Sie folgende Punkte beachten:

- Jegliche Versuche und Experimente mit dem Festplatten-Manager sollten Sie nur durchführen, nachdem zuvor eine Datensicherung erstellt wurde. Bei einem reinen "Spiel-Server" ohne noch benötigte Daten kann man sich diesen Aufwand allerdings sparen.

- Das Löschen von Partitionen ist immer mit Datenverlust verbunden. Glücklicherweise werden bei diesen Aktionen zuvor immer zu bestätigende Warnmeldungen ausgegeben.

- Änderungen wie das Ändern, Löschen oder Hinzufügen von Partitionen sind erst nach dem Speichern der Informationen wirksam. In vielen Fällen ist zusätzlich noch ein Neustart des Systems notwendig.

Der Festplatten-Manager ist im START-Menü unter PROGRAMME/VERWALTUNG (ALLGEMEIN) zu finden. Beim erstmaligen Aufruf bekommen Sie den Hinweis, daß noch keine Festplatten-Informationen angelegt wurden und das augenblicklich nachgeholt werden kann. Bestätigen Sie diese Abfrage mit JA, und es werden sämtliche Informationen zu den vorhandenen Datenträgern im Hauptfenster des Festplatten-Managers angezeigt.

Abb. 11.3:
Startbildschirm Festplatten-Manager

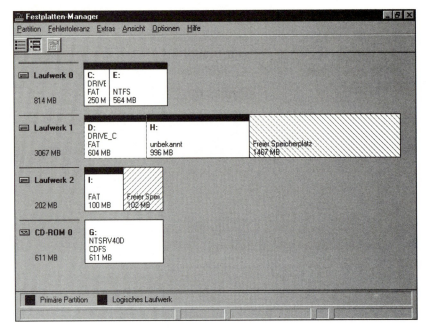

Zu jedem Datenträger wird die Gesamtkapazität und die vorhandenen Partitionen angezeigt. Jeder Partitionstyp wird zur besseren Kennzeichnung mit einem Balken in verschiedenen Farben dargestellt. Sollten Ihnen diese Farben nicht zusagen, kann auch das aus dem Hauptmenü OPTIONEN heraus mit dem Menüpunkt FARBEN UND MUSTER Ihren Wünschen angepaßt werden.

Freier, noch nicht partitionierter Speicherplatz wird standardmäßig schraffiert dargestellt.

Neue primäre Partition einrichten

Um eine neue primäre Partition einzurichten, markieren Sie im Hauptfenster des Festplatten-Managers einen als freier Speicher dargestellten Bereich der gewünschten Festplatte. Mit einem Klick der rechten Maustaste erhalten Sie ein Kontextmenü, das unter anderem auch die Option ERSTELLEN enthält.

Alternativ dazu kann diese Funktion auch über den Hauptmenüpunkt PARTITION angewählt werden. Nach Auswahl der Funktion ERSTELLEN erscheint ein Warnhinweis, daß die neue Partition unter Umständen nicht von MS-DOS her lesbar ist. In diesem Beispiel geht es lediglich um Windows NT, so daß diese Abfrage mit JA beantwortet werden kann.

Über ein weiteres Dialogfenster werden Sie jetzt nach der gewünschten Partitionsgröße in dem freien Festplattenbereich gefragt. Dazu wird Ihnen die Minimal- und die Maximalgröße angezeigt. In dem aktiven Eingabefeld können Sie die Größe in MByte bestimmen.

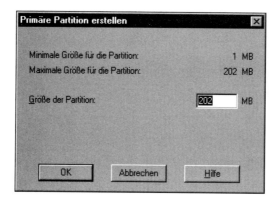

Abb. 11.4:
Abfrage - Partitionsgröße

Mit OK bestätigen Sie Ihre Angabe, und die Partition wird erstellt. In der Anzeige des Festplatten-Managers wird die neue primäre Partition mit dem Balken in entsprechender Farbe und zugewiesenem Laufwerksbuchstaben angezeigt. Als Kennzeichnung trägt diese Partition noch die Bezeichnung UNBEKANNT.

Formatieren einer Partition oder eines logischen Laufwerks

Nachdem die Partition eingerichtet ist, muß sie, damit überhaupt Daten darauf gespeichert werden können, formatiert werden. Diese Funktion steht aber erst zur Verfügung, wenn zunächst die vorgenommenen Änderungen gespeichert sind. Anhand der in grau dargestellten Schrift ist ersichtlich, daß zwar Änderungen vorgenommen, aber noch nicht gespeichert wurden.

Zum Speichern der Informationen betätigen Sie wiederum die rechte Maustaste, und wählen Sie aus dem Kontextmenü die Option ÄNDERUNGEN JETZT DURCHFÜHREN an. Die folgende Sicherungsabfrage kann wieder mit JA bestätigt werden.

Nun werden die Partitionsinformationen zwar in schwarzer Schrift dargestellt, aber die Kennzeichnung ist immer noch UNBEKANNT. Ein erneuter Klick mit der rechten Maustaste auf die gerade erstellte primäre Partition stellt Ihnen die Option FORMAT zur Verfügung. Sobald dieser Menüpunkt mit Klick der linken Maustaste ausgewählt wird, erhalten Sie ein weiteres Dialogfenster mit verschiedenen Format-Optionen auf dem Bildschirm.

Abb. 11.5:
Format-
Optionen des
Festplatten-
Managers

Die verschiedenen Einstellungen bedeuten:

SPEICHERKAPAZITÄT
Erlaubt bei der Formatierung von Datenträgern die Auswahl einer bestimmten Speicherkapazität

DATEISYSTEM
Über den dazugehörigen Pfeilschalter bestimmen Sie, ob die Partition mit dem FAT- oder NTFS-Dateisystem formatiert werden soll.

GRÖSSE DER ZUORDNUNGSEINHEITEN
Bei Verwendung des NTFS-Dateisystems kann die Größe der Zuordnungseinheiten (Cluster) zwischen 512 und 4.096 Byte frei gewählt werden.

FORMATIERUNGSOPTIONEN

QUICKFORMAT
Erlaubt ein schnelles Formtieren ohne Überprüfung auf fehlerhafte Sektoren. Diese Option ist nur möglich, wenn der Datenträger oder die Partition bereits formatiert war.

KOMPRIMIERUNG AKTIVIEREN
Ist dieses Kontrollkästchen aktiviert, werden alle Daten und Ordner auf dem Datenträger komprimiert.

Einrichten und Konfigurieren der Datenträger

Sind alle Angaben festgelegt, bestätigen Sie mit OK. Es erscheint ein Warnhinweis, daß möglicherweise vorhandene Daten beim Formatieren verlorengehen. Wenn Sie sicher sind, daß keine noch wichtigen Daten vorhanden sind, bestätigen Sie auch dies mit OK, um die Formatierung durchzuführen.

Nach Beenden der Formatierung schließen Sie alle Dialog- und Meldungsfenster, um zum Hauptbildschirm des Festplatten-Managers zurückzukehren. Die neu formatierte Partition wird nicht mehr als UNBEKANNT, sondern mit dem Namen des Dateisystems, in diesem Fall NTFS, gekennzeichnet.

Logisches Laufwerk einrichten

Auch für die Einrichtung eines weiteren logischen Laufwerks ist freier Speicherbereich auf der Festplatte notwendig, den Sie in eine erweiterte Partition konvertieren. Wählen Sie dazu im Festplatten-Manager diesen freien Bereich an, und betätigen Sie die rechte Maustaste oder öffnen das Hauptmenü PARTITION. Wählen Sie den Menüpunkt ERSTELLEN mit linkem Mausklick an, und Sie erhalten ein Dialogfenster, in dem die Größe des neuen logischen Laufwerks bestimmt werden kann.

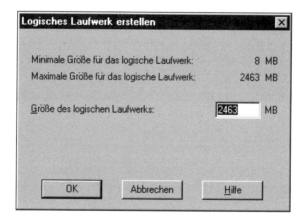

Abb. 11.6: LOGISCHES LAUFWERK ERSTELLEN

Nach Eingabe der gewünschten Größe und Bestätigung mit OK wird das logische Laufwerk im Hauptfenster des Festplatten-Managers dargestellt. Als Bezeichnung wird noch UNFORMATIERT angegeben. Wie beim Einrichten einer primären Partition müssen die vorgenommen Änderungen erst gespeichert werden, bevor dieses Laufwerk formatiert werden kann.

Wählen Sie dazu aus dem Hauptmenü PARTITION oder über das Kontextmenü mit rechter Maustaste den Befehl ÄNDERUNGEN JETZT DURCHFÜHREN an. Nach Bestätigung der Sicherheitsabfrage mit JA werden die

Änderungen aktualisiert. Über ein weiteres Bildschirmfenster erhalten Sie den Hinweis, daß es ratsam wäre, nach diesen Änderungen sofort eine aktuelle Notfalldiskette mit dem Programm RDISK.EXE zu erstellen.

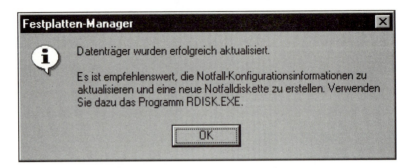

Abb. 11.7:
Hinweis auf eine Notfalldiskette

Im nächsten Schritt muß dieses neue logische Laufwerk noch formatiert werden, bevor es zur Datenspeicherung verwendet werden kann. Wählen Sie den Befehl FORMAT aus dem Menü PARTITION oder über die rechte Maustaste und anschließendem Klick mit der linken Maustaste an, und Sie erhalten das Dialogfenster mit den Format-Optionen. Wie zuvor beim Formatieren einer primären Partition müssen Angaben zum Dateisystem, Größe der Zuordnungseinheiten oder der Komprimierung getroffen werden.

Mit STARTEN und OK bei der anschließenden Sicherheitsabfrage wird die Formatierung ausgeführt. Nach Beendigung des Formats und Schließen der Dialogfenster ist das Laufwerk mit zugeordnetem Laufwerksbuchstaben und Hinweis auf das Dateisystem auf dem Bildschirm des Festplatten-Managers vorzufinden.

Erweiterte Partition in logische Laufwerke aufteilen

Markieren Sie einen freien Festplattenbereich (schraffiert) an und wählen aus dem Menü PARTITION oder dem Kontextmenü die Option ERWEITERTE PARTITION aus. Über ein Dialogfenster werden Sie nach der Größe für diese Partition gefragt.

Geben Sie diesen Wert ein und bestätigen mit OK. Das Fenster schließt sich, und auf den ersten Blick hat sich eigentlich nichts verändert. Der Speicherplatz der Festplatte wird immer noch als FREIER SPEICHERPLATZ auf dem Bildschirm des Festplatten-Managers ausgegeben. Sie werden aber bemerken, daß die Option ERWEITERTE PARTITION in keinem Menü mehr zur Verfügung steht. Statt dessen finden Sie wieder den Befehl ERSTELLEN vor.

Abb. 11.8:
ERWEITERTE
PARTITION
ERSTELLEN

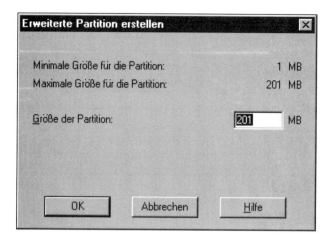

Über diesen Befehl kann jetzt die neu erstellte erweiterte Partition in mehrere logische Laufwerke aufgeteilt werden. Geben Sie dazu jeweils die gewünschte Größe für ein solches Laufwerk ein. Die noch zur Verfügung stehende Festplattenkapazität der erweiterten Partition wird im Dialogfenster angezeigt.

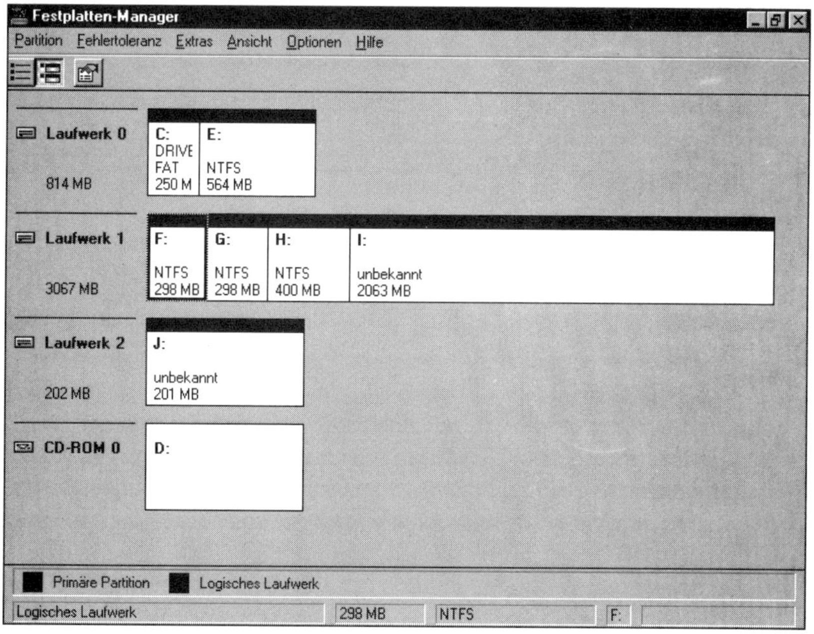

Abb. 11.9:
Erweiterte
Partition mit
drei logischen
Laufwerken

Beachten Sie bitte, daß wie schon zuvor beschrieben jedes einzelne dieser logischen Laufwerke formatiert werden muß, damit es für die Datenspeicherung zur Verfügung steht.

Löschen von Partition und Laufwerken

Diese allzu beliebte Funktion läßt sich sehr einfach und schnell durchführen. Markieren Sie dazu im Festplatten-Manager die gewünschte Partition oder das logische Laufwerk und wählen Sie über den Menüpunkt PARTITION oder das Kontextmenü den Befehl LÖSCHEN an.

Es erscheint nur noch eine Sicherheitsabfrage, ob Sie diese Funktion wirklich ausführen möchten, und nach Bestätigung mit JA wird die gewählte Partition mit allen möglicherweise darauf befindlichen Daten gelöscht.

Abschließend muß über das Menü PARTITION oder das Kontextmenü die Option ÄNDERUNGEN JETZT DURCHFÜHREN angewählt und bestätigt werden. Ein Zurück oder ein "war nicht so gemeint" ist danach nicht mehr möglich.

Datenträgersatz (Volume Set) erstellen

Ein Datenträgersatz ist zusammenhängend nutzbarer Speicherbereich, bestehend aus bis zu 32 Segmenten (Festplattenbereichen). Diese Bereiche müssen dabei nicht von unterschiedlichen Festplatten stammen. Jeder freie Bereich einer Festplatte kann in einen Datenträgersatz aufgenommen werden.

Um einen solchen Datenträgersatz zu erstellen, markieren Sie die entsprechenden freien Festplattenbereiche. Die notwendige Mehrfachmarkierung läßt sich mit Hilfe der gedrückten [Strg]-Taste vornehmen.

Öffnen Sie nun das Menü PARTITION, und wählen Sie darin die Option DATENTRÄGERSATZ ERSTELLEN aus. Es öffnet Sich ein Dialogfenster mit der Überschrift DATENTRÄGERSATZ ERSTELLEN. Wie beim Einrichten der primären und erweiterten Partitionen kann in diesem Fenster die Gesamtgröße für den Datenträgersatz bestimmt werden. Als kleine Hilfe wird die Minimal- und Maximalgröße ausgegeben.

Abb. 11.10: Dialogfenster - DATENTRÄGERSATZ ERSTELLEN

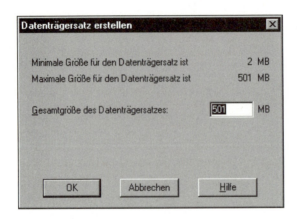

Bestimmen Sie einen Wert kleiner als die Maximalgröße, verwendet das System anteilmäßig Speicherbereiche der markierten freien Bereiche. Mit Bestätigung durch OK wird der neue Datenträgersatz mit der angegebenen Kapazität ohne weitere Rückfragen erstellt und farblich im Hauptfenster des Festplatten-Managers dargestellt.

Wählen Sie nun die Option ÄNDERUNGEN JETZT DURCHFÜHREN aus dem Menü PARTITION oder über Klick mit der rechten Maustaste aus dem Kontextmenü an, und bestätigen Sie die Sicherheitsabfrage mit JA. Nachdem das Hinweisfenster zur Verwendung von RDISK.EXE mit OK ausgeblendet ist, kann der neu erstellte Datenträgersatz formatiert werden.

In diesem Fall kann und muß nicht jedes einzelne Segment, sondern der gesamte Datenträgersatz gemäß der notwendigen Angaben zum Dateisystem, Größe der Zuordnungseinheiten und Kompression formatiert werden.

Erweiterung des Datenträgersatzes

Ein eingerichteter Datenträgersatz läßt sich dynamisch erweitern. Das bedeutet, es können weitere freie Festplattenbereiche dem bestehenden Datenträgersatz ohne Datenverlust zugeordnet werden. Beachten Sie dazu aber, daß nur NTFS-formatierte Datenträgersätze erweitert werden können. Unter FAT ist eine Erweiterung nachträglich nicht mehr möglich.

Markieren Sie zunächst den betreffenden Datenträgersatz und mit der gedrückten [Strg]-Taste den freien Bereich, der diesem Datenträgersatz hinzugefügt werden soll. Wählen Sie anschließend aus dem Menü PARTITION die nun verfügbare Option ERWEITERTER DATENTRÄGERSATZ aus.

Es wird ein Dialogfenster mit der möglichen Gesamtkapazität und der Minimalkapazität des erweiterten Datenträgersatzes angezeigt. Wählen Sie die gewünschte Gesamtgröße und bestätigen mit OK. Das Fenster wird automatisch geschlossen und die Segmente des Datenträgersatzes standardmäßig mit gelbem Balken, allerdings in grauer Schrift dargestellt.

Zum Abschluß der Erweiterung eines bestehenden Datenträgersatzes müssen die vorgenommenen Änderungen noch aktualisiert werden. Wählen Sie aus dem Menü PARTITION oder aus dem Kontextmenü über die rechte Maustaste die Option ÄNDERUNGEN JETZT DURCHFÜHREN an, und bestätigen Sie die Sicherheitsabfrage mit JA. Über ein Meldungsfenster wird nach kurzer Zeit angezeigt, daß die Änderungen erfolgreich (oder auch nicht?) durchgeführt sind.

Im Gegensatz zu den voran beschriebenen Änderungen an der Konfiguration der Datenträger ist nach dem Erweitern eines Datenträgersatzes ein Neustart des Servers notwendig. Erst danach bekommt das neu hinzugefügte Segment das entsprechende Format. Der Datenträgersatz kann dann als ein Volume mit der Gesamtkapazität aller dazugehörigen Segmente genutzt werden.

Datenträgersatz löschen

NTFS-Datenträgersätze können zwar dynamisch erweitert, aber nicht auf diese Art verkleinert werden. Ein Verkleinern des Datenträgersatzes ist nur über den Umweg einer vorherigen Datensicherung möglich. In diesem Fall muß der Datenträgersatz zuvor gelöscht werden, was natürlich auch zum Verlust sämtlicher darauf befindlicher Daten führt.

Markieren Sie im Festplatten-Manager den gewünschten Datenträgersatz, und wählen Sie anschließend im Menü PARTITION oder aus dem Kontextmenü den Befehl LÖSCHEN an. Über ein Hinweisfenster bekommen Sie die Warnung, daß alle auf dem Datenträgersatz befindlichen Daten bei Bestätigung des Löschvorgangs verlorengehen. Mit NEIN ist zu diesem Zeitpunkt noch ein Abruch der Aktion möglich, und mit JA wird der ausgewählte Datenträgersatz als gelöscht markiert.

Werden abschließend noch die Änderungen über den Menüpunkt ÄNDERUNGEN JETZT DURCHFÜHREN aus dem Menü PARTITION aktualisiert, ist der Löschvorgang endgültig abgeschlossen. Der vorher belegte Speicherplatz wird im Festplatten-Manager als FREIER SPEICHERPLATZ dargestellt. Ein Neustart des Systems ist nicht extra notwendig.

Einrichten der Festplattenspiegelung

Bislang dienten die verschiedenen Varianten der Konfiguration und Verwaltung "nur" dem Erweitern von Datenträgern oder der Zuordnung für bestimmte Anforderungen. Echte Fehlertoleranz und damit erhöhte Sicherheit erzielen Sie durch die Spiegelung von Datenträgern.

Dazu stehen zwei verschiedene Verfahren zur Auswahl. Diese Verfahren unterscheiden sich nicht in der Einrichtung über den Festplatten-Manager, sondern durch den unterschiedlichen Einsatz von Hardware. Man spricht in diesem Zusammenhang von Festplattenspiegelung und Festplattenduplizierung.

Bei der Festplattenspiegelung werden zwei Festplatten oder Partitionen über einen Controller gespiegelt. Bei der Festplattenduplizierung (Duplexing) dagegen werden für jede Festplatte des Spiegelungssatzes verschiedene Controller eingesetzt. Auf diese Weise wird Ausfallsicherheit nochmals erhöht. Fällt bei der Festplattenspiegelung der Controller aus, ist auch der Zugriff auf die Spiegelplatte nicht mehr möglich. Bei der Festplattenduplizierung kann sowohl der Controller als auch die gespiegelte Festplatte ausfallen, ohne daß der Betrieb beeinträchtigt wird.

Abb. 11.11:
Prinzip der Spiegelung und Duplizierung

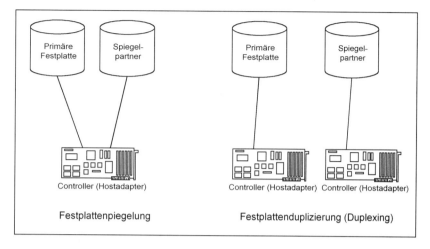

Welche Variante Sie einsetzen, bleibt letztendlich Ihnen überlassen. Die einzigen zusätzlichen Kosten bei der Duplizierung liegen nur beim zweiten Controller. Ihre Daten sollten es wert sein.

Bei der Einrichtung eines Spiegel-Sets (Mirror Set) durch den Festplatten-Manager spielt es keine Rolle, ob die betreffenden Festplatten über einen oder zwei Controller betrieben werden.

Wählen Sie zuerst die Festplatte oder Partition an, die gespiegelt werden soll. Mit gedrückter [Strg]-Taste markieren Sie anschließend einen freien Bereich einer anderen Festplatte von gleicher oder größerer Kapazität. Für die Spiegelung wird lediglich die Kapazität der zu spiegelnden Festplatte oder Partition benutzt.

Öffnen Sie nun das Menü FEHLERTOLERANZ und wählen darin die Option SPIEGELUNG EINRICHTEN. Mit OK bei der nachfolgenden Sicherheitsabfrage schließen Sie diesen Teil der Festplattenspiegelung ab, und der neue Spiegelsatz wird auf dem Bildschirm des Festplatten-Managers angezeigt.

Auch in diesem Fall ist es im nächsten Schritt notwendig, dem System mitzuteilen, daß die vorgenommenen Einstellungen übernommen werden sollen. Wählen Sie dazu aus dem Menü PARTITION oder über das Menü der rechten Maustaste den Befehl ÄNDERUNGEN JETZT DURCHFÜHREN an, und bestätigen Sie die nächste Sicherheitsabfrage mit JA.

Wie bei der Erweiterung eines Datenträgersatzes ist auch in diesem Fall ein Neustart des Computers notwendig, um alle Änderungen wirksam werden zu lassen. Dazu gehört in erster Linie das Synchronisieren der Hauptfestplatte oder Partition mit ihrem Spiegelpartner.

Beenden der Spiegelung

Aus verschiedenen Gründen kann es schon mal notwendig sein, eine Spiegelung wieder aufzuheben. Grund dafür kann benötigter Speicherplatz oder der Austausch einer Festplatte sein. Auch wenn eine defekte Festplatte aus einem Spiegelsatz ausgetauscht wird, muß zuvor die Spiegelung aufgehoben werden.

Markieren Sie dazu im Festplatten-Manager den entsprechenden Spiegelsatz, und wählen Sie aus dem Menü FEHLERTOLERANZ die Option SPIEGELUNG BEENDEN an. Sie erhalten eine Sicherheitsabfrage, ob diese Aktion wirklich durchgeführt werden soll. Sind Sie sicher, dann bestätigen Sie die Abfrage mit Klick auf JA.

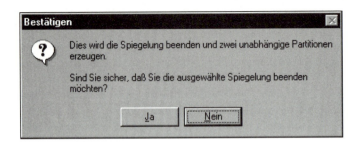

Abb. 11.12: Sicherheitsabfrage - Spiegelung beenden

Das nächste angezeigte Fenster weist Sie darauf hin, daß auch für die Aufhebung der Spiegelung ein Neustart des Systems erforderlich ist und dieser Neustart erst nach Beenden des Festplatten-Managers automatisch durchgeführt wird. Bejahen Sie diese Abfrage, um den Festplatten-Manager wie gefordert schließen zu können. Abschließend bestätigen Sie alle weiteren Hinweise mit OK, und lassen Sie den Neustart ausführen.

Nach dem erneuten Hochfahren des Systems und gewohnten Anmelden finden Sie im Fenster des Festplatten-Managers die gespiegelte Partition wieder als einfache Partition dargestellt. Die Festplatte oder Partition mit den gespiegelten Daten ist nicht gelöscht, sondern beherbergt immer noch die Daten seit der letzten Synchronisation. Um den Festplattenspeicher schnell freizugeben, muß entweder neu partitioniert oder formatiert werden.

Einrichten von Stripe Sets

Stripe Sets ähneln in gewisser Weise den schon zu Beginn beschriebenen Datenträgersätzen. Auch Sie ermöglichen die Einrichtung eines Volumes über mehrere Festplatten. Der gravierende Unterschied liegt darin, wie die Daten auf das Stripe Set geschrieben werden. Im Gegensatz zu den

Datenträgersätzen werden die Daten auf den Stripe Sets in Blöcken (Streifen) gleichmäßig auf alle beteiligten Festplatten verteilt. Voraussetzung dafür ist, daß alle einzelnen Partitionen des Stripe Sets gleich groß sind, da Windows NT in jeder Partition die gleiche Anzahl Streifen erzeugen muß.

Markieren Sie Partitionen unterschiedlicher Größe bei der Einrichtung eines Stripe Sets, erzeugt Windows NT automatisch Partitionen mit der maximalen Größe des kleinsten markierten Bereichs.

Ein weiterer wichtiger Unterschied zu den Datenträgersätzen besteht darin, daß die einzelnen Bereiche eines Stripe Sets von unterschiedlichen Festplatten stammen müssen. Erst damit wird der nicht unerhebliche Geschwindigkeitsvorteil durch Parallelverarbeitung erzielt.

Stripe Sets ohne Parität besitzen keine Fehlertoleranz. Beim Ausfall einer dazugehörigen Festplatte sind sämtliche Daten des Stripe Sets verloren.

Einrichten von Stripe Sets ohne Parität (RAID 0)

Starten Sie wie gewohnt den Festplatten-Manager aus dem START-Menü über PROGRAMME/VERWALTUNG (ALLGEMEIN). Nach der Initialisierung markieren Sie die gewünschten freien Bereiche der verschiedenen Festplatten. Für die Mehrfachmarkierung halten Sie die [Strg]-Taste dabei gedrückt.

Wählen Sie nun aus dem Hauptmenü PARTITION oder über das Kontextmenü den Befehl STRIPE SET ERSTELLEN an. Sie erhalten ein Dialogfenster, das Sie auffordert die gewünschte Größe für das neue Stripe Set anzugeben. Standardmäßig wird Ihnen schon die Maximalgröße für das Stripe Set vorgegeben. Ist der Wert so akzeptabel, bestätigen Sie mit OK. Das Fenster wird augenblicklich geschlossen und das neue Stripe Set mit entsprechendem farbigen Balken (hellgrün) im Festplatten-Manager angezeigt.

Die darin enthaltende Schrift wird zu diesem Zeitpunkt noch in Grau dargestellt, und die Kennzeichnung lautet UNFORMATIERT. Für das weitere Vorgehen müssen erst die Änderungen aktualisiert werden. Verwenden Sie dazu aus dem Menü PARTITION oder dem Kontextmenü die Option ÄNDERUNGEN JETZT DURCHFÜHREN. Bestätigen Sie die nachfolgende Sicherheitsabfrage mit JA, und akzeptieren Sie, so lästig das auch ist, den Neustart des Computers.

Ein weiteres Meldungsfenster informiert Sie, daß die Änderungen erfolgreich aktualisiert wurden und es empfehlenswert wäre, mit dem Programm RDISK.EXE eine neue Notfall-Diskette zu erstellen. Mit OK kann das Fenster geschlossen werden, und es erscheint ein letzter Hinweis, daß mit erneutem Klick auf OK endlich der Neustart des Systems erfolgt.

Abb. 11.13:
Festplatten-Manager mit unformatiertem Stripe Set

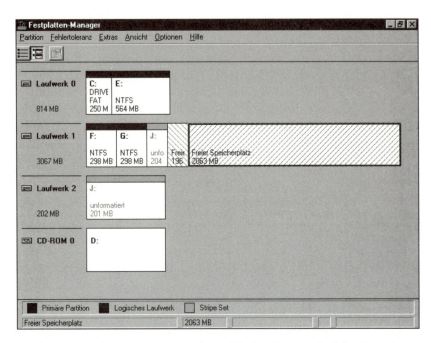

Nach erfolgreichem Neustart und anschließendem Aufruf des Festplatten-Managers ist noch ein weiterer Schritt für die endgültige Einrichtung des Stripe Sets notwendig. Die Kennzeichnung lautet immer noch UNBEKANNT, was darauf hindeutet, daß dieses Stripe Set noch nicht formatiert ist.

Abb. 11.14:
Formatieren des Stripe Sets

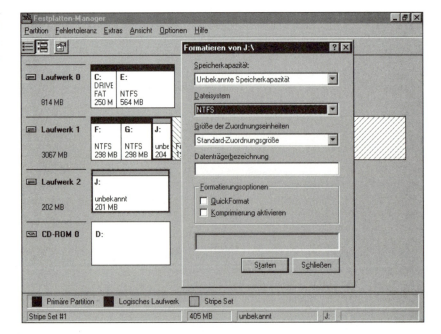

Wählen Sie aus dem Menü PARTITION oder dem Kontextmenü die Option FORMAT an. In dem dazugehörigen Dialogfenster wählen Sie bitte das gewünschte Dateisystem FAT oder NTFS aus. Alle weiteren Angaben zur Kompression oder zur Datenträgerbezeichnung sind optional. Auch das Ändern der Standard-Zuordnungsgröße ist nicht notwendig.

Mit Klick auf die Schaltfläche STARTEN und anschließendem Bestätigen der Sicherheitsabfrage durch OK führen Sie die Formatierung des gewählten Strip Sets durch. Nach Abschluß der Formatierung kann das eingerichtete Stripe Set für die Aufnahme von Daten genutzt werden.

Einrichten von Stripe Sets mit Parität (RAID 5)

Die Sicherheit eines Stripe Sets mit Parität ist ungleich höher als des voran beschriebenen Stripe Sets. Allerdings geht diese erhöhte Sicherheit auf Kosten der Geschwindigkeit bei Schreibzugriffen und durch zusätzliche Aufgaben auch auf die Gesamt-Performance des Systems. Es wird mehr Rechenleistung und Arbeitsspeicher (ca. 25%) gefordert.

Wählen Sie zunächst im Festplatten-Manager einen freien Bereich an, und mit gedrückter [Strg]-Taste markieren Sie die weiteren freien Bereiche anderer Festplatten für das Stripe Set. Beachten Sie dabei, daß ein Stripe Set mit Parität nur mit mindestens drei Festplatten und ausschließlich auf dem Windows NT-Server einzurichten ist.

Nun öffnen Sie das Menü FEHLERTOLERANZ und wählen darin den Befehl STRIPE SET MIT PARITÄT ERSTELLEN. In dem nun dargestellten Dialogfenster kann die Gesamtgröße für das Stripe Set angegeben werden. Als Vorgabe wurde vom Festplatten-Manager schon die mögliche Maximalgröße eingetragen. Mit Klick auf OK wird das Stripe Set mit Parität erstellt und ein einziger Laufwerksbuchstabe automatisch zugewiesen.

Im nächsten Schritt müssen die Angaben über den Befehl ÄNDERUNGEN JETZT DURCHFÜHREN aus dem Menü PARTITION oder dem Kontextmenü aktualisiert werden. Das System fordert nach Bestätigung verschiedener Sicherheitsabfragen einen Neustart des Computers an.

Nach dem Neustart öffnen Sie wieder den Festplatten-Manager und rufen aus dem Menü PARITÄT oder dem Kontextmenü den Befehl FORMAT auf. Tragen Sie in dem dazugehörigen Dialogfeld alle notwendigen Angaben ein, und bestätigen Sie mit STARTEN die Formatierung des Stripe Sets.

Jetzt können auf diesem Stripe Set mit Parität Daten geschrieben und gelesen werden. Der Speicherplatzverlust beträgt bei drei verwendeten Festplatten etwa 33%.

Fehlerbehebung bei einem Stripe Set mit Parität

Im Gegensatz zu einem Stripe Set ohne Parität ist beim Ausfall einer Festplatte eines Stripe Sets mit Parität die komplette Datenrückgewinnung möglich. Die Daten werden anhand der separat gespeicherten Paritätsinformationen von den anderen Festplatten wieder rekonstruiert.

Im ersten Schritt muß der Server heruntergefahren werden und die als defekt erkannte Festplatte ausgebaut und durch eine neue Festplatte ersetzt werden. Nach dem Neustart des Systems starten Sie den Festplatten-Manager erneut. Markieren Sie nun das beschädigte Stripe Set und einen freien Bereich der neuen Festplatte. Dieser freie Bereich muß mindestens genauso groß sein wie die anderen Segmente des Sets.

Rufen Sie nun aus dem Menü FEHLERTOLERANZ den Befehl REGENERIEREN auf. Schließen Sie den Festplatten-Manager, und starten Sie den Computer erneut. Während des Neustarts werden die Paritätsinformationen der anderen am Stripe Set beteiligten Festplatten zusammengetragen und auf der neuen Festplatte danach die Daten wieder hergestellt. Im Festplatten-Manager wird der wiederherzustellende Stripe Set-Bereich mit rotem Balken dargestellt.

Während des Regenerationsprozesses ist der Festplatten-Manager nicht notwendig. Der Prozess läuft im Hintergrund, und ein schon fast ungestörter Betrieb des Servers ist möglich.

Nach Abschluß der Regenerierung müssen Sie dem Stripe Set mit Parität noch einen Laufwerksbuchstaben zuweisen und den Computer neu starten.

Löschen eines Stripe Sets

Das Löschen eines Stripe Sets ist ein ganz einfacher Prozeß. Starten Sie dazu wie gewohnt den Festplatten-Manager, und markieren Sie das zu löschende Stripe Set.

Wählen Sie jetzt aus dem Menü PARTITION den Befehl LÖSCHEN an. Es erscheint ein Warnhinweis, daß mit dem Löschen die gesamten Daten des Stripe Sets verlorengehen. Sind Sie sich sicher, dann betätigen Sie die Schaltfläche JA. Augenblicklich verschwindet das Stripe Set in der Anzeige, und der Festplattenspeicher wird als FREIER SPEICHERPLATZ gekennzeichnet.

Zum Abschluß rufen Sie den Befehl ÄNDERUNGEN JETZT DURCHFÜHREN aus dem Menü PARTITION oder dem Kontextmenü auf. Nach Bestätigung der Sicherheitsabfrage mit JA und OK im Hinweisfenster zur Notfalldiskette, sind die vorgenommenen Änderungen aktualisiert. Ein Neustart des Systems ist in diesem Fall nicht notwendig.

Abb. 11.15:
Dateisystem mit Stripe Set

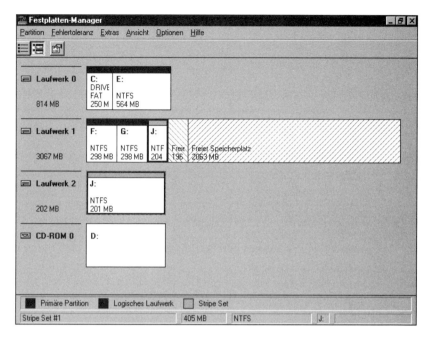

Eigenschaften von logischen Laufwerken

Mit dem Festplatten-Manager lassen sich auch verschiedene Eigenschaften eines logischen Laufwerks im System einsehen und verändern. Zu dieser Eigenschaftsanzeige gelangen Sie nach dem Markieren eines bestimmten Laufwerks über das Menü EXTRAS und die Option EIGENSCHAFTEN. Belegter und freier Speicherplatz werden im Register ALLGEMEIN anhand einer Tortengrafik dargestellt.

Zu diesen Eigenschaften gehören:

- Bezeichnung
- Typ (Laufwerk oder Wechselmedium)
- Dateisystem
- Belegter und freier Speicher
- Gesamtkapazität
- Kompression (Ja/Nein)

Abb. 11.16: Eigenschaftsfenster eines logischen Datenträgers

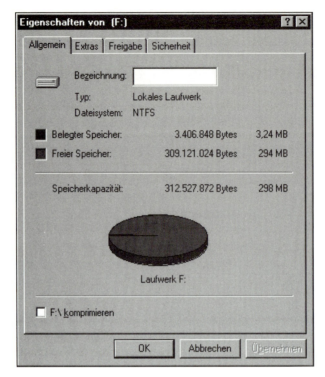

Mögliche Änderungen in diesem Dialogfenster betreffen die Bezeichnung des Laufwerks und die Option KOMPRIMIEREN. Über das dazugehörige Kontrollkästchen kann die Kompression für das ausgewählte Laufwerk ein- oder ausgeschaltet werden.

Prüfung von Datenträgern (Laufwerken)

Eine wichtige Aufgabe des Administrators kann die Überprüfung von Datenträgern sein. Tauchen in gewissen Zeitabständen schon mal Lese- oder Schreibfehler beim Zugriff auf ein Laufwerk auf, ist eine Überprüfung des Datenträgers unerläßlich.

Dies ist wie das Sichten der Eigenschaften entweder direkt aus dem Festplatten-Manager oder über das Kontextmenü nach Klick mit der rechten Maustaste auf das betreffende Laufwerkssymbol im Ordner ARBEITSPLATZ möglich. Bei Verwendung des Festplatten-Managers öffnen Sie das Menü EXTRAS und wählen die Option EIGENSCHAFTEN. In dem angezeigten Dialogfenster finden Sie auch ein Register mit der Bezeichnung EXTRAS. Durch einfaches Anklicken mit der Maus holen Sie dieses Register in den Vordergrund des Dialogfensters.

Abb. 11.17:
Register EIGEN-
SCHAFTEN-EXTRAS

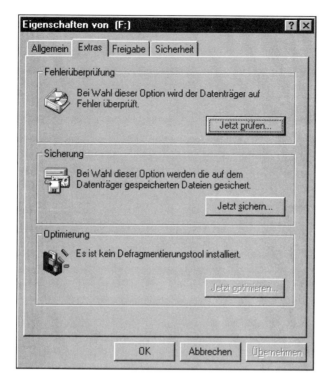

Im oberen Drittel des Registers befindet sich die Option FEHLERÜBER-PRÜFUNG. Mit Klick auf die Schaltfläche JETZT PRÜFEN erhalten Sie ein weiteres Dialogfenster mit Optionen für die Überprüfung des Datenträgers. Dadurch können Sie bestimmen, ob erkannte Dateifehler automatisch während der Prüfung korrigiert und ob zusätzlich auch nach defekten Sektoren gesucht werden soll.

Abb. 11.18:
Dialogfenster -
Überprüfen von
Laufwerken

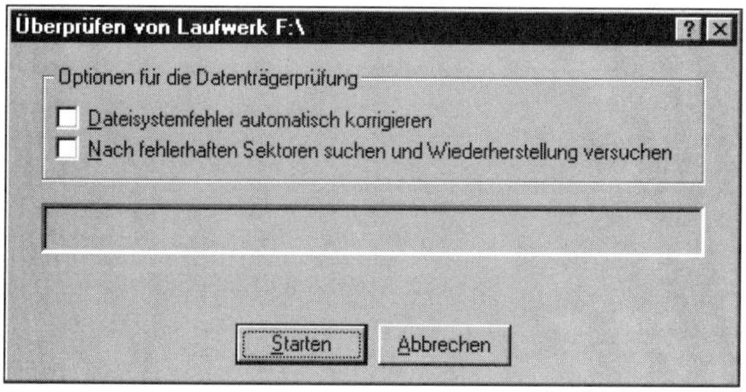

Haben Sie alle gewünschten Einstellungen getroffen, kann mit STARTEN die Überprüfung durchgeführt werden. Anhand eines blauen Balkens kann dabei der Fortschritt verfolgt werden.

Ist das gewählte Laufwerk noch durch weitere Anwendungen oder Systemroutinen im Zugriff, erscheint ein entsprechendes Hinweisfenster mit der Abfrage, ob die gewünschte Überprüfung beim nächsten Systemstart ausgeführt werden soll. In diesem Fall ist mal wieder ein Neustart notwendig.

Darstellung und Farben

Bisher wurden alle Funktionen und Änderungen während der grafischen Darstellung des Datenträgersystems beschrieben. Diese Darstellung kann aber auch zu einer Listenanzeige geändert werden. Betätigen Sie dazu entweder in der Symbolleiste des Festplatten-Managers das ganz linke Symbol oder wechseln Sie unter dem Menüpunkt ANSICHT von LAUFWERKSKONFIGURATION zur Ansicht DATENTRÄGER.

In dieser Ansicht läßt sich jedoch nicht erkennen, welche Partition von welcher Festplatte stammt oder wie die Aufteilung eines Datenträgers vorgenommen wurde.

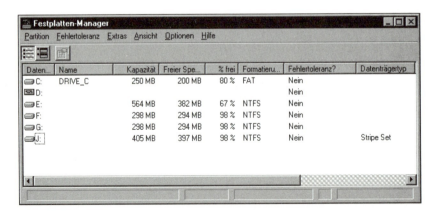

Abb. 11.19: Festplatten-Manager Ansicht Datenträger

In den vorangegangenen Abschnitten sind oft die farbigen Balken zur besseren Darstellung der verschiedenen Partitionen, Datenträgersätzen und Stripe Sets erwähnt worden. Sollten Ihnen die Standardfarbzuordnungen nicht zusagen, kann über das Menü OPTIONEN und den Menüpunkt FARBEN UND MUSTER das Standardfarbschema verändert werden.

Einrichten und Konfigurieren der Datenträger

Vorgabeeinstellungen sind:

Primäre Partition	=	Dunkelblau
Logisches Laufwerk	=	Hellblau
Stripe Set	=	Hellgrün
Stripe Set mit Parität	=	Türkis
Spiegelsatz	=	Lila
Datenträgersatz	=	Gelb

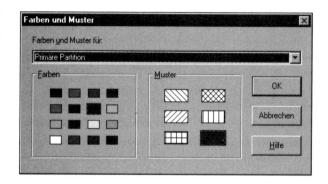

Abb. 11.20: Dialogfenster zur Farbeinstellung

Notfalldiskette erstellen

Immer wenn in den vorangegangenen Abschnitten dieses Kapitels Veränderungen an den Datenträgern vorgenommen und anschließend der Befehl ÄNDERUNGEN JETZT DURCHFÜHREN ausgeführt wurde, bekamen Sie über ein Informationsfenster den Hinweis, ihre Notfallkonfiguration zu aktualisieren und eine neue Notfalldiskette zu erstellen.

Das betreffende Programm für das Erstellen einer Notfalldiskette trägt die Bezeichnung RDISK.EXE (Rescue-Disk). Das Programm starten Sie am einfachsten, indem Sie auf den Startknopf in der Task-Leiste klicken und im Eingabefeld von AUSFÜHREN den Programmnamen RDISK.EXE eintragen. Ein Klick auf OK startet das Hilfsprogramm.

Der Text im Startfenster von RDISK.EXE weist darauf hin, daß mit diesem Programm eine bestehende Notfalldiskette aktualisiert oder eine neue Notfalldiskette erstellt werden kann. Mit einer solchen Diskette kann das System im Falle eines Fehlers wiederhergestellt werden.

Abb. 11.21:
Startfenster -
RDISK.EXE

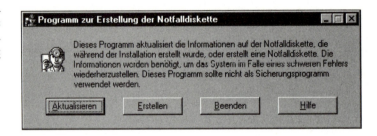

Für beide Aktionen mit RDISK.EXE stehen entsprechende Schaltflächen (AKTUALISIEREN / ERSTELLEN) für die Ausführung zur Verfügung. Betätigen Sie die Schaltfläche ERSTELLEN, um eine neue Notfalldiskette zu erzeugen. Sie werden aufgefordert, die Diskette als Notfalldiskette zu beschriften und in das Diskettenlaufwerk A: einzulegen. Eine Warnung weist darauf hin, daß alle auf der Disketten befindlichen Daten bei diesem Vorgang gelöscht werden.

Mit Klick auf OK wird die Notfalldiskette erstellt. Zunächst formatiert das Programm die Diskette vollständig neu und kopiert anschließend die benötigten Konfigurationsdateien. Nach Abschluß dieses Vorgangs kann das Programm RDISK.EXE über BEENDEN geschlossen werden.

Diagnose und Performance-Überwachung

KAPITEL 12

12 · Diagnose und Performance-Überwachung

Für die Diagnose des Systems und Überwachung der Systemressourcen stehen unter Windows NT 4 zwei wichtige Werkzeuge zur Verfügung. Zum einen existiert da die Windows NT-Diagnose, mit der umfangreiche Informationen über das System in Erfahrung gebracht werden können, und zum anderen der Systemmonitor für die Echtzeit-Analyse verschiedener Aktivitäten.

Windows NT-Diagnose

Die Windows NT-Diagnose (WINMSD.EXE) starten Sie aus dem Menü VERWALTUNG (ALLGEMEIN) im Order PROGRAMME des START-Menüs. Sie erhalten auf dem Bildschirm ein Dialogfenster mit neun verschiedenen Registern. Jedes dieser Register enthält Informationen zu bestimmten Komponenten des Systems.

Version

Mit diesem Register meldet sich die Windows NT-Diagnose nach dem Start. Es werden darin Informationen zur Version von Windows NT 4, Seriennummer und Registrierung angezeigt. Dies hat zwar noch nicht viel mit einer Diagnose zu tun, aber mit den folgenden Registern wird sich das erheblich ändern.

System

Durch Mausklick auf das Registerblatt SYSTEM holen Sie dieses Informationsfenster in den Bildschirmvordergrund. Auf dieser Registerkarte wird der Systemtyp des Computers und der verwendete HAL (*Hardware Abstraction Layer*) angezeigt. Außerdem wird der BIOS-Hersteller und die entsprechende BIOS-Version ausgegeben.

Unter PROZESSOREN finden Sie eine Auflistung der im System vorhandenen CPUs.

Anzeige

Langsam wird es immer interessanter. Die bisher erhaltenen Informationen dürften wohl jedem PC-Besitzer oder Administrator bekannt sein. Im Register ANZEIGE werden jedoch auch Informationen ausgegeben, die nicht sofort ersichtlich oder einfach zu erhalten sind. Diese Informationen sind in BIOS-Informationen zum Grafikadapter, Adaptertyp und Treiber aufgeteilt.

Unter BIOS-INFORMATIONEN kann der verwendete Grafik-Chipsatz und das Erstellungsdatum des Grafik-BIOS erfahren werden. Im Bereich ADAPTER erfahren Sie alles wissenswerte zum verwendeten Grafikadapter und seiner aktuellen Einstellung. Auch der Speicherausbau der Grafikkarte wird dabei angezeigt.

Im Abschnitt TREIBER wird der Hersteller des Grafikkartentreibers, die dazugehörigen Dateien und, was sehr wichtig sein kann, auch die Version des betreffenden Treibers ausgegeben.

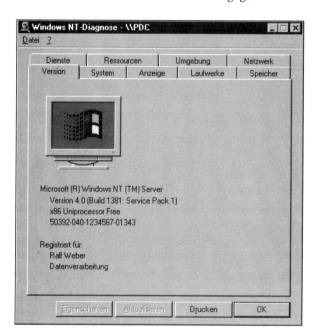

Abb. 12.1:
Windows NT-Diagnose - System

Laufwerke

Das Register LAUFWERKE bietet eine grafische Darstellung sämtlicher Datenträger im System. Mit einem Doppelklick auf das jeweilige Laufwerk öffnet sich ein weiteres Dialogfenster mit den Registern ALLGEMEIN und DATEISYSTEM. Über das Register ALLGEMEIN erhalten Sie Informationen über Speicherplatz, Sektorgröße und Anzahl Zuordnungseinheiten.

Abb. 12.2:
Windows NT-Diagnose -
LAUFWERKE

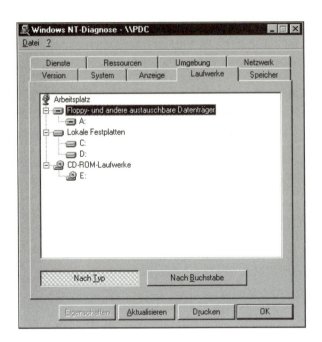

Aktivieren Sie das Register DATEISYSTEM zu den Eigenschaften des ausgewählten Laufwerks, wird Ihnen angezeigt, welches Dateisystem auf dem Laufwerk verwendet wird und welche Namenskonventionen auf diesem Laufwerk gültig sind.

Außerdem erhalten Sie Informationen zu den gültigen Attributen für das Dateisystem. Dabei unterscheidet sich das Dateisystem FAT erheblich von einem NTFS-Dateisystem.

Über das Register LAUFWERKE der Windows NT-Diagnose lassen sich nicht nur Informationen zu Festplatten, sondern auch über Disketten- oder CD-ROM-Laufwerke in Erfahrung bringen.

Speicher

Über dieses Register erhalten Sie umfangreiche Informationen über den Speicherausbau und die momentane Speicherausnutzung des Systems. Auch die Größe und verfügbarer Speicher der Auslagerungsdatei (PAGEFILE.SYS) wird Ihnen hier angezeigt.

Man kann mit diesen Informationen schnell erfahren, ob der Speicherausbau für dieses System ausreichend ist oder wieviel virtueller Arbeitsspeicher momentan genutzt wird.

Abb. 12.3:
Windows NT-
Diagnose -
SPEICHER

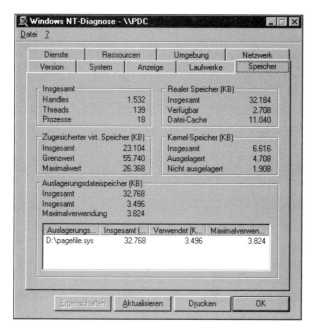

Dienste

Das Register DIENSTE erlaubt zwei verschiedene Ansichten. Zum einen läßt sich eine Liste der verschiedenen Systemdienste und zum anderen die Dienste für Hardware-Komponenten anzeigen.

In beiden Listenfenstern ist zu sehen, ob ein Dienst gerade ausgeführt wird oder nicht. Detailinformationen zu einem der Dienste erhalten Sie entweder durch Doppelklick auf den jeweiligen Dienst oder durch Markieren des Dienstes und Klick auf die Schaltfläche EIGENSCHAFTEN.

Die Detailinformationen zu einem Dienst sind wieder in zwei weitere Registerfenster mit den Bezeichnungen ALLGEMEIN und ABHÄNGIGKEITEN aufgeteilt. Die allgemeinen Eigenschaften zu einem Dienst beinhalten folgende Informationen:

PFADNAME
Pfad- und Dateiname des ausgewählten Dienstes

STARTART
In diesem Feld wird ausgegeben, auf welche Art und Weise der Dienst gestartet wird. Dazu gibt es verschiedene Angaben:

BOOT
Dieser Dienst oder das Gerät wird beim Start des Computers ausgeführt. Es handelt sich dabei in der Regel um Gerätetreiber, die für den grundsätzlichen Betrieb des Computers notwendig sind.

Abb. 12.4:
Windows NT-
Diagnose -
DIENSTE

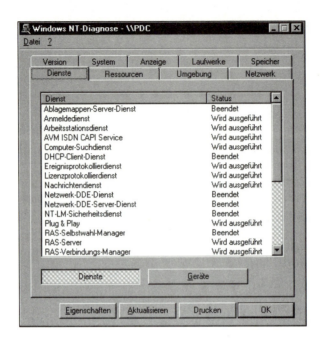

SYSTEM
Dieser Dienst oder Gerätetreiber wird beim Start des Windows NT-Systems ausgeführt. Es handelt sich um Komponenten, die für die Ausführung von Windows NT 4 notwendig sind (z. B. Tastatur, CD-ROM, Grafiktreiber).

AUTOMATISCH
Automatischer Start nach dem "Hochfahren" des Systems. Dazu gehören Dienste, die nicht entscheidend für die Funktion des Systems sind.

MANUELL
Start, der durch den Benutzer oder ein davon abhängiges Gerät durchgeführt wird

DEAKTIVIERT
Die Bezeichnung für diese Startart ist etwas irreführend. Sie deutet darauf hin, daß dieser Dienst nicht vom Benutzer oder dem System ausgeführt werden kann. Beim Sichten der verschiedenen Dienste und Geräte werden Sie Komponenten finden, die als AUSGEFÜHRT, aber mit der Startart DEAKTIVIERT gekennzeichnet sind.

FEHLERWICHTIGKEIT
Diese Information gibt aus, was geschehen soll, wenn beim Systemstart dieser Dienst oder Treiber ausfällt. Die Wichtigkeit wird in vier Kategorien eingeteilt:

KRITISCH
Der Systemstart wird abgebrochen.

STRENG
Automatischer Wechsel zur letzten lauffähigen Version. Ist diese gerade in Betrieb, wird der Startvorgang fortgesetzt.

NORMAL
Fortsetzen des Startvorgangs und eine Fehlermeldung über den nicht-gestarteten Dienst ausgeben

IGNORIEREN
Normaler Systemstart ohne Fehlermeldung

GRUPPE
Mit der Zuordnung zu einer Gruppe wird die Startreihenfolge für einen Dienst oder Gerätetreiber festgelegt. Somit wird zum Beispiel bestimmt, daß Treiber für die Unterstützung der Datenträger vor den Treibern für die Unterstützung der Netzwerkkarte geladen werden.

DIENSTATTRIBUTE
Mit den Dienstattributen wird Ihnen mitgeteilt, welchen Status oder Zuordnung der betreffende Dienst in Zusammenarbeit mit anderen Diensten im System hat.

Das zweite Register mit der Bezeichnung ABHÄNGIGKEITEN zu den Eigenschaften eines ausgewählten Dienstes gibt an, welche anderen Dienste und Gruppen abhängig von diesem Dienst sind. Diese Information kann bei der Fehlersuche sehr hilfreich sein.

Abb. 12.5:
Eigenschaften von Dienst - ABHÄNGIGKEITEN

Ressourcen

Im Register RESSOURCEN sind die Hardware-Ressourcen des Computers mit ihrer Belegung und den zuständigen Geräten aufgelistet. Die Darstellung der Ressourcen ist aufgeteilt in IRQ, I/O-Port, DMA, SPEICHER und GERÄTE.

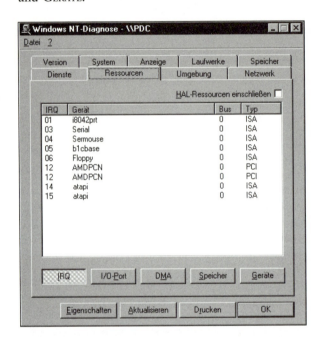

Abb. 12.6: Windows NT-Diagnose - RESSOURCEN - IRQ

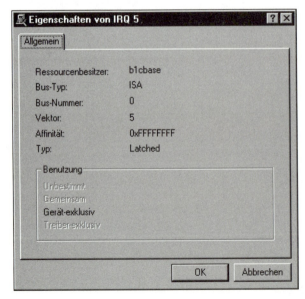

Abb. 12.7: Detailinformationen - Eigenschaften von Gerät

Über diese Informationen sind mögliche Gerätekonflikte leicht aufzuspüren. Auch vor dem Einbau einer neuen Hardware-Komponente kann ein Blick auf diese Listen sehr hilfreich sein.

Mit einem Doppelklick auf eine angezeigte Ressource erhalten Sie detaillierte Informationen zu dieser Belegung. Detailinformationen zu einem Gerät geben je nach Typ direkt die Belegungen von IRQ, I/O-Bereich, Speicherbelegung und DMA-Kanal aus.

Umgebung

Als Umgebung bezeichnet man die konfigurationsspezifischen Informationen zu einem Computer und dessen Betriebssystem. Im Register UMGEBUNG erhalten Sie Angaben zum verwendeten Kommandointerpreter, Betriebssystem, Laufwerkspfade zu den Systemdateien und zum verwendeten Prozessor.

Über die Schaltfläche BENUTZER bekommen Sie außerdem gesetzte Umgebungsvariablen (z. B. Verzeichnis zu Temporärdateien) aufgelistet.

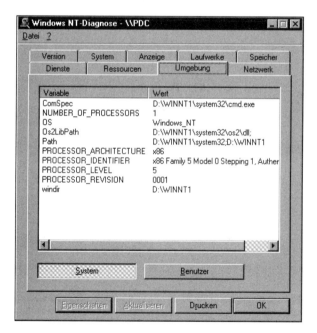

Abb. 12.8: Windows NT-Diagnose - UMGEBUNG

Netzwerk

Bei diesem Register handelt es sich wieder um ein Diagnosefenster mit umfangreichen Informationen. Über die vier Schaltflächen am unteren Fensterrand lassen sich allgemeine Netzwerk-Informationen, Informationen über Transporte, Einstellungen und Statistiken der Netzwerkkonfiguration einsehen.

Allgemein

In diesem Fenster finden Sie, wie es der Name schon sagt, allgemeine Informationen zur Domäne, Server, Netzwerkversion und Anmeldungen. Wie bei allen Informationsfenstern der Windows NT-Diagnose sind auch hier keine Änderungen möglich.

Transporte

Dieses Register gibt die Transportschichten und Knotenadressen aus.

Einstellungen

In diesem Fenster sind die aktuellen Einstellungen zur NT-Netzwerkonfiguration einzusehen. Das mag auf den ersten Blick alles etwas viel sein, aber es zeigt auch auf, welche Einstellungen zum Netzwerkbetrieb unter Windows NT 4 alle individuell angepaßt werden können.

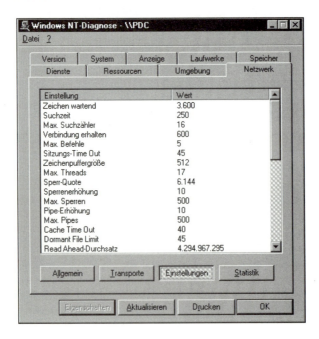

Abb. 12.9: Windows NT-Diagnose - NETZWERK - Einstellungen

Statistik
Dieses Informationsfenster gibt die seit dem Neustart des Systems gesammelten, statistischen Informationen über gesendete sowie empfangene Datenpakete, aufgetretene Fehler, Anzahl der aktuellen Sitzungen oder ähnliches aus.

Alle Informationen der Windows NT-Diagnose werden einmalig ausgelesen und angezeigt. Eine dynamische Aktualisierung wird nicht vorgenommen. Um die aktuellen Werte zu erhalten, betätigen Sie die Schalt-fläche Aktualisieren am unter Fensterrand der Windows NT-Diagnose.

Drucken der Diagnoseinformationen

In vielen Fällen ist es nicht damit getan, nur die Diagnoseinformationen auf dem Bildschirm einzusehen. Zur genauen Analyse ist ein gedruckter Bericht meist praktischer.

Aus diesem Grund verfügt die Windows NT-Diagnose über eine komfortable Option, einen solchen Report zu drucken. Betätigen Sie dazu die Schaltfläche Drucken, und Sie erhalten ein Dialogfenster mit den verschiedenen Optionen für den Druck.

Über dieses Dialogfenster können Sie festlegen, ob nur die aktuelle, im Vordergrund befindliche Registerkarte oder die Informationen aller Registerkarten gedruckt werden sollen. Zusätzlich kann noch zwischen Zusammenfassung (knapper Bericht) oder Gesamtinformationen für die Ausgabe entschieden werden.

Abb. 12.10:
Windows NT-Diagnose -
Bericht erstellen

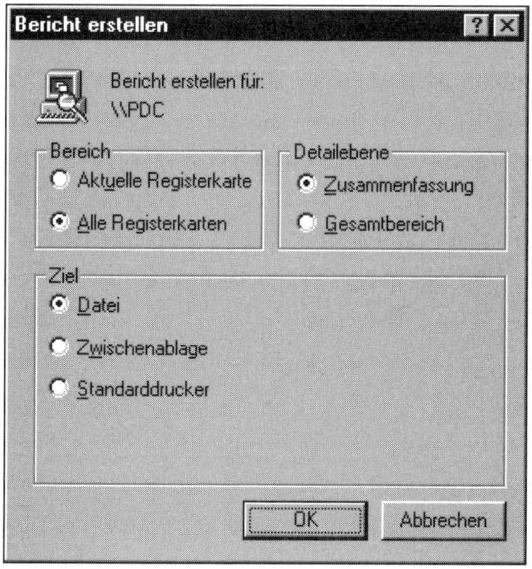

12 · Diagnose und Performance-Überwachung

Über ZIEL bestimmen Sie, ob die Ausgabe in eine DATEI, die ZWISCHENABLAGE oder auf den STANDARDDRUCKER erfolgen soll. Sind alle Einstellungen getroffen, bestätigen Sie mit OK, und der Druck des gewünschten Diagnoseberichts wird gestartet.

Ein vollständiger Diagnosebericht über ein einwandfrei funktionierendes System kann bei einem Fehlerfall eine große Hilfe bei der Problembeseitigung sein.

Ferndiagnose

Mit der Windows NT-Diagnose ist es im beschränkten Maße auch möglich, Diagnoseinformationen von entfernten Computern im Netzwerk zu erhalten. Bedingung für eine solche Ferndiagnose ist, daß die betreffenden PCs als Betriebssystem Windows NT (Server oder Workstation) einsetzen. Die weiteren Einschränkungen betreffen den Umfang der Informationen über das System.

Um Diagnoseinformationen von einem anderen System als dem lokalen Computer abzurufen, wählen Sie aus dem Menü DATEI der Windows NT-Diagnose den Befehl COMPUTER AUSWÄHLEN an. In einem Dialogfenster werden alle bekannten Computer der Domäne grafisch dargestellt. Wählen Sie aus dieser Liste den gewünschten PC an, und bestätigen Sie mit OK.

Sie erhalten auf dem Bildschirm eine etwas veränderte Darstellung der Windows NT-Diagnose mit dem Register VERSION im Vordergrund. Es fehlen bei dieser Ansicht die Register LAUFWERKE und SPEICHER. Diese Informationen lassen sich von einem entfernten Computersystem nicht abrufen.

Abb. 12.11:
Windows NT-Diagnose - Ferndiagnose

Wenn Sie die verschiedenen, oben schon beschriebenen Register durchsehen, werden Sie feststellen, daß nicht alle Informationen bei einer solchen Remote-Verbindung anzurufen sind. Aber schließlich handelt es sich um ein Diagnoseprogramm und nicht um ein Programm zur Inventarisierung sämtlicher Netzwerkkomponenten.

Systemmonitor

Der Systemmonitor (PERFMON.EXE) ist das ideale Programm, um die Ressourcen-Nutzung und momentane Systemauslastung in Erfahrung zu bringen. Gerade bei der Suche nach Leistungseinbrüchen oder Informationen zur möglichen Leistungssteigerung des Systems stellt dieses Programm eine große Hilfe dar.

Über den Systemmonitor lassen ich:

- Minimal-, Maximal- und Durchschnittswerte verschiedener Systemressourcen aufzeichnen,
- aktuelle Performance- und Ressourceninformationen entfernter Computer im Netzwerk (Remote-Anbindung) anzeigen,
- Warnmeldungen bei bestimmten Ereignissen aussenden,
- Daten protokollieren und exportieren.

Der Systemmonitor wird aus dem START-Menü unter PROGRAMME/VERWALTUNG (ALLGEMEIN) gestartet und erscheint zunächst in der Diagrammansicht. Weitere Ansichten sind Warnungs-, Protokoll- und Reportansicht.

Diagrammansicht des Systemmonitors

Beim Start befindet sich der Systemmonitor wie schon gesagt in der Diagrammansicht. Allerdings ist zunächst nicht viel von einem Diagramm zu sehen. Zuerst muß festgelegt werden, welche Ressourcen überwacht und als Diagramm dargestellt werden sollen.

Wählen Sie dazu aus dem Menü BEARBEITEN die Option DIAGRAMM ERWEITERN an, und Sie erhalten ein Dialogfenster zur Auswahl sämtlicher zu überwachender Ressourcen. Das gleiche Menü erreichen Sie auch mit der Tastenkombination [Strg]+[E] oder einfachem Mausklick auf das +-Zeichen in der Symbolleiste.

Abb. 12.12:
Systemmonitor -
DIAGRAMM
ERWEITERN

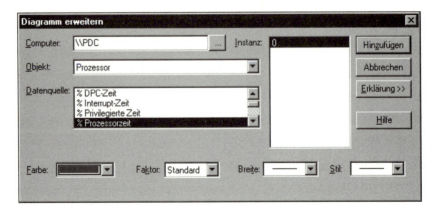

In diesem Dialogfenster kann für die Darstellung im Diagramm der gewünschte Computer, das Objekt sowie die Datenquelle ausgewählt werden. Im Systemmonitor spricht man von zu überwachenden Datenquellen verschiedener Objekte. Zu jedem Objekt gehören verschiedene Datenquellen.

Mit HINZUFÜGEN wird die gewählte Datenquelle für das Diagramm übernommen. Man kann dazu die Vorgaben für Farbe, Skalierungsfaktor, Strichbreite und Stil einfach übernehmen oder seinen Wünschen nach individuell anpassen.

Abb. 12.13:
Systemmonitor -
Diagrammansicht

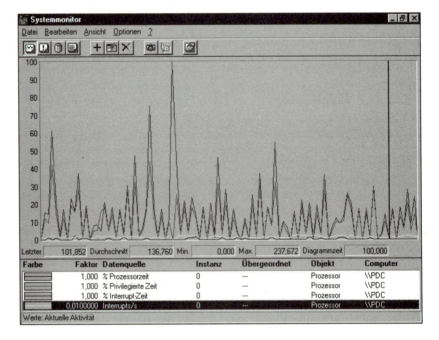

Sehr praktisch ist dabei auch das Auswahlfeld COMPUTER. Es wird Ihnen damit die Möglichkeit gegeben, eine Fernüberwachung für relevante Ressourcen vorzunehmen. Selbst ein vergleichendes Diagramm bestimmter Ressourcen verschiedener Computer ist damit möglich. Bedingung dafür ist jedoch, daß diese Computer alle Windows NT als Betriebssystem einsetzen.

Man sollte allerdings darauf achten, nicht zu viele Datenquellen für die Darstellung im Diagramm auszuwählen. Irgendwann hat das ganze nichts mehr mit Übersichtlichkeit zu tun, und Sie sehen nur noch unzählige überlagerte Linien.

Ist die Information zu einer bestimmten Datenquelle besonders interessant, kann Sie auch noch extra hervorgehoben werden. Wählen Sie dazu die betreffende Datenquelle im Fenster am unteren Bildrand aus, und drücken Sie die Tastenkombination [Strg]+[H]. Die Linie wird augenblicklich mit circa dreifacher Strichstärke in weiß dargestellt.

Ein weiterer Vorteil des Systemmonitors ist, daß sich alle Einstellungen unter verschiedenen Namen speichern lassen. Dadurch wird zum Beispiel in diesem Fall die Möglichkeit geboten, bestimmte Szenarios für die Überwachung unterschiedlicher Ressourcen von verschiedenen Datenquellen zusammenzustellen. Gespeichert wird über das Menü DATEI und der Option EINSTELLUNGEN SPEICHERN oder EINSTELLUNGEN SPEICHERN UNTER.

So schön und praktisch die Ressourcenanzeige durch den Systemmonitor auch ist, sie stellt auch eine Belastung für das betreffende System, auf dem das Programm läuft, dar. Möchten Sie beispielsweise die Auslastung eines bestimmten PC überwachen, empfiehlt es sich, nicht gerade auf diesem PC den Systemmonitor zu starten und statt dessen die Überwachung von einem anderen Rechner aus vorzunehmen.

Dadurch entlasten Sie zwar den zu überwachenden Computer, produzieren allerdings auch wieder höheren Netzwerkverkehr.

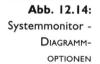

Abb. 12.14: Systemmonitor - DIAGRAMM- OPTIONEN

Sollte Ihnen die Liniendarstellung des Diagramms nicht zusagen, besteht die Möglichkeit, verschiedene Änderungen an der Darstellung vorzunehmen. Unter anderem kann auch zu einer anderen Diagrammart gewechselt werden.

Über das Menü OPTIONEN und den Menüpunkt DIAGRAMM öffnen Sie ein Dialogfenster mit mehreren Diagrammoptionen. In diesem Menü können Einstellungen zur Beschriftung, Raster, vertikales Maximum und Aktualisierzeitraum vorgenommen werden. Außerdem ist ein Wechseln der Diagrammart Kurve zu einem Histogramm (vertikales Balkendiagramm) möglich.

Diese Diagrammart kommt bestens zur Anwendung, wenn viele momentane Spitzenwerte gleichzeitig überwacht werden müssen und die Darstellung mit einem Liniendiagramm zu unübersichtlich würde.

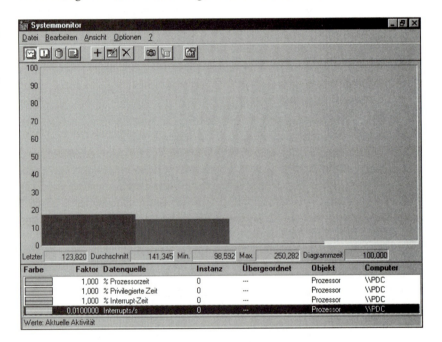

Abb. 12.15: Systemmonitor - Histogrammanzeige

Warnungsansicht

Über das Menü ANSICHT und die Option WARNUNGEN gelangen Sie zur Warnungsansicht. Auch ein Klick auf das Symbol mit dem Ausrufezeichen wechselt zu dieser Ansicht. Wie bei der Diagrammansicht sieht man zunächst nur ein leeres Fenster ohne weitere Informationen.

Mit dem +-Zeichen in der Symbolleiste oder der Option WARNUNG HINZUFÜGEN im Menü BEARBEITEN öffnen Sie das Dialogfenster, in dem die zu überwachenden Prozesse für mögliche Warnmeldungen bestimmt werden können. Zu den Einstellungen für mögliche Warnungen gehört nicht nur der überwachte Prozeß, sondern auch die Angabe eines Schwellwerts, bei dem eine Warnung ausgegeben werden soll. Je nach Ressource wählen Sie im Bereich WARNUNG BEI die Option ÜBER oder UNTER an und tragen den Grenzwert in dem Feld daneben ein.

In dem Feld PROGRAMM BEI WARNUNG STARTEN kann zusätzlich festgelegt werden, daß ein bestimmtes Programm bei einer Warnung einmalig oder immer wieder gestartet wird. Alle weiteren Einstellungen entsprechen dem Dialogfenster zum Hinzufügen von Datenquellen zu Diagrammen.

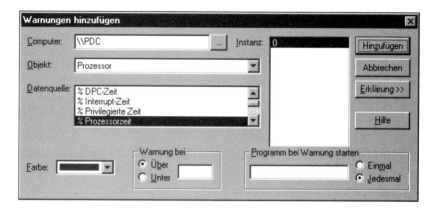

Abb. 12.16:
Systemmonitor -
WARNUNGEN
HINZUFÜGEN

Außer diesen Einstellungen zur Warnungsansicht lassen sich, wie bei der Diagrammansicht, noch weitere Optionen einstellen. Durch Anwählen des Menüpunkts WARNUNGEN unter OPTIONEN, mit der Tastenkombination [Strg]+[O] oder mit Mausklick auf das rechte Icon in der Symbolleiste öffnen Sie das dazugehörige Dialogfenster.

Die Optionen zu Warnungen erlauben folgende Einstellungen:

ZU WARNUNGSANZEIGE WECHSELN
Wird dieses Kontrollkästchen aktiviert, wechselt das System automatisch beim Auftreten einer Warnung zum Warnungsfenster.

EREIGNIS IN ANWENDUNGSPROTOKOLL EINTRAGEN
Das Auftreten einer Warnung wird in das Anwendungsprotokoll der Ereignisanzeige eingetragen.

NETZWERKWARNUNG
Beim Auftreten einer Warnung wird eine Meldung an den unter NACHRICHTENNAMEN angegebenen Benutzer geschickt.

AKTUALISIERUNGSZEIT
Hier können Sie bestimmen, ob entsprechend einer Intervallzeit in Sekunden regelmäßig oder manuell die Überprüfung nach möglichen Warnungen aktualisiert werden soll.

12 · Diagnose und Performance-Überwachung

Die hier angegebenen Einstellungen sind für alle ausgewählten Warnungen gültig und können nicht individuell für bestimmte Warnungen konfiguriert werden. Mit OK schließen Sie das Dialogfenster und übernehmen die Angaben.

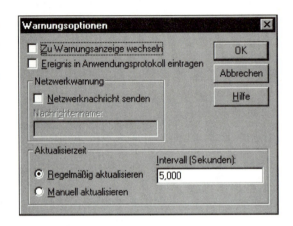

Abb. 12.17:
Systemmonitor - WARNUNGSOPTIONEN

Protokollansicht

Durch Mausklick auf das dritte Icon von links in der Symbolleiste, mit der Tastenkombination [Strg]+[P], oder mit der Option PROTOKOLL im Menü ANSICHT wechseln Sie zur Protokollansicht vom Systemmonitor. Auch in der Protokollansicht muß zuerst bestimmt werden, was im einzelnen protokolliert werden soll. In diesem Fall werden aber nicht einzelne Datenquellen ausgewählt, sondern die jeweiligen Objekte (z. B. Prozessor). Der Systemmonitor protokolliert sämtliche Datenquellen der Objekte.

Das Hinzufügen von Objekten für das Protokoll geschieht auf die gleiche Weise wie das Hinzufügen von Datenquellen bei den voran beschriebenen Ansichten des Systemmonitors. Wählen Sie dazu entweder die Option PROTOKOLL ERWEITERN, die Tastenkombination [Strg]+[E], oder das Symbol mit dem +-Zeichen an.

Sie erhalten ein Listenfenster zur Auswahl der gewünschten Objekte und des betreffenden Computers. Durch Markieren und anschließendes Bestätigen über die Schaltfläche HINZUFÜGEN wählen Sie die Objekte für das Protokoll aus. FERTIG beendet die Auswahl und schließt das Dialogfenster wieder.

Nun wählen Sie den Menüpunkt PROTOKOLL unter OPTIONEN an, um weitere Angaben für das Protokoll vorzunehmen. Dazu gehört die Vergabe eines Dateinamens für das Protokoll und die Auswahl eines Zielverzeichnisses. Außerdem läßt sich dort das Aktualisierungsintervall in Sekunden einstellen oder auf MANUELL AKTUALISIEREN umschalten.

Abb. 12.18:
Systemmonitor -
PROTOKOLL
ERWEITERN

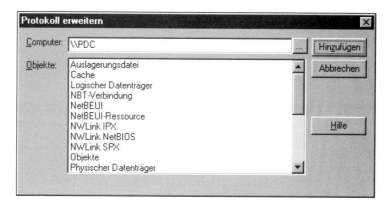

Sind alle Angaben getroffen, kann über die Schaltfläche PROTOKOLLIE-RUNG STARTEN das Protokollieren ausgeführt werden. Die gleiche Schaltfläche bekommt jetzt die Bezeichnung PROTOKOLLIERUNG STOPPEN und dient dazu, jederzeit das Protokoll zu unterbrechen.

Ein so aufgezeichnetes Protokoll kann zu einem späteren Zeitpunkt für eine nachträgliche Analyse mit dem Systemmonitor ausgewertet werden. Dazu wählen Sie den Menüpunkt DATEN AUS unter OPTIONEN an. Über das angezeigte Dialogfenster bestimmen Sie, ob die auszuwertenden Daten aus AKTUELLER AKTIVITÄT oder einer aufgezeichneten Protokolldatei entnommen werden sollen.

Abb. 12.19:
Systemmonitor -
DATEN AUS...

Möchten Sie die Daten aus einer Protokolldatei, geben Sie den Pfad sowie Dateinamen an und bestätigen mit OK. Jetzt können Sie in der Diagrammansicht des Systemmonitors, wie schon beschrieben, Objekte und Datenquellen für die Anzeige auswählen. Der Unterschied liegt jetzt darin, daß die angezeigten Informationen nicht aktuelle Daten sind, sondern aus dem Zeitraum des Protokolls stammen.

Unter Umständen besteht auch mal der Wunsch, nur einen bestimmten Teil des aufgezeichneten Zeitraums zu untersuchen. Dafür gibt es im Menü BEARBEITEN die Option ZEITRAHMEN, die Ihnen ein Dialogfenster zur Auswahl des gewünschten Zeitraums auf den Bildschirm bringt.

12 • Diagnose und Performance-Überwachung

Diese Dialogbox zeigt den Anfang und das Ende eines Protokolldatensatzes an. Der graue Balken in der Mitte steht in diesem Fall als Scrollbar zur Verfügung. Durch Anklicken und Ziehen an den beiden seitlichen Abschnitten kann der gewünschte Zeitraum für die Darstellung der Informationen eingestellt werden.

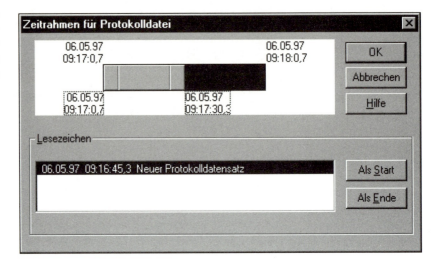

Abb. 12.20: Systemmonitor - Zeitrahmen einstellen

Möchten Sie bestimmte Ereignisse während der Protokollierung besonders vermerken, kann über OPTIONEN und den Menüpunkt LESEZEICHEN eine Markierung zu einem bestimmen Zeitpunkt mit Kommentar gesetzt werden. Ein solches Lesezeichen kann bei der späteren Auswertung als Start- oder Endzeit verwendet werden.

Reportansicht

Bei der Reportansicht im Systemmonitor werden die gemessenen Durchschnittswerte der ausgewählten Datenquellen dargestellt. Dies geschieht nicht in einer grafischen Darstellung wie bei der Diagrammansicht, sondern in Form von Zahlenwerten. Sie erhalten die Reportansicht über ANSICHT/REPORT oder die vierte Schaltfläche der Symbolleiste sowie über die Tastenkombination [Strg]+[R].

Da man häufig eher an den Durchschnittswerten als an vereinzelten Spitzenwerten interessiert ist, kann die Reportansicht unter Umständen übersichtlicher und damit hilfreicher sein.

Weitere Einstellungen, als zu bestimmen, welche Datenquellen überwacht und angezeigt werden sollen, sind nicht notwendig. Unter OPTION und dem Menüpunkt REPORT läßt sich lediglich das Aktualisierungsintervall für eine erneute Messung einstellen.

Abb. 12.21:
Systemmonitor - Reportansicht

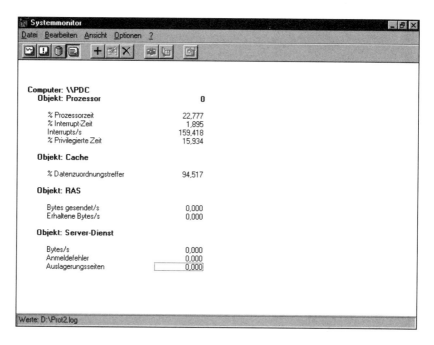

Einstellungen Speichern

Alle Einstellungen, und dazu gehören auch die ausgewählten Datenquellen in den verschiedenen Ansichten, können für eine spätere erneute Nutzung gespeichert werden. Man unterscheidet dabei zwischen EINSTELLUNGEN SPEICHERN und ARBEITSBEREICH SPEICHERN. Beide Befehle befinden sich im Menü DATEI.

Mit EINSTELLUNGEN SPEICHERN werden die Einstellungen der aktuellen Ansicht in einer Datei mit der Endung .PMC, .PMA, .PML oder .PMR gespeichert. Wählen Sie dagegen den Befehl ARBEITSBEREICH SPEICHERN, werden die Einstellungen sämtlicher Ansichten in einer Datei mit der Endung .PMW abgelegt.

Somit haben Sie die Möglichkeit, jederzeit mit wenig Aufwand den Systemmonitor in verschiedenen Konfigurationen erneut zu verwenden.

Task-Manager

Auch der Task-Manager kann zur Überwachung der Systemleistung, laufender Prozesse oder Anwendungen herangezogen werden. Um dieses Programm aufzurufen, drücken Sie die Tastenkombination [Strg]+[Alt]+[Entf] wie für den Neustart eines DOS-PC.

Sie erhalten zunächst ein Fenster mit der Bezeichnung WINDOWS NT-SICHERHEIT mit verschiedenen Schaltflächen. Eine dieser Schaltflächen trägt den Namen TASK-MANAGER.

Durch Mausklick auf das Feld wird der Task-Manager direkt mit dem Register SYSTEMLEISTUNG im Vordergrund aufgerufen.

Eine weitere Möglichkeit des Aufrufs besteht über das Kontextmenü der Statuszeile. Sie erreichen es über die rechte Maustaste, während sich der Mauszeiger über der Statuszeile befindet.

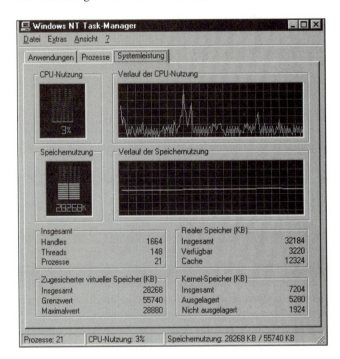

Abb. 12.22: Task-Manager - SYSTEMLEISTUNG

Systemleistung

In diesem Register wird die CPU-Nutzung und Speichernutzung als Liniendiagramm oder Histogramm dargestellt. Außerdem werden im unteren Drittel der Anzeige Speicher- und Prozeßinformationen in Zahlenwerten ausgegeben.

Über das Menü ANSICHT kann zur Anzeige der CPU-Nutzung noch die Darstellung der Zeiten, die für Kernel-Aktivitäten aufgewendet werden, hinzugeschaltet werden.

Prozesse

Das Registerblatt PROZESSE zeigt in Form verschiedener Spalten Informationen über die laufenden Prozesse an. Welche Informationen Sie in den Spalten angezeigt bekommen, bestimmen Sie über den Befehl SPALTEN WÄHLEN aus dem Menü ANSICHT. Sie erhalten ein Auswahlfenster mit allen für die Ansicht verfügbaren Spalten. Durch Aktivieren der jeweiligen Kontrollkästchen können die gewünschten Spalten selektiert werden. OK schließt die Auswahl und kehrt zur Anzeige PROZESSE zurück.

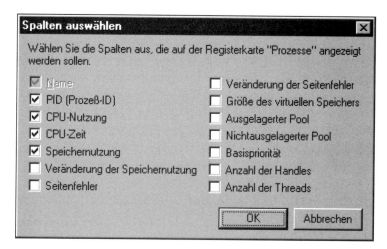

Abb. 12.23: Task-Manager - SPALTEN AUSWÄHLEN

Abb. 12.24: Task-Manager - Prozeßanzeige

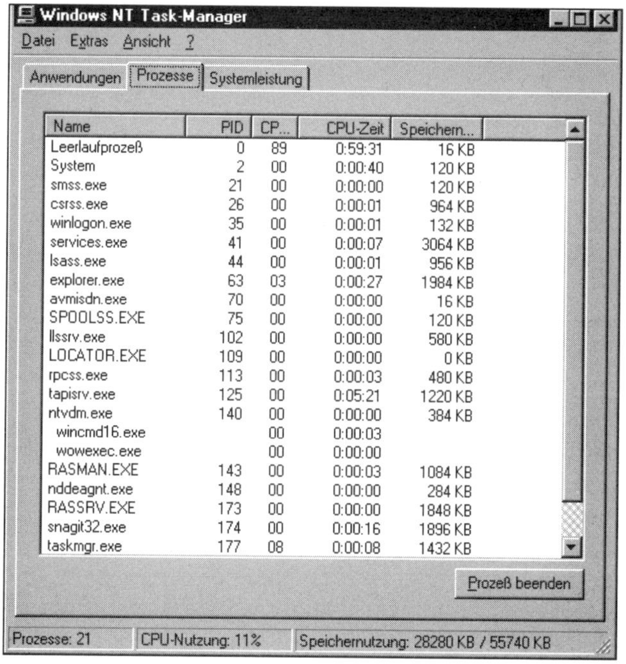

Durch Markieren eines Prozesses und anschließenden Klick mit der rechten Maustaste erhalten Sie ein Kontextmenü, über das der gewählte Prozeß beendet oder in seiner Priorität verändert werden kann. Zur Auswahl steht dabei Echtzeit, Hoch, Normal und Niedrig.

Bedenken Sie aber, daß willkürliches Ändern verschiedener Prozeßprioritäten zur Instabilität des Systems oder zumindest zu Leistungseinbußen führen kann.

Eine Sortierung der Prozeßanzeige kann durch Anklicken der jeweiligen Spaltenüberschrift vorgenommen werden. Mit erneutem Mausklick auf die Spaltenüberschrift wechseln Sie zwischen auf- und absteigender Sortierung.

Anwendungen

Dieses Register zeigt alle laufenden Anwendungen mit Namen und Status an. Über die Schaltfläche Task beenden oder den gleichnamigen Menüpunkt im Kontextmenü kann eine zuvor markierte Anwendung beendet werden.

Die Anzeige der Anwendungen kann über das Menü Ansicht zwischen Grosse Symbole, Kleine Symbole oder Details umgeschaltet werden. Die Vorgabeeinstellung ist Details.

Netzwerk, Protokolle und Dienste

KAPITEL 13

Zur Konfiguration eines Windows NT 4.0-Netzwerks gehört in erster Linie auch das Verständnis des Netzwerkkonzepts von Microsoft. Was unter Novell NetWare 4.x die unternehmensweiten "NetWare Directory Services (NDS)" oder bindery-gestützten NetWare 3.1x-Server darstellen, sind bei Microsoft die Domänen oder alleinstehenden Server mit Arbeitsgruppen.

In diesem Teil des Kapitels werden Ihnen die Begriffe Domäne und Arbeitsgruppe sowie deren Vor- und Nachteile etwas nähergebracht.

Client/Server

Bevor die Strukturierung eines Windows NT-Netzwerks näher unter die Lupe genommen wird, sollten zunächst so oft verwendete Begriffe wie Client oder Server erläutert werden. Ganz einfach dargestellt ist ein Client die Arbeitsstation eines Benutzers im Netzwerk und der Server eine zentrale Komponente mit Diensten, allgemein gesagt Resourcen, die den Netzwerkbenutzern zur Verfügung gestellt werden.

Doch so starr und fest kann das nicht mehr bezeichnet werden. In früheren Jahren wahren die Client-Stationen noch "dumme" Terminals, und die ganze Rechenleistung lag beim Host-Computer, der nicht selten Ähnlichkeiten mit einer Schrankwand hatte. Damit ist es aber in den meisten Fällen vorbei. Ein PC mit Windows NT-Workstation oder Windows 95 stellt ein eigenständig lauffähiges Computersystem mit beachtlicher Rechenleistung dar.

Ein Server dagegen ist immer noch im großen und ganzen eine Maschine, die den Netzwerkbenutzern Soft- und Hardware-Ressourcen zur Verfügung stellt. Doch auch dabei geht es nicht nur um diese Arten der Dienstleistung. Auch für die Daten- und Zugangssicherheit ist der Server mit seinem Netzwerkbetriebssystem zuständig.

Mittlerweile ist aber auch eine Kombination beider Aufgaben denkbar und wird in vielen Unternehmen auch praktiziert. Clients (Workstation) werden immer häufiger auch so eingesetzt, daß sie gewisse lokal vorhandene Ressourcen dem Netzwerk und somit anderen Benutzern zur Verfügung stellen.

So kann beispielsweise eine Arbeitsstation ein bestimmtes Verzeichnis den anderen berechtigten Benutzern zur Bearbeitung zu Verfügung stellen und selbst den freigegebenen Drucker eines anderen Clients nutzen. Ein Netzwerk vollständig nach diesem Konzept gestaltet trägt auch die Bezeichnung "Peer to Peer-Netzwerk" und dürfte einigen Lesern schon von Windows für Workgroups oder Windows 95 her bekannt sein.

Abb. 13.1:
Schema eines Peer to Peer-Netzwerks

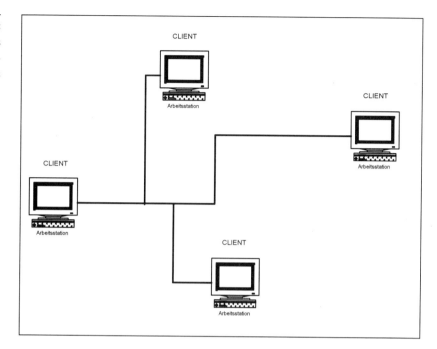

Arbeitsstationen in einem solchen Netzwerk sind gegenüber den anderen Stationen gleichberechtigt und übernehmen sowohl die Rolle eines Clients als auch die Funktion eines Servers im Netz. Zugriffsberechtigungen werden nicht global verwaltet, sondern immer auf der jeweiligen Station, die ihre Dienste zur Verfügung stellt.

Arbeitsgruppe

Als Arbeitsgruppe im Netzwerk können die verschiedenen Computer, die nach dem Prinzip "Peer to Peer" vernetzt sind, bezeichnet werden. Wenn diese englische Bezeichnung auch auf eine gewisse Gleichheit der Systeme hinweist, ist jedoch damit nicht die Soft- und Hardware-Ausstattung der PC gemeint. Vielmehr bezieht sich diese Gleichstellung auf die Position und Aufgabenverteilung der Systeme innerhalb des Netzwerks.

Innerhalb einer Arbeitsgruppe sollte es eigentlich keine dedizierten Server geben, obwohl ohne weiteres einer bestimmten Station diese Aufgabe zugewiesen werden kann. Der Grundgedanke besagt allerdings, daß jeder Computer im Netzwerk seine Ressourcen ganz oder teilweise zur Verfügung stellen kann und trotzdem die Funktion einer Arbeitsstation beibehält.

Innerhalb einer Arbeitsgruppe müssen nicht alle Arbeitsstationen das gleiche Betriebssystem nutzen. Die Arbeitsgruppe nach dem Microsoft-Schema unterstützt unter anderem PCs mit folgenden bekannten Betriebssystemen:

- MS-DOS mit Erweiterung für die Workgroup-Anbindung
- Windows 3.x mit Netzwerkerweiterung
- Windows für Workgroups
- Windows 95
- Windows NT-Workstation
- Windows NT-Server ab Version 3.5

In einer kleineren Umgebung mit wenigen Arbeitsstationen läßt sich ein Netzwerk auf Basis von Arbeitsgruppen schnell und einfach realisieren. Steigt jedoch die Anzahl der Clients und werden immer höhere Anforderungen an die Daten- und Zugriffssicherheit gestellt, ist irgendwann ein solches Netzwerk kaum oder gar nicht mehr administrierbar.

Das Problem liegt darin, daß die Administration jeweils auf den einzelnen Rechnern innerhalb der Arbeitsgruppe durchgeführt werden muß. Freigaben können nur Computer-orientiert, nicht jedoch global vorgenommen werden. Dementsprechend können Sie sich wohl den Aufwand vorstellen, der entsteht, wenn irgendwann ein neuer Benutzer mit PC hinzukommt, selbst Ressourcen dem Netz zur Verfügung stellt und auf Ressourcen verschiedener anderer PCs zugreifen muß.

Arbeitsgruppe und Windows NT-Server

Es ist ohne weiteres möglich und unter Umständen auch sinnvoll, ein Netzwerk mit einer Arbeitsgruppe auch mit einem Windows NT-Server einzurichten. Dazu muß lediglich der Windows NT-Server als "Alleinstehender Server" installiert und eine Arbeitsgruppe mit einem eindeutigen Namen eingerichtet werden.

Im nächsten Schritt legen Sie alle notwendigen Freigaben für verfügbare Hard- und Software-Ressourcen fest und definieren für jeden Benutzer ein Benutzerkonto auf diesem Server. Zu einem solchen Benutzerkonto gehören in erster Linie der Anmeldename, das Kennwort und die Zugriffsberechtigungen auf Daten, Programme oder zur Verfügung gestellte Hardware (z. B. Drucker, CD-ROM o.ä.).

Schon ist das Netzwerk fertig.

Im Gegensatz zur vorher beschriebenen Peer to Peer-Vernetzung existiert in diesem Beispiel mit dem spezialisierten Server wieder eine zentrale Komponente. Der Vorteil liegt eindeutig in der damit verbundenen zentralen Verwaltung der eingerichteten Benutzerkonten.

Dieses Konzept läßt sich so lange problemlos mit weiteren Arbeitsstationen (Clients) erweitern, bis irgendwann der Server an die Grenze seiner Leistungsfähigkeit kommt oder das Netzwerk aus irgendwelchen anderen Gründen um weitere Server ergänzt werden muß.

Schon bei einem zweiten Server ist Schluß mit der zentralen Administration beim Konzept der Arbeitsgruppe.

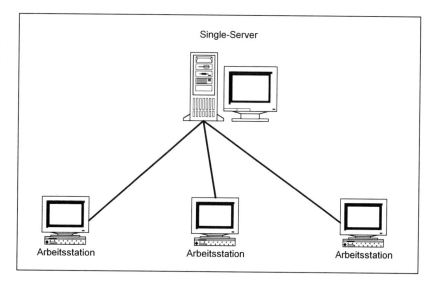

Abb. 13.2: Arbeitsgruppe mit Windows NT-Server

Sobald weitere Server in die Arbeitsgruppe aufgenommen werden, müssen wieder neue Benutzerkonten auf diesen Servern eingerichtet und gepflegt werden. Jeder Server und auch Workstations die Ressourcen dem Netzwerk zur Verfügung stellen, benötigen Ihre lokalen Benutzerkonten.

Anmeldung bei vielen Servern

Viele Server mit eigenen Benutzerkonten bedeuten auch, daß sich ein Benutzer an jedem dieser Computer gesondert ausweisen (anmelden) muß. Zumindest bei der ersten Anmeldung muß er sich mit seinem Benutzernamen und dem dazugehörigen Kennwort von Server zu Server hangeln, bis ihm endlich alle zugewiesenen Ressourcen zur Verfügung stehen.

Damit diese Prozedur nicht bei jeder erneuten Anmeldung ausgeführt werden muß, hat Microsoft dies ein wenig vereinfacht. Es werden auf der Arbeitsstation lokal Kennwortlisten geführt. Die Client-Software merkt sich bei jeder Anmeldung den Benutzernamen und das Kennwort und speichert diese verschlüsselt in einer Datei mit der Endung .PWL ab.

Nutzt jeder Benutzer immer und ewig den gleichen PC, ist damit das Problem der umständlichen Anmeldung im Netzwerk aus der Welt geschaffen. Müssen die Netzwerkbenutzer jedoch häufig auch an unterschiedlichen Arbeitsstationen tätig werden, geht die ganze mühselige Anmeldung wieder von vorne los. In der Praxis dürfte so ein Vorgehen mit der Zeit sehr lästig werden.

Domänen-Modell von Microsoft

Unabhängig von anderen Vorteilen einer Domäne kann man eine Domäne zunächst als "Arbeitsgruppe mit zentraler Verwaltung" bezeichnen. Damit ist zwar nicht das Domänen-Konzept, aber zumindest schon die entscheidende Grundidee erwähnt.

In größeren Windows NT-Netzwerken, und damit sind schon Netzwerke mit mehr als einem Server gemeint, stellt eine Domäne die Basis dar. Die zentrale Verwaltung von Benutzerkonten ist in Netzwerken kaum noch wegzudenken. Der Verwaltungsaufwand des Benutzermanagements auf jedem einzelnen Server ist, wie schon im Abschnitt zur Arbeitsgruppe beschrieben wurde, viel zu aufwendig und verursacht somit unnötige Mehrkosten.

Ein Wunschtraum vieler Unternehmen wäre zwar eine zentrale Verwaltung sämtlicher unternehmensweiter Netzwerke mit allen herstellerunabhängigen File-Servern und Applikations-Servern. Doch das dürfte für die nächste Zeit noch Zukunftsmusik sein. Also muß man sich anderweitig zu helfen wissen. Ein Beispiel für solche zentrale Administration stellt das Domänen-Modell von Microsoft dar.

In einer Domäne können sich unter Windows NT sowohl NT-Server als auch NT-Workstations befinden. Schon bei der Installation eines Windows NT-Servers müssen Sie bestimmen, welchen Typ des Servers Sie installieren möchten. Zur Auswahl stehen:

- Primärer Domänencontroller (PDC=*Primary Domain Controller*)
- Sicherungs-Domänencontroller (BDC=*Backup Domain Controller*)
- Alleinstehender Server

Dabei ist ganz wichtig zu beachten, daß ohne Neuinstallation kein Wechsel von einem alleinstehenden Server zu einem Domänencontroller und umgekehrt möglich ist. Eine Fehlentscheidung bringt unweigerlich unnötigen Arbeitsaufwand mit sich.

Einzelne Domäne (Single Domain Model)

Die zentrale komponente in einer Domäne stellt der Primäre Domänencontroller dar. Er ist das Zentrum der Domäne und beherbergt das Original der Benutzerdatenbank dieser Domäne. Auf diesem Server werden alle Benutzer eingerichtet, und wenn weitere Sicherungs-Domänencontroller im Netzwerk vorhanden sind, werden diese Änderungen auf diesen Server repliziert. Vorteil bei diesem einfachen Konzept ist, daß ohne großen Aufwand Änderungen an den Benutzerkonten für alle Server durchgeführt werden können. Auch für die Replizierung der Informationen ist kein weiterer Administrationsaufwand notwendig.

Anders dagegen bei alleinstehenden Servern und Windows NT-Workstations. Diese Computer können zwar ebenfalls in der Domäne integriert sein, verfügen aber immer über eine eigene lokale Benutzerdatenbank. Im Gegensatz zu den Sicherungs-Domänencontrollern erhalten diese Rechner keine Kopie der zentralen Benutzerdatenbank.

Da beim Einsatz von Domänencontrollern jeder Server über ein und dieselbe Benutzerdatenbank verfügt, hat der Administrator den Vorteil, von jedem dieser Domänencontroller aus das Netzwerk zu verwalten. Auf den ersten Blick ist das ja auch der wünschenswerte Vorteil beim Einsatz einer Domäne. Aber was ist, wenn man aus firmentechnischen Gründen dies einschränken will oder muß?

Abb. 13.3:
Einzel-Domänen-Modell

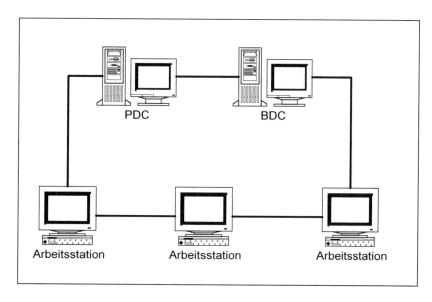

Gruppen in einer Domäne

Dazu gibt es bei Windows NT auch ein Lösungskonzept. Neben den eingerichteten Benutzern existieren unter Windows NT auch zwei verschiedene Arten von Benutzergruppen:

- Lokale Gruppen
- Globale Gruppen

Bei richtiger Planung kann sich ein Windows NT-Netzwerk sehr differenziert administrieren lassen. Gruppen werden dazu benutzt, die Administration und die dazugehörende Rechtevergabe übersichtlich zu gestalten. Anstatt vielen verschiedenen Benutzern persönliche Rechte zu erteilen, werden sie einfach in Gruppen zusammengefaßt, die wiederum über die notwendigen Rechte verfügen. Rechte der Gruppe sind automatisch für die Mitglieder gültig.

Lokale Gruppen

Lokale Gruppen können als Mitglieder

- Lokale Benutzerkonten
- Globale Gruppen
- Benutzerkonten und globale Gruppen von vertrauten Domänen

aufnehmen. Auf Windows NT-Workstations und alleinstehenden Servern ist der Wirkungsbereich einer lokalen Gruppe auf das jeweilige System beschränkt. Bei NT-Domänencontrollern gilt eine lokale Gruppe für den gesamten Bereich der Benutzerkonten-Datenbank der Domäne. Sie ist also auf dem primären und auch allen Sicherungs-Domänencontrollern verfügbar.

Lokale Gruppen können dazu verwendet werden, Rechte auf die Ressourcen der Systeme zu vergeben, auf denen sie definiert oder verfügbar sind. Man verwendet lokale Gruppen auch dazu, über vertraute Domänen globalen Gruppen und Benutzern Rechte auf eine übergeordnete Domäne zu erteilen.

Folgende lokale Gruppen sind unter Windows NT 4.0 schon vordefiniert.

Tab. 13.1: Vordefinierte lokale Gruppen

GRUPPE	MITGLIEDER (VORGABE)	RECHTE
Administratoren	Administrator Globale Gruppe: Domänen-Admins	vollständiger Systemzugriff
Benutzer	Globale Gruppe: Domänen-Benutzer	Zugriff auf Ressourcen, gemäß den erteilten Rechten
Gäste	Gast Globale Gruppe: Domänen-Gast	Zugriff auf Ressourcen, gemäß den erteilten Rechten
Server-Operatoren	Keine	Lokale Server-Anmeldung Server sperren/freigeben Verwaltung von Freigaben Server herunterfahren Festplatte formatieren
Druck-Operatoren	Keine	Freigabeverwaltung von Druckern Server herunterfahren Lokale Server-Anmeldung
Sicherungs-Operatoren	Keine	Sicherung des Servers Server herunterfahren Lokale Server-Anmeldung
Konten-Operatoren	Keine	Benutzer- und Gruppenverwaltung mit Ausnahme von den Gruppen Administratoren und Server-Operatoren
Replikations-Operatoren	Keine	Rechte für Verzeichnisreplikationen

Globale Gruppen

Globale Gruppen können nur Benutzerkonten der eigenen Domäne enthalten und können nur in der Benutzerdatenbank der Domäne definiert werden. Weder lokale Gruppen, weitere globale Gruppen noch Benutzerkonten anderer Domänen können in einer globalen Gruppe aufgenommen werden.

Man setzt globale Gruppen dazu ein, um Rechte in der eigenen Domäne zu erteilen oder in Domänen zu vergeben, die dieser Domäne vertrauen. In der Praxis sollte man diese Rechte nicht direkt der globalen Gruppe erteilen, sondern eher den lokalen Gruppen, zu denen globale Gruppen Mitglieder werden können.

Es existieren drei vordefinierte globale Gruppen:

Tab. 13.2: Vordefinierte globale Gruppen

GLOBALE GRUPPE	MITGLIED IN LOKALER GRUPPE (VORGABE)
Domänen-Admins	Administratoren
Domänen-Benutzer	Benutzer
Domänen-Gäste	Gäste

Es können keine dieser vordefinierten lokalen oder globalen Gruppen gelöscht werden. Nur selbst hinzugefügte Gruppen sind zu löschen.

Obwohl dieses vorliegende Buch nicht das Thema "Administration des Netzwerks" zum Schwerpunkt hat, sind die Kenntnisse über die Funktion und die Aufgaben der verschiedenen Gruppentypen für das Verständnis der Domänen-Modelle sehr wichtig.

Master-Domäne (Master Domain Model)

Das Master-Domänen-Model wird eingesetzt, wenn das Netzwerk zwar noch die Größe hat, um von einer Domäne verwaltet zu werden, aufgrund organisatorischer Gründe jedoch verschiedene Domänen benötigt werden.

Im Modell einer einzelnen Master-Domäne befinden sich alle Benutzerkonten auf einer übergeordneten Domäne - der Master-Domäne. Die Aufgabe dieser Master-Domäne ist es, lediglich diese Benutzerkonten aufzunehmen und keine eigenen Ressourcen bereitzustellen. Weitere eingerichtete Domänen stellen dagegen die Ressourcen dem Netzwerk zur Verfügung und vertrauen der Master-Domäne.

Durch diese einseitige Vertrauensstellung zur Master-Domäne können die zentral eingerichteten Benutzer auf die Hard- und Software-Ressourcen zugreifen, ohne daß die Benutzerkonten mehrfach angelegt und verwaltet werden müssen. Die verfügbaren Ressourcen können in diesem Modell entweder in den jeweiligen untergeordneten Domänen oder von der Master-Domäne aus verwaltet werden.

Mit diesem Domänen-Model sind direkt zwei Vorteile zu nutzen. Zum einen beinhaltet es die schon mehrfach gelobte zentrale Administration, und zum anderen erlaubt es die sinnvolle Strukturierung von Ressourcen im Netzwerk.

Abb. 13.4:
Master-Domänen-Modell

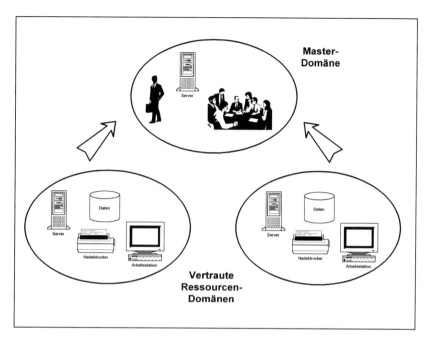

Mehrfach-Master-Domäne (Multiple Master Domain Model)

Bei diesem gerade für sehr große Netzwerke einzusetzenden Modell werden mehrere Master-Domänen miteinander verbunden, die dennoch zentral administriert werden können. Das Prinzip baut auf dem voran beschriebenen Einzel-Master-Domänen-Modell auf. Auch hier werden die Benutzerkonten nur auf den verschiedenen übergeordneten Master-Domänen aufgeteilt und eingerichtet.

Ressourcen werden wiederum ausschließlich von den anderen untergeordneten Domänen zur Verfügung gestellt. Dabei haben diese Domänen wieder eine einseitige Vertrauensstellung zu jeder Master-Domäne.

Die Master-Domänen besitzen dagegen untereinander eine auf Gegenseitigkeit beruhende Vertrauensstellung. Durch dieses gegenseitige Vertrauen kann sich jeder Benutzer einer untergeordneten Ressourcen-Domäne bei jeder Master-Domäne anmelden.

Eine Mehrfach-Master-Domäne beinhaltet in großen Netzen folgende Vorteile:

- Beliebige Anzahl von Benutzern durch Aufteilung auf die verschiedenen Master-Domänen
- Zentrale Administration

- Ressourcen-Administration auch innerhalb der untergeordneten Domänen
- Logische Ressourcen-Verteilung möglich
- Möglichkeit zur Abbildung komplexer Firmenstrukturen im Netzwerk
- Standortunabhängige Sicherungs-Domänencontroller sind verteilt möglich

Bei diesen ganzen Vorzügen für dieses Domänen-Modell sind aber auch die Nachteile nicht zu vernachlässigen. Ein solches Domänen-Konzept verlangt in jedem Fall eine aufwendigere Administration. Dazu gehört:

- Einrichtung vieler Vertrauensstellungen
- Mehrfachdefinitionen von Gruppen
- Aufteilung der Benutzerkonten auf mehrere Domänen bei großen Netzwerken

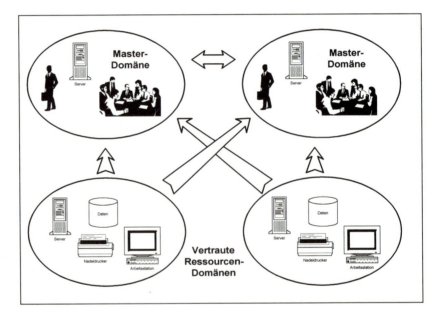

Abb. 13.5: Mehrfach-Master-Domäne

Domänen-Modell mit allen Vertrauensstellungen (Complete Trust Domain Model)

Zu guter Letzt kann bei der Beschreibung des Domänen-Konzepts von Windows NT noch ein weiteres Domänen-Modell genannt werden. Bei diesem Modell geht es in erster Linie nicht um die zentrale Administration, sondern um die Möglichkeit, zur Verfügung stehende Ressourcen sämtlicher Domänen im Netzwerk nutzen zu können.

Keine der Domänen ist irgendeiner anderen übergeordnet, und die Vertrauensstellungen sind immer in beiden Richtungen, also gegenseitig definiert. Jede Domäne ist selbst für die Administration der Benutzerkonten und auch der Ressourcen verantwortlich.

Es wird zwar auch bei diesem Domänen-Modell ein Benutzerkonto nur einmalig eingerichtet, aber gerade das bedarf unbedingt der Abstimmung zwischen den Administratoren. Existieren auf verschiedenen Domänen in diesem Modell Benutzerkonten mit gleichem Namen, kommt es unweigerlich zu Konflikten bei der Rechtezuweisung.

Man verwendet dieses Modell in Netzwerken, bei denen eine spezielle Gruppierung von Benutzern und Ressourcen mit unabhängiger Verwaltung notwendig ist. Ein Beispiel dafür wären unabhängige Filialen oder Abteilungen eines Unternehmens.

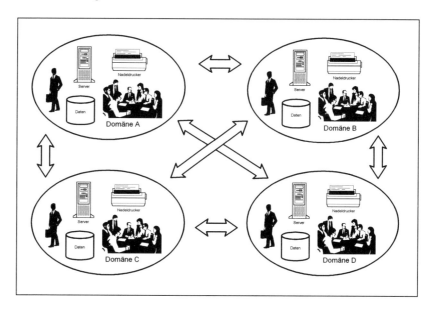

Abb. 13.6: Domänen-Modell mit vollständiger Vertrauensstellung

Netzwerkprotokolle

Für die einwandfreie Kommunikation in einem Netzwerk stellt die richtige Wahl und die korrekte Konfiguration des oder der Netzwerkprotokolle mit den dazugehörenden Diensten eine Grundvoraussetzung dar. Verschiedene physikalisch miteinander verbundene Computer können nur miteinander kommunizieren, wenn vorher eine Einigung bezüglich des Datenformats und der Transportweise getroffen wurde. Eine solche Sammlung von verschiedenen Regeln kann als Protokoll bezeichnet werden.

Es gibt verschiedene Protokolltypen mit ganz unterschiedlichen Aufgaben in einem Netzwerk. Einige Protokolle kümmern sich um den reinen Datentransport, andere um die richtige Übersetzung der Daten, und eine dritte Variante regelt die Kommunikation. Man spricht deshalb auch von Transport- oder Kommunikationsprotokollen.

Windows NT 4.0 bietet Ihnen bei der Installation zunächst die Transportprotokolle

- TCP/IP
- NWLink IPX/SPX-kompatibler Transport
- NetBEUI

an. Außerdem unterstützt Windows NT 4.0 noch weitere Protokolle, die in den meisten Fällen und Umgebungen seltener zum Einsatz kommen.

NetBEUI

Die Abkürzung NetBEUI steht für *NetBIOS Extended User Interface* und ist ein speziell für kleinere und mittlere Netzwerke bis ca. 150-200 Benutzer ausgelegtes Protokoll und wurde für diese optimiert. Da es zu den Protokollen zählt, die nicht routbar sind, kommt es für große Netzwerke kaum in Frage.

Lange Zeit verwendete Microsoft dieses Protokoll als Standard bei seinen Netzwerk-Produkten. Dazu zählt der Microsoft LAN-Manager oder Windows für Workgroups. Auch Windows 95 unterstützt unter anderem dieses Protokoll. Die Vorteile bei Verwendung von NetBEUI liegen in der relativ guten Performance bei kleineren Netzen und der unkomplizierten Installation. NetBEUI erfordert keine umständliche Konfiguration.

NWLink IPX/SPX

IPX/SPX sind die Standardprotokolle von Novell NetWare und haben eine sehr große Verbreitung. Mit NWLink hat Microsoft direkt mit einer eigenen Umsetzung dieser Protokolle geantwortet. Diese Protokolle haben verschiedene Vorteile gegenüber dem voran beschriebenen NetBEUI. Sie besitzen die Möglichkeit zum Routen (Kommunikation zwischen Subnetzen) und erlauben eine logische Netzwerksegmentierung.

Die Abkürzungen in der Bezeichnung des Protokolls IPX/SPX stehen für *Internetwork Packet Exchange* und *Sequenced Packet Exchange*. IPX ist dabei nur für den reinen Transport von Daten zuständig. Dabei wird allerdings keine Bestätigung ausgegeben, ob die Daten wirklich den Empfänger erreicht haben. Werden Bestätigungen erwünscht, kommt SPX zum Einsatz. SPX erweitert das IPX-Protokoll um die Möglichkeit zuverlässiger verbindungsorientierter Paketübertragung.

Mehrere Netzwerke lassen sich mit NWLink IPX/SPX über einen als Router arbeitenden Computer miteinander verbinden. Auf diese Eigenschaft kann gerade in großen Netzwerken nicht verzichtet werden.

Auch wenn Novell NetWare standardmäßig selbst IPX/SPX verwendet, bedeutet das noch nicht, daß ein Windows-NT-System schon mit dem Novell-Netz kommunizieren kann. Dafür müssen außer dem richtigen Protokoll noch weitere Dienste installiert werden.

Konfiguration von NWLink IPX/SPX

Um an die Einstellungen zu den installierten Protokollen zu gelangen, öffnen Sie zuerst den Ordner SYSTEMSTEUERUNG. Unter den verschiedenen Komponenten befindet sich auch ein Symbol mit der Bezeichnung NETZWERK. Mit einem Doppelklick der linken Maustaste auf dieses Symbol kommen Sie zu den Einstellungen für die Netzwerkkonfiguration.

Wechseln Sie anschließend zur Registerkarte PROTOKOLLE, und markieren Sie den Eintrag NWLINK IPX/SPX-KOMPATIBLER TRANSPORT. Über die Schaltfläche EIGENSCHAFTEN bzw. mit einem Doppelklick auf den Eintrag kommen Sie nun zur Konfiguration dieses Protokolls.

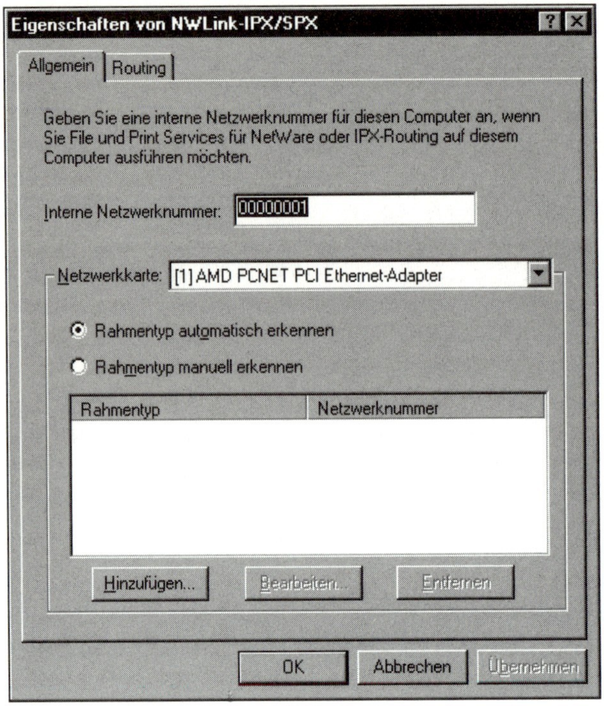

Abb. 13.7:
Konfiguration
NWLink IPX/SPX

Interne Netzwerknummer

Die interne Netzwerknummer oder auch interne IPX-Adresse besteht aus einer achtstelligen hexadezimal anzugebenden Zahl und ordnet dem Server ein logisches Netzwerk zu. Dadurch wird die eindeutige Identifizierung des Servers ermöglicht. Diese Adresse wird benötigt, wenn Datei- und Druckdienste für NetWare eingesetzt oder das IPX-Routing auf diesem Server aktiviert wird.

Auch bei Unterstützung mehrerer Rahmentypen (*Frame-Types*) über einen Netzwerkadapter wird die interne Netzwerknummer benötigt.

Netzwerkkarte

Mit Klick auf den Pfeilschalter neben dem Feld für die verwendete Netzwerkkarte öffnen Sie ein Listenfenster für die Auswahl der Netzwerkkarte (Typ und Hersteller). In der Regel ist im nachhinein keine manuelle Auswahl der Netzwerkkarte mehr notwendig, da dies schon bei der Installation von Windows NT 4.0 geschieht.

Rahmentyp

Der Rahmentyp bestimmt das Format der Datenpakete für den Transport. Unterschiedliche Rahmentypen sind nicht untereinander kompatibel und ermöglichen somit keine Kommunikation im Netzwerk.

Netzwerke auf Basis von Ethernet oder Token-Ring verfügen über die Möglichkeit, verschiedene Rahmentypen einzusetzen.
Windows NT 4.0 bietet folgende Rahmentypen an:

Ethernet

- Ethernet 802.3
- Ethernet 802.2
- Ethernet II
- Ethernet SNAP

Token-Ring

- Token-Ring (802.5)
- Token-Ring SNAP

In dem angezeigten Dialogfenster haben Sie die Möglichkeit, den im Netzwerk verwendeten Rahmentyp von Windows NT automatisch erkennen zu lassen. Das Programm durchsucht das Netzwerk und stellt den gefundenen Rahmentyp automatisch für NWLink IPX/SPX ein.

Ist das Netzwerk gerade neu aufgebaut worden oder sind Datenpakete unterschiedlicher Rahmentypen unterwegs, verwendet Windows NT 4.0 bei Ethernet als Vorgabe den Rahmentyp ETHERNET 802.2. Trifft das für das Netzwerk nicht zu, soll aus bestimmten Gründen ein anderer Rahmentyp verwendet werden oder sind mehrere Rahmentypen notwendig, dann kommen Sie an einer manuellen Einstellung nicht vorbei.

Wählen Sie in diesem Fall die Option RAHMENTYP MANUELL ERKENNEN an, und klicken Sie auf die Schaltfläche HINZUFÜGEN. Es wird ein weiteres Dialogfenster für die Auswahl des gewünschten Rahmentyps angezeigt. Markieren Sie den entsprechenden Rahmentyp, und geben Sie eine maximal achtstellige Hexadezimalnummer dazu ein. Bei dieser Nummer handelt es sich nicht um die oben beschriebene interne Netzwerknummer, sondern um eine Nummer, die zur Identifizierung der Netzwerkkarte mit dem entsprechenden Rahmentyp (Netzwerksegment) verwendet wird.

Jeder eingerichtete Rahmentyp benötigt eine eindeutige Adresse. Sind alle Einstellungen zum Rahmentyp vorgenommen, bestätigen Sie die Wahl mit HINZUFÜGEN, und die Angaben werden in das Listenfenster zum Rahmentyp übernommen. Auf diese Art können Sie Schritt für Schritt sämtliche benötigten Rahmentypen hinzufügen.

Abb. 13.8:
Manuell hinzugefügte Rahmentypen für eine Ethernet-Karte

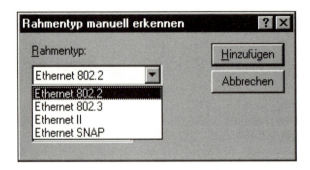

Durch anschließenden Klick auf die Schaltfläche ÜBERNEHMEN werden die vorgenommenen Einstellungen gespeichert, ohne das Dialogfenster zu verlassen. OK speichert die Einstellungen ebenfalls und schließt automatisch das Fenster für die Konfiguration zum Transportprotokoll.

Routing

Ein Mausklick auf das Register ROUTING bringt das dazugehörige Dialogfenster in den Vordergrund. Über ein Kontrollkästchen kann an dieser Stelle das RIP-Routing (*RIP=Routing Information Protocol*) für IPX aktiviert oder auch deaktiviert werden.

Abb. 13.9:
Windows NT-Server im Einsatz als Router

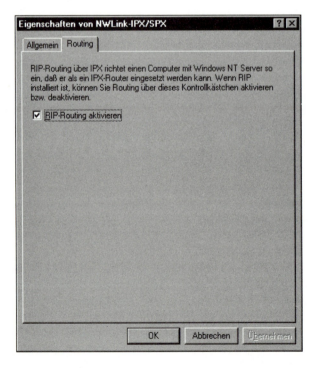

Soll der Server die Funktion des RIP-Routing verwenden und verfügt er über mindestens zwei Netzwerkkarten, sollte diese Funktion eingeschaltet werden. Allerdings ist es nicht mit dem Aktivieren des Kontrollkästchens getan. Solange nicht ein weiterer dazu benötigter Dienst mit der Bezeichnung RIP FÜR NWLINK IPX auf dem Server installiert ist, läßt sich diese Funktion nicht einschalten.

Bei der Konfiguration für das RIP-Routing ist unbedingt darauf zu achten, daß sowohl eine interne Netzwerkadresse für den Server als auch für jede Netzwerkkarte eine eindeutige Segmentadresse vergeben werden muß.

Mit abschließender Bestätigung durch Klick auf OK werden die Änderungen übernommen und das Dialogfenster geschlossen.

TCP/IP

Was ist eigentlich TCP/IP? Ohne die Kenntnisse zu besitzen, daß es sich dabei um ein weiteres Übertragungsprotokoll handelt, ist diese Abkürzung seit einigen Jahren immer wieder im Gespräch. TCP/IP steht für *Transmission Control Protocol/Internet Protocol* und stellt nicht "nur" einfach ein weiteres Protokoll dar. Vielmehr besteht TCP/IP aus einer gewachsenen Sammlung verschiedener Protokolle und Dienste. Es hat sich als Quasi-Standard in der UNIX-Welt etabliert.

Gegenüber den voran beschriebenen und vielen anderen Protokolle kann TCP/IP viele Vorzüge aufweisen, die gerade in heterogenen Netzen sowohl im LAN (*Local Area Network*) als auch im WAN (*Wide Area Network*) von großem Nutzen sind.

Die wichtigsten Vorteile der TCP/IP-Protokoll-Suite sind:

- Verfügbarkeit für fast alle Plattformen und damit Anbindung an unterschiedlichste Netzwerke oder spezielle Geräte oder Software. Dazu gehören in erster Linie Internet-Server, UNIX-Netzwerke, Macintosh, IBM Mainframes, NFS Hosts und natürlich Windows NT. Es können sogar TCP/IP-fähige Drucker direkt an das Netz angeschlossen werden.

- Verarbeitung hoher Fehlerraten und große Fehlertoleranz

- Geringer Datenüberhang. Mit der Bezeichnung Datenüberhang sind zusätzliche Informationen zum eigentlichen Datenpaket gemeint. Gegenüber anderen Protokollen ist dieser Anteil beim IP-Protokoll sehr gering. Das führt zu höheren Datenübertragungsraten und somit schnellerem Datenaustausch.

Internet-Protokoll (IP)

Der Teil IP in der Programmsammlung der TCP/IP-Suite ist zuständig für den Transport der Datenpakete innerhalb des Netzwerks. Besteht ein solches Netzwerk nur aus einem Segment werden dafür die schon erwähnten Routing-Funktionen nicht benötigt. Jede angeschlossene Station "hört" alle Datenpakete und filtert aus dem Datenstrom die für sie relevanten Daten heraus.

Wie aber werden die richtigen Wege gefunden und Datenpakete eindeutig identifiziert?

Dafür verwendet man innerhalb eines Netzwerks ganz bestimmte Adressen für Computer, Netzwerkadapter und Netzwerksegmente.

Knotenadresse (Node-Address)

Jede Netzwerkkarte auf der Welt verfügt über eine eigene 48 Bit lange Knoten- oder auch MAC-Adresse (*MAC=Media Access Control*) genannte Kennziffer. Standardmäßig ist diese Adresse fest in einem ROM- oder EPROM-Baustein des Netzwerkadapters untergebracht. Diese Karten-Adressen werden zentral verwaltet, und ein Hersteller kann nur die Adressen verwenden, die er aus dem Pool erworben hat. Damit ist gewährleistet, daß normalerweise keine Knoten-Adresse zweimal auf der Welt existiert. Bei 48 Bit Länge sind 280.000.000.000.000 Kombinationen möglich, so daß noch genügend Nummern für weitere Netzwerkkarten vorhanden sein müßten.

IP-Adresse

IP-Adressen sind im Gegensatz zu den Knotenadressen der Netzwerkkarten 32-Bit-Adressen und sind nicht fester Bestandteil der Hardware. Jede dieser 32-Bit-Adressen ist aufgeteilt in vier 1-Byte-Adressen. Dabei wird jedoch nicht die binäre Schreibweise, bestehend aus 0 und 1, sondern die dezimale Schreibweise bei Angabe der IP-Adresse verwendet. Jeder Wert für ein Byte wird mit einem Punkt getrennt.

Beispiel:

```
IP-Adresse dezimal    195.100.0.10

IP-Adresse binär      11000011 01100100 00000000 00001010
```

Theoretisch stehen mit diesen verfügbaren 32 Bit vier Milliarden Adressen zur Verfügung. In der Praxis sieht das jedoch etwas anders aus. Einige Adressen sind für spezielle Zwecke reserviert, und außerdem sind die Adressen in zwei Teile für HOST-ID und NETZ-ID unterteilt. Zusätzlich existieren noch verschiedene Adreßklassen je nach Anforderung. Die Vergabe dieser Adressen erfolgt über die in den USA ansässige "InterNIC Registration Services" (*NIC=Network Information Center*). In Deutschland werden die Adressen und Adreßklassen von der Universität Karlsruhe verwaltet und damit auch zugewiesen.

Klasse-A-Netzwerke

Klasse-A-Adressen werden nur noch selten, und wenn, nur an große Firmen oder Institute, vergeben. In einem solch großen Netzwerk werden die ersten 8 Bit der IP-Adresse (Netz-ID) zugewiesen. Die restlichen 24 Bit (HOST-ID) stehen den Netzwerkverwaltern zur Verfügung. Die zugewiesenen 8 Bit können Werte zwischen 0 und 126 annehmen. Somit kann es also 127 verschiedene Klasse-A-Netzwerke geben. Stolze Besitzer einer Klasse-A-Adresse sind unter anderem IBM (9.x.x.x), HP (16.x.x.x) oder Apple (17.x.x.x).

Die zur freien Verfügung der Administratoren stehenden 24 Bit erlauben es, 16.777.214 Hosts einzurichten.

Klasse-B-Netzwerke

Klasse-B-Netzwerke bekommen die ersten 16 Bit der IP-Adresse vorgegeben. Es bleiben also weitere 16 Bit für die lokale Verwendung übrig. Klasse-B-Netzwerke beginnen immer mit einem Wert zwischen 128 und 191 in den ersten acht Bit und Werten zwischen 0 und 255 bei den zweiten acht Bit. Somit können theoretisch 16.384 verschiedene Klasse-B-Netzwerke existieren, und jedes dieser Netze kann über max. 65.535 Hosts verfügen.

Klasse-C-Netzwerke

Kleinere Netzwerke bekommen Klasse-C-Adressen zugewiesen. Klasse-C-Adressen bestehen aus den vorgegebenen ersten 24-Bit und nur den restlichen acht Bit zur freien Verfügung. Die ersten zugewiesenen acht Bit beginnen mit einem Wert zwischen 192 und 223, und das zweite und dritte Quad kann Werte zwischen 0 und 255 annehmen.

In einem solchen Netzwerk kann es nur 254 Hosts geben, aber dafür sind bis zu 2.097.152 verschiedene IP-Adressen möglich. Die letzte zu vergebende Klasse-C-Adresse hat den Wert 223.255.255.x.

Beispiele:

```
Klasse-A-Adresse - 115.100.097.100

Klasse-B-Adresse - 180.100.097.100

Klasse-C-Adresse - 211.100.097.100
```

Fettgedruckte Werte stellen in diesem Beispiel zugewiesene Adressen dar.

Reservierte Adressen

Gemäß der oben aufgeführten Adressen der verschiedenen Adreßklassen wird Ihnen aufgefallen sein, daß verschiedene Adressen oder Werte in der Reihe fehlen. Der Wertebereich für die ersten acht Bit von 224 bis 239 stellt sogenannte Multicast-Adressen für Übertragungen an mehrere Rechner dar.

Loopback-Adressen (Rückkopplungsschleifen)

Loopback-Adressen beginnen immer mit dem Wert 127. Datenpakete an eine solche Adresse werden nie in das Netzwerk übertragen, sondern kommen immer zur sendenden Anwendung zurück. Ein Datenpaket an die Adresse 127.0.0.1 kann zum Testen der lokalen TCP/IP-Konfiguration verwendet werden. Dieses Paket muß wieder von der Station empfangen werden.

Netzwerk-Adressen

Eine frei zu vergebende HOST-ID wird oder soll nie den Wert 0 bekommen. Der Wert 0 ist reserviert für das Netzwerk. Spricht man also von der Adresse 155.155.155.0 ist damit das Netzwerk mit dem Bereich bis zu 155.155.155.255 für die restlichen HOST-IDs gemeint.

Internet-Protokoll (IP) **261**

Broadcast-Adressen

Es gibt noch eine weitere Adresse, die sich zunächst wie eine "normale" HOST-ID darstellt. Damit ist der HOST-ID-Wert 255 gemeint. Router benötigen diese Adresse, um Rundsprüche an jeden Computer im Sub-Netz zu versenden. Ein mit 155.155.155.0 gekennzeichnetes Sub-Netz hat beispielsweise die Broadcast-Adresse 155.155.155.255.

Zudem gibt es noch die sogenannte lokale Broadcast-Adresse. Sie besitzt die Werte 255.255.255.255 und wird nicht über Router transportiert.

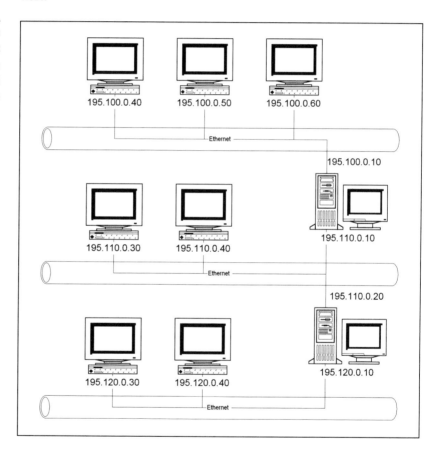

Abb. 13.10: Netzwerk mit mehreren Segmenten und IP-Adressen

TCP

Wie schon im vorangegangenen Abschnitt zu erfahren wahr, ist IP nur ein Teil der TCP/IP-Suite. IP ist das Basisprotokoll und kümmert sich um das Routing im Netz, besitzt aber keine Fehlerüberprüfung. Pakete werden zwar verschickt, aber ob die Daten wirklich beim Empfänger ankommen, ist dem IP-Protokoll vereinfacht gesagt egal. Rückmeldungen oder Bestätigungen werden nicht erwartet.

Für die Überwachung und Zuverlässigkeit bei der Übertragung von Daten über das Netzwerk ist TCP zuständig. TCP beinhaltet Mechanismen für eine gesicherte Datenübertragung. Dabei wird überprüft, ob die Daten tatsächlich auch beim Empfänger angekommen sind. Ist das nicht der Fall, wird das Datenpaket erneut auf die Reise geschickt.

Bevor TCP jedoch Daten ins Netzwerk übertragt, zerlegt es sie in kleinere Segmente, bei denen die Standardgröße 536 Byte beträgt (Standard-IP-Segment = 536 Byte Daten + 40 Byte Header). Die tatsächliche Segmentgröße wird zwischen den Stationen ausgehandelt. Jedes Segment des Datenpakets erhält zur Identifizierung eine sogenannte Segment-Nummer.

Da es im Netzwerk und speziell im Internet verschiedene Wege vom Sender zum Empfänger gibt, kommt es selbstverständlich vor, daß die Segmente des Datenpakets in unterschiedlicher Reihenfolge beim Empfänger ankommen. Anhand der Segment-Nummer und weiterer Informationen kann TCP beim Ziel-Host erkennen, in welcher Reihenfolge die Segmente zusammengesetzt werden müssen und ob das Datenpaket vollständig ist.

Ist das nicht der Fall, wird angefordert, daß die Paketsequenz seit der letzten Bestätigung erneut übertragen wird.

User Datagram Protocol (UDP)

UDP ist wie IP im Gegensatz zu TCP ein verbindungsloses Protokoll. Es wird für Applikationen, die auf Basis von Broadcasts (Rundsprüchen) arbeiten, wie beispielsweise NFS, DNS, WINS oder SNMP, verwendet. Unter der Bezeichnung "Datagram", zu deutsch Datagramm, versteht man das Datenpaket, das in einem paketorientierten Netzwerk ohne großen Datenüberhang übertragen wird.

UDP empfängt und überträgt solche Datagramme. Die Datagramm-Lieferung wird dabei durch Zuweisen einer Port-Adresse gewährleistet. Im Gegensatz zu TCP ist dieser Port keine virtuelle Leitungsverbindung, sondern lediglich ein Zeiger auf einen lokalen Prozeß. Ohne den Ballast durch Aufbauen und Beenden von Verbindungen, Steuern des Datenflusses und Ausführen anderer TCP-Funktionen überträgt UDP Daten normalerweise schneller als TCP.

Adress Resolution Protocol (ARP)

ARP benutzt eine Kombination aus der physischen Geräte-Adresse eines Hosts und der logischen Netzwerkadresse, um eine IP-Adresse zusammenzustellen. Es können auch logische Host-Namen zugewiesen werden, um auf denselben Host zu verweisen. Das Adress Resolution Protocol (Adreßauflösungsprotokoll) bestimmt die numerische IP-Adresse, die auf einem gegebenen Host-Namen basiert.

ARP benutzt Broadcastings (Rundspruchpakete), um die von den Protokollen der Datensicherungsschicht benötigte IP-Adresse zu ermitteln.

TCP/IP-Dienste

Die Internet-Protokoll-Suite besteht nicht nur aus Protokollen, sondern verfügt zusätzlich noch über verschiedene Dienste für unterschiedliche Anforderungen. Genaugenommen handelt es sich dabei dennoch um Protokolle, die aber im OSI-Schichtenmodell oberhalb von IP, TCP und den bisher beschriebenen Protokollen angesiedelt sind und auf deren Funktionen aufsetzen.

File Transfer Protocol (FTP)

Das File Transfer Protocol (FTP) ermöglicht einem Benutzer, Dateien zwischen zwei vernetzten Computern zu übertragen. FTP bietet auch eine Reihe von Login-, Verzeichnis-, Dateibearbeitungs- und Befehlsfunktionen. Zusätzlich eignet sich FTP hervorragend dazu, Dateien zwischen Rechnern mit unterschiedlichen lokalen Betriebssystemen zu verschieben. Diese Möglichkeit resultiert daraus, daß FTP eine Dateianforderungsstruktur besitzt, die vom lokalen Betriebssystem unabhängig ist.

Für Windows NT gibt es zahlreiche, mehr oder weniger komfortable Programme, die den Zugriff auf einen FTP-Server gestatten.

Remote Terminal Emulation (TELNET)

Mit TELNET ist es einem Benutzer möglich, über das Netzwerk auf Host-basierende Anwendungen zuzugreifen. Der eigene Computer arbeitet in diesem Fall als einfaches "dummes" Terminal. Mit der TELNET-Software wird einem Comuter ermöglicht, ein solches Terminal zu emulieren.

Wie schon zu FTP erwähnt wurde, können mit TELNET Verbindungen zwischen den unterschiedlichsten Systemen hergestellt werden. In früheren Jahren war TELNET eine der meistbenutzten Netzwerk-Anwendungen.

Simple Mail Transfer Protocol (SMTP)

Eine unverzichtbare Funktion in einem Netzwerk und speziell im Internet ist Electronic Mail (E-Mail). Für die Unterstützung dieses Dienstes werden die verschiedensten Protokolle eingesetzt. Das meistverwendete ist aber dabei SMTP.

SMTP ist ein E-Mail-Protokoll, das TCP und IP dazu benutzt, Nachrichten zwischen Netzwerk-Hosts zu übertragen. Dabei stellt SMTP keine lokale Mail-Benutzerschnittstelle zur Verfügung. Zum Schreiben von Nachrichten, Aufbauen von Mailboxen und Ausliefern der Mails an Benutzer muß ein dafür geeignetes Anwendungsprogramm lokal vorhanden sein.

Simple Network Management Protocol (SNMP)

SNMP ist ein Protokoll für das Management in einem TCP/IP-Netzwerk. Es benötigt eine Station, die eine Funktion als SNMP-Manager erfüllt, und sogenannte SNMP-Agents auf den anderen Hosts im Netzwerk, die dadurch manage bar werden. Manage bare SNMP-Geräte können aber nicht nur Arbeitsstationen oder Server sein. Auch viele Bridges (Brücken), Router, HUBs oder Drucker sind SNMP-fähig.

Die Kommunikation wird in der Theorie sehr einfach realisiert. Der SNMP-Manager schickt eine Anfrage zu einem Gerät (SNMP-Query), und der SNMP-Agent sendet die gewünschten Informationen zurück.

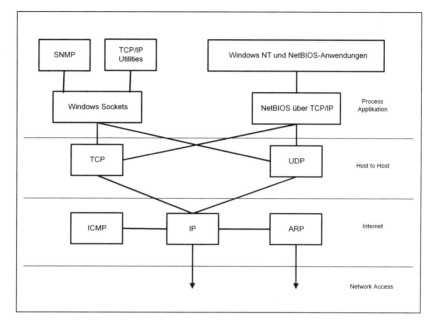

Abb. 13.11: Schematischer Aufbau der TCP/IP-Protokoll-Suite

Host-Namen und Verfahren zur Namensauflösung

Anstelle der bisher besprochenen IP-Adressen können auch Host-Namen für die Adressierung vergeben werden. Es ist mit Sicherheit einfacher, sich den Namen PC.FIRMA.COM zu merken als beispielsweise die IP-Adresse 155.180.126.10. Damit dies möglich ist, erlaubt es TCP/IP, mehrere Netzwerke zu Domänen zusammenzufassen. Computer in einer solchen Domäne haben wiederum eigene Namen, deren Bestandteil der Domänenname ist. Die Bezeichnung Domäne darf in diesem Zusammenhang nicht mit dem NT-Domänen-Modell verwechselt werden.

Beispiel:

```
Dömäne    =    FIRMA.COM

Computer  =    SERVER.FIRMA.COM
```

Diese rechnerbezogenen Namen tragen die Bezeichnung "Host-Name". So schön und einfach das auch klingen mag, in jedem Fall muß eine Zuordnung für die echte IP-Adresse und den Host-Namen getroffen werden. Dafür ist Namensauflösung unter Zuhilfenahme von DNS, WINS, HOSTS oder LMHOSTS zuständig.

Einfache Namensgebung mit HOSTS

Damit für die Verbindung zu einem PC nicht immer die IP-Adresse angegeben werden muß, können Host-Namen festgelegt werden. Dafür benötigt man eine Datei mit dem Namen HOSTS. In dieser Datei stehen die IP-Adressen mit den korrespondierenden Host-Namen. Der Aufbei einer solchen Datei ist sehr einfach. Man trägt dazu die IP-Adresse und nachfolgend, mit mindestens einem Leerzeichen oder Tabulatorschritt Abstand, den gewünschten Host-Namen ein.

Beispiel:

```
155.155.1.3    PC1.RWEBER.DE
```

Nachfolgend sehen Sie den Inhalt der Beispieldatei HOSTS von Microsoft aus dem Verzeichnis \SYSTEM32\DRIVERS\ETC. Zeilen mit vorangestelltem # gelten nur als Kommentarzeilen.

```
HOSTS
# Copyright (c) 1993-1995 Microsoft Corp.
#
# This is a sample HOSTS file used by Microsoft TCP/IP for Windows NT.
#
# This file contains the mappings of IP addresses to host names. Each
# entry should be kept on an individual line. The IP address should
# be placed in the first column followed by the corresponding host name.
# The IP address and the host name should be separated by at least one
# space.
#
# Additionally, comments (such as these) may be inserted on individual
# lines or following the machine name denoted by a '#' symbol.
#
```

```
# For example:
#
#      102.54.94.97      rhino.acme.com      # source server
#      38.25.63.10       x.acme.com          # x client host

       127.0.0.1         localhost
       155.155.1.2               CMPQ_SRV
       155.155.1.3               PC1
       155.155.1.4               PC2
```

Ein Verbindungstest kann jetzt durch die Eingabe

    `Ping PC1` ⏎

anstelle von

    `Ping 155.155.1.3` ⏎

von der Eingabeaufforderung her durchgeführt werden.

Nachteil bei diesem Verfahren der Namensauflösung ist, daß jeder HOST über diese Liste lokal verfügen und sie umständlich manuell gepflegt werden muß. Bei jeder Änderung muß HOSTS erneut wieder auf jeden einzelnen Computer kopiert werden. In großen Netzwerken kann das zu erheblichem Arbeitsaufwand führen.

Eine weitere Variante zur Namensauflösung ist über eine Datei mit der Bezeichnung LMHOSTS möglich. Über diese Datei kann eine Zuordnung zwischen den IP-Adressen und dem NT-Computernamen (NetBIOS-Namen) festgelegt werden. Der Arbeits- und Administrationsaufwand ist leider jedoch genauso hoch wie bei der voran beschriebenen Datei HOSTS. Auch LMHOSTS muß sich auf jedem Rechner, der diese Namensauflösung unterstützt, befinden.

Auch zu dieser Datei gibt es im Verzeichnis

    `\SYSTEM32\DRIVERS\ETC`

ein Beispiel mit dem Dateinamen LMHOSTS.SAM.

LMHOSTS

```
# Copyright (c) 1993-1995 Microsoft Corp.
#
# Dies ist eine Beispieldatei für LMHOSTS, wie sie von Microsoft TCP/IP
# für Windows NT verwendet wird.
# Sie ist mit der LMHOSTS-Datei von Microsoft TCP/IP für LAN Manager 2.x
# kompatibel.
# Bearbeiten Sie diese Datei mit einem ASCII-Editor.
#
# In dieser Datei werden einzelnen IP-Adressen die entsprechenden
# NT-Computer-Namen (NetBIOS-Namen) zugeordnet. Jeder Eintrag sollte aus
# einer einzelnen Zeile bestehen.
# Die IP-Adresse wird in der ersten Spalte eingetragen, gefolgt vom
# zugehörigen Computer-Namen. Die Adresse und der Computer-Name müssen
# dabei durch mindestens ein Leerzeichen oder ein Tabulatorzeichen
# getrennt sein.
# Das Zeichen „#" wird gewöhnlich Kommentaren vorangestellt. Ausnahmen
# hiervon sind die folgenden Erweiterungen:
#
#       #PRE
#       #DOM:<Domäne>
#       #INCLUDE <Dateiname>
#       #BEGIN_ALTERNATE
#       #END_ALTERNATE
#       \0xnn (Unterstützung nichtdarstellbarer Zeichen)
#
# Die Erweiterung „#PRE" wird nach dem Computer-Namen angegeben, wenn
# dieser Eintrag bereits zu Anfang in den Namen-Cache geladen werden
# soll. Standardmäßig werden die Einträge nicht zu Anfang in den Namen-
# Cache geladen, sie werden jedoch auch nur dann ausgewertet, wenn die
# dynamische Namensauswertung fehlschlägt.
#
# Die Erweiterung „#DOM:<Domäne>" wird nach dem Computer-Namen angegeben,
# wenn der Eintrag mit einer Domäne verknüpft werden soll.
# Dies wirkt sich auf das Verhalten des Computer-Suchdienstes und des
# Anmeldedienstes in der TCP/IP-Umgebung aus.
# Die Erweiterung „DOM:<Domäne>" kann zusammen mit der Erweiterung „PRE"
# für einen Eintrag angegeben werden.
#
# Die Angabe von „#INCLUDE <Dateiname>" veranlasst den NetBIOS Helper-
# Dienst die angegebene Datei zu suchen und sie wie eine lokale Datei
# auszuwerten. Für <Dateiname> werden UNC-Namen akzeptiert. Dadurch ist
# es möglich, eine LMHOSTS-Datei zentral auf einem Server zu verwalten.
# Befindet sich der Server außerhalb des Broadcast-Bereichs, ist eine
```

```
# Adreßzuordnung für diesen Server vor der „#INCLUDE"-Anweisung not-
# wendig.
#
# Die Anweisungen „#BEGIN_ALTERNATE" und „#END_ALTERNATE" ermöglichen die
# Gruppierung von mehreren „#INCLUDE"-Anweisungen.
# Ist eine „INCLUDE"-Anweisung erfolgreich, werden alle weiteren
# „INCLUDE-ANWEISUNGEN" übersprungen und die Gruppe verlassen.
#
# Nichtdarstellbare Zeichen können im Computer-Namen enhalten sein.
# Solche Zeichen müssen als Hex-Wert in der \0xnn-Notation angegeben
# werden und zusammen mit dem NetBIOS-Namen in Anführungszeichen
# eingeschlossen werden.
#
#
# Beispiel:
#
# 102.54.94.97      maestro            #PRE #DOM:technik   # DC von „Technik"
# 102.54.94.102     „spiele \0x14"                         # besonderer Server
# 102.54.94.123     nordpol            #PRE                # Server in 3/4317
# #BEGIN_ALTERNATE
# #INCLUDE \\lokal\public\lmhosts
# #INCLUDE \\maestro\public\lmhosts
# #END_ALTERNATE
#
# In diesem Beispiel enthält der Server „spiele" ein Sonderzeichen
# im Namen, und der Server „nordpol" wird bereits zu Anfang in den
# Namen-Cache geladen.
# Die Adreßzuordnung für den Server „maestro" wird angegeben, um diesen
# Server weiter unten in der #INCLUDE-Gruppe verwenden zu können.
# Wenn der Server „lokal" nicht verfügbar ist, wird die zentrale LMHOSTS-
# Datei auf „maestro" verwendet.
#
# Beachten Sie, daß die gesamte Datei bei jeder Auswertung durchsucht wird,
# einschließlich der Kommentarzeilen. Es wird daher empfohlen, die obigen
# Kommentarzeilen zu entfernen.
```

Falls Sie diese Datei Ihren Bedürfnissen anpassen, dürfen Sie zum Abschluß nicht vergessen, sie von LMHOSTS.SAM in LMHOSTS umzubenennen.

Eine flexiblere Möglichkeit, Domänen-Namen anders als über die Listen HOSTS oder LMHOSTS zu verwalten, bieten die Dienste DNS, DHCP und WINS.

Domain Naming System (DNS)

Das Domain Naming System stellt eine verteilte Datenbank für die Übersetzung von IP-Adressen zu Host-Namen und umgekehrt dar. Die Aufgabe des DNS ist im großen und ganzen die gleiche wie die der Liste HOSTS.

Man benötigt für den Einsatz einen oder mehrere DNS-Server, die sich in einem hierarchischen System befinden. Um eine Namensauflösung durchzuführen, wird zuerst ein Anfrage an den DNS-Server geschickt. Verfügt dieser nicht über die entsprechenden Informationen, gibt er sie weiter an einen anderen lokalen DNS-Server oder gibt Informationen eines in der Hierarchie höher angesiedelten DNS-Server aus.

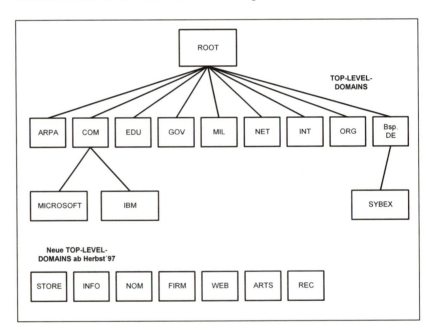

Abb. 13.12: Hierarchie bei Internet-Domain-Namen

Namensauflösung über DNS-Server wird auch im Internet verwendet. Dort gibt es in der Hierarchie ganz oben angesiedelte DNS-Server, die vom InterNIC-Registrierdienst verwaltet und gepflegt werden. Die Namen lauten:

edu - Bildungseinrichtungen

net - Netzwerkanbieter

com - Kommerzielle Benutzer

mil	-	Militär
org	-	Organisationen
gov	-	Staaatliche Einrichtungen

Weitere Basisnamen kennzeichnen zum Beispiel die Domänen verschiedener Länder (de = Deutschland, uk = England u.s.w).

Dynamic Host Configuration Protocol (DHCP)

Beim "Dynamic Host Configuration Protokol" muß nur noch eine einzige IP-Adresse festgelegt werden, alle weiteren werden dynamisch aus einem Adreßpool zugeordnet. Damit hat der Administrator die leidige Arbeit gespart, jedem einzelnen Host eine individuelle IP-Adresse zuzuweisen. Außer diesem schon wichtigen Vorzug können mit DHCP auch Adressen eingespart werden. Gerade in Netzwerken, in denen nicht immer alle Rechner gleichzeitig in Betrieb sind, ist das von großem Nutzen.

In einem solchen Fall ist es mit Hilfe von DHCP sogar möglich, mehr verschiedene Benutzer zu unterstützen, als IP-Adressen verfügbar sind.

Beispiel:

In einem Netzwerk sind 350 Benutzer vorhanden. Von diesen 350 Benutzern oder Arbeitsstationen sind 60 ständig im Netzwerk aktiv. Bei einem Klasse-C-Netzwerk verfügen Sie über 254 Host-Adressen, wovon eine IP-Adresse für das Netzwerk selbst reserviert ist. Damit stehen nur 253 IP-Adressen für die Administration zur Verfügung.

Abzüglich der 60 permanent verbundenen Station sind noch 193 Adressen zu vergeben. Die restlichen 290 Stationen können sich beim Einsatz von DHCP die freien 193 IP-Adressen dynamisch teilen.

Mit DHCP ist in jedem Fall gewährleistet, daß IP-Adressen dynamisch verteilt und die Anforderung erfüllt bleibt, jede IP-Adresse auch nur einmal zuzuweisen. Zum Nachteil jedoch werden immer noch 32-Bit-IP-Adressen verwendet. Eine Zuweisung von HOST-Namen zur Identifizierung muß weiterhin über Listen verwaltet werden.

Windows Internet Naming Service (WINS)

Eine Möglichkeit zur Vereinfachung und Verwaltung von IP-Adressen ist mit dem Dienst DHCP möglich. Wie sieht es jedoch mit der Zuweisung von Host-Namen aus, wenn solche Stationen ihre IP-Adresse von einem DHCP-Server erhalten. Eine Verbindung zum Rechner PC1.RWEBER.DE wird nicht zustandekommen können, da kein DNS-Server etwas von der zugewiesenen IP-Adresse weiß und die Datei HOST auch nicht automatisch aktualisiert wird. Eine Zuordnung zwischen Host-Name und IP-Adresse wird nicht erkannt.

Es wird neben der dynamischen IP-Adressen-Zuordnung noch eine dynamische Namensauflösung benötigt. An dieser Stelle kommt das von Microsoft entwickelte WINS zum Einsatz. Das Prinzip von WINS könnte man auch als dynamisches DNS bezeichnen. Es handelt sich dabei um eine dynamisch verteilte Datenbank, die Anfragen nach Host-Namen von den WINS-Clients annimmt oder neue Computernamen in der Datenbank registriert. NetBIOS-Namen werden dabei TCP/IP-Adressen zugeordnet.

WINS eignet sich hervorragend für den Einsatz in kleineren und größeren Netzwerken. Dabei können in einem großen Netzwerk gleich mehrere WINS-Server installiert werden, die dann die dazugehörige verteilte Datenbank untereinander ständig aktualisieren.

Die Konfiguration eines WINS-Clients ist sehr einfach realisiert und läßt sich auf NT-, Windows für Workgroups-, Windows 95- sowie DOS-Rechnern installieren. Im folgenden Kapitel 14 wird die Installation und Konfiguration von TCP/IP sowie verschiedener Dienste genau beschrieben.

TCP/IP-Konfiguration

KAPITEL 14

14 · TCP/IP-Konfiguration

Nachdem Sie im vorangegangenen Kapitel einiges über die Grundlagen des TCP/IP-Protokolls und der dazugehörigen Dienste erfahren haben, geht es jetzt endlich an die Konfiguration. Gerade bei TCP/IP ist da einiges möglich.

Konfiguration mit fester IP-Adresse

Die Einrichtung des TCP/IP-Protokolls mit festen IP-Adressen stellt die einfachste Art der Installation dar. Bevor es jedoch daran geht, einfach drauf los zu konfigurieren, steht wie so oft zunächst die Planung im Vordergrund. Dazu zählt die sorgfältige Überlegung, welche IP-Adressen verwendet und vergeben werden. Sind Ihnen schon Adressen vom NIC (*Network Information Center*) zugewiesen worden, steht zumindest schon der erste Teil für die IP-Adressen fest.

Gerade in diesem Fall ist eine genaue Planung von großer Bedeutung, damit der verfügbare Adreßbereich optimal genutzt werden kann. Entsprechend der zugewiesenen IP-Adresse muß dazu noch die richtige Subnet-Mask gewählt werden.

In diesem Beispiel wird exemplarisch für den NT-Server, der als primärer Domänen-Kontroller arbeitet, die Klasse-C-Adresse 195.100.100.10 und dementsprechend die Subnet-Mask 255.255.255.0 verwendet.

Hinzufügen des Protokolls

Öffnen Sie zunächst das Fenster der Systemsteuerung. Dies ist entweder aus dem Ordner ARBEITSPLATZ oder über den START-Knopf und die Option EINSTELLUNGEN möglich. Das Fenster der Systemsteuerung beinhaltet viele Symbole für die verschiedensten Einstellungen. Windows 95-Benutzern wird einiges bekannt vorkommen. Mit einem Doppelklick auf das Symbol NETZWERK gelangen Sie zu den Netzwerkeinstellungen des Systems.

Jedes Konfigurationsfenster, und dazu gehören auch die Netzwerkeinstellungen, ist unterteilt in verschiedene Register für die entsprechenden Angaben. Ein Klick auf das jeweilige Register bringt das Konfigurationsblatt in den Bildschirmvordergrund.

Um ein neues Protokoll hinzufügen zu können, klicken Sie einfach auf das Register mit dem Namen PROTOKOLLE. In dem erscheinenden Listenfenster sind alle bisher installierten Protokolle aufgelistet. Haben Sie beispielsweise bisher nur ein Netzwerk auf Basis von Windows für Workgroups eingesetzt, könnte beispielsweise dort NETBEUI-PROTOKOLL gelistet sein.

Abb. 14.1:
Systemsteuerung
- NETZWERK

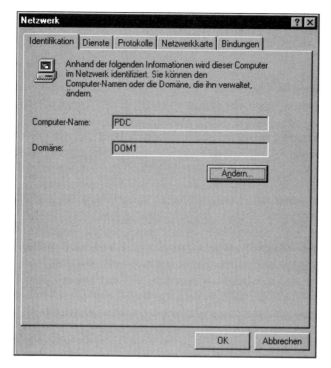

Betätigen Sie nun die Schaltfläche HINZUFÜGEN mit der linken Maustaste. Es wird ein Auswahlfenster mit allen weiter verfügbaren Protokollen angezeigt. Darunter befindet sich auch das gewünschte TCP/IP-PROTOKOLL. Wählen Sie diesen Eintrag an und bestätigen Sie mit OK. Kurz darauf werden Sie über ein Dialogfenster gefragt, ob sich in dem Netzwerk ein DHCP-Server (*Dynamic Host Configuration Protocol*) befindet, von dem die notwendigen IP-Adressen bezogen werden können.

In dem hier beschriebenen Beispiel ist das nicht der Fall, so daß Sie die Abfrage für die Verwendung von DHCP mit NEIN beantworten können. Im nächsten Schritt müssen verschiedene Dateien für das TCP/IP-Protokoll kopiert werden. Ein weiteres Dialogfenster mit Eingabezeile fordert Sie auf, den Pfad zu den NT-Dateien anzugeben. Handelt es sich bei dem verwendeten Computer um ein auf Intel-Prozessoren basierendes System und den Laufwerksbuchstaben E: für das CD-ROM-Laufwerk lautet der benötigte Eintrag beispielsweise E:\I386.

Mit Klick auf die Schaltfläche FORTSETZEN wird die Eingabe bestätigt und der Kopiervorgang gestartet. Nach wenigen Augenblicken verschwindet die Fortschrittsanzeige, und in dem Listenfenster zu den Netzwerk-Protokollen ist das TCP/IP-Protokoll hinzugefügt.

Abb. 14.2:
Liste der installierten Netzwerk-Protokolle

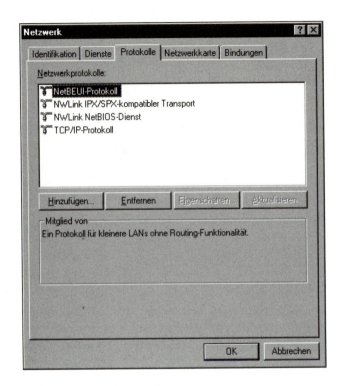

Zuweisen der IP-Adresse

Mit dem Hinzufügen des TCP/IP-Protokolls ist die Konfiguration noch nicht abgeschlossen. Im nächsten Schritt müssen die geplanten und zugewiesenen IP-Adressen angegeben werden.

Markieren Sie dazu den Eintrag TCP/IP-PROTOKOLL, und betätigen Sie anschließend die jetzt aktive Schaltfläche EIGENSCHAFTEN. Es wird ein Dialogfenster mit verschiedenen Registern zu den Eigenschaften des Protokolls angezeigt - darunter auch ein Register mit der Bezeichnung IP-ADRESSE.

In dem dazugehörigen Eingabefenster wird der Typ der verwendeten Netzwerkkarte angezeigt, für die Angaben zur IP-Adresse vorzunehmen sind. Sind mehrere Netzwerkkarten in diesem Computer eingebaut, kann über den rechts dargestellten Pfeilschalter eine sogenannte Pull-Down-Liste geöffnet und die gewünschte Netzwerkkarte ausgewählt werden. In diesem Beispiel wird lediglich von einer Netzwerkkarte ausgegangen.

Nun muß das Eingabefeld für die IP-Adresse angewählt werden. Ein Klick in das Feld zur ersten Dreiergruppe bringt den Cursor an dieser Stelle auf den Bildschirm. Geben Sie dort nun die IP-Adresse ein, die für die Netzwerkkarte vergeben werden soll. Nach der Eingabe von drei

Konfiguration mit fester IP-Adresse

Zeichen springt der Cursor automatisch zum nächsten Feld. Das gleiche gilt für das Feld zur Subnet-Mask. In dem hier beschriebenen Beispiel lauten die Angaben

IP-ADRESSE: 195.100.100.10
SUBNET-MASK: 255.255.255.0

Sie werden mit Sicherheit bemerkt haben, daß nach der Vergabe der IP-Adresse automatisch auch eine Adresse für die Subnet-Mask entsprechend der Adreßklasse vorgegeben wurde. Bei einer Klasse-B-Adresse wäre das zum Beispiel 255.255.0.0.

Das darunter befindliche Eingabefeld mit der Bezeichnung STANDARD-GATEWAY erhält in diesem Beispiel keinen Eintrag. Es handelt sich hierbei um ein einzelnes Subnetz, für das kein Standard-Gateway eingerichtet werden muß.

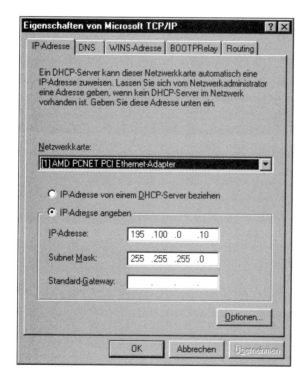

Abb. 14.3: Eingabefenster für eine feste IP-Adresse

Sind alle Eingaben vorgenommen, können Sie mit OK die Konfiguration abschließen. Das System überprüft die Bindungen des Protokolls und fordert Sie abschließend auf, einen Neustart durchzuführen, da die Änderungen erst danach wirksam werden. Mögliche Warnungen aufgrund fehlender WINS-Adressen für die Netzwerkkarte können getrost übergangen und mit JA das Fortsetzen der Protokoll-Installation bestätigt werden.

Prüfen der TCP/IP-Verbindung

Gemäß der voran beschriebenen Vorgehensweise können alle weiteren PCs im Subnetz konfiguriert werden. Die Reihenfolge der weiteren IP-Adressen könnte 195.100.100.20, 195.100.100.30 usw. lauten. Sind alle Computer konfiguriert, steht einer Kommunikation untereinander eigentlich nichts mehr im Wege.

Ohne direkt mit dem Datenaustausch oder anderen produktiven Netzwerkaktivitäten zu beginnen, gibt es eine einfache Möglichkeit, die TCP/IP-Konfiguration zu testen. Dafür gibt es ein kleines Hilfsprogramm mit der Bezeichnung PING, das automatisch mit dem TCP/IP-Protokoll installiert wird.

Der Name PING wurde deshalb gewählt, weil in der Echolot-Technik bei U-Booten auch ein solches Verfahren zum Kontaktieren von anderen Objekten verwendet wird. Allerdings haben die Techniken nichts miteinander zu tun. Bei PING handelt sich dabei um ein textorientiertes Programm, das von der DOS-Eingabeaufforderung gestartet wird.

Dieses Programm hat eigentlich eine ganz einfache Aufgabe. Es sendet eine Nachricht an einen angegebenen Host und erwartet innerhalb eines bestimmten Zeitraums eine Antwort. Auf diese Art und Weise können Sie die Konfiguration von TCP/IP und die Verbindung zum Host bequem testen. Kommt ein Ping schon nicht durch, kann man sich Versuche mit höheren TCP/IP-Diensten direkt sparen.

PING

Um mit dem Hilfsprogramm PING die TCP/IP-Konfiguration und Verbindung zu testen, muß zuerst ein Fenster für die Eingabe von Kommandozeilenparametern geöffnet werden. Über den START-Knopf und den darin befindlichen Ordner PROGRAMME gelangen Sie zum Symbol für die Eingabeaufforderung.

Es öffnet sich ein Fenster ähnlich der DOS-Eingabeaufforderung von Windows 3.1x oder Windows 95. Tatsächlich handelt es sich aber dabei um das textorientierte Eingabefenster von Windows NT 4.

Die einfachste Art, PING auszuführen, ist die Eingabe von

```
PING Hostadresse ⏎
```

Das Programm schickt vier Datenpakete zum angegebenen Host. Kommt innerhalb von 750 ms keine Rückantwort, gilt das Datenpaket für PING als verloren.

Beispiel:

PING 195.100.100.10 [↵]

```
Ping wird ausgeführt für 195.100.100.10 mit 32 Bytes Daten
Antwort von 195.100.100.10: Bytes=32 Zeit<10ms TTL=128
Antwort von 195.100.100.10: Bytes=32 Zeit<10ms TTL=128
Antwort von 195.100.100.10: Bytes=32 Zeit<10ms TTL=128
Antwort von 195.100.100.10: Bytes=32 Zeit<10ms TTL=128
```

Selbsttest mit PING

Hat man gerade den ersten Rechner im Netzwerk für TCP/IP konfiguriert, ist es ja leider unmöglich, einen anderen Computer zu kontaktieren und somit die Konfiguration zu überprüfen. Aber auch da kann Abhilfe geschaffen werden. Man verwendet als Zieladresse für den Ping-Test einfach die reservierte Loopback-IP-Adresse 127.0.0.1. Das Ergebnis sollte dem oben aufgeführten Beispiel entsprechen. Der Unterschied bei diesem Test ist lediglich, daß die Datenpakete direkt vom Ausgangspuffer in den Eingangspuffer des lokalen PC übertragen werden und nicht über das Netzwerk zu anderen Stationen übertragen werden.

Sollte ein PING-Test einmal nicht erfolgreich verlaufen, erhalten Sie folgende Rückmeldungen:

PING 195.100.100.50 [↵]

```
Ping wird ausgeführt für 195.100.100.50 mit 32 Bytes Daten
Zeitüberschreitung der Anforderung (Timeout).
Zeitüberschreitung der Anforderung (Timeout).
Zeitüberschreitung der Anforderung (Timeout).
Zeitüberschreitung der Anforderung (Timeout).
```

Solche Fehlerrückmeldungen deuten in den meisten Fällen darauf hin, daß entweder die falsche Host-Adresse angegeben wurde oder die TCP/IP-Konfiguration fehlerhaft ist.

Um ein TCP/IP-Netzwerk Schritt für Schritt zu überprüfen, sollte zuerst der eigene PC unter Zuhilfenahme der Loopback-Adresse, dann die Verbindung zu den Computern im unmittelbaren Subnetz und zu guter Letzt die Verbindungen zu weiteren Subnetzen über Gateways überprüft werden.

Parameter von PING

Das Programm PING verfügt zusätzlich noch über zahlreiche Parameter, mit denen der Konfigurations- und Verbindungstest differenzierter durchgeführt werden kann. Diese Parameter lauten:

```
Syntax: PING [-t] [-a] [-n Anzahl] [-l Größe] [-f] [-i TTL] [-v TOS]
        [-r Anzahl] [-s Anzahl] [[-j Host-Liste] | [-k Host-Liste]]
        [-w Timeout] Zielliste
```

```
Optionen:
    -t              Sendet fortlaufend Ping-Signale zum angegebenen Host
    -a              Adressen zu Host-Namen auswerten
    -n Anzahl       Anzahl zu sendender Echo-Anforderungen
    -l Länge        Pufferlänge senden
    -f              Flag für „Don't Fragment" setzen
    -i TTL          Time To Live.
    -v TOS          Type Of Service.
    -r Anzahl       Route für Anzahl Hops aufzeichnen
    -s Anzahl       Zeiteintrag für Anzahl Abschnitte (Hops)
    -j Host-Liste   „Loose Source Route" gemäß Host-Liste
    -k Host-Liste   „Strict Source Route" gemäß Host-Liste
    -w Timeout      Timeout in Millisekunden für eine Antwort
```

Ein praktisches Beispiel für die Verwendung dieser Parameter ist das Vergrößern der PING-Pakete. Befindet man sich innerhalb eines Ethernet-Netzwerkes können Datenpakete bis zu einer Größe von 1.472 Bytes in einem Block verschickt werden. Es kann gerade beim Datentransport über Router oder Gateways schon mal vorkommen, daß kleine Datenpakete problemlos verschickt werden können, aber größere Datenpakete verlorengehen. Damit keine Fragmentierung des Datenpakets vorgenommen wird und somit die wirkliche Datenpaketlänge getestet wird, kann man dem PING-Befehl noch den Parameter -f mitgeben.

Für die Angabe der Datenpaketlänge ist die Option -l zuständig. Als Wert wird dabei die Größe an Nutzdaten verlangt. Bei Ethernet sind das 1.472 Bytes. Zuzüglich der 28 Bytes TCP/IP-Header handelt es sich um genau 1.500 Byte große Datenpakete.

Beispiel:

PING -a 195.100.100.20 -f -l 1472 ⏎

```
Ping wird ausgeführt für BDC_DOM1 [195.100.100.20] mit 1472 Bytes Daten:
Antwort von 195.100.100.20: Bytes=1472 Zeit<10ms TTL=128
Antwort von 195.100.100.20: Bytes=1472 Zeit<10ms TTL=128
Antwort von 195.100.100.20: Bytes=1472 Zeit<10ms TTL=128
Antwort von 195.100.100.20: Bytes=1472 Zeit<10ms TTL=128
```

Der zusätzlich angegebene Parameter -a dient dazu, mögliche Host-Namen der IP-Adresse zu ermitteln.

TCP/IP-Konfiguration für zwei Subnetze

Bei dieser Konfiguration kommt die Information zu einem Gateway ins Spiel. Man kann sich ja herrlich über die Definition einer Bridge, eines Routers oder eines Gateways streiten, aber im Zusammenhang mit der Kopplung zweier TCP/IP-Netzwerke ist der Begriff Gateway von Microsoft wohl falsch gewählt. Schließlich wird dabei keine Gateway-spezifische Protokollumsetzung durchgeführt, sondern lediglich Datenpakete von einem Subnetz in das andere transportiert. Dies ist Aufgabe eines Routers.

Um zwei Subnetze miteinander zu verbinden, ist ein solcher Router (Standard-Gateway) notwendig. Als Grundvoraussetzung muß ein solcher Computer über mindestens zwei Netzwerkkarten verfügen. Jede Netzwerkkarte benötigt eine eigene IP-Adresse, die den Netz-ID-Adressen des jeweiligen Subnetzes entsprechen muß.

Zusätzlich muß auf diesem NT-Server noch der Routing-Dienst aktiviert werden. Erst dann ist Transport von Datenpaketen zwischen diesen Subnetzen möglich.

Konfiguration des Routers

Öffnen Sie zuerst wieder das Fenster der Systemsteuerung, und klicken Sie anschließend mit der linken Maustaste das Symbol mit der Bezeichnung NETZWERK an. An dieser Stelle soll nicht schon wieder die zu Beginn dieses Kapitels beschriebene Prozedur zum Hinzufügen des TCP/IP-Protokolls aufgeführt werden, und es wird einfach davon ausgegangen, daß dies schon durchgeführt wurde.

Im Register PROTOKOLLE wählen Sie nun das Protokoll TCP/IP aus, und betätigen Sie den Schalter EIGENSCHAFTEN. Es öffnet sich ein weiteres Dialogfenster mit verschiedenen Registerblättern zur TCP/IP-Konfiguration. Wählen Sie daraus zunächst das Register mit der Bezeichnung IP-ADRESSE aus.

Nun muß die erste Netzwerkkarte des Routers ausgewählt werden. Dafür steht Ihnen rechts neben dem Feld zur Netzwerkkarte ein Pfeilschalter zur Verfügung. Bei unterschiedlichen Netzwerkkarten ist die Unterscheidung anhand des Namens schon kein Problem. Handelt es sich um identische Netzwerkkarten, sollten Sie auf die Zahl in eckigen Klammern vor dem Namen der Netzwerkkarte achten. Die Reihenfolge spielt dabei keine Rolle.

Tragen Sie als nächstes die entsprechende IP-Adresse für das Subnetz der ersten Netzwerkkarte sowie die zugehörige Subnet Mask ein. Zu diesen Angaben, die schon bei einem einzelnen Subnetz notwendig sind, muß jetzt noch eine Standard-Gateway-Adresse definiert werden. Diese Adresse entspricht bei dieser Form von einem Router der IP-Adresse zur Netzwerkkarte.

Auf die gleiche Art und Weise müssen im nächsten Schritt die Adressen für die zweite Netzwerkkarte zugewiesen werden.

Beispiel:

Netzwerkkarte 1

IP-ADRESSE:	195.100.100.10
SUBNET MASK:	255.255.255.0
STANDARD-GATEWAY:	195.100.100.10

Netzwerkkarte 2

IP-ADRESSE:	195.100.110.10
SUBNET MASK:	255.255.255.0
STANDARD-GATEWAY:	195.100.110.10

Sind alle Angaben eingetragen, können mit Mausklick auf ÜBERNEHMEN die Einstellungen gespeichert werden, ohne das Dialogfenster zu schließen. Verwenden Sie nicht die OK-Taste, da noch eine weitere wichtige Einstellung vorzunehmen ist.

Es sind zwar zu diesem Zeitpunkt alle notwendigen Adreßbestimmungen vorgenommen, trotzdem weiß der Computer noch nichts von seiner eigentlichen Aufgabe im Netzwerk. Das Routing muß noch explizit aktiviert werden.

Wechseln Sie dazu zur Registerkarte ROUTING, und aktivieren Sie die Funktion durch Markieren des Kontrollkästchens mit der Bezeichnung IP-FORWARDING AKTIVIEREN. Abschließend bestätigen Sie alle Veränderungen mit Klick auf OK. Damit ist die Konfiguration des Routers abgeschlossen. Zur Überprüfung der Einstellungen und der richtigen Adressierung kann wieder das Programm PING verwendet werden.

TCP/IP-Konfiguration für zwei Subnetze

Abb. 14.4:
Adreßbestimmung für Router/Gateway

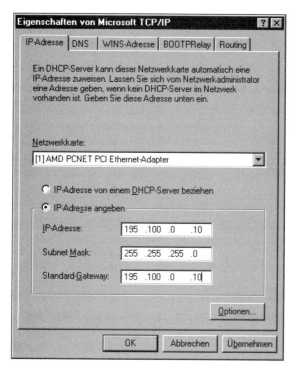

Abb. 14.5:
Registerkarte zum Aktivieren des Routers

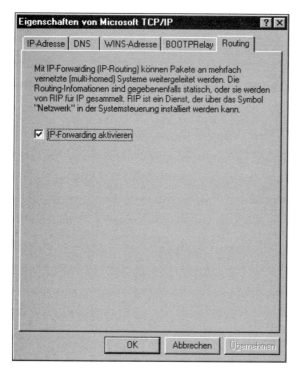

Konfiguration für das erweiterte Routing

In den vorangegangenen Beispielen ist immer davon ausgegangen worden, daß Sie es mit einem Netzwerk aus einem oder maximal zwei Subnetzen mit einem Standard-Gateway-Rechner zu tun haben. In vielen Fällen ist ein Netzwerk aber viel komplexer. Es existieren mehrere Router, die es zur Aufgabe haben, bestimmte Netze miteinander zu verbinden. In diesem Zusammenhang soll es sich nicht um externe Router der verschiedenen Hersteller handeln, sondern gemäß dem Buchthema um NT-Server, die diese Aufgabe erledigen sollen.

Den Schlüssel für den Datentransport über mehrere (mehr als zwei) Subnetze stellen die Routing-Tabellen dar. Diese Routing-Tabellen sind Listen mit den notwendigen Information, über welche Adressen ein bestimmtes Subnetz zu erreichen ist. Windows NT 4 verwendet beim TCP/IP-Routing statische Routing-Tabellen, die manuell konfiguriert werden müssen.

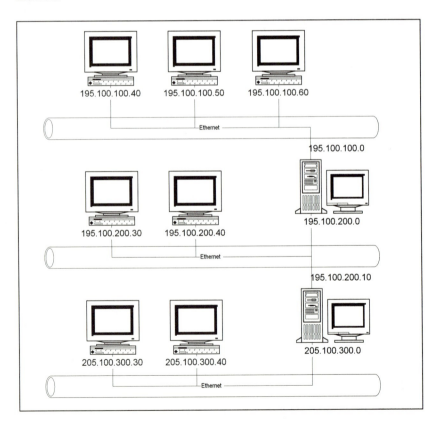

Abb. 14.6: Multi-Router-Netzwerk

Gemäß der oben aufgeführten Abbildung weiß der IP-Router1 zwar, wie er Datenpakete vom Netzwerk 195.100.100.0 in das Netzwerk 199.100.200.0 routen muß, aber das Subnetz 205.100.300.0 ist für ihn noch völlig unbekannt. Die gleiche Problematik besteht auch für den zweiten als Router eingerichteten NT-Server.

Einrichten der Routing-Tabelle

Eine Methode, Routing-Tabellen zu erstellen, ist die Verwendung des Befehls ROUTE. Die Syntax zu diesem Befehl lautet:

    ROUTE ADD   Ziel   MASK Subnet Mask   Gateway

Die Option ADD ist die Anweisung, um einen weiteren Eintrag in die Routing-Tabelle vorzunehmen. Entsprechend dem aufgezeigten Beispiel muß die Anweisung für das Netzwerk 199.100.200.0 wie folgt lauten:

    ROUTE   ADD   200.100.200.0   MASK   255.255.255.0
    195.100.100.0 ⏎

und für den zweiten Router

    ROUTE   ADD   205.100.300.0   MASK   255.255.255.0
    195.100.100.0 Ü

Damit jetzt die Station im Netzwerk 195.100.100.0 nicht jedes Datenpaket über die konfigurierten Router verschickt, sondern auch das eigene lokale Subnetz erreichen kann, muß ein Routing über die Rückkopplungsadresse 127.x.x.x durchgeführt werden. Durch den Befehl

    ROUTE   ADD   127.0.0.0   MASK   255.0.0.0   127.0.0.1 ⏎

wird bewirkt, daß alle Adressen von 127.0.0.0 bis 127.255.255.255 auf die Rückkopplungsadresse 127.0.0.1 umgeleitet werden.

Außer der Anweisung ADD verfügt der Befehl ROUTE noch über weitere Optionen und Schalter.

Syntax:

    ROUTE -fp Befehl   Ziel   Mask   Gateway   Anzahl

Der Schalter -f löscht alle Gateway-Einträge aus den Routing-Tabellen. In Kombination mit einem der verfügbaren Befehle findet die Löschung vor der Befehlsausführung statt.

Mit dem Schalter -p (permanent) bewirken Sie, daß die Routing-Einträge auch noch nach einem Neustart erhalten bleiben. Im anderen Fall sind die Einträge in der Routing-Tabelle temporär und gelten nur für den Zeitraum der Sitzung.

Befehle von Route:

add
Fügt eine neue Route der Routing-Tabelle hinzu
delete
Löscht eine Route aus der Routing-Tabelle

change
Verändert die Angaben zu einer bestehenden Route

print
Gibt die bestehende Routing-Tabelle auf dem Bildschirm aus

Abb. 14.7: Routing-Tabelle

Die Anzeige bei der Ausgabe einer bestehenden Routing-Tabelle besteht aus verschiedenen Spalten. Diese Spalten tragen die Überschriften:

Netzwerkadresse
Mit dieser Adresse ist die IP-Adresse des Hosts, Netzwerks oder Subnetzes, für die der Eintrag gelten soll, gemeint. Sie kennzeichnet das Ziel für die Datenpakete.

Subnet Mask
Diese Adresse zeigt den Netzwerkklassentyp (Klasse A, B oder C) auf. Damit wird festgelegt, welche Bereiche der IP-Adresse mit der Netzwerkadresse übereinstimmen müssen.

Gateway-Adresse
Dieser Eintrag bestimmt, an welche IP-Adresse die Datenpakete geschickt werden sollen. Diese Adresse kann entweder eine lokale Adresse des Netzwerkadapters oder die Adresse eines bestimmten Gateways (Router) im lokalen Netzwerk sein.

Schnittstelle
Gibt die IP-Adresse der Netzwerkkarte an, über die Datenpakete verschickt werden sollen

Anzahl
Mit diesem Wert wird die Anzahl der Router bis zum Ziel ausgegeben. Eine Eins bedeutet, daß sich das Ziel im eigenen Subnetz befindet. Eine Zwei sagt dagegen aus, daß in jedem Fall ein Router verwendet wird, um das Ziel zu erreichen.

Bei der manuellen Bearbeitung der Routing-Tabelle muß angegeben werden, über wie viele Router ein Datenpaket gehen muß, um das Ziel zu erreichen. Für diesen Zweck gibt es den zusätzlichen Befehl METRIC.

Beispiel:

```
ROUTE ADD 200.100.200.0 MASK 255.255.255.0
195.100.100.10 METRIC 2
```

Standard-Gateway

Bei der Verbindung zweier Subnetze wird der vorhandene Router mit seiner IP-Adresse auch als Standard-Gateway eingetragen. Eine Eindeutigkeit ist bei einer solchen Umgebung ja gegeben. Wie sieht es aber aus, wenn zwei oder noch weitere Gateways im Netzwerk vorhanden sind und genutzt werden müssen? In einem solchen Fall bleibt der Eintrag zum Standard-Gateway einfach leer.

Wäre das nicht der Fall, würde dieser Eintrag nur als zusätzliche Angabe zur Routing-Tabelle gelten und alle Datenpakete für andere IP-Adressen abfangen.

Vereinfachung der Routing-Informationen

Das bisher aufgezeigte Verfahren zur Festlegung der Routing-Tabelle stellt sich sehr aufwendig dar. Schließlich muß bei einer solchen Vorgehensweise jeder Arbeitsstation im Netz die Routing-Tabelle mit der ROUTE ADD-Anweisung mitgeteilt werden. Es geht aber auch einfacher.

Eine Möglichkeit dazu ist es, jedem Router alle Wege und somit alle Subnetze mitzuteilen. Ist eine solche Routing-Tabelle einmal festgelegt, kann für die Arbeitsstationen auch wieder ein Standard-Gateway, das alle Wege kennt, definiert werden. Wege vom Router zu Stationen im gleichen Subnetz erkennt die Routing-Software selbständig.

Routing Information Protocol (RIP)

Je nach Größe eines Netzwerks wäre es ja unzumutbar, große und somit auch komplexe Routing-Tabellen manuell zu konfigurieren. Die Chance, bestimmte Strecken zu übersehen oder falsch zu übertragen, ist außerdem sehr hoch. Es muß doch eine Möglichkeit geben, die notwendigen Informationen von den naheliegenden Routern auszulesen und verwenden zu können.

Genau das ermöglicht das Routing Information Protocol (RIP). Dieses relativ einfache Protokoll erlaubt ein dynamisches Update der Routing-Tabellen im Netzwerk. Dazu versenden Router mit RIP-Unterstützung in periodischen Abständen ihre Routing-Tabellen ins Netz. Diese Tabellen werden von benachbarten Routern und auch Arbeitsstationen, die RIP unterstützen, ausgewertet. Router führen anhand der empfangenen Tabelle eine Aktualisierung ihrer eigenen Tabelle durch.

Diese als Broadcastings (Rundsprüche) ausgelegten Informationen sorgen dafür, daß alle Tabellen sämtlicher Router synchron sind. Solche Meldungen werden nicht nur nach bestimmten Zeitabständen, sondern auch bei gravierenden Veränderungen an den Routing-Strecken in das Netz geschickt. Ein Beispiel dafür wäre der Ausfall eines bisher vorhandenen Routers.

Installation von RIP

Die Installation des Routing Information Protocol (RIP) stellt sich sehr einfach dar. Eine Konfiguration ist dabei nicht notwendig.

Öffnen Sie zuerst das Fenster der Systemsteuerung, und wählen Sie das Symbol NETZWERK mit einem Doppelklick an. Klicken Sie nun auf die Registerkarte DIENSTE und anschließend auf die Schaltfläche HINZUFÜGEN. Über ein weiteres Auswahlfenster kann jetzt der Dienst mit der Bezeichnung RIP FÜR DAS INTERNET-PROTOKOLL ausgewählt werden.

Mit anschließendem Bestätigen durch OK wird die Auswahl bestätigt und notwendige Dateien für die Dienstunterstützung kopiert. In der Registerkarte ROUTING bei den Eigenschaften zum TCP/IP-Protokoll ist nun automatisch das Kontrollkästchen IP-FORWARDING AKTIVIEREN angewählt.

Mit OK und anschließendem Betätigen der Schaltfläche SCHLIESSEN im Dialogfenster NETZWERK können die Einstellungen nach erfolgreicher Installation wieder verlassen werden. Das System kontrolliert und bestätigt zum Abschluß die Netzwerkbindungen und fordert Sie auf, den Computer neu zu starten, damit alle Veränderungen wirksam werden.

Da es sich um einen Dienst des NT 4-Servers handelt, kann die Aufforderung zum Neustart zu diesem Zeitpunkt verneint werden. Um RIP zu aktivieren, können Sie aus der Systemsteuerung das Symbol mit der

Bezeichnung DIENSTE anwählen und das neu eingerichtete Protokoll diesmal manuell starten. Als Startart bei einem Neustart des Servers ist schon AUTOMATISCH vorgegeben.

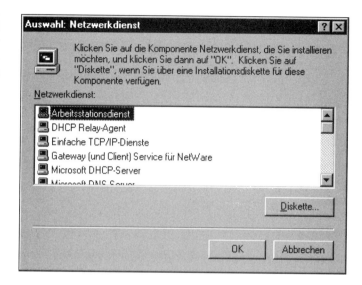

Abb. 14.8: Auswahlfenster für Netzwerk-Dienste

Abb. 14.9: Manuelles Starten von RIP

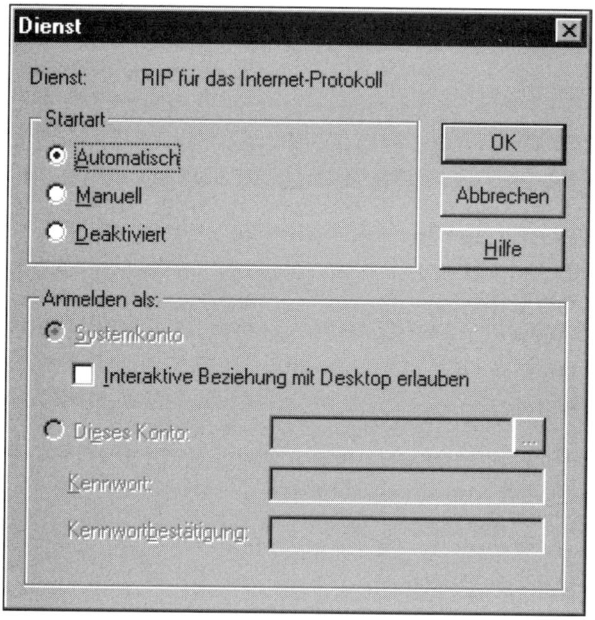

Zusätzliche IP-Adresse und Gateways

Je nach Anforderung können einer Netzwerkkarte auch mehrere IP-Adressen zugewiesen werden. Gerade wenn mehrere logische IP-Netze in einem physikalischen Netz bestehen oder das Wechseln zwischen verschiedenen Netzen notwendig ist, kann eine solche Mehrfachzuordnung eine große Hilfe sein.

Öffnen Sie dazu das Dialogfenster zu den Eigenschaften des TCP/IP-Protokolls und darin das Register IP-ADRESSE. In dem angezeigten Fenster finden Sie unten rechts eine Schaltfläche mit der Bezeichnung Optionen. Ein Klick darauf bringt das Dialogfenster für erweiterte IP-Adressen auf den Bildschirm.

Standardmäßig finden Sie dort die bisher festgelegte IP-Adresse vor. Mit Betätigen der Schaltfläche OPTIONEN und dann HINZUFÜGEN im Bereich IP-Adressen können nun weitere Adressen und Subnet Masks für den Netzwerkadapter bestimmt werden. Maximal fünf zusätzliche Adressen sind dabei möglich.

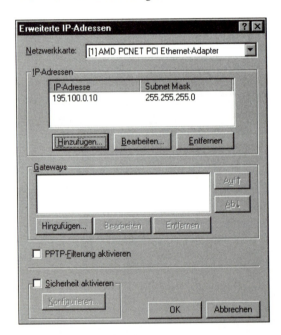

Abb. 14.10: Eingabefenster für zusätzliche IP-Adresse und Subnet Mask

Über das gleiche Dialogfenster, das zum Hinzufügen weiterer IP-Adressen verwendet wird, können über die Schaltflächen BEARBEITEN und ENTFERNEN bestehende IP-Adressen modifiziert oder gelöscht werden.

Windows NT 4 erlaubt es außerdem, mehr als ein Standard-Gateway für eine Station zu definieren. Solche weiteren Standard-Gateways können eine große Hilfe bei bestimmten Situationen im Fehlerfall sein.

Dazu zählt der Ausfall eines bisher vorhandenen Standard-Gateways oder fehlende Informationen zu einem weiteren Subnetz. Einfach ausgedrückt können zusätzliche Standard-Gateways Reserve- oder Umgehungsstrecken darstellen.

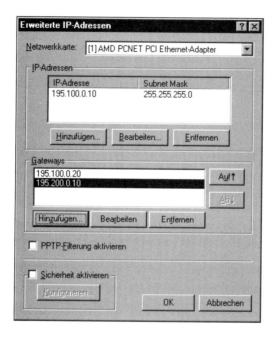

Abb. 14.11: Netzwerk mit zusätzlichen Standard-Gateways

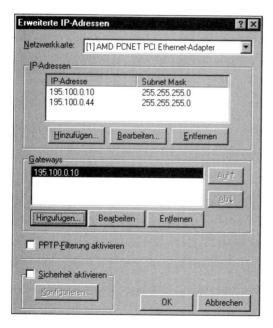

Abb. 14.12: Dialogfenster mit erweiterten IP-Adressen und Standard-Gateways

Das Hinzufügen einer weiteren Gateway-Adresse stellt sich ebenso einfach wie das Hinzufügen zusätzlicher IP-Adressen dar. Es wird in diesem Fall auch das gleiche Dialogfenster verwendet. In der unteren Hälfte dieses Fensters finden Sie einen Abschnitt Gateways, der wiederum eine Schaltfläche HINZÜGEN besitzt. Durch Betätigen dieser Schaltfläche erhalten Sie ein kleines Eingabefenster für die Angabe der zusätzlichen Gateway-Adresse.

Wie bei den zusätzlichen IP-Adressen für die Netzwerkkarte ist die Anzahl weiterer Gateway-Adressen auf maximal fünf beschränkt.

Die Verwendung zusätzlicher Standard-Gateways bewirkt in einem Netzwerk mit mehreren Subnetzen eine bedeutend höhere Ausfallsicherheit.

Installation von DHCP

Schon bei den Grundlagen im vorangegangenen Kapitel war schnell ersichtlich, daß es eine mühselige Arbeit ist, sämtliche Computer (Server/Workstation) manuell mit den IP-Adressen und zusätzlichen Parametern zu konfigurieren. Auch wenn das in kleineren Netzwerken mit Sicherheit schnell durchgeführt ist, bedeutet es jedoch, daß bei jeder Veränderung an der Adressierung alles wieder "umkonfiguriert" werden muß.

Damit solche Arbeiten nicht immer von neuem durchgeführt werden müssen, hat man sich zwei weitere Protokolle ausgedacht. Für die Durchführung einer automatischen Konfiguration existieren die Protokolle BOOTP (*Bootstrap Protocol*) und DHCP (*Dynamic Host Configuration Protocol*), das aus dem Protokoll BOOTP hervorgegangen ist.

Die Verwendung eines DHCP-Servers erlaubt es, daß die Clients die IP-Adresse und die dazugehörigen Angaben selbst vom Server bei Bedarf anfordern. Als DHCP-Server kann nur ein NT-Server fungieren. Der Betrieb einer NT-Workstation als DHCP-Server ist nicht möglich.

Um jedoch die DHCP-Dienste nutzen zu können, ist nicht nur der DHCP-Server notwendig. Auch die Arbeitsstationen (Clients) müssen für DHCP konfiguriert sein.

Installation und Konfiguration des DHCP-Servers

DHCP-Server sind Windows NT-Server, die IP-Adressen an Clients vergeben. Dies ist nur mit der richtigen TCP/IP-Konfiguration sämtlicher beteiligter Computer möglich. Auf den Arbeitsstationen wird das durch den DHCP-Client und auf dem NT-Server durch den DHCP-Server-Dienst ermöglicht.

Wie viele Zusatzfunktionen von Windows NT 4 ist auch der DHCP-Server als Dienst implementiert und muß manuell installiert werden. Doch bevor der Dienst auf das Geratewohl eingerichtet wird, sollten einige Voraussetzungen geklärt sein.

Sie benötigen zwei wichtige Informationen für die Installation des DHCP-Servers: zum einen die festgelegte IP-Adresse für den zukünftigen DHCP-Server und zum anderen die Information, welche IP-Adressen für den einzurichtenden Adreß-Pool zur Verfügung stehen.

Sind alle Informationen zusammen, steht der Installation nichts mehr im Wege. Wählen Sie zuerst aus dem Dialogfenster NETZWERK der Systemsteuerung die Registerkarte DIENSTE an. Durch Anklicken der Schaltfläche HINZUFÜGEN erhalten Sie eine Auswahlliste aller zur Verfügung stehenden Dienste von Windows NT 4. Aus dieser Liste wählen Sie den Dienst MICROSOFT DHCP-SERVER aus und bestätigen die Wahl mit OK.

Die Installationsroutine von Windows NT 4 kopiert einige notwendige Dateien und gibt kurz darauf ein Hinweisfenster auf dem Bildschirm aus. Diese Meldung weist darauf hin, daß falls dieser Server bisher eine IP-Adresse von einem DHCP-Server erhalten hat, nun eine statische IP-Adresse benötigt. Eine gleichzeitige Funktion als DHCP-Server und DHCP-Client ist nicht möglich. Die statische IP-Adresse kann über die Eigenschaften des TCP/IP-Protokolls festgelegt werden.

Mit OK kann dieses Fenster geschlossen werden, und ein weiterer Klick auf die Schaltfläche SCHLIESSEN der Netzwerkkonfiguration beendet die Installation des neuen Dienstes. Die neuen Bindungsinformationen werden abschließend gespeichert, und das Dialogfenster zur Vergabe von IP-Adressen für das TCP/IP-Protokoll wird zur Kontrolle angezeigt. Überprüfen Sie die statische IP-Adresse genau und bestätigen Sie abschließend mit OK.

Nach dem angeforderten Neustart steht auf diesem Computer der DHCP-Server-Dienst für die Konfiguration zur Verfügung.

Nach dem erfolgten Neustart und erfolgreicher Anmeldung als Administrator kann der DHCP-Server konfiguriert werden. Dazu wird ein Programm mit der Bezeichnung DHCP-Manager verwendet. Dieses Hilfsprogramm finden Sie unter START/PROGRAMME/VERWALTUNG (ALLGEMEIN).

Abb. 14.13:
Dialogfenster mit installiertem DCHP-Server-Dienst

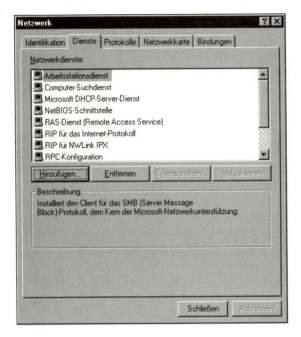

Da der DHCP-Manager gemäß dieser Beispielkonfiguration zum ersten Mal gestartet wurde, sind natürlich noch keine umfangreichen Einträge vorzufinden. Lediglich in der Spalte DHCP-SERVER befindet sich der Eintrag LOKALER COMPUTER.

Abb. 14.14:
Startbildschirm DHCP-Manager

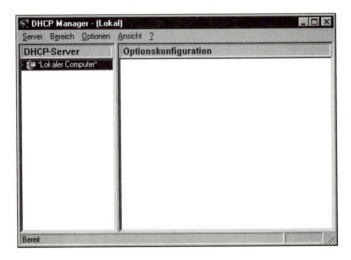

Um jetzt einen neuen DHCP-Server einzufügen, wählen Sie aus dem Hauptmenü SERVER die Option HINZUFÜGEN an. Über ein Eingabefeld werden Sie aufgefordert, den Namen oder die IP-Adresse des neuen DHCP-Servers anzugeben. Mit diesem Namen ist nicht der NetBIOS-Name, sondern der festgelegte Host-Name bei der Einrichtung von DNS gemeint. Da diese Konfiguration erst nachfolgend in diesem Kapitel beschrieben wird, entscheiden Sie sich für die statische IP-Adresse des NT-Servers.

Mit Klick auf OK wird der DHCP-Server der Liste hinzugefügt.

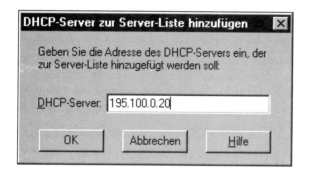

Abb. 14.15: Eingabefeld für neuen DHCP-Server

Nachdem der neue DHCP-Server eingefügt ist, müssen im nächsten Schritt die verfügbaren DHCP-Adreßbereiche angegeben werden. Das dazugehörige Dialogfenster öffnen Sie über den Menüpunkt BEREICH und die Option ERSTELLEN.

Tragen Sie in die Felder zu ANFANGSADRESSE und ENDADRESSE den Bereich verfügbarer IP-Adressen ein, die später von den DHCP-Clients vom DHCP-Server angefordert werden können. Auch die entsprechende Subnet Mask muß in dem darunter befindlichen Feld angegeben werden. In den Feldern ANFANGSADRESSE und ENDADRESSE des Abschnitts AUSSCHLUSSBEREICH lassen sich aus dem angegebenen Adreßbereich IP-Adressen bestimmen, die nicht den DHCP-Clients zur Verfügung stehen sollen.

Außer diesen Angaben kann in der Rubrik DAUER DER LEASE bestimmt werden, wie lange ein Client die ihm zugewiesene IP-Adresse behalten darf, bis er eine neue Adresse vom DHCP-Server zugeteilt bekommt. Verzichten Sie möglichst auf die Option UNBESCHRÄNKT. In diesem Fall bleibt die IP-Adresse permanent zugewiesen, selbst wenn der dazugehörige DHCP-Client längst nicht mehr existiert.

Das Eingabefeld NAME dient dazu, den angebenen IP-Adreßbereich zu benennen. Ein solcher Name darf bis zu 128 Zeichen lang sein. Das Feld BESCHREIBUNG ist dagegen ein reines Informationsfeld und hat keinen Einfluß auf die Konfiguration.

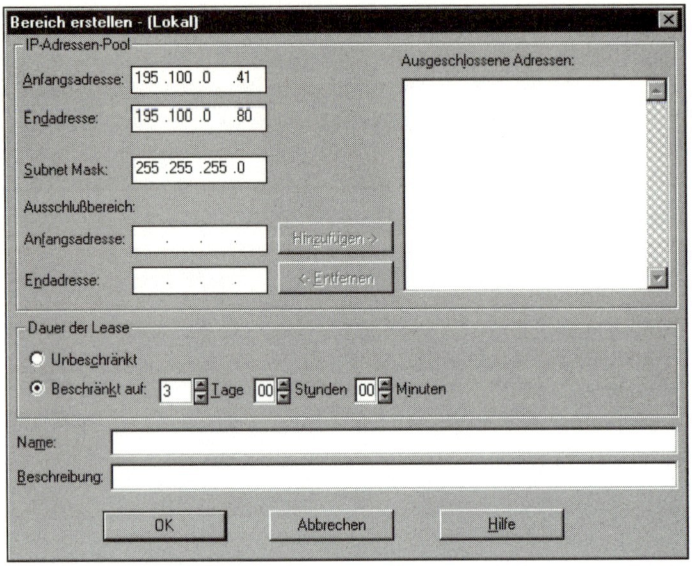

Abb. 14.16:
Eingabemaske
DHCP-Bereich

Nachdem alle Angaben vorgenommen sind, kann mit OK gespeichert und das Dialogfenster geschlossen werden. Ein Meldungsfenster weist Sie darauf hin, daß der angegebene DHCP-Bereich erfolgreich erstellt, aber noch nicht aktiviert wurde. Mit Klick auf JA bestätigen Sie, daß der angegebene Adreßbereich sofort aktiviert werden soll. Der neu erstellte DHCP-Bereich wird dem DHCP-Server hinzugefügt.

Optionen zu DHCP

Über das Menü OPTIONEN des DHCP-Managers können Sie weitere Einstellungen festlegen. Um jedoch an die verschiedenen Menüpunkte unter OPTIONEN zu gelangen, muß zunächst der entsprechende DHCP-Server im linken Fenster des DHCP-Managers mit einem Doppelklick und anschließend das Symbol mit der Glühlampe ausgewählt werden. Das gelbleuchtende Glühlampensymbol besagt, daß der Adreßbereich aktiviert ist. Nun stehen auch die Menüpunkte unter OPTIONEN zur Verfügung.

Die verfügbaren Optionen werden zwischen GLOBAL, BEREICH und STANDARD unterschieden. Um Optionen zu ändern, die in allen Subnetzen gleich sein sollen, wählen Sie die Option GLOBAL. Sollen die Einstellungen jedoch nur für bestimmte Adreßbereiche gültig sein, ist die Option BEREICH anzuwählen. Die Dialogfenster beider Optionen sind gleich. Der Unterschied liegt in der Zuständigkeit der Einstellungen.

Abb. 14.17:
DHCP-OPTIONEN
GLOBAL

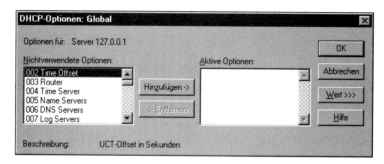

Auf der linken Seite des Optionsfensters sehen Sie die nicht verwendeten Optionen. Durch Auswählen einer Option und Klick auf HINZUFÜGEN können Sie die betreffende Option in das Fenster der aktiven Optionen übertragen. Von den verschiedenen Optionen werden in der Praxis nur die wenigsten verwendet.

Wollen Sie beispielsweise die IP-Adresse des Standard-Gateways definieren, wählen Sie die Option ROUTER aus und bestätigen mit HINZUFÜGEN. Sie bemerken, daß Microsoft die Definition von Gateway und Router nicht so genau nimmt. Damit ist zwar die Option ROUTER dem DHCP-Server hinzugefügt, doch ohne zugewiesene IP-Adresse hat die Option noch keine Funktion.

Klicken Sie dazu die Schaltfläche WERT>>> an und danach ARRAY BEARBEITEN. Auf diese Art und Weise gelangen Sie zum Editor für IP-Adressen-Array. Geben Sie im Feld NEUE IP-ADRESSE den Wert für das Standard-Gateway ein, und klicken Sie auf HINZUFÜGEN. Eine bisher vorhandene IP-Adresse für das Standard-Gateway wird entfernt, indem Sie den Wert anwählen und die Schaltfläche ENTFERNEN betätigen.

Das Feld SERVERNAME dient zur Aufnahme des Namens für den DHCP-Server, auf dem diese Adressen definiert sind. Ein Klick auf AUSWERTEN löst den eingetragenen Namen zur entsprechenden IP-Adresse auf und überträgt den Wert in das Feld IP-ADRESSE. Ein abschließender Klick auf OK beendet die Konfiguration dieser Option. Sie gelangen wieder zum Auswahlfenster für Optionen, das ebenfalls mit OK geschlossen werden kann.

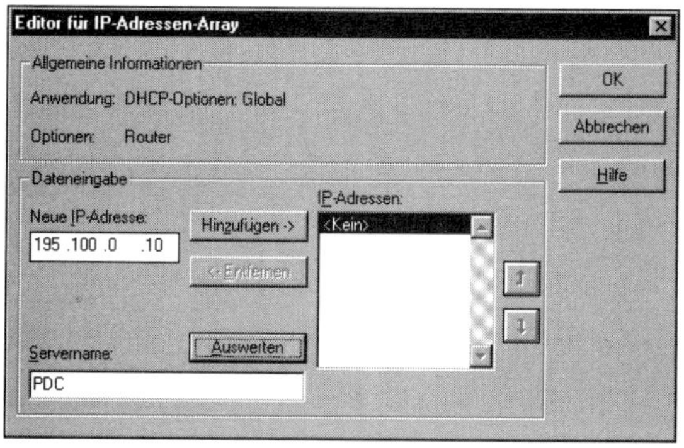

Abb. 14.18:
EDITOR FÜR IP-
ADRESSEN-ARRAY

Im Fenster des DHCP-Managers wird jetzt außer dem DHCP-Server mit seinen Adreßbereichen in der rechten Hälfte zusätzlich die hinzugefügte Option angezeigt. Für die Optionskonfiguration GLOBAL oder BEREICH werden unterschiedliche Symbole zur Darstellung verwendet.

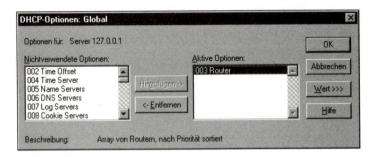

Abb. 14.19:
DHCP-Manager mit konfigurierter Option "Router"

Aktive Leases

Als aktive Leases werden die Stationen bezeichnet, die vom DHCP-Server eine IP-Adresse zugewiesen bekommen haben. Durch einen Doppelklick auf einen aktiven Adreßbereich des DHCP-Servers (Glühlampe) öffnen Sie ein Dialogfenster, das alle aktiven Leases mit der zugeteilten IP-Adresse und Stationsnamen anzeigt. Außerdem erhalten Sie nützliche Informationen, wie viele Adressen der Adreßpool besitzt und zur Zeit noch verfügbar sind.

Durch Markieren eines Client und anschließendes Betätigen der Schaltfläche EIGENSCHAFTEN erhalten Sie weitere Informationen zu dieser Station. Dazu zählt außer der zugewiesenen IP-Adresse und dem Client-Namen die MAC-Adresse der Netzwerkkarte, eine mögliche Beschreibung und das Ablaufdatum der Lease.

Eine sortierte Anzeige der aktiven Leases kann nach IP-Adresse oder nach Namen vorgenommen werden.

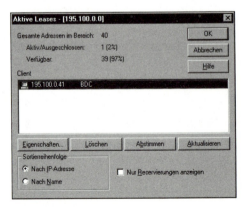

Abb. 14.20:
Anzeige der aktiven Leases

Reservieren von IP-Adressen

Für manche Computer mit speziellen Aufgaben, zum Beispiel DNS-Server, FTP-Server oder Web-Server, kann es sehr wichtig sein, daß sie immer die gleiche IP-Adresse zugewiesen bekommen. Bei der dynamischen Zuordnung von einem DHCP-Server ist das nicht der Fall. Es ist deshalb möglich, bestimmte IP-Adressen für solche Rechner zu reservieren.

Wählen Sie dazu aus im Hauptmenü BEREICH des DHCP-Managers die Option RESERVIERUNGEN HINZUFÜGEN an. Sie erhalten ein kleines Eingabefenster, in dem die gewünschte IP-Adresse, eindeutige ID (UID) und der Client-Name eingetragen werden muß. Das Feld CLIENT-BESCHREIBUNG ist optional und dient nur Informationszwecken.

Mit der eindeutigen ID (UID) ist die Netzwerkkartenadresse (MAC-Adress) des Computers gemeint. Liegt diese Information nicht vor, kann sie durch den Kommandozeilenbefehl

```
NET CONFIG Workstation / Server ⏎
```

oder

```
ARP -a ⏎
```

an Windows 95-PCs oder Windows NT-Computern ausfindig gemacht werden. Mit HINZUFÜGEN wird die Reservierung abgeschlossen. Sind mehrere DHCP-Server im Einsatz muß darauf geachtet werden, daß die reservierten IP-Adressen bei jedem dieser Server eingetragen und identisch sind. Ein automatischer Abgleich zwischen den DHCP-Servern findet nicht statt.

Konfiguration des DHCP-Clients

Auch dem Client muß mitgeteilt werden, daß er seine IP-Adresse von einem DHCP-Server beziehen soll. Wenn dies nicht schon bei der Einrichtung von TCP/IP festgelegt wurde, kann dies auch ohne größeren Aufwand nachträglich bestimmt werden.

Öffnen Sie dazu in der Systemsteuerung das Dialogfenster NETZWERK, und wechseln Sie zu den Eigenschaften des Protokolls TCP/IP. In dem Registerblatt IP-ADRESSE kann durch Anwählen eines entsprechenden Optionsfelds festgelegt werden, daß die IP-Adresse von einem DHCP-Server bezogen wird. Unter Windows 95 heißt diese Option IP-ADRESSE AUTOMATISCH BEZIEHEN. Beim nächsten Neustart des Computers wird das System nach einem DHCP-Server suchen und sich eine IP-Adresse zuteilen lassen.

Welche Adresse vom DHCP-Server zugeteilt wurde, läßt sich auf Computern mit Windows NT durch den Kommandozeilenbefehl

```
IPCONFIG ↵
```

in Erfahrung bringen. Windows 95 verfügt dagegen über das Programm WINIPCFG. Dieses Programm ist für die grafische Benutzeroberfläche von Windows 95 konzipiert.

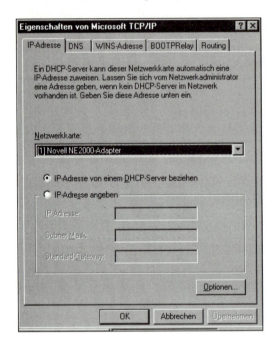

Abb. 14.21: Konfiguration DHCP-Client

DHCP Relay-Agent

Damit ein DHCP-Client auch DHCP-Server erreichen kann, die über einen IP-Router mit einem anderen Subnetz verbunden sind, muß der IP-Router auch als DHCP Relay-Agent konfiguriert werden. Dieser DHCP Relay-Agent erlaubt es DHCP- bzw. BOOTP-Broadcasts, von einem Subnetz in ein anderes zu übertragen.

Vor der Konfiguration des DHCP Relay-Agent muß zuerst der betreffende Dienst auf dem NT-Server installiert werden. Wechseln Sie dazu zur Registerkarte DIENSTE im Dialogfenster NETZWERK der Systemsteuerung, und betätigen Sie die Schaltfläche HINZUFÜGEN. Aus der angezeigten Liste wählen Sie den Dienst DHCP RELAY-AGENT aus und bestätigen Sie mit OK. Nachdem die benötigten Dateien kopiert sind, kann die Konfiguration des DHCP Relay-Agent durchgeführt werden.

Insallation von DHCP

Wählen Sie unter NETZWERK in der Systemsteuerung das Register PROTOKOLLE an, darin das Protokoll TCP/IP und betätigen Sie die Schaltfläche EIGENSCHAFTEN. Aktivieren Sie jetzt die Registerkarte mit der Bezeichnung BOOTPRELAY. Über HINZUFÜGEN kann dort die IP-Adresse des DHCP-Servers angegeben werden.

Das Feld SCHWELLWERT IN SEKUNDEN gibt den Schwellwert für den Transport von DHCP-Broadcasts an. Meldungen mit einem geringeren Schwellwert werden über diesen Router nicht übertragen.

Mit der Angabe von HÖCHSTANZAHL (HOPS) wird die maximale Anzahl von Sprüngen (Hops) angegeben, die ein DHCP-Broadcast ausführen darf.

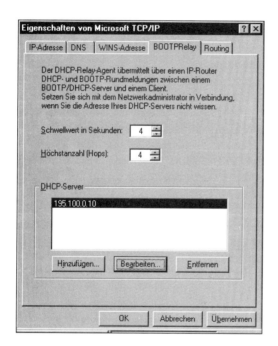

Abb. 14.22: Konfiguration DHCP-Relay

WINS-Server

Mit DHCP hat man das Problem gelöst, IP-Adressen dynamisch und nur einmalig zu verteilen. Eine Auflösung von Host-Namen zu IP-Adressen kann damit jedoch nicht durchgeführt werden.

Bekommt beispielsweise der Computer PC.FIRMA.COM eine IP-Adresse dynamisch von einem DHCP-Server zugewiesen, weiß noch lange kein DNS-Server etwas von dieser Adressierung. Aber gerade bei einem Web-Server ist es zum Beispiel bedeutend einfacher, wenn die

Benutzer den Host-Namen und nicht die IP-Adresse des Servers angeben können. Es wird nicht nur eine dynamische IP-Adressierung, sondern auch eine dynamische Namensauflösung benötigt.

Zu diesem Zweck hat Microsoft WINS (*Windows Internet Name Service*) entwickelt. Ein WINS-Server im Netzwerk registriert automatisch alle NetBIOS-Namen und die dazugehörigen IP-Adressen sämtlicher angeschlossener Computer. WINS aktualisiert automatisch seine Datenbank, wenn dynamische Adreßänderungen durch DHCP-Server vorgenommen werden.

Ähnlich dem DHCP arbeitet auch WINS nach dem Client/Server-Prinzip. Es muß sowohl ein WINS-Server eingerichtet sein als auch die WINS-Unterstützung auf der Client-Seite.

Installation des WINS-Servers

Wie viele Zusätze von Windows NT 4 ist auch der WINS-Server als Dienst ausgelegt. Allerdings läßt sich ein WINS-Server nur auf der Server-Variante von Windows NT 4 einrichten. Auf der NT 4-Workstation ist der Betrieb nicht möglich.

Über den Bereich NETZWERK in der Systemsteuerung wird der WINS-Server in der Registerkarte DIENST installiert. Betätigen Sie die Schaltfläche HINZUFÜGEN und wählen aus der angezeigten Liste den Dienst WINS-DIENST aus. Mit Bestätigung durch FORTSETZEN werden die benötigten Dateien hinzugefügt und WINS in die Liste der installierten Dienste übertragen.

Jetzt muß der Bereich NETZWERK über SCHLIESSEN verlassen werden, damit NT die Bindungsinformationen aktualisiert. Nun blendet Ihnen Windows NT das Eigenschaftsfenster des TCP/IP-Protokolls ein. Einstellungen dazu sind zu diesem Zeitpunkt nicht notwendig, und das Fenster kann mit OK geschlossen werden. Auch Hinweise, daß noch keine WINS-Adresse vergeben wurde, können übergangenen werden. Abschließend werden Sie zu einem Neustart des Computers aufgefordert. Bestätigen Sie das mit JA, und melden Sie sich nach dem Neustart wie gewohnt an.

Konfiguration von WINS

Die Verwaltung und Konfiguration von WINS wird über den WINS-Manager durchgeführt. Dieses Hilfsprogramm finden Sie unter START/PROGRAMME/VERWALTUNG (ALLGEMEIN). Nach dem Start des WINS-Managers erhalten Sie zunächst ein in zwei Spalten aufgeteiltes Informationsfenster. In der linken Spalte werden die aktiven WINS-Server und in der rechten Spalte verschiedene Statistiken aufgezeigt.

Abb. 14.23:
Startbildschirm
WINS-Manager

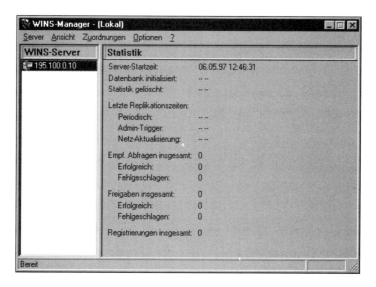

Die Angaben in der Spalte Statistik bedeuten:

SERVER STARTZEIT
Gibt Datum und Uhrzeit für die Startzeit des WINS-Servers aus

DATENBANK INITIALISIERT
Zeitpunkt der erstmaligen Initialisierung der Datenbank

STATISTIK GELÖSCHT
Zeitpunkt der letztmaligen Löschung der Statistiken des WINS-Servers

LETZTE REPLIKATIONSZEITEN

PERIODISCH	Letzter Zeitpunkt, zu dem eine periodische Replikation durchgeführt wurde
ADMIN-TRIGGER	Zeitpunkt der letzten manuellen Replikation durch den Administrator
NETZ-AKTUALISIERUNG	Zeitpunkt der letzten Replikation aufgrund einer Netzanforderung

EMPF. ABFRAGEN INSGESAMT

ERFOLGREICH	Anzahl sämtlicher erfolgreicher Namensauflösungen
FEHLGESCHLAGEN	Anzahl sämtlicher fehlgeschlagener Namensauflösungen

FREIGABEN INSGESAMT

ERFOLGREICH   Anzahl sämtlicher erfolgreicher Namensfreigaben

FEHLGESCHLAGEN   Anzahl sämtlicher fehlgeschlagener Namensfreigaben

REGISTRIERUNGEN
INSGESAMT   Anzahl aller empfangenen Registriermeldungen

Außer diesen WINS-Statistiken lassen sich auch Detailinformationen über den lokal laufenden WINS-Server anzeigen. Diese Informationen erhalten Sie über den Hauptmenüpunkt SERVER und die Option DETAILINFORMATIONEN.

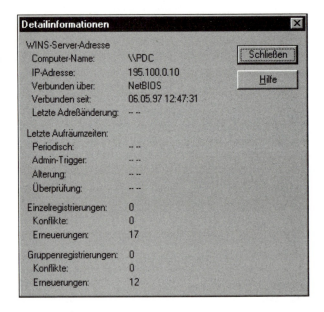

Abb. 14.24:
Detailinformationen WINS-Server

Die Bedeutungen der Detailinformationen sind:

WINS-SERVER-ADRESSE

COMPUTER-NAME   NetBIOS-Name des WINS-Servers

IP-ADRESSE   IP-Adresse des WINS-Servers

VERBUNDEN ÜBER   Verbindungsprotokoll des WINS-Servers

VERBUNDEN SEIT   Datum und Uhrzeit zum Start der Verbindung

LETZTE ADRESSÄNDERUNG   Zeitpunkt der letzten Replikation des Datenbank

WINS-Server

LETZTE AUFRÄUMZEITEN

PERIODISCH	Letzte periodische Säuberung der Datenbank
ADMIN-TRIGGER	Letzte manuell durchgeführte Säuberung der Datenbank durch den Administrator
ÜBERPRÜFUNG	Letzte Säuberung aufgrund eines Überprüfungsintervalls
EINZELREGISTRIERUNGEN	Anzahl sämtlicher Anforderungen zur Namensregistrierung
KONFLIKTE	Anzahl der Konflikte bei der Registrierung von Einzelnamen
ERNEUERUNGEN	Anzahl der Erneuerungen für Einzelnamen
GRUPPENREGISTRIERUNGEN	Anzahl sämtlicher Anforderungen zur Gruppenregistrierung an diesen WINS-Server
KONFLIKTE	Summe der Konflikte bei der Registrierung von Gruppennamen
ERNEUERUNGEN	Anzahl der Erneuerungen für Gruppennamen

Zur Konfiguration eines WINS-Servers gehört das Festlegen der verschiedenen Intervalle für Erneuerungen und Überprüfungen. Zusätzlich lassen sich die WINS-Server als Partner zur Replikation mit anderen Servern konfigurieren. Man unterscheidet dabei zwischen Push- und Pull-Partnern. Ein Pull-Partner holt sich die Datenbankinformationen und ein Push-Partner verschickt Informationen zum Aktualisieren der Datenbank.

Zur Konfiguration eines WINS-Servers gelangen Sie, indem zuerst der betreffende Server in der linken Spalte markiert und über das Menü SERVER die Option KONFIGURATION ausgewählt wird. Sie erhalten ein Dialogfenster, über das die Zeiträume der verschiedenen Intervalle für Stunden, Minuten und sogar Sekunden festgelegt werden können.

Abb. 14.25: WINS-Server-Konfiguration

ERNEUERUNGSINTERVALL	Bestimmt den Zeitraum, wann sich WINS-Clients mit ihrem Namen erneut beim WINS-Server erneut registrieren müssen. Vorgabe sind 144 Stunden.
ALTERUNGSINTERVALL	Zeitraum, zwischen dem ein Namenseintrag als wieder freigegeben oder veraltet angesehen wird. Der Höchstwert beträgt 96 Stunden.
ALTERUNGSZEITÜBERSCHREITUNG	Dieser Wert bestimmt den Zeitraum, der zwischen dem Kennzeichnen eines Namenseintrags als veraltet und der endgültigen Löschung liegt.
ÜBERPRÜFUNGSINTERVALL	Zeitraum, nach dem der WINS-Server alte Namen kontrolliert, deren Besitzer er nicht ist, ob diese noch aktiv sind

Beim Verändern dieser Intervalle sollten Sie berücksichtigen, daß kurze Intervalle und deren ausgelöste Aktionen zusätzlichen Datenverkehr im Netz verursachen. Kurze Intervalle sind nur notwendig, wenn sich die Computernamen und IP-Adressen häufig ändern.

In diesem Standard-Konfigrurationsfenster sind zu den Intervall-Einstellungen auch Angaben für die Replikation der Datenbank mit Replikationspartnern vorzunehmen. Man unterscheidet dabei zwischen Pull- und Push-Parametern.

Pull-Parameter

Aktivieren Sie das Kontrollkästchen ANFANGSREPLIKATION, damit dieser WINS-Server Replikas neuer Datenbankeinträge von seinen Partnern anfordert, sobald das System initialisiert wird oder Änderungen der Replikationsparameter vorgenommen wurden.

WIEDERHOLUNGEN	In diesem Feld geben Sie die Anzahl der Versuche des Servers an, im Falle eines Fehlers die Übernahme von Replikationsdaten wiederholt durchzuführen. Der Zeitraum zwischen den Versuchen wird durch die Angabe im Feld REPLIKATIONSINTERVALL im Hauptmenü OPTIONEN unter EINSTELLUNGEN-PARTNER bestimmt.

Push-Parameter

Mit den dazugehörigen Feldern bestimmen Sie, wie der WINS-Server bei Push-Vorgängen die Kopien der Datenbank an seine Partner sendet.

ANFANGSREPLIKATION   Sobald dieses Kontrollkästchen akitviert ist, wird der WINS-Server bei jeder Initialisierung seine Pull-Partner über den Datenbankstatus informieren.

Replikation bei   Sollen auch Informationen über Adreßände-
ADRESSÄNDERUNG   rungen an die Partner gesendet werden, muß dieses Feld aktiviert werden.

Um an weitere Einstellungen für den WINS-Server zu gelangen, betätigen Sie die Schaltfläche OPTIONEN. Das Konfigurationsfenster vergrößert sich und gibt zusätzliche Felder für WINS-Einstellungen frei.

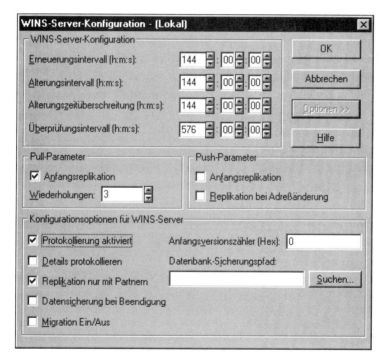

Abb. 14.26: Erweiterte WINS-Server-Konfiguration

PROTOKOLLIERUNG AKTIVIERT
Ist dieses Kontrollkästchen aktiv, werden sämtliche Datenbankänderungen in einerDatei mit Namen JET.LOG aufgezeichnet.

DETAILS PROTOKOLLIEREN
Mit dieser Option werden sämtliche Detailinformationen zu Ereignissen protokolliert. Da dies erhebliche Systemressourcen beansprucht, sollte es nicht eingeschaltet werden, wenn maximale Systemleistung gefordert wird.

REPLIKATION NUR MIT PARTNERN
Wird dieses Feld deaktiviert, kann der Administrator veranlassen, daß auch Replikationen mit nicht aufgelisteten WINS-Servern durchgeführt werden können.

DATENSICHERUNG BEI BEENDIGUNG
Bewirkt, daß die Datenbank beim Beenden von WINS automatisch gesichert wird

MIGRATION EIN/AUS
Dieser Schalter bewirkt, daß statische Datensätze und Datensätze für Hosts mit mehreren Netzwerkkarten (Mehrfach vernetzt) als dynamisch behandelt werden. Ist dieses Feld eingeschaltet, werden Datensätze, die nicht mehr gültig sind, durch eine neue Registrierung überschrieben. Diese Option sollten Sie aktivieren, wenn Computer mit anderen Betriebssystemen auf Windows NT umgestellt werden.

ANFANGSVERSIONSZÄHLER (HEX)
Dieser eingetragene Wert muß in der Regel nur verändert werden, wenn die Datenbank beschädigt ist oder neu gestartet werden muß. In einem solchen Fall setzen Sie den Eintrag höher als den bisher angezeigten Wert für die Datenbank.

DATENBANK-SICHERUNGSPFAD
In dem dazugehörigen Eingabefeld kann der Ordner für die Sicherungsdateien der Datenbank angegeben werden. Diese Sicherung wird dann alle drei Stunden durchgeführt. Bei einer Beschädigung der Datenbank wird nach dem Neustart von WINS dieser Ordner für die Wiederherstellung verwendet.

Geben Sie kein Netzwerklaufwerk für den Sicherungspfad an!

Konfiguration der WINS-Clients

Zu Beginn dieses Abschnitts wurde für WINS schon der Begriff Client/Server-Datenbank genannt. Daraus ist zu ersehen, daß nicht nur der oder die WINS-Server existieren und konfiguriert sein müssen. Auch auf der Client-Seite muß die WINS-Unterstützung eingerichtet werden.

Damit auch die Clients WINS nutzen können, muß diese Option unter den Eigenschaften des Protokolls TCP/IP aktiviert werden. Wechseln Sie in den Eigenschaften zum TCP/IP-Protokoll zur Registerkarte WINS-ADRESSE.

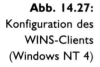

Abb. 14.27:
Konfiguration des
WINS-Clients
(Windows NT 4)

Wählen Sie in diesem Dialogfenster zunächst die Netzwerkkarte für das entsprechende Subnetz und die dazugehörige WINS-Konfiguration aus. Es muß außerdem mindestens eine Adresse eines erreichbaren WINS-Servers angegeben werden. Der sekundäre WINS-Server wird zur Namensauflösung herangezogen, wenn der primäre WINS-Server nicht antwortet.

Sind alle Einstellungen vorgenommen, klicken Sie auf OK, und betätigen Sie danach die Schaltfläche SCHLIESSEN zum Dialogfenster NETZWERK. Das System fordert Sie zu einem Neustart des Computers auf, um die geänderten Einstellungen wirksam werden zu lassen. Bestätigen Sie die Abfrage mit JA, warten Sie den Neustart ab und melden sich wie gewohnt als Administrator erneut an.

Die weiteren Einstellungen zur Konfiguration der WINS-Adresse auf einem Windows NT 4-Client betreffen die noch zu besprechende Verwendung von DNS (*Domain Naming System*) sowie die Verwendung von LMHOST-Dateien für die Namensauflösung und deren Import.

Überprüfung des WINS-Client

Zur Kontrolle der vorgenommenen WINS-Konfiguration auf Funktionalität, kann wieder mal der Kommandozeilenbefehl PING verwendet werden. Geben Sie dazu einfach an der Eingabeaufforderung den Befehl

```
PING Host-Name ↵
```

ein. Erhalten Sie keine Antwort, muß irgendein Fehler bei der Konfiguration vorliegen.

DNS-Server

Im vorangegangenen Abschnitt haben Sie erfahren, daß WINS für die Namensauflösung von NetBIOS-Namen zu IP-Adressen zuständig ist. Im Internet oder Intranet hingegen übernimmt DNS (*Domain Naming System*) analog dazu diese Aufgabe. Host-Namen werden zu IP-Adressen aufgelöst und umgekehrt. Dabei müssen diese Computer nicht unbedingt mit NetBIOS arbeiten, wodurch die Leistungsfähigkeit von DNS bedeutend höher ist.

Ein solcher DNS-Server ist Bestandteil von Windows NT 4-Server. Bei Verwendung dieses DNS-Servers können Clients, wie schon bei WINS, anstelle der komplizierten IP-Adressen leicht verständliche Namen zum Ansprechen der Hosts verwenden.

Ein weiterer Unterschied zwischen WINS und DNS besteht im Aufbau der verwendeten Namen. Sind es bei WINS willkürlich gewählte NetBIOS-Namen, haben Host-Namen unter DNS einen hierarchischen Aufbau. Der Aufbau besteht aus Host-Namen und Domänen-Name: Ist beispielsweise der Host-Name MULTI.COM würde der Web-Server WEB1 vom Client unter WEB1.MULTI.COM angesprochen werden.

Installation des DNS-Servers

Für die Einrichtung wählen Sie zuerst aus der Systemsteuerung das Symbol NETZWERK und darin das Register DIENSTE an. Über HINZUFÜGEN erhalten Sie eine Auswahlliste aller noch zur Verfügung stehenden Dienste für den Windows NT 4-Server. Darunter auch den Dienst MICROSOFT DNS-SERVER, der angewählt und mit OK bestätigt werden muß.

Es wird ein Fenster für die Eingabe des Quellpfads zu den NT-Dateien angezeigt. Tragen Sie den entsprechenden Pfad ein (z. B. E:\i386), und fahren Sie in der Installation durch Betätigen von FORTSETZEN fort. Benötigte Dateien werden kopiert und der Dienst der Liste installierter Dienste hinzugefügt.

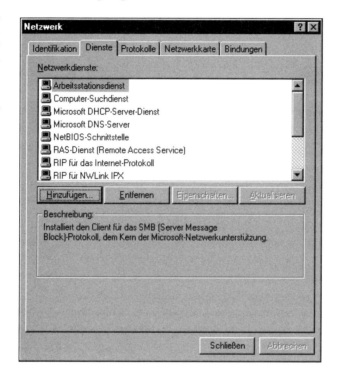

Abb. 14.28: Listenfenster installierter Dienste auf dem Windows NT 4-Server

Nach Klick auf die Schaltfläche SCHLIESSEN werden vom System einige Bindungsinformationen geprüft und gesichert und anschließend das Eigenschaftsfenster für das TCP/IP-Protokoll angezeigt.

Wechseln Sie in dem angezeigten Dialogfenster zur Registerkarte DNS. In dem nun dargestellten Fenster sollte schon der Host-Name des später als DNS-Server arbeitendeen NT4-Servers angezeigt sein. Außerdem benötigen Sie einen Domänen-Namen. Dabei kann es sich ruhig um den Namen der Domäne handeln, die Sie erst später erstellen und in Ihrem Netzwerk verwenden möchten.

Damit wäre zunächst die Installation des Dienstes MICROSOFT DNS-SERVER abgeschlossen. Bestätigen Sie die Angaben mit OK, und führen Sie wie verlangt einen Neustart des Systems durch und melden Sich wieder ordnungsgemäß am System an.

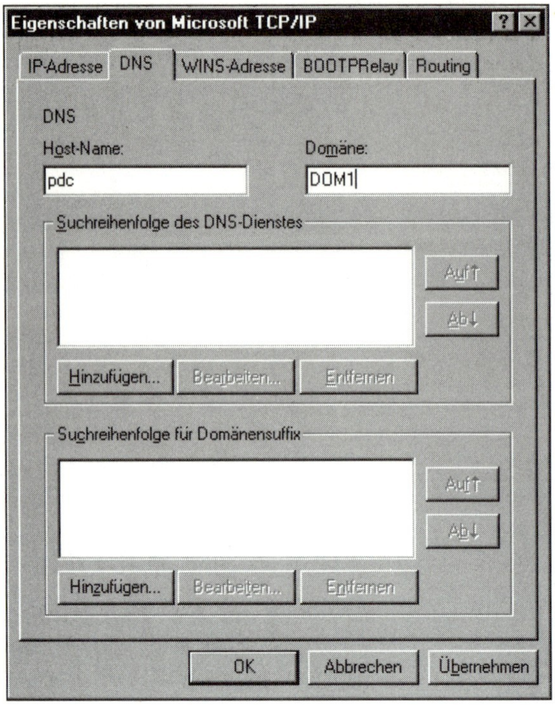

Abb. 14.29: TCP/IP-Einstellungen zu DNS

Konfiguration des DNS-Servers

Nach der Installation des DNS-Servers befindet sich unter START/PROGRAMME/VERWALTUNG (ALLGEMEIN) ein neuer Eintrag mit der Bezeichnung DNS-MANAGER. Über dieses Programm wird die Konfiguration des DNS-Servers durchgeführt. Nach dem Start des Programms erhalten Sie zunächst ein leeres Startfenster mit verschiedenen Hauptmenüpunkten.

Ihre erste Aufgabe ist es, einen neuen DNS-Server dem System bekannt zu geben. Wählen Sie dazu den Menüpunkt DNS an und darin den Befehl NEUER SERVER. Es erscheint ein kleines Eingabefeld, in dem der Name oder die IP-Adresse des neuen DNS-Servers angegeben werden muß. Beachten Sie dabei, daß ein DNS-Server immer über eine statische IP-Adresse verfügen muß und sie nicht von einem DHCP-Server beziehen darf.

Tragen Sie die IP-Adresse oder den Host-Namen ein und bestätigen Sie mit OK. Der Server wird der Server-Liste im linken Drittel des Dialogfensters hinzugefügt und auf der linken Seite direkt Server-Statistiken ausgegeben.

DNS-Server 313

Abb. 14.30:
Neuen DNS-Server hinzufügen

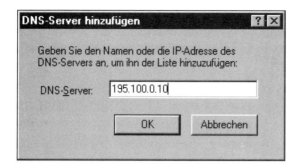

Markieren Sie den Eintrag des gerade erstellten DNS-Server und wählen Sie im Menü DNS den Eintrag NEUE ZONE an. Alternativ dazu kann auch die rechte Maustaste betätigt werden, um ein Kontextmenü mit diesem Eintrag aufzurufen.

Wählen Sie den Zonentyp PRIMÄR an, und betätigen Sie die Schaltfläche WEITER, um den neuen DNS-Server mit einer notwendigen Zonen-Definition zu versehen. Eine Zone stellt eine Untereinheit eines DNS-Servers dar, in der die Domänen definiert sind und verwaltet werden.

Die DNS-Domäne steht nicht in Zusammenhang mit der Domäne bei Windows NT-Netzwerken.

Das neue Eingabefenster verfügt über Felder für den Eintrag des Zonen-Namens und einer Zonendatei.

Abb. 14.31:
Neue Zone für den DNS-Server

Der Name der Zonendatei bezeichnet den Namen der dazugehörigen Datenbank. Aus Gründen der Übersichtlichkeit sollte an dieser Stelle der gleiche Name wie die Zonendatei ein Bestandteil sein. Angeboten wird Ihnen ZONEN-NAME.DNS.

Mit WEITER setzen Sie die Konfiguration fort. Über ein Meldungsfenster erhalten Sie den Hinweis, daß alle benötigten Informationen eingegeben wurden und mit Betätigen der Schaltfläche FORTSETZEN die neue Zone für den DNS-Server erstellt werden kann. Abschließend wird die neu erstellte Zone in das Listenfenster des DNS-Managers übernommen und Zonen-Informationen auf der rechten Seite angezeigt.

Neuen Host hinzufügen

Sie können selbstverständlich noch weitere Hosts der Domäne hinzufügen. Markieren Sie dazu den Domänen-Eintrag (Zonen-Eintrag), und wählen Sie aus dem Menü DNS den Eintrag NEUER HOST an, oder verwenden Sie das Kontextmenü mit der rechten Maustaste.

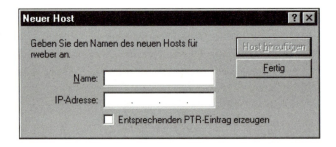

Abb. 14.32: Neuen Host der Domäne hinzufügen

In dem angezeigten Dialogfenster muß zum neuen Host der Host-Name und die IP-Adresse angegeben werden. Zusätzlich kann mit der Einrichtung direkt noch ein PTR-Eintrag erzeugt werden.

Damit wäre die Konfiguration des DNS-Servers abgeschlossen, und Sie können sich dem Client widmen.

Konfiguration des Client für DNS-Unterstützung

Bei einer Arbeitsstation mit Windows NT 4 wird die DNS-Konfiguration über das Dialogfenster EIGENSCHAFTEN ZU NETZWERK-PROTOKOLLE TCP/IP vorgenommen. Zu diesem Eigenschaftsfenster gehört auch eine Registerkarte mit der Bezeichnung DNS.

In diesem Register sind verschiedene Angaben einzutragen. Unter Host-Name finden Sie schon den Namen der betreffenden Arbeitsstation. Jetzt benötigen Sie noch den passenden Eintrag für die gerade erstellte neue Domäne und die Adresse eines DNS-Servers. Tragen Sie den Domänen-Namen in das entsprechende Feld ein, und betätigen Sie anschließend die Schaltfläche HINZUFÜGEN, um den DNS-Server anzugeben.

In dem eingeblendeten Dialogfeld tragen Sie die IP-Adresse des gewünschten DNS-Servers ein und bestätigen abschließend mit HINZUFÜGEN. Damit wäre die Einrichtung zur Unterstützung von DNS abgeschlossen. Auch diese Konfiguration kann mit dem Hilfsprogramm PING kontrolliert werden. Die Eingabe lautet:

```
PING FQDN-Name ⏎
```

wobei FQDN für *Fully Qualified Domain Name* steht und die Kombination von Host-Name und vollständiger Domain-Angabe bedeutet.

Beispiel:

```
PING PDC-DOM1.RWEBER.DE ⏎
```

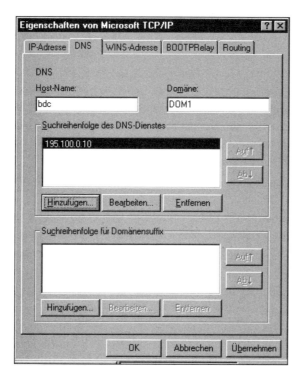

Abb. 14.33: DNS-Client-Konfiguration

Client-Installation

KAPITEL 15

15 · Client-Installation

Um von einer Arbeitsstation auf Ressourcen im Netzwerk zugreifen zu können, benötigt ein solcher PC bestimmte Client-Software abhängig vom Betriebssystem. Erst mit dieser installierten Software ist der Zugriff möglich. Folgende Clients werden von Windows NT 4 unterstützt:

- DOS / Windows 3.1
- Windows für Workgroups 3.1x
- Windows 95
- Windows NT
- OS/2
- Macintosh

Voraussetzungen für die Client-Installation

Für alle diese Betriebssysteme sind die notwendigen Client-Komponenten auf der Windows NT 4-CD zu finden. Die notwendige Software befindet sich im Verzeichnis \CLIENTS auf der CD. Die Installation ist zwar ohne weiteres aus den entsprechenden Verzeichnissen durchzuführen, eine einfachere Möglichkeit bietet jedoch der Netzwerk-Client-Manager. Über dieses Programm können die Dateien bequem auf den NT-Server kopiert und im Netzwerk bereitgestellt werden.

Wie bei der Installation von Windows NT 4 sind auch für die zukünftigen Arbeitsstationen verschiedene Voraussetzungen notwendig.

Hardware-Voraussetzungen

Kaum ein Betriebssystem ist so flexibel, wenn es um die notwendige Hardware-Ausstattung für den Client geht. Es werden PCs mit Intel-Prozessoren, Alpha-, MIPS- und PowerPC-Computer unterstützt. Zudem ist es noch möglich, OS/2- und Macintosh-Rechner als Clients im Netzwerk einzusetzen.

Zusätzlich benötigt jeder potentielle Client eine Netzwerkkarte entsprechend der verwendeten Topologie. Befindet sich der NT-Server in einem Ethernet-Segment muß auch der Client über eine Ethernet-Netzwerkkarte verfügen.

Die weitere Hardware-Ausstattung wie zum Beispiel Arbeitsspeicher und Festplattenkapazität spielt eher eine nebensächliche Rolle. Sicherlich belegt die geladene Client-Software Arbeitsspeicher und die dazugehörigen Dateien auch Festplattenspeicher, aber diese Mindestanforderung erfüllt heutzutage jeder PC. Viel wichtiger dagegen sind bestimmte Informationen zum eingebauten Netzwerkadapter und zum Netzwerk überhaupt. Dazu zählen:

- Interrupt, E/A-Adresse und DMA-Kanal der Netzwerkkarte
- Name der Domäne oder Arbeitsgruppe für den Client
- Computername der Arbeitsstation
- Verwendete Netzwerkprotokolle (ggf. IP-Adresse)

Sind alle Informationen zusammen, kann es mit der Installation der Client-Software losgehen. Im folgenden Kapitel wird die Client-Installation und -Konfiguration für DOS/Windows 3.x-, Windows für Workgroups- und Windows 95-PCs beschreiben.

Client für DOS und Windows 3.x

Bei den Betriebssystemen Windows NT, Windows 95 und sogar Windows für Workgroups 3.11 gehört die benötigte Client-Software für die Anbindung an ein Windows NT-Netzwerk schon zum Lieferumfang. Anders jedoch bei DOS und Windows 3.1. Keines dieser Produkte ist von Hause aus für den Zugang zum Netzwerk ausgelegt.

Aus diesem Grund benötigen Sie für die Anbindung solcher Clients an das Netzwerk die Software von der Windows NT 4-CD, die damit eine Erweiterung der Betriebssystemfunktionen darstellt.

Installation für DOS und Windows 3.x

Im folgenden wird die Installation der Client-Software beschrieben, wie sie direkt von CD oder erstellten Disketten durchgeführt wird. Auf der Windows NT 4-CD befindet sich diese benötigte Software im Verzeichnis \CLIENTS\MSCLIENT\NETSETUP. Die Installationsroutine kann entweder direkt aus diesem Verzeichnis oder bei Verwendung eines Diskettensatzes von Diskette 1 mit dem Aufruf von

SETUP ⏎

gestartet werden.

Abb. 15.1:
Startbildschirm -
Netzwerk-Client
für DOS /
Windows 3.x

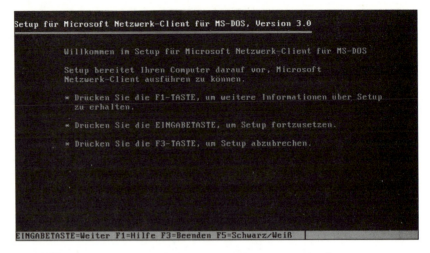

Mit ⏎ verlassen Sie den Begrüßungsbildschirm und gelangen zur Eingabeaufforderung für das Zielverzeichnis der Client-Software. Standardmäßig wird Ihnen dafür C:\NET vorgeschlagen. Sobald das Verzeichnis mit ⏎ bestätigt ist, werden die Systemdateien überprüft.

Das Setup-Programm schlägt Ihnen anschließend vor, eine erhöhte Pufferanzahl für bessere Netzwerkperformance zu verwenden. Dies bewirkt zwar eine Leistungssteigerung bei Netzwerkzugriffen, geht aber auch zu Lasten des Arbeitsspeichers. Mit ⏎ bestätigen Sie den Einsatz erweiterter reservierter Puffer und mit F lehnen Sie die Anpassung ab.

Nun müssen Sie den Namen für einen Benutzer der Arbeitsstation festlegen. Obwohl im Hinweistext von Benutzername für eine Arbeitsgruppe gesprochen wird, gilt dieser Name auch für die Anmeldung an eine Domäne. Dieser Name darf maximal 20 Zeichen lang sein und nur bestimmte Zeichen enthalten. Es sei empfohlen, kurze prägnante Benutzernamen zu verwenden.

Abb. 15.2:
Benutzernamen
festlegen

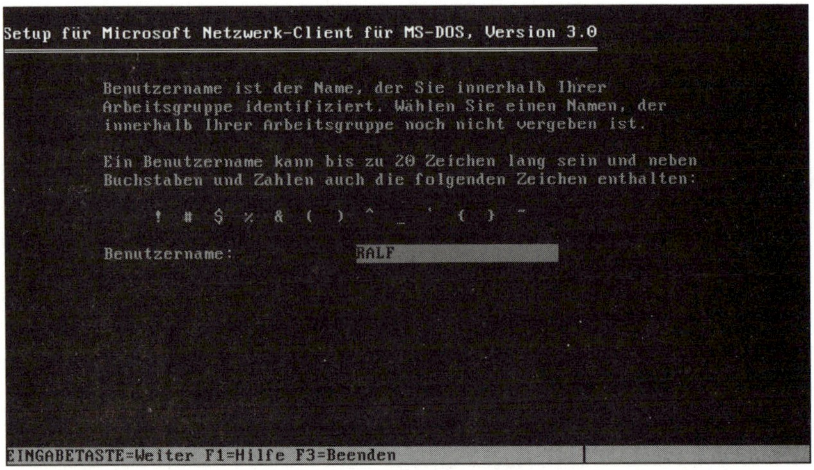

Mit Bestätigung durch ⏎ gelangen Sie zu einem Bildschirm, auf dem alle bisherigen Angaben und weitere Vorgabeeinstellungen aufgelistet sind. Es ist sehr unwahrscheinlich, daß diese Einstellungen der tatsächlichen Netzwerkumgebung entsprechen.

Mit den Pfeiltasten ↑↓ kann die gewünschte Rubrik für Änderungen ausgewählt werden. Markieren Sie zuerst die Option NAMEN ÄNDERN und bestätigen Sie mit ⏎. In dem dargestellten Fenster kann wiederum mit den Pfeiltasten zu den jeweiligen festzulegenden Namen gewechselt werden.

Markieren Sie die entsprechenden Felder, bestätigen die Auswahl mit ⏎ und geben Sie der Reihe nach den

- Benutzernamen
- Computernamen
- Arbeitsgruppennamen
- Domänennamen

ein. Abschließend markieren Sie die Zeile DIE AUFGELISTETEN NAMEN SIND KORREKT und bestätigen das mit der Eingabetaste.

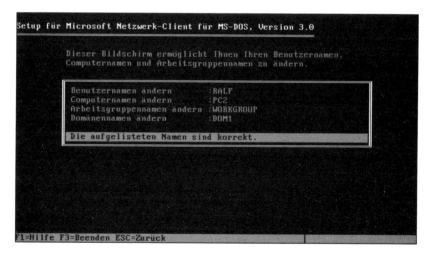

Abb. 15.3: Eingabefenster - Namensfestlegung

Sie gelangen zum vorherigen Ansichtsfenster und können jetzt den Eintrag SETUP-OPTIONEN ÄNDERN selektieren. In dem darauf angezeigten Fenster können folgende Einstellungen festgelegt werden:

REDIRECTOR-OPTIONEN
Über dieses Feld bestimmen Sie, ob der Standard- oder der erweiterte Redirector auf dieser Arbeitsstation eingesetzt werden soll. Der erweiterte Redirector bewirkt auf Kosten des verfügbaren Arbeitsspeichers eine Leistungssteigerung bei Netzwerkzugriffen.

STARTUP-OPTIONEN
Mit dieser Option wird festgelegt, ob der Netzwerk-Client beim Start automatisch geladen werden soll oder nicht. Zusätzlich kann der Netzwerk-Client auch noch mit einer sogenannten Popup-Schnittstelle geladen werden. Diese Popup-Schnittstelle öffnet bei der Standard-Tastenkombination [Strg]+[Alt]+[N] ein Fenster für verschiedene Netzwerkeinstellungen. Der Speicherbedarf dieser Zusatzoption liegt bei ca. 29 KByte.

LOGON-VALIDIERUNG
Über diesen Eintrag wählen Sie, ob bei jedem Logon eine Anmeldung an einer bestehenden Domäne vorgenommen werden soll.

NET POPUP-TASTE
Bestimmt die Tastenkombination für das Netzwerk-Client-Popup-Menü
   Sind alle Einstellungen getroffen, markieren Sie die Textzeile DIE AUFGELISTETEN OPTIONEN SIND KORREKT und bestätigen mit [↵]. Die letzte Option im Setup für den DOS-Netzwerk-Client ist NETZWERKKONFIGURATION ÄNDERN. Auch zu diesem Bereich sind verschiedene Einstellungen vorzunehmen. Die Optionen sind:

EINSTELLUNGEN ÄNDERN
Zu diesem Eintrag gehören Hardware-Einstellungen des Netzwerkadapters wie Treibernamen, Interrupt, E/A-Adresse und Slot-Nummer. Passen Sie diese Angaben den tatsächlichen Einstellungen des Netzwerkadapters an.

ENTFERNEN
Diese Option löscht einen schon erkannten oder eingetragenen Netzwerkadapter und gibt bei der erneuten Auswahl der Option NETZWERKKONFIGURATION ÄNDERN ein Listenfenster zur Auswahl eines Netzwerkadapters auf den Bildschirm.

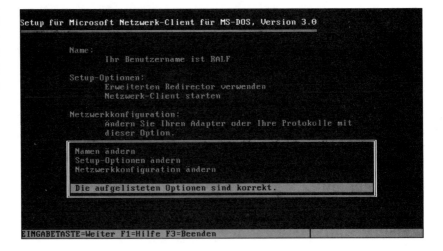

Abb. 15.4:
Client-Setup -
Hauptbildschirm
mit allen
Optionen

Adapter hinzufügen
Über diesen Eintrag können weitere Netzwerkadapter für die Nutzung der Client-Software hinzugefügt werden.

Protokoll
Erlaubt es, weitere Protokolle für diese Arbeitsstation hinzuzufügen

Sind sämtliche Angaben für den Netzwerk-Client festgelegt und geprüft, kann abschließend durch Bestätigung der Zeile Die aufgelisteten Optionen sind korrekt der eigentliche Kopiervorgang gestartet werden. Die notwendigen Dateien werden daraufhin in das gewählte Zielverzeichnis kopiert und die Startdateien AUTOEXEC.BAT sowie CONFIG.SYS für den Netzwerk-Client angepaßt.

Die zusätzlichen Einträge lauten bei Verwendung des Standard-Client-Verzeichnisses:

```
CONFIG.SYS:
DEVICE=C:\NET\IFSHELP.SYS
LASTDRIVE=Z

AUTOEXEC.BAT:
C:\NET\INITIALIZE
C:\NET\NWLINK
C:\NET\NET START
```

Sobald der Kopiervorgang und die Anpassung der Startdateien abgeschlossen ist, erhalten Sie auf dem Bildschirm einen Hinweis darüber und können mit ⏎ direkt einen Neustart des Computers durchführen.

Außer über das oben beschriebene Setup-Programm können Einstellungen und Anpassungen auch manuell vorgenommen werden. Alle Einstellungen befinden sich in den Konfigurationsdateien PROTOKOL.INI und SYSTEM.INI im Client-Verzeichnis. Die Datei PROTOKOL.INI enthält die Angaben zum Netzwerkadapter und zu den verwendeten Netzwerk-Protokollen.

In der SYSTEM.INI werden dagegen die Einstellungen zur Client-Software, Arbeitsstation, Benutzer und Domäne abgelegt. Viele Einstellungen lassen sich nur durch das manuelle Editieren dieser beiden Dateien anpassen. Ich empfehle jedoch, zuvor eine Sicherheitskopie dieser Dateien anzulegen.

Client Windows für Workgroups 3.11

Im Gegensatz zu DOS oder Windows 3.x verfügt Windows für Workgroups 3.11 schon von Hause aus über Netzwerkfunktionalitäten. Aus diesem Grund wird auch keine spezielle Client-Software von der Windows NT-CD benötigt und kann direkt aus Windows für Workgroups heraus installiert werden.

In der Regel wird dieser Netzwerk-Client direkt bei der Erstinstallation eingerichtet. Es ist aber ohne weiteres möglich, die Netzwerkkonfiguration für Windows für Workgroups erst nachträglich zu installieren. Da in diesem Abschnitt keine Komplettinstallation von Windows für Workgroups beschrieben werden soll, beschränken sich die Ausführungen auf die nachträgliche Einrichtung des Clients.

Nach der Installation von Windows für Workgroups gibt es eine Programmgruppe mit der Bezeichnung NETZWERK. Starten Sie aus dieser Gruppe das Programm NETZWERK-SETUP mit einem Doppelklick der Maus.

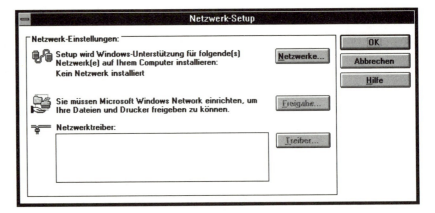

Abb. 15.5: Windows für Workgroups - NETZWERK-SETUP

Betätigen Sie nun im Startfenster des Programms die Schaltfläche NETZWERKE. Gemäß dem hier beschriebenen Beispiel dürfte noch das Optionsfeld KEINE WINDOWS-UNTERSTÜTZUNG FÜR NETZWERKE AKTIVIERT sein. Klicken Sie jetzt das Optionsfeld MICROSOFT WINDOWS NETWORK INSTALLIEREN und bestätigen Sie mit OK.

Nun wählen Sie die Schaltfläche TREIBER an, um Netzwerkadapter und Protokolle hinzuzufügen. Das nun angezeigte Dialogfenster erlaubt es, über den Schalter ADAPTER HINZUFÜGEN die installierte Netzwerkkarte aus einer Liste auszuwählen.

Abb. 15.6:
Windows für Workgroups - Auswahlfenster Netzwerkadapter

Anstelle der manuellen Wahl kann über ERKENNEN auch eine automatisch Erkennung des Netzwerkadapters versucht werden. Ist die Netzwerkkarte erkannt oder ausgewählt und mit OK bestätigt, müssen über weitere Dialogfenster Angaben zur Hardware-Konfiguration des Adapters (Interrupt, E/A-Adresse u.a) gemacht werden. Sind alle Einstellungen getroffen, wird die Netzwerkkarte mit Standard-Protokollen im Fenster NETZWERKTREIBER angezeigt.

Verwenden Sie statt dessen im Netzwerk andere Protokolle, kann über LÖSCHEN ein Eintrag entfernt und über die Schaltfläche PROTOKOLL HINZUFÜGEN ein anderes Protokoll gewählt werden. Mit SCHLIESSEN beenden Sie die Konfiguration der Netzwerktreiber.

Installation von TCP/IP unter Windows 3.11

Die Unterstützung von TCP/IP gehört nicht zum Lieferumfang von Windows für Workgroups. Das bedeutet aber nicht, daß der Einsatz dieses Protokolls unter Windows für Workgroups 3.11 nicht möglich ist. Für die Konfiguration muß lediglich wieder auf die Windows NT 4-CD verwiesen werden.

Starten Sie zunächst aus dem Ordner NETZWERK das Programm NETZWERK-SETUP auf dem Windows für Workgroups-Computer. Wählen Sie anschließend die Schaltfläche TREIBER im angezeigten Dialogfenster an.

Betätigen Sie nun im Dialogfenster NETZWERKTREIBER die Schaltfläche PROTOKOLL HINZUFÜGEN. In der dargestellten Auswahlliste markieren Sie die Zeile NICHT AUFGEFÜHRTES ODER AKTUALISIERTES PROTOKOLL und bestätigen mit OK.

Sie werden aufgefordert, die Diskette mit dem entsprechenden Treiber in das Laufwerk A: einzulegen. Legen Sie statt dessen die Windows NT 4-CD in das CD-ROM-Laufwerk, und geben Sie als Pfad

```
D:\CLIENTS\TCP32WFW\NETSETUP
```

an, falls das CD-ROM-Laufwerk den Laufwerksbuchstaben D: trägt. Im anderen Fall muß der für Ihr System gültige Buchstabe angegeben werden. Alternativ dazu kann das Quellverzeichnis auch über die Schaltfläche DURCHSUCHEN ausgewählt und in die Eingabezeile übertragen werden. Mit OK bestätigen Sie die Eingabe.

Als zusätzliches Protokoll wird Ihnen MICROSOFT TCP/IP-32 3.11B angeboten. Bestätigen Sie auch diese Auswahl mit OK, um den Kopiervorgang einzuleiten. Das neue Protokoll wird automatisch der Liste schon installierter Protokolle hinzugefügt.

Abb. 15.7: NETZWERKPROTOKOLL HINZUFÜGEN

Konfiguration von TCP/IP unter Windows für Workgroups

Um das neu hinzugefügte Netzwerkprotokoll TCP/IP zu konfigurieren, markieren Sie den Eintrag in der Protokollliste und betätigen die Schaltfläche EINSTELLUNGEN. Es wird ein umfangreiches Dialogfenster für alle Einstellungen zum Protokoll angezeigt.

Abb. 15.8: TCP/IP-Konfiguration unter Windows für Workgroups

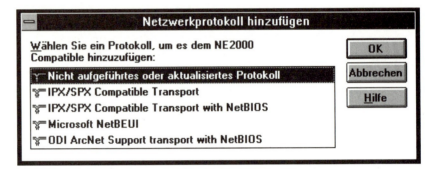

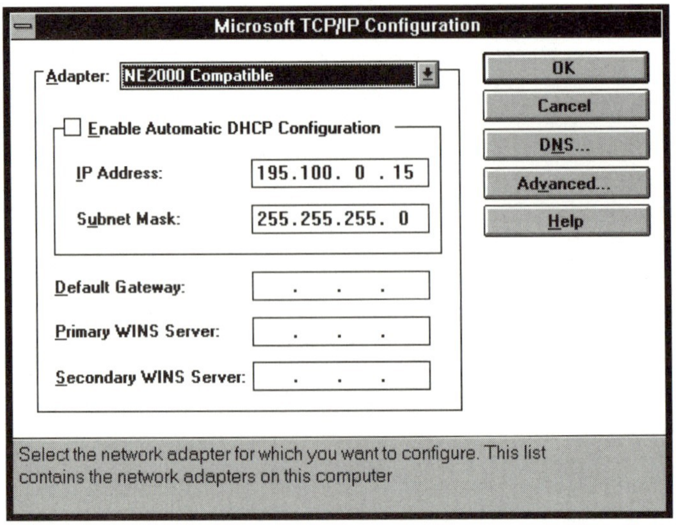

Tragen Sie in den dafür vorgesehenen Feldern die für Ihr Netzwerk notwendigen Daten ein, und schließen Sie das Fenster mit Klick auf OK, um in das Dialogfenster für die Netzwerkkonfiguration zurückzukehren.

Über den Schalter STANDARDPROTOKOLL FESTLEGEN bestimmen Sie abschließend, welches Netzwerkprotokoll standardmäßig für die Kommunikation im Netzwerk verwendet werden soll.

Laufwerkszuordnungen für freigegebene Verzeichnisse und Laufwerke können bequem mit dem Datei-Manager von Windows für Workgroups festgelegt werden.

Netzwerkeinstellungen über die Systemsteuerung

Verschiedene Einstellungen für einen Windows für Workgroups-PC im Netzwerk können auch über die Option NETZWERK in der Systemsteuerung vorgenommen werden. Mit Doppelklick auf das entsprechende Symbol öffnen Sie das dazugehörige Dialogfenster. Dort kann unter anderem der Computername, die Arbeitsgruppe sowie der Standard-Anmeldename festgelegt werden. Zu weiteren Grundeinstellungen gelangen Sie über den Schalter START.

Abb. 15.9: Windows für Workgroups - Dialogfenster Anfangseinstellungen

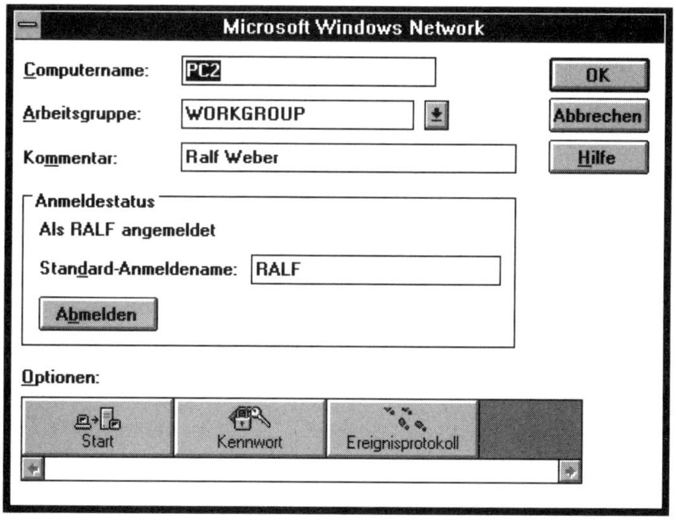

In diesem Dialogfenster bestimmen sie unter anderem, daß die Anmeldung an einer Domäne und nicht einer Windows für Workgroups-Arbeitsgruppe stattfinden soll. Aktivieren Sie das dazugehörige Kontrollkästchen, und tragen Sie den Domänennamen ein.

Nach dem Neustart des Windows für Workgroups-PC sollte einer Anmeldung im Windows NT 4-Netzwerk nichts mehr im Wege stehen.

Client für Windows 95

Windows 95 ist geradezu vorbildlich für die Integration in ein Netzwerk ausgelegt. Die Client-Software für die bekanntesten Netzwerkbetriebssysteme gehört von Hause aus zum Lieferumfang. Auch die Installation ist schnell und problemlos durchzuführen.

Installation der Netzwerkkomponenten

Falls die Netzwerkunterstützung noch nicht installiert ist, kann das jederzeit nachgeholt werden. Im folgenden soll die manuelle Einrichtung der verschiedenen Komponenten beschrieben werden. In der Praxis werden dagegen einige der beschriebenen Aktionen automatisch von Windows 95 durchgeführt. Das System erkennt zum Beispiel meist neu installierte Hardware und beginnt automatisch mit der Installation.

Auch die Standard-Übertragungsprotokolle werden automatisch eingerichtet und an den Netzwerkadapter gebunden. In vielen Fällen ist daher nur noch Feinarbeit zu leisten. In diesem Beispiel wird jedoch die Installation und Konfiguration jeder einzelnen Netzwerkkomponente beschrieben.

Mit einem Doppelklick auf das Symbol NETZWERK in der Systemsteuerung öffnen Sie das gleichnamige Dialogfenster. Der Listenbereich mit installierten Netzwerkkomponenten ist gemäß dieser Beispielinstallation noch leer. Über HINZUFÜGEN erhalten Sie eine Auswahl verschiedener Netzwerkkomponententypen. Dazu gehören:

- CLIENT
- NETZWERKKARTE
- PROTOKOLL
- DIENST

Wählen Sie nun den Komponententyp NETZWERKKARTE an und betätigen die Schaltfläche HINZUFÜGEN. Sie erhalten eine Auswahl der bekanntesten Hersteller für Netzwerkkarten und deren dazugehörigen Modelle. Markieren Sie in der Liste im linken Bereich den Hersteller, im rechten Fenster den Adaptertyp, und bestätigen Sie die Wahl mit OK.

Abb. 15.10:
Windows 95 -
Auswahl
Netzwerk-
adapter

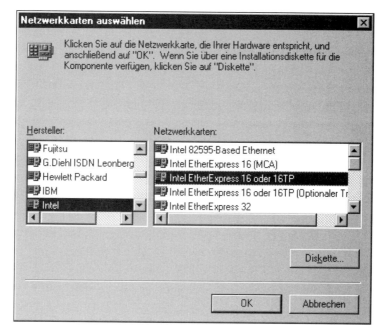

Sollte der von Ihnen verwendete Netzwerkadapter nicht in der Liste zu finden sein, kann über den Schalter DISKETTE auch der benötigte Treiber von einer Diskette des Herstellers installiert werden.

Bevor weitere Netzwerkkomponenten installiert werden, sollte im nächsten Schritt zuerst die Konfiguration des Netzwerkadapters kontrolliert werden. Markieren Sie im Dialogfenster NETZWERK den Eintrag zur Netzwerkkarte, und betätigen Sie die Schaltfläche EIGENSCHAFTEN. Sie erhalten ein weiteres Dialogfenster mit drei Registern. Diese drei Register beinhalten folgende Einstellungen:

TREIBERTYP
Hier wird festgelegt, welche Art von Netzwerktreiber (ODI, NDIS, NDIS-32-Bit) verwendet wird. Die beste Wahl ist dabei NDIS-TREIBER FÜR DEN ERWEITERTEN MODUS (32 BIT UND 16 BIT). Wenn möglich aktivieren Sie diesen Treibertyp.

BINDUNGEN
In der Registerkarte BINDUNGEN werden alle installierten Protokolle aufgelistet und mit Kontrollkästchen festgelegt, welche Protokolle an die Netzwerkkarte gebunden werden.

RESSOURCEN
In dieser Registerkarte geben Sie die tatsächlichen Hardware-Einstellungen (Interrupt, E/A-Adresse) der Netzwerkkarte an. Ein * bei der Auswahl einer Ressource weist auf einen möglichen Konflikt mit einer anderen Hardware-Komponente hin.

Abb. 15.11:
Eigenschaften für Netzwerkkarte - RESSOURCEN

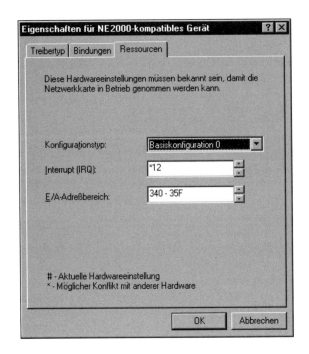

Mit OK schließen Sie die Konfiguration der Netzwerkkarte ab und gelangen zurück zum Dialogfenster NETZWERK. Ein erneuter Klick auf HINZUFÜGEN öffnet wieder die Auswahlliste der Netzwerkkomponententypen. Wählen Sie jetzt den Typ PROTOKOLL aus und klicken erneut auf HINZUFÜGEN.

Es wird ein Listenfenster zur Auswahl der gewünschten Netzwerkprotokolle angezeigt. Das zweigeteilte Fenster hat im linken Bereich die Hersteller und im rechten Fenster die Netzwerkprotokolle aufgelistet. Für die Anbindung an ein Windows NT 4-Netzwerk wählen Sie zuerst als Hersteller MICROSOFT und anschließend das eingesetzte Protokoll aus. Das Standardprotokoll von Windows 95 ist IPX/SPX-KOMPATIBLES PROTOKOLL.

Sollte in Ihrem Netzwerk ein anderes Protokoll verwendet werden, markieren Sie das betreffende, und bestätigen Sie die Wahl mit OK. Sind mehrere Protokolle im Einsatz, muß jedes Protokoll der Reihe nach hinzugefügt werden.

Nun muß nur noch der gewünschte Client auf dem Windows 95-PC installiert werden. Auch an diesen Komponententyp kommen Sie über die Schaltfläche HINZUFÜGEN. Als Client wählen Sie den Hersteller MICROSOFT, den Typ CLIENT FÜR MICROSOFT-NETZWERKE und bestätigen mit OK.

Damit wären die notwendigen Komponenten für die Netzwerkunterstützung eines Windows 95-PC komplett. Aber auch der Client muß noch entsprechend der Netzwerkumgebung konfiguriert werden. Markieren Sie dazu den Eintrag CLIENT FÜR MICROSOFT-NETZWERKE, und betätigen Sie den Schalter EIGENSCHAFTEN.

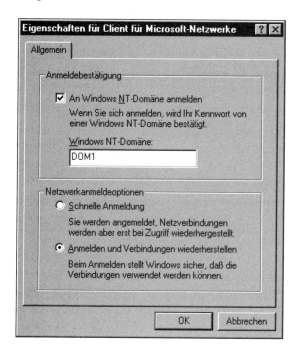

Abb. 15.12:
EIGENSCHAFTEN
FÜR CLIENT FÜR
MICROSOFT-NETZ-
WERKE

In dem Dialogfenster zu den Eigenschaften des Protokolls kann die Domänenanmeldung, der Domänenname und die Art der Anmeldung festgelegt werden. Wünschen Sie die Anmeldung an eine bestehende Domäne, aktivieren Sie das Kontrollkästchen und tragen in dem Eingabefeld den Domänennamen ein. Die Anmeldeoptionen spielen in diesem Zusammenhang keine Rolle.

Mit OK bestätigen Sie die Angaben und kehren zum Dialogfenster NETZWERK zurück. Ein erneuter Mausklick auf die Schaltfläche OK schließt auch dieses Fenster und leitet den Kopiervorgang für die Dateien der ausgewählten Komponenten ein. Nach Abschluß werden Sie über ein Meldungsfenster aufgefordert, den Neustart des Computers zu bestätigen.

Nach diesem Neustart werden Sie zuerst aufgefordert, sich ordnungsgemäß im Netzwerk mit Name und Kennwort anzumelden. Ein Doppelklick auf das Symbol NETZWERKUMGEBUNG auf dem Desktop öffnet ein Fenster, in dem erkannte Netzwerkressourcen aufgelistet sind. Ein Doppelklick auf GESAMTES NETZWERK listet sämtliche Domänen und Arbeitsgruppen auf.

Durch Doppelklick auf das Symbol zur NT-Domäne erhalten Sie alle verfügbaren Computer in der Domäne angezeigt, und ein weiterer Doppelklick auf das Computersymbol listet alle verfügbaren Freigaben auf.

Installation von TCP/IP unter Windows 95

Auch die notwendigen Treiber für die Verwendung von TCP/IP gehören bei Windows 95 schon zum Lieferumfang. Öffnen Sie für die Einrichtung zuerst das Dialogfenster NETZWERK in der Systemsteuerung. Über HINZUFÜGEN kann der Komponententyp PROTOKOLL und weiter das Protokoll TCP/IP des Herstellers MICROSOFT ausgewählt werden. Mit OK wird das Protokoll der Liste mit installierten Netzwerkkomponenten hinzugefügt.

Markieren Sie nun diesen Eintrag, und betätigen Sie die Schaltfläche EIGENSCHAFTEN, um das Protokoll TCP/IP zu konfigurieren. Es erscheint in umfangreiches Dialogfenster mit verschiedenen Registern, von denen das Register IP-ADRESSE zunächst im Vordergrund ist.

In diesem Register kann die IP-ADRESSE und SUBNET-MASK für die Windows 95-Arbeitsstation festgelegt werden, falls keine automatische IP-Zuordnung über DHCP-Server erfolgt. Alle weiteren Einstellungen in den verschiedenen Registern müssen gemäß der vorhandenen Netzwerkumgebung angegeben werden. Dazu gehören die Dienste zur WINS- oder DNS-Namensauflösung und die Angabe von Gateways.

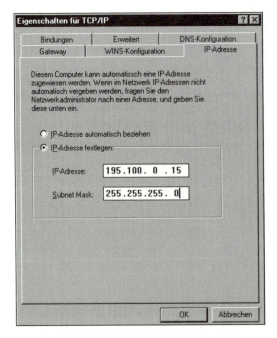

Abb. 15.13: Windows 95 - Eigenschaften TCP/IP

Die Grundlagen dazu sind im Zusammenhang mit der Windows NT 4-Konfiguration in Kapitel 13 und 14 dieses Buches beschrieben.

Eine Überprüfung der TCP/IP-Konfiguration kann auf einfache Art und Weise mit dem DOS-Programm PING.EXE durchgeführt werden. Dieses Programm gehört mit zum Lieferumfang von Windows 95 und befindet sich direkt im Windows-Verzeichnis.

Die Syntax für eine einfache Verbindungsprüfung lautet:

```
PING IP-Adresse ↵
```

Beispiel:

```
PING 195.100.0.10 ↵
```

Kommt eine Verbindung mit dem Computer dieser IP-Adresse zustande, lautet die Rückmeldung beispielsweise:

```
Pinging 195.100.0.10 with 32 bytes of data:

Reply from 195.100.0.10: bytes=32 time=3ms ttl=128
Reply from 195.100.0.10: bytes=32 time=1ms ttl=128
Reply from 195.100.0.10: bytes=32 time=1ms ttl=128
Reply from 195.100.0.10: bytes=32 time=1ms ttl=128
```

Kommt dagegen keine Verbindung zustande, lautet die Meldung von PING:

```
Pinging 195.100.0.10 with 32 bytes of data:

Request timed out.
Request timed out.
Request timed out.
Request timed out.
```

Verbindung zu einer freigegebenen Ressource im Netzwerk

Unter Windows 95 ist es auf verschiedene Arten möglich, Verbindungen zu einer freigegebenen Ressource im Netzwerk aufzubauen. Die einfachste Möglichkeit bietet Ihnen der Windows-Explorer. Im linken Teil des Explorer-Fensters sehen Sie alle Ordner, und dazu gehören in diesem Fall alle Ordner vom Desktop, der Papierkorb, der Arbeitsplatz und die Netzwerkumgebung. Mit Doppelklick auf NETZWERKUMGEBUNG gelangen Sie eine Ebene tiefer in der Ansicht. Jeder weitere Doppelklick auf ein dargestelltes Element zeigt jeweils weitere Komponenten der Netzwerkumgebung bis hin zu freigegebenen Laufwerken und Verzeichnissen an.

Auf diese Art und Weise kann bequem das gesamte Netzwerk durchforstet werden. Möchten Sie eine Verbindung zu einem freigegebenen Laufwerk oder Verzeichnis aufbauen, markieren Sie es und drücken die rechte Maustaste. In dem angezeigten Kontextmenü wählen Sie anschließend den Befehl NETZWERKLAUFWERK VERBINDEN aus.

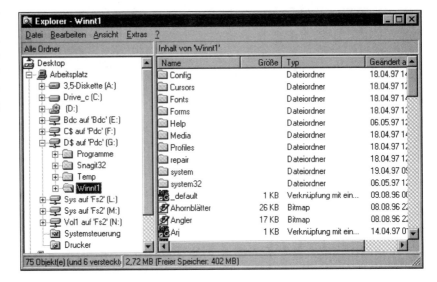

Abb. 15.14: Windows 95 - Ansicht Explorer mit dargestellter Netzwerkumgebung

Sie erhalten ein Dialogfenster, über das dem ausgewählten Laufwerk oder Verzeichnis ein logischer Laufwerksbuchstabe zugewiesen werden kann. Außerdem können Sie über ein Kontrollkästchen bestimmen, ob die Verbindung nur für die aktuelle Sitzung gültig sein soll oder bei jedem Start wieder automatisch hergestellt werden soll.

Mit OK bestätigen Sie die Einstellungen, das Fenster wird geschlossen und das neue Netzwerklaufwerk der Ansicht unter ARBEITSPLATZ hinzugefügt.

Benutzer-verwaltung

KAPITEL 16

Benutzer stellen in einem Netzwerk ohne Zweifel eine sehr wichtige Komponente dar. Damit Sie ihre Arbeit ordnungsgemäß verrichten können, müssen Sie über bestimmte Rechte verfügen. Diese Rechte regeln nicht nur den Zugang zum Netzwerk und dessen Ressourcen, sondern stellen auch einen nicht zu vernachlässigenden Sicherheitsaspekt dar.

Damit ein Benutzer überhaupt Zugang zum Netzwerk erhält, muß er zuerst als Benutzer einer Domäne oder am Server eingerichtet worden sein.

Benutzerkonto

Windows NT 4 führt für jeden eingerichteten Benutzer ein Benutzerkonto (*User Account*). Darin werden alle den Benutzer betreffenden Informationen wie zum Beispiel Benutzername, Kennwort oder Gruppenmitgliedschaft gespeichert. Alle vorhandenen Benutzerkonten verwaltet Windows NT 4 in einer zusammengefaßten Benutzerkonten-Datenbank (*Directory Database*). Mit dem englischen Begriff ist nicht das Dateisystem, sondern die Ressourcen-Datenbank gemeint.

Die interne Verwaltung der Benutzerkonten-Datenbank findet durch den Security Access Manager, kurz SAM, unter Berücksichtigung der Systemrichtlinien statt. Die Daten sind im Windows NT 4-Verzeichnis \SYSTEM32\CONFIG gespeichert.

Wo die Benutzerkonten-Datenbank gespeichert ist, hängt von der Art des Windows NT 4-Computers ab. Handelt es sich um einen primären oder Sicherungs-Domänen-Controller wird die Datenbank in jedem Fall auf dem primären Domänen-Controller abgelegt und auf die Sicherungs-Domänen-Controller abgeglichen. Für die Verwaltung kommt der BENUTZER-MANAGER FÜR DOMÄNEN zum Einsatz.

Handelt es sich dagegen bei dem verwendeten Windows NT 4-Computer um einen "alleinstehenden" Server oder um eine Windows NT4-Workstation, wird die Benutzerdatenbank jeweils lokal gespeichert und mit dem Programm BENUTZER-MANAGER verwaltet.

Vordefinierte Benutzer (Administrator/Gast)

Nach der Installation eines Windows NT 4-Servers oder -Workstation existieren schon zwei vordefinierte Benutzerkonten. Diese beiden Benutzerkonten tragen die Namen ADMINISTRATOR und GAST.

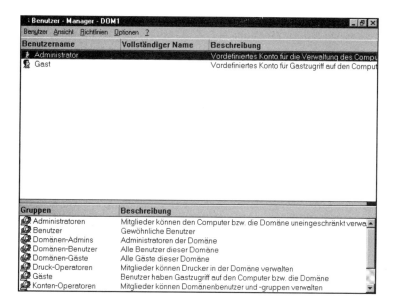

Abb. 16.1: Vordefinierte Benutzerkonten nach der Installation

Administrator

Dieser Benutzer hat wohl die größte Bedeutung unter Windows NT 4. Er verfügt sofort über sämtliche Berichtigungen und kann nicht gelöscht werden. Unter Verwendung dieses Benutzernamens ist es nach der Installation von Windows NT 4 sofort möglich, sämtliche Administrationsaufgaben durchzuführen. Je nach Funktion des entsprechenden Computers ist er in der Lage, die gesamte Domäne oder den Computer zu verwalten.

Der Administrator hat allerdings nicht nur Rechte, sondern auch Pflichten. Als uneingeschränkter Verwalter ist er verantwortlich für die Konfiguration des Systems, der Benutzer und des Netzwerks.

Der Administrator kann zwar nicht gelöscht, aber umbenannt werden. Dadurch kann nicht so schnell ersehenen werden, welcher Benutzer eigentlich über die umfassenden administrativen Rechte verfügt. Zusätzlich können auch noch weitere Benutzer angelegt und mit den Rechten eines Administrators versehen werden. Diese verfügen dann über die gleichen Möglichkeiten zur Administration, können aber jederzeit wieder entfernt werden.

Gast

Auch dieser Benutzer wird bei der Installation automatisch angelegt. Er verfügt nur über minimale Berechtigungen und ist für Anwender zu verwenden, die nur gelegentlich auf den Computer oder das Netzwerk zugreifen müssen. In der Vorgabeeinstellung ist das Benutzerkonto GAST deaktiviert. Um Gastzugänge zu erlauben, muß dieses Konto vom Administrator zuerst aktiviert werden.

In diesem Zusammenhang wird darauf hingewiesen, daß im späteren Verlauf zwar immer wieder von Aufgaben und Aktivitäten des Administrators gesprochen wird, aber nicht ausschließlich nur der Benutzer "Administrator" gemeint ist, sondern alle Benutzer mit den Berechtigungen eines Administrators.

Gruppen

Der Sinn und Zweck von Gruppen besteht darin, die Administration zu vereinfachen und die Rechtevergabe übersichtlicher zu gestalten. Durch das Zusammenfassen mehrerer Benutzer mit gleichen Aufgaben in Gruppen erspart man sich die Arbeit, jedem einzelnen Benutzer seine Rechte zuzuweisen. Die Rechte einer Gruppe gehen automatisch auch auf die Gruppenmitglieder über. Unter Windows NT 4 verwendet man zwei Arten von Gruppen - lokale und globale Gruppen.

Lokale Gruppen

Je nach Einsatzgebiet haben lokale Gruppen zwei verschiedene Wirkungsbereiche. Auf "alleinstehenden" Servern und NT-Workstations ist der Wirkungsbereich auf das System beschränkt, auf dem die Gruppe angelegt wurde.

Innerhalb einer Domäne erstreckt sich der Wirkungsbereich auf die Benutzerkonten-Datenbank der gesamten Domäne und ist somit auf allen primären und Sicherungs-Domänen-Controllern dieser Domäne verfügbar. Man benutzt diesen Gruppentyp für die Vergabe von Rechten auf die Ressourcen der Computer oder Domäne.

Lokale Gruppen können Benutzer und globale Gruppen enthalten, jedoch keine weiteren lokalen Gruppen. Bei Vertrauensbeziehungen zwischen verschiedenen Domänen setzt man lokale Gruppen ein, um Rechte für globale Gruppen und Benutzer übergeordneter Domänen zu erteilen.

Globale Gruppen

Globale Gruppen können nur Benutzer der eigenen Domäne aufnehmen und keine weiteren Gruppen, weder lokale noch globale. Man verwendet globale Gruppen, um Rechte in der eigenen und Domänen, die dieser vertrauen, zu vergeben. In der Regel werden diese Rechte nicht den globalen Gruppen direkt erteilt, sondern den lokalen Gruppen, deren Mitglieder wiederum die globalen Gruppen sein können.

GRUPPE	MITGLIEDSCHAFT MÖGLICH	MITGLIEDSCHAFT NICHT MÖGLICH
Lokale Gruppe	Lokale Benutzerkonten, Globale Gruppen, Benutzerkonten und globale Gruppen vertrauter Domänen	Lokale Gruppen
Globale Gruppe	Lokale Benutzerkonten	Lokale Gruppen, globale Gruppen, Konten anderer Domänen

Tab. 16.1: Möglichkeiten der Mitgliedschaft in den verschiedenen Gruppen

Vordefinierte Gruppen

So wie es vordefinierte Benutzerkonten nach der Installation von Windows NT 4 gibt, existieren auch verschiedene vordefinierte lokale und globale Gruppen mit unterschiedlichen Berechtigungen.

Vordefinierte lokale Gruppen:

ADMINISTRATOREN
Alle Mitglieder dieser lokalen Gruppe verfügen über die Berechtigung, die Domäne oder den Computer uneingeschränkt zu verwalten. Der Benutzer ADMINISTRATOR ist eines der Mitglieder dieser Gruppe.

Innerhalb einer Domäne existiert zudem noch eine globale Gruppe mit dem Namen DOMÄNEN-ADMINS, die ebenfalls Mitglied der lokalen Gruppe ADMINISTRATOREN ist. Dadurch sind Mitglieder dieser globalen Gruppe ebenfalls berechtigt den Computer zu verwalten.

BENUTZER

Auf einer Windows NT 4-Workstation oder einem alleinstehenden Server ist zunächst mal jeder Benutzer, mit Ausnahme des Benutzers GAST, Mitglied dieser lokalen Gruppe. Innerhalb einer Domäne ist das vordefinierte Mitglied die globale Gruppe DOMÄNEN-BENUTZER, deren Mitglieder wiederum die lokalen Benutzer sind.

Die lokale Gruppe BENUTZER sollte über alle Berechtigungen verfügen, die für jeden Benutzer in der Domäne oder den Computer gelten sollen.

GÄSTE

Wie es der Name schon sagt, ist diese Gruppe für Personen gedacht, die sich nur selten im System anmelden. Die Rechte dieser Gruppe sind äußerst beschränkt. Sie verfügt über keine Rechte auf den Servern und nur beschränkte Rechte auf den Arbeitsstationen. Innerhalb einer Domäne ist die globale Gruppe DOMÄNEN-GÄSTE Mitglied der lokalen Gruppe GÄSTE.

Der vordefinierte Benutzer GAST ist in diesem Fall Mitglied der globalen Gruppe.

DRUCK-OPERATOREN

Mitglieder dieser Gruppe können Netzwerkdrucker einrichten, verwalten und löschen. Sie können sich auch lokal am Server anmelden und diesen herunterfahren. Diese lokale Gruppe existiert nur in einer Domäne und ist nur auf primären und Sicherungs-Domänen-Controllern verfügbar.

SERVER-OPERATOREN

Diese lokale Gruppe besitzt umfangreiche Berechtigungen zur Verwaltung von Domänen-Servern. Dazu gehört:

- Drucker des Servers freigeben, verwalten und löschen
- Freigabe von anderen Ressourcen des Servers
- Lokale Anmeldung
- Dateien wiederherstellen
- Festplatten formatieren
- Server herunterfahren

Diese lokale Gruppe existiert nur in einer Domäne und ist nur auf primären und Sicherungs-Domänen-Controllern verfügbar.

KONTEN-OPERATOREN
Mitglieder dieser lokalen Gruppe haben in beschränktem Maße das Recht, Benutzer und Gruppen in der Domäne einzurichten. Sie haben keinen Einfluß auf die Sicherheitsrichtlinien und können folgende Gruppen weder modifizieren, noch löschen:

- Administratoren
- Domänen-Admins
- Konten-Operatoren
- Sicherungs-Operatoren
- Druck-Operatoren
- Server-Operatoren

Diese lokale Gruppe existiert nur in einer Domäne und ist nur auf primären und Sicherungs-Domänen-Controllern verfügbar.

SICHERUNGS-OPERATOREN
Benutzer, die Mitglied dieser Gruppe sind, haben das Recht, Daten des Servers zu sichern oder wiederherzustellen. Wie die Druck-Operatoren haben sie zudem die Berechtigung, sich lokal am Server anzumelden und den Server herunterzufahren.

REPLIKATIONS-OPERATOREN
Diese Gruppe dient nur der Verzeichnisreplikation. Sollte der Verzeichnisreplikationsdienst eingesetzt werden, sollte dafür ein bestimmter Benutzer die Mitgliedschaft zu dieser Gruppe erhalten, um die Anmeldung am Replikationsdienst durchzuführen.

Innerhalb einer Domäne existieren nicht nur vordefinierte lokale Gruppen, sondern auch globale Gruppen.

Vordefinierte globale Gruppen:

DOMÄNEN-ADMINS
Diese globale Gruppe ist Mitglied der lokalen Gruppe ADMINISTRATOREN und beinhaltet selbst das Benutzerkonto ADMINISTRATOR. Dadurch ist die umfassende Verwaltung der Domäne mit allen darin befindlichen Windows NT-Computern möglich.

DOMÄNEN-BENUTZER
Jeder in der Domäne erstellte Benutzer wird automatisch Mitglied dieser globalen Gruppe, die selbst wiederum Mitglied der lokalen Gruppe BENUTZER ist. Dadurch verfügen alle Benutzer über Berechtigungen für die Domäne und den einzelnen Windows NT 4-Computer.

DOMÄNEN-GÄSTE
Mitglieder dieser globalen Gruppe verfügen nur über stark eingeschränkte Rechte. Die Gruppe hat standardmäßig als einziges Mitglied das Benutzerkonto GAST und ist selbst Mitglied der lokalen Gruppe GÄSTE.

Spezielle Gruppen

Neben den voran beschriebenen vordefinierten lokalen und globalen Gruppen kennt Windows NT 4 noch weitere spezielle Gruppen, die zwar in verschiedenen Gruppenlisten angezeigt werden, aber systemintern verwaltet werden.

JEDER
Mitglied dieser Gruppe wird automatisch jeder Benutzer, der über ein Benutzerkonto in der Domäne verfügt. Sie können über das Netzwerk eine Verbindung zu Domänen-Servern aufbauen. Diese Gruppe ist ideal für Berechtigungen, die für jeden Benutzer der Domäne gelten sollen.

INTERAKTIV
Mitglied ist automatisch jeder Benutzer, der sich lokal an einem Windows NT-Rechner anmeldet.

NETZWERK
Alle Benutzer, die über das Netzwerk auf die Ressourcen eines Rechners zugreifen, sind automatisch Mitglied dieser speziellen Gruppe.

SYSTEM
Die besondere Gruppe SYSTEM stellt das eigentliche Betriebssystem dar.

ERSTELLER-BESITZER
Mitglied dieser Gruppe ist jeder, der Ersteller und/oder Besitzer von Dateien, Verzeichnissen oder Unterverzeichnissen ist. So kann man beispielsweise ein Verzeichnis für die Gruppe JEDER zum Lesen freigeben und trotzdem kann der einzelne Benutzer durch die Rechte von ERSTELLER-BESITZER seine eigenen Dateien ändern oder löschen.

Benutzerkonto anlegen und verwalten

Das Einrichten eines neuen Benutzerkontos ist unter Windows NT 4 sehr schnell und einfach erledigt. Starten Sie zunächst das Programm BENUTZER-MANAGER oder auf einem Domänen-Controller das Programm BENUTZER-MANAGER FÜR DOMÄNEN aus dem START-Menü PROGRAMME-VERWALTUNG (ALLGEMEIN).

Das Fenster des jeweiligen Benutzer-Managers ist zweigeteilt. In der oberen Hälfte werden die Benutzer und in der unteren Hälfte die lokalen und globalen Gruppen angezeigt. Wählen Sie nun aus dem Menü BENUTZER die Option NEUER BENUTZER an.

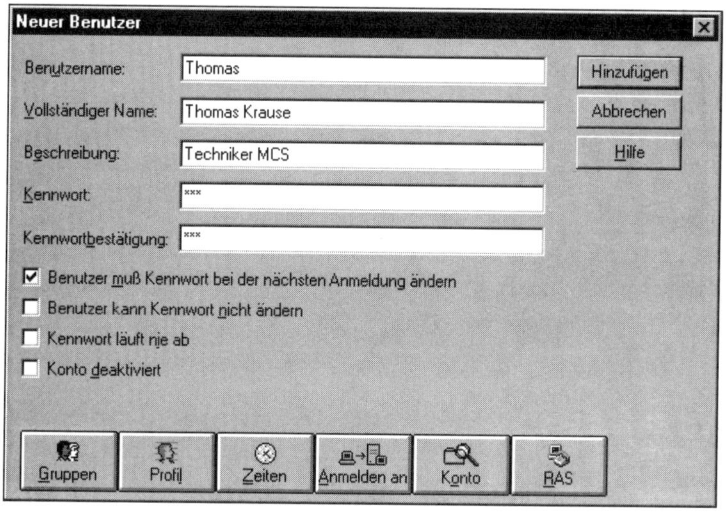

Abb. 16.2: Dialogfenster - NEUER BENUTZER

Es wird ein neues Dialogfenster auf dem Bildschirm angezeigt. In diesem Dialogfenster können die verschiedenen Angaben zum neuen Benutzer eingetragen oder ausgewählt werden.

Tragen Sie nun als erstes einen eindeutigen Namen in das Feld BENUTZERNAME ein. Man sollte darauf achten, daß für alle Benutzernamen gleichartige Namenskonventionen zum Einsatz kommen. Der Name kann bis zu 20 Zeichen umfassen und darf folgende Sonderzeichen nicht beinhalten:

" / \ [ ] ; : | = , + * ? < >

Groß- und Kleinschreibung ist möglich, wird aber bei der Anmeldung nicht berücksichtigt. Sogar Leerzeichen dürfen verwendet werden. Das bringt jedoch den Nachteil mit sich, daß bei der Anmeldung der Benutzername in Anführungszeichen gesetzt werden muß.

Angaben zu den Feldern VOLLSTÄNDIGER NAME und BESCHREIBUNG sind optional und dienen nur Informationszwecken. Es ist aber trotzdem empfehlenswert, dort Einträge vorzunehmen. Eine deutliche Zuordnung des Benutzernamens zum tatsächlichen Namen und gegebenenfalls Aufgabengebiet kann bei der Administration sehr praktisch sein.

Geben Sie nun noch ein KENNWORT sowie die KENNWORTBESTÄTIGUNG für den neuen Benutzer ein.

Im Gegensatz zu Novell NetWare wird bei Windows NT beim Kennwort zwischen Groß- und Kleinschreibung unterschieden.

Über die vier Kontrollkästchen in der unteren Hälfte des Dialogfensters können verschiedene Definitionen für den Umgang mit dem Kennwort oder dem Benutzerkonto festgelegt werden.

BENUTZER MUSS KENNWORT BEI DER NÄCHSTEN ANMELDUNG ÄNDERN
Die Vorgabeeinstellung mit aktiviertem Kontrollkästchen bedeutet JA. Bei der nächsten Anmeldung wird vom Benutzer ein neues Kennwort angefordert. Danach wird der Eintrag automatisch wieder deaktiviert.

BENUTZER KANN KENNWORT NICHT ÄNDERN
Wird dieses Feld aktiviert, kann der Benutzer sein Kennwort nie ändern. Interessant ist diese Festlegung nur, wenn Benutzerkonten von mehreren Anwendern benutzt werden.

KENNWORT LÄUFT NIE AB
Wenn aktiviert, wird das Kennwort auch mit dem Erreichen des Ablaufdatums nicht ungültig. Diese Angabe ist für normale Benutzerkonten aus Sicherheitsgründen nicht empfehlenswert.

KONTO DEAKTIVIERT
Möchten Sie ein Benutzerkonto sperren oder ein neues Benutzerkonto noch nicht freigeben, aktivieren Sie dieses Kontrollkästchen.

Am unteren Rand des Dialogfensters befinden sich einige Schaltflächen für weitere Einstellungen zum Benutzerkonto. Diese Schaltflächen tragen die Bezeichnungen GRUPPEN, PROFIL, ZEITEN, ANMELDEN AN, KONTO und RAS.

GRUPPEN
Mit der Zuordnung der Benutzer zu Gruppen kann sich der Systemverwalter die Verwaltung der Resourcen und Benutzerkonten sehr vereinfachen. Mit der Mitgliedschaft eines Benutzers in einer Gruppe erhält er automatisch auch alle Berechtigungen der Gruppe.

Durch Anklicken der Schaltfläche GRUPPEN öffnen Sie das Fenster GRUPPENMITGLIEDSCHAFTEN. Über HINZUFÜGEN oder ENTFERNEN kann die Mitgliedschaft in einer vorher markierten Gruppe festgelegt oder gelöscht werden. Mit OK werden die neuen Zuordnungen bestätigt und übernommen.

Globale Gruppen erkennt man an dem Symbol mit dem Globus und lokale Gruppen an dem Computer hinter dem angezeigten Paar.

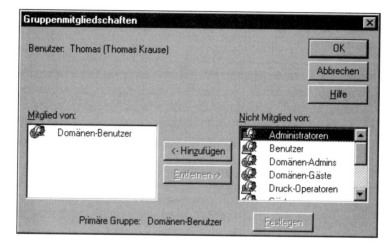

Abb. 16.3: Dialogfenster - GRUPPENMITGLIEDSCHAFTEN

PROFIL

Das Benutzerprofil beinhaltet Information zur Desktop-Umgebung des Benutzers an der Windows NT-Arbeitsstation. Es enthält Einstellungen wie Programmgruppen, Netzwerkverbindungen, Farben, Klänge und vieles andere. Durch Anklicken der Schaltfläche Profil gelangen Sie zu den Einstellungen des Umgebungsprofils für den Benutzer.

Diese Einstellungen bedeuten:

PFAD FÜR BENUTZERPROFIL

In diesem Feld kann der genaue Netzwerkpfad zu einem verbindlichen Benutzerprofil für den gewählten Benutzer angegeben werden. Der Pfad sollte in der UNC-Schreibweise angegeben werden.

Beispiel:

`\\Server\Profile\Name`

ANMELDESKRIPTNAME

An dieser Stelle kann der Name eines Anmeldeskripts für den Benutzer angegeben werden. Falls dieses Skript im Standardverzeichnis von NT 4 \SYSTEM32\REPL\IMPORT\SCRIPTS abgelegt ist, reicht es aus, nur den Skriptnamen einzutragen. Andernfalls muß der komplette Pfad mit angegeben werden.

BASISVERZEICHNIS
Durch die Zuweisung eines Basisverzeichnisses wird das Standardverzeichnis für die Aktionen DATEI ÖFFNEN und SPEICHERN UNTER festgelegt. Dabei kann sich dieses Basisverzeichnis sowohl auf einer lokalen Festplatte als auch auf einem Netzwerklaufwerk befinden. Ist kein Basisverzeichnis dem Benutzer zugewiesen, gilt automatisch das standardmäßige lokale Basisverzeichnis (\USERS\DEFAULT).

In den dafür vorgesehenen Feldern im Dialogfenster UMGEBUNGSPROFIL FÜR BENUTZER kann ein lokaler Pfad, eine Windows NT-Netzwerkverbindung oder ein relativer Pfad zu einem NetWare-kompatiblen Basisverzeichnis angegeben werden.

ZEITEN
Über den Schalter ZEITEN erhalten Sie ein Dialogfenster, über das die Anmeldezeiten für den Benutzer festgelegt werden können. Standardmäßig hat der Benutzer das Recht, sich 24 Stunden lang, jeden Tag der Woche im Netzwerk anzumelden. Möchten Sie diesen Zeitraum beschränken, markieren Sie mit der Maus den gewünschten Zeitraum und betätigen den Schalter ENTZIEHEN. Erlaubte Zeiten werden mit einem blauen Feld und entzogene Zeiten in weiß dargestellt.

Diese Anmeldezeitbeschränkung wirkt sich nur auf die Anmeldung im Netzwerk aus und nicht auf die Arbeitsstation. Lokal kann er ohne Einschränkung weiter arbeiten.

Versucht der Benutzer sich außerhalb der gültigen Zeiten anzumelden, bekommt er einen Hinweis, daß für ihn eine Zeitbeschränkung vorliegt und eine Anmeldung zur Zeit nicht möglich ist.

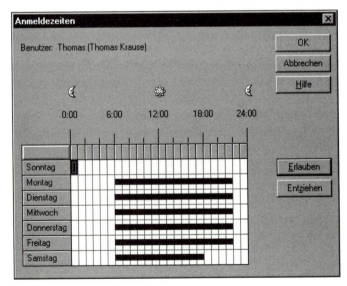

Abb. 16.4:
Dialogfenster -
ANMELDEZEITEN

Mit Klick auf die Schaltfläche ANMELDEN öffnen Sie das Dialogfenster ANMELDEARBEITSSTATION. Es können darin bestimmte Arbeitsstationen eingetragen werden, von denen eine Anmeldung des Benutzers möglich ist. Die Vorgabeeinstellung besagt, daß sich der Benutzer von jeder Arbeitsstation im Netzwerk anmelden darf.

Im oberen Teil des Fensters können bis zu acht Computernamen für die Anmeldung angegeben werden. Die Eingabe erfolgt lediglich mit dem entsprechenden Computernamen ohne Pfade oder Backslash (\).

Diese Beschränkung kann zusätzlich auch für NetWare-kompatible Arbeitsstationen festgelegt werden. Dazu müssen über HINZUFÜGEN Netzwerkadresse und Knotenadresse der jeweiligen Station eingetragen werden. Diese Angaben werden mit OK in das Listenfenster übertragen.

Von nun an kann sich der Benutzer nur noch von den angegebenen Computern im Netzwerk anmelden. Ein Anmeldeversuch von einer anderen Station ist zum Scheitern verurteilt.

Abb. 16.5: Dialogfenster - Anmelden an

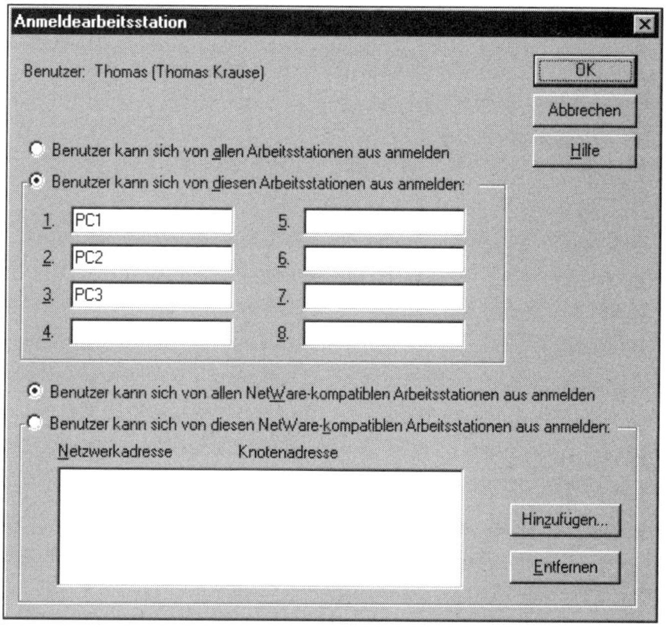

KONTO
Ein Benutzerkonto hat nicht unbedingt eine zeitlich unbegrenzte Gültigkeit. Über KONTO gelangen Sie zu den Kontoinformationen für den Benutzer. Dort kann, gerade bei Zeitarbeitern oder Aushilfen interessant, ein Ablaufdatum für das Benutzerkonto angegeben werden.

Dadurch kann verhindert werden, daß auch noch nach diesem Zeitpunkt irgend jemand mit diesem Benutzerkonto tätig wird.

Das Benutzerkonto wird zum Ablaufdatum nur ungültig und nicht automatisch gelöscht. Der Zeitraum kann also ohne weiteres verlängert werden. Ist der betreffende Benutzer zum Zeitpunkt des Ablaufdatums angemeldet, bleibt die Verbindung bestehen. Eine weitere Verbindung ist jedoch nicht mehr möglich.

Außer dieser Angabe kann in dem Dialogfenster noch der KONTOTYP für den Benutzer bestimmt werden. Die Vorgabeeinstellung lautet GLOBALES KONTO und sollte in der Praxis auch nicht verändert werden. Mit einem lokalen Konto verfügt der jeweilige Benutzer kaum noch über benötigte Rechte. Die Umstellung auf ein LOKALES KONTO stellt ein Relikt früherer NT-Konzepte dar.

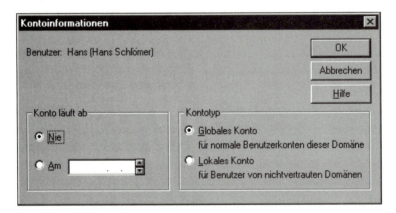

Abb. 16.6: Dialogfenster - KONTO- INFORMATIONEN

RAS
Möchten Sie Benutzern den Zugang zum Netzwerk per DFÜ erlauben, können die notwendigen Einstellungen über das Dialogfenster nach Betätigen des Schalter RAS (*Remote Access Services*) vorgenommen werden.

DEM BENUTZER EINWÄHLRECHTE ERTEILEN
Ist dieses Kontrollkästchen aktiviert, ist es dem Benutzer erlaubt, sich per DFÜ in das Netzwerk einzuwählen.

RÜCKRUF
Über die drei dazugehörigen Optionsfelder legen Sie die Rückrufoptionen für die DFÜ-Verbindung fest.

KEIN RÜCKRUF deaktiviert die Rückrufoption für den Benutzer. Möchten Sie den Benutzer zur Eingabe einer Rückrufnummer auffordern, wählen Sie die Option VOM ANRUFER FESTGELEGT. Soll der Server jedoch unter einer bestimmten Nummer zurückrufen, legen Sie das unter VORBELEGUNG fest. Aktivieren Sie das Optionsfeld, und tragen Sie die entsprechende Rufnummer ein.

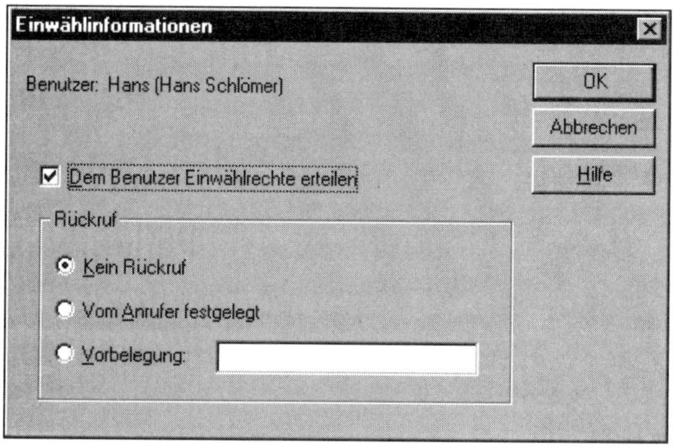

Abb. 16.7:
Dialogfenster - RAS

Mehrere Konten gleichzeitig verwalten

Sie können mit dem Benutzer-Manager auch mehrere Konten gleichzeitig verwalten. Dazu können entweder mehrere Benutzer durch Ziehen mit gedrückter linker Maustaste markiert oder unter Zuhilfenahme der (Strg)-Taste eine Mehrfachselektion getroffen werden.

Mit anschließendem (↵) öffnen Sie das Fenster mit den Benutzereigenschaften für alle ausgewählten Benutzer und können jetzt direkt für alle gültige Eigenschaften einstellen.

Sollte die Auswahl der Benutzer aus sehr vielen vorhandenen Benutzern getroffen werden, ist es in vielen Fällen einfacher, eine Gruppe statt der einzelnen Benutzer zu selektieren. Verwenden Sie dafür den Befehl BENUTZER AUSWÄHLEN im Menü BENUTZER. Fragen Sie mich bitte nicht, warum der Befehl nicht GRUPPE AUSWÄHLEN heißt.

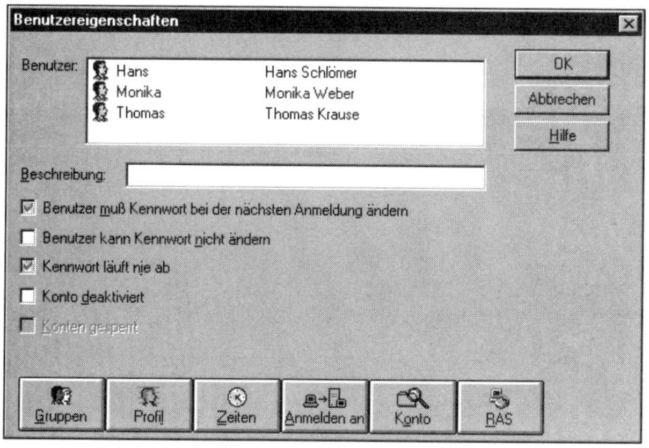

Abb. 16.8:
Eigenschaften mehrerer Benutzer gleichzeitig einstellen

Benutzerkonto löschen

Der Zugriff auf das Netzwerk kann durch unterschiedliche Maßnahmen beschränkt werden. Sie haben als Administrator die Möglichkeit, Kontobeschränkungen festzulegen, das Konto zu deaktivieren oder das Benutzerkonto vollständig zu löschen.

Wie schon voran beschrieben wurde, kann ein deaktiviertes Konto wieder aktiviert werden. Ein gelöschtes Benutzerkonto dagegen kann, auch wenn es mit gleichem Namen eingerichtet wird, nicht wieder mit den Zugriffsrechten hergestellt werden. Das Konto hat dann zwar wieder den vorher verwendeten Namen, aber eine völlig neue Sicherheits-ID (SID).

Bei fast allen Prozessen verwaltet Windows NT 4 den Benutzer gemäß seiner Sicherheits-ID und nicht mit dem festgelegten Namen. Dadurch ist es unmöglich, daß noch Berechtigungen des alten Kontos gültig sind.

Um eines oder mehrere Benutzerkonten zu löschen, markieren Sie diese in der Liste des Benutzer-Managers und drücken die [Entf]-Taste. Nach Bestätigung der daraufhin angezeigten Warnung und der Sicherheitsabfrage mit OK ist das Benutzerkonto unwiederbringlich gelöscht.

Verwalten von Gruppen

Gruppen stellen eine der wichtigsten Komponenten im Netzwerk dar, wenn es darum geht, die Netzwerkverwaltung zu vereinfachen und übersichtlich zu gestalten. Es müssen nicht mehr Rechte für die einzelnen Benutzer erteilt werden, sondern verschiedene Benutzer mit gleichen Aufgaben werden Mitglied einer zuvor definierten Gruppe, von der Sie dann die erteilten Rechte erhalten.

Gruppen erstellen

Bevor Sie eine neue Gruppe erstellen, sollten Sie sich erst einmal im klaren darüber sein, ob es sich um eine neue lokale oder globale Gruppe handeln soll. Um eine lokale Gruppe anzulegen, rufen Sie die Option NEUE LOKALE GRUPPE im Menü BENUTZER auf.

Abb. 16.9:
NEUE LOKALE
GRUPPE

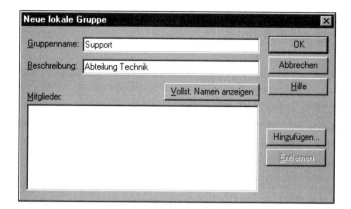

Geben Sie in diesem Dialogfenster den GRUPPENNAMEN und optional eine BESCHREIBUNG für die neue Gruppe ein. Mit OK wäre jetzt schon die Gruppe, allerdings noch ohne Mitglieder, fertig. Über HINZUFÜGEN können schon jetzt die Mitglieder dieser Gruppe aus allen vorhandenen Benutzern oder globalen Gruppen bestimmt werden.

Wählen Sie in diesem Dialogfeld BENUTZER UND GRUPPEN HINZUFÜGEN einen Benutzer oder eine globale Gruppe aus der Domänenliste aus, und betätigen Sie wiederum die Schaltfläche mit der Bezeichnung HINZUFÜGEN. Der oder die markierten Namen werden in die Liste am unteren Fensterrand übertragen. Alternativ dazu besteht auch die Möglichkeit, die gewünschten Namen direkt in das Listenfenster, getrennt durch Semikolon einzugeben.

OK bestätigt die Auswahl und zeigt die Namen der Benutzer und/oder globalen Gruppen als Mitglieder der neuen lokalen Gruppe an.

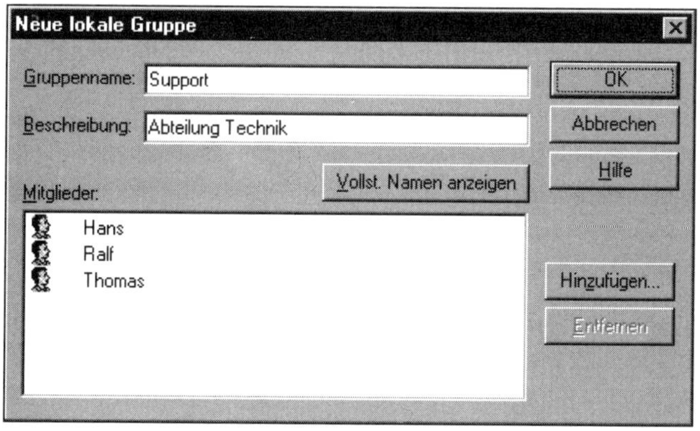

Abb. 16.10:
Neue lokale
Gruppe mit
Mitgliedern

Sicherheitsrichtlinien

Der Benutzer-Manager oder der Benutzer-Manager für Domänen kann nicht nur für die Einrichtung und Verwaltung von Benutzern und Gruppen verwendet werden. Er ist auch ein wesentlicher Bestandteil bei der Verwaltung der verschiedenen Sicherheitsrichtlinien. Im Benutzer-Manager lassen sich folgende Systemrichtlinien verwalten:

- Kontenrichtlinien zu den Eigenschaften der Kennworte
- Benutzerrechte für verschiedene Aktionen
- Richtlinien für die Überwachung verschiedener Aktionen und Ereignisse

Innerhalb einer Domäne mit dem Benutzer-Manager für Domänen kommt noch die Möglichkeit dazu, Vertrauensbeziehungen zwischen Domänen einzurichten.

Abb. 16.11: Richtlinien - Konten

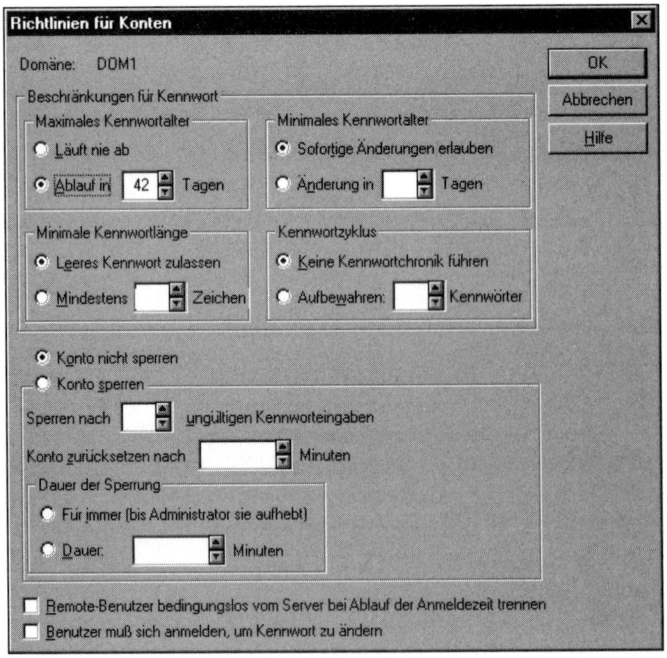

Über den Hauptmenüpunkt RICHTLINIEN gelangen Sie zu diesen aufgeführten Optionen.

KONTEN

Mit Anwahl der Option KONTEN öffnen Sie das Dialogfenster RICHTLINIEN FÜR KONTEN. Die darin möglichen Einstellungen betreffen die globalen für jeden Benutzer gültigen Einstellungen zum Kennwort. Das Dialogfenster ist in verschiedene Bereiche aufgeteilt, die folgende Optionen beinhalten:

MAXIMALES KENNWORTALTER

Hier legen Sie fest, ob ein Kennwort, und wenn ja, nach welchem Zeitraum, abläuft. Nach Ablauf dieser Frist wird der Benutzer zur Eingabe eines neuen Kennworts aufgefordert.

Minimales Kennwortalter

Diese Einstellung bezieht sich auf den Zeitraum, den ein Kennwort mindestens gültig sein muß, bevor Änderungen erlaubt werden. Die Vorgabeeinstellung lautet SOFORTIGE ÄNDERUNGEN ERLAUBEN.

MINIMALE KENNWORTLÄNGE

Mit dieser Option legen Sie die minimale Anzahl Zeichen für ein Kennwort fest. Ein Kennwort kann zwischen 1 und 14 Zeichen lang sein. Zudem kann auch ein leeres Kennwort zugelassen werden.

KENNWORTZYKLUS

Hier kann bestimmt werden, wie viele neue Kennwörter von einem Benutzer verwendet werden müssen, bevor ein altes Kennwort wieder zugelassen wird. Der Wert kann zwischen 1 und 24 Kennwörtern liegen. In Zusammenhang mit dieser Option sollte die Einstellung für MINIMALES KENNWORTALTER nicht SOFORTIGE ÄNDERUNGEN ERLAUBEN lauten.

Konto nicht sperren

Ist diese Option aktiv, wird das Konto eines Benutzers, unabhängig von der Anzahl falscher Kennwortangaben nicht gesperrt.

Konto sperren

In diesem Bereich des Dialogfensters sind Einstellungen darüber zu treffen, nach wie vielen Fehlversuchen ein Konto gesperrt wird, wann das Protokoll der Fehlversuche zurücksetzt und wie lange die Dauer der Sperrung bestehen bleiben soll.

Wählen Sie bei DAUER DER SPERRUNG die Option FÜR IMMER, kann nur der Administrator oder eine gleichberechtigte Person das Benutzerkonto wieder freigeben. Die Zeitangaben können mit einem Wert von 1 bis 99.999 Minuten eingetragen werden.

Remote-Benutzer bedingungslos vom Server bei Ablauf der Anmeldezeit trennen
Wird dieses Kontrollkästchen aktiviert, wird die Verbindung eines Remote-Benutzers (Zugang per DFÜ) nach Ablauf seiner bei der Benutzereinrichtung festgelegten Zugangszeit abgebrochen. Im deaktivierten Zustand bleibt eine bestehende Verbindung auch nach Ablauf der zugewiesenen Zeit erhalten.

Benutzer muß sich anmelden, um Kennwort zu ändern
Ist dieses Kontrollkästchen aktiv, muß der Benutzer erst eine Anmeldung durchführen, um dann sein Kennwort zu ändern. Ist das alte Kennwort aufgrund einer Zeitbeschränkung abgelaufen, kann nur der Administrator das Benutzerkennwort ändern.

Mit OK schließen Sie das Dialogfenster und bestätigen alle vorgenommenen Änderungen. Bedenken Sie dabei aber, daß alle Einstellungen für jeden Benutzer Gültigkeit haben.

BENUTZERRECHTE
Über die Zuordnung von RICHTLINIEN FÜR BENUTZERRECHTE kann einem Benutzer die Möglichkeit gewährt werden, bestimmte Aktionen auszuführen. Man unterscheidet bei den Benutzerrechten grob zwischen den hier einzustellenden Rechten für bestimmte Aktivitäten im System und Rechten auf bestimmte Objekte wie Laufwerke, Dateien und Verzeichnisse.

Die in den Richtlinien festgelegten Rechte haben Vorrang vor den Rechten auf Objekte. So kann beispielsweise ein Benutzer mit dem Recht WIEDERHERSTELLEN VON DATEIEN UND VERZEICHNISSEN diese Aktion durchführen, ohne explizit die im anderen Fall notwendigen Datei- und Verzeichnisrechte zu besitzen.

Abb. 16.12: RICHTLINIEN FÜR BENUTZERRECHTE

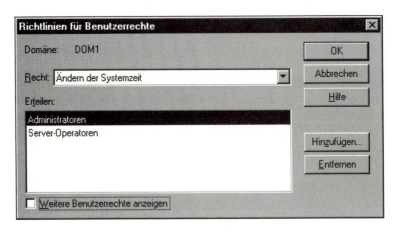

Durch Anklicken des Pfeilschalters für das Feld RECHT und Auswahl eines aufgelisteten Rechts können Sie sich im Listenfeld ERTEILEN die Benutzer oder Gruppen anzeigen lassen, die über dieses Recht verfügen.

Die Standardrechte auf einem NT-Server bedeuten:

Ändern der Systemzeit
Der Benutzer oder die Gruppe kann die interne Uhr des Computers neu einstellen.

Herunterfahren von einem Fernsystem aus
Dieses Recht ist in der aktuellen Version von Windows NT noch nicht implementiert.

Hinzufügen von Arbeitsstationen zur Domäne
Erlaubt das Hinzufügen weiterer Arbeitsstationen zur Domäne. Mitglieder der Gruppe ADMINISTRATOREN und KONTEN-OPERATOREN können dies auch, ohne daß ihnen dieses Recht gesondert erteilt wird.

Laden und Entfernen von Gerätetreibern
Dieses recht ermöglicht das dynamische Laden und Entfernen von Gerätetreibern. Innerhalb einer Domäne bezieht sich dieses Recht auf den primären Domänen-Controller und die Sicherungs-Domänen-Controller.
   Auf einer NT-Workstation oder einem "alleinstehenden" Server wirkt sich das recht nur auf dem jeweiligen Computer aus.

Lokale Anmeldung
erlaubt dem Benutzer eine lokale Anmeldung am Computer.

Sichern von Dateien und Verzeichnissen
Dieses Recht gibt die Möglichkeit, Dateien und Verzeichnisse des Computers zu sichern. Es überschreibt dadurch Datei- und Verzeichnisrechte des Benutzers.

System herunterfahren
Dieses Recht gibt die Erlaubnis, einen NT-Server oder eine NT-Workstation herunterzufahren.

Übernehmen des Besitzes an Dateien und Objekten
Dieses Recht ermöglicht es dem Benutzer, Dateien, Verzeichnisse und andere Objekte des Computers in Besitz zu nehmen.

Verwalten von Überwachungs- und Sicherheitsprotokoll
Mit diesem Recht kann ein Benutzer die Eigenschaften zu den Überwachungsoptionen eines Objekts verwalten. Dieses Recht beinhaltet aber nicht die Einstellungen ÜBERWACHEN im Menü RICHTLINIEN des Benutzer-Managers.

Wiederherstellen von Dateien und Verzeichnissen
Auch durch dieses Recht werden erteilte Datei- und Verzeichnisrechte aufgehoben. Es ermöglicht dem Benutzer, Dateien und Verzeichnisse auf dem Computer wiederherzustellen.

Zugriff auf diesen Computer vom Netz
Dieses Recht erlaubt dem Benutzer, über das Netzwerk eine Verbindung zu dem Computer herzustellen.

Die erweiterten Benutzerrechte in den Richtlinien sind für die normale Administration nicht relevant und werden in der Regel nur von Programmierern für die Entwicklung von Windows NT-Anwendungen benötigt.

Über HINZUFÜGEN können weiteren Benutzern oder Gruppen ausgewählte Rechte gewährt und mit ENTFERNEN wieder entzogen werden.

ÜBERWACHEN

Mit der Option ÜBERWACHEN im Menü RICHTLINIEN öffnen Sie das Dialogfenster für die ÜBERWACHUNGSRICHTLINIEN. Die Vorgabeeinstellung lautet KEINE EREIGNISSE ÜBERWACHEN. Windows NT 4 pflegt drei verschiedene Ereignisprotokolle: das Systemprotokoll, das Anwendungsprotokoll und das Sicherheitsprotokoll.

Die Einstellungen in den Überwachungsrichtlinien betreffen Angaben zum Sicherheitsprotokoll. Innerhalb einer Domäne erstreckt sich diese Überwachung auf das Sicherheitsprotokoll des Domänen-Controllers und aller Server innerhalb dieser Domäne. Bei Verwendung einer Windows NT 4-Workstation oder eines "alleinstehenden" NT-Servers gelten die Überwachungseinstellungen nur für den jeweiligen Computer.

Durch Aktivieren der Option DIESE EREIGNISSE ÜBERWACHEN wird die Überwachung eingeschaltet. Über die nun verfügbaren Kontrollkästchen kann ausgewählt werden, welche Ereignisse und ob sie auf Erfolg, Fehler oder beides hin überwacht werden sollen.

Abb. 16.13: ÜBERWACHUNGSRICHTLINIEN

Bevor Sie sich dazu entschließen, verschiedene Ereignisse zu überwachen, sollten Sie bedenken, daß jedes Protokoll gewissen Beschränkungen unterliegt. Die maximale Größe beträgt standardmäßig 512 KByte und kann durch das Protokollieren bestimmter Ereignisse, wie zum Beispiel Datei- und Objektzugriffe, sehr schnell an seine Grenze stoßen.

Ist eine umfangreiche Überwachung dennoch notwendig, sollte die Protokollgröße in der Ereignisanzeige dementsprechend angepaßt werden.

Freigaben und Benutzerrechte

KAPITEL 17

Die Administration von Benutzern und Gruppen ist nicht allein mit dem Einrichten oder der Vergabe von Gruppenmitgliedschaften getan. Ein wichtiges Element der Windows NT 4 Sicherheitsmechanismen sind die Zugriffsberechtigungen. Solche Zugriffsberechtigungen werden den Benutzern und Gruppen erteilt und erlauben es damit, den Zugriff und die Art des Zugriffs auf Dateien und Verzeichnissen zu bestimmen.

Die Berechtigungen beschränken sich nicht nur auf die oben erwähnten Verzeichnisse und Dateien, sogar für Drucker existieren Zugriffsberechtigungen.

Ein ganz wichtiger Aspekt ist der Unterschied zwischen Berechtigungen und Rechten unter Windows NT 4. Berechtigungen betreffen Dateien, Verzeichnisse und Drucker. Rechte beziehen sich dagegen auf den eigentlichen Computer selbst. Dabei haben Rechte eine größere Priorität als Berechtigungen.

Berechtigungen der Dateisysteme

In den vorangegangenen Kapiteln haben Sie schon mehrfach erfahren, daß Windows NT 4 mehrere unterschiedliche Dateisysteme unterstützt. Aufgrund der Konzeption dieser Dateisysteme stehen nicht die gleichen Sicherheitsfunktionen und somit Zugriffsberechtigungen zur Verfügung.

FAT

Stark eingeschränkte Sicherheitsmechanismen stehen unter dem Dateisystem FAT zur Verfügung. Es lassen sich unter einer so formatierten Partition nur gering differenzierbare Berechtigungen auf freigegebenen Verzeichnissen erteilen. Man spricht in diesem Zusammenhang deshalb auch von *Freigabeberechtigungen*. Diese Einschränkung gilt auch für das Dateisystem eines freigegebenen CD-ROM-Laufwerks.

NTFS

Ein umfangreiches Sicherheitssystem bietet dagegen das Dateisystem NTFS. Bei diesem Dateisystem können zu den Freigabeberechtigungen auch spezielle Berechtigungen auf einzelne Dateien oder Verzeichnisse unterhalb des Freigabeverzeichnisses erteilt werden. Die Datei- und Verzeichnisberechtigungen erlauben es, sehr detailliert Rechte einem Benutzer oder einer Gruppe zu erteilen.

Freigabeberechtigungen

Freigabeberechtigungen lassen sich bei jedem unterstützten Dateisystem von Windows NT 4 einrichten. Unter FAT oder auf CDFS-Datenträgern (CD-ROM) sind die damit möglichen Beschränkungen ausschließlich auf Verzeichnisse beschränkt und werden automatisch auf alle vorhandenen Unterverzeichnisse vererbt.
Eine Freigabeberechtigung für einen Benutzer oder eine Gruppe steht somit auch in allen Unterverzeichnissen zur Verfügung.

Verfügbare Freigabeberechtigungen

Folgende Freigabeberechtigungen stehen unter Windows NT 4 für Verzeichnisse zur Verfügung:

Kein Zugriff
Es ist kein Zugriff auf dieses Verzeichnis oder untergeordnete Verzeichnisse möglich.

Lesen
Mit dieser Freigabeberechtigung ist es möglich, im freigegebenen Verzeichnis und den darunter befindlichen Verzeichnissen Dateien zu sichten, Daten zu lesen oder Programme auszuführen. Änderungen an bestehenden Dateien oder das Anlegen neuer Unterverzeichnisse und Dateien ist jedoch nicht möglich.

Ändern
Außer dem Lesen von Dateien und Ausführen von Programmen kann ein Benutzer oder eine Gruppe mit dieser Berechtigung Dateien verändern und neue Unterverzeichnisse oder Dateien anlegen.

Vollzugriff
Unter dem Dateisystem FAT entspricht diese Berechtigung der voran beschriebenen Zugriffsberechtigung *Ändern*. Auf einem Datenträger mit NTFS-Dateisystem kann zudem noch die Berechtigung erteilt werden, Freigabeberechtigungen zu verändern (Berechtigungen ändern) oder das Verzeichnis in Besitz zu nehmen (Besitz übernehmen).

Neue Freigabe festlegen

Neue Freigaben und Freigabeberechtigungen können auf unterschiedliche Arten eingerichtet werden. Die einfachste Art und Weise ist wohl unter Zuhilfenahme des Windows NT-Explorers möglich.

Öffnen Sie dazu das Explorer-Fenster, und wählen Sie aus der angezeigten Laufwerks- und Verzeichnisstruktur das gewünschte Verzeichnis für die neue Freigabe an. Mit Klick auf die rechte Maustaste erhalten Sie ein Kontextmenü, in dem sich unter anderem auch die Option FREIGABE befindet.

Nachdem diese Option mit Mausklick ausgewählt ist, wird ein Dialogfenster für die Einstellungen zur neuen Freigabe auf dem Bildschirm angezeigt. Zunächst ist in diesem Dialogfenster noch das Optionsfeld NICHT FREIGEGEBEN ausgewählt und somit kein Eintrag in den anderen Feldern möglich.

Aktivieren Sie deshalb die Option FREIGEGEBEN ALS, um weitere Angaben vorzunehmen. Als Freigabename wird Ihnen der Name des ausgewählten Verzeichnisses vom System angeboten. Ob Sie diesen Namen übernehmen, bleibt in erster Linie Ihnen überlassen. Es empfiehlt sich jedoch, einen verständlichen Namen, der in Zusammenhang mit dem freigegebenen Verzeichnis steht, zu verwenden.

Eingaben im Feld KOMMENTAR sind optional und dienen lediglich der zusätzlichen Erläuterung dieser Freigabe.

Abb. 17.1:
Dialogfenster -
Neue Freigabe

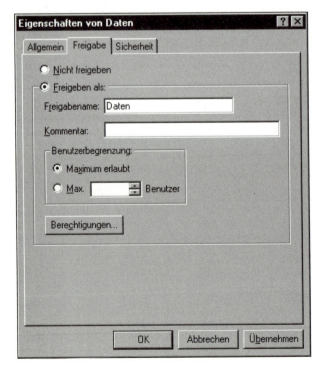

Über das Feld BENUTZERBEGRENZUNG kann festgelegt werden, wie viele Benutzer gleichzeitig auf das freigegebene Verzeichnis zugreifen dürfen. Man hat dabei die Wahl zwischen der maximalen Anzahl lizenzierter Benutzer oder einem Wert zwischen 1 und dem Maximum.

Mit den bisher vorgenommenen Einstellungen haben Sie die Freigabe schon mal erstellt. Jetzt muß noch bestimmt werden, wer mit welchen Berechtigungen auf das freigegebene Verzeichnis zugreifen darf. Betätigen Sie dazu die Schaltfläche BERECHTIGUNGEN.

Auf dem Bildschirm erscheint ein weiteres Dialogfenster, in dem schon die Berechtigung für jeden mit Vollzugriff eingetragen ist. Dies ist nur eine Vorgabeeinstellung, die über den Schalter ENTFERNEN gelöscht werden kann. Durch Betätigung der Schaltfläche HINZUFÜGEN erhalten Sie ein Auswahlfenster mit allen eingerichteten Gruppen und über BENUTZER ANZEIGEN auch aller eingerichteten Benutzer des Servers oder der Domäne.

Aus dieser Liste können Sie jetzt bequem neue Gruppen und Benutzer auswählen und mit HINZUFÜGEN in die Liste der Zugriffsberechtigungen übertragen. Über den Pfeilschalter ZUGRIFFSART bestimmen Sie für jede übertragene Gruppe oder Benutzer die entsprechende Zugriffsberechtigung.

Mit OK bestätigen Sie die Angaben, und das Auswahlfenster wird automatisch geschlossen.

Abb. 17.2:
BENUTZER UND
GRUPPEN
HINZUFÜGEN

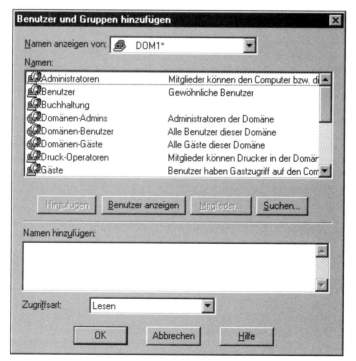

Ein weiterer Klick auf OK schließt auch das Fenster mit den Freigabeberechtigungen, und Sie befinden sich wieder im Dialogfenster EIGENSCHAFTEN VON VERZEICHNIS.

Sind alle Einstellungen getroffen, kann die neue Freigabe endgültig mit OK bestätigt werden. In der Anzeige des Windows NT 4-Explorers erkennen Sie das freigegebene Verzeichnis an dem kleinen Symbol einer Hand unter dem betreffenden Ordner.

Weitere Möglichkeiten, Freigaben für Verzeichnisse festzulegen, sind über den Ordner ARBEITSPLATZ oder den SERVER-MANAGER möglich. Auch bei Verwendung des Ordners ARBEITSPLATZ wählen Sie zuerst wieder das gewünschte Verzeichnis aus und klicken es anschließend mit der rechten Maustaste an, um das Kontextmenü zu öffnen. Dort finden Sie wieder die Option FREIGABE, die wiederum die gleichen Einstellungen ermöglicht, wie zuvor bei Verwendung des Windows NT 4-Explorers.

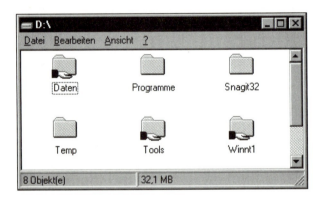

Abb. 17.3: Arbeitsplatz mit freigegebenen Verzeichnissen

Freigabe mit dem Server-Manager

Um Freigaben und Berechtigungen mit dem Server-Manager einzurichten, starten Sie zuerst das Programm über den START-Knopf aus PROGRAMME / VERWALTUNG (ALLGEMEIN). Zunächst bekommen Sie alle bekannten Server und Arbeitsstationen im dargestellten Dialogfenster angezeigt. Wählen Sie aus dieser Liste den Computer aus, bei dem eine neue Freigabe eingerichtet werden soll.

Über den Hauptmenüpunkt COMPUTER und die Option FREIGEGEBENE VERZEICHNISSE erhalten Sie eine Auflistung aller schon vorhandenen Freigaben. Mit Klick auf die Schaltfläche NEUE FREIGABE wird ein Dialogfenster für die Einstellungen zur neuen Freigabe eingeblendet. Dieses Dialogfenster unterscheidet sich zwar optisch und im Aufbau von den oben beschriebenen Dialogfenstern für die Freigaben, beinhaltet aber die selben Eingabe- und Auswahlfenster.

Abb. 17.4:
Server-Manager -
Freigegebene
Verzeichnisse
eines Computers

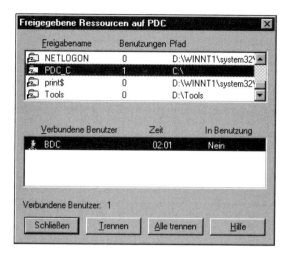

Im Gegensatz zu den voran beschriebenen Methoden haben Sie mit dem Server-Manager die Möglichkeit, auch Freigaben auf entfernten Computern (Remote-Computern) einzurichten, wenn Sie über die notwendigen Rechte verfügen. Als Nachteil bei dieser Methode kann nur aufgezeigt werden, daß keine komfortable Auswahl des gewünschten Verzeichnisses für die Freigabe wie bei Verwendung des Windows NT 4-Explorers vorgenommen werden kann.

Der Freigabename und der Verzeichnisname für die Freigabe muß manuell eingetragen werden. Die Schreibweise entspricht einer lokalen Pfadangabe.

Beispiel:

```
D:\DATEN\TEXTE
```

Ist auf diese Art und Weise einen Freigabe eingerichtet, kann über die Schaltfläche EIGENSCHAFTEN ein weiteres Dialogfenster eingeblendet werden. Von dort aus lassen sich dann auch die individuellen Zugriffsberechtigungen einstellen.

Bedenken Sie, daß nach dem Einrichten einer neuen Freigabe standardmäßig die Zugriffsberechtigung VOLLZUGRIFF für Jedermann zur Verfügung steht.

Individuelle und beschränkte Berechtigungen

Zugriffsberechtigungen auf Verzeichnisse und Dateien werden als individuelle Berechtigungen für den jeweiligen Typ bezeichnet. Um den Aufwand bei der Vergabe dieser Berechtigungen so gering wie möglich zu halten, hat Microsoft bei Windows NT 4 noch Standard-Berechtigungen festgelegt, die aus oft benötigten Kombinationen der individuellen Verzeichnis- und Dateiberechtigungen bestehen.

Individuelle Verzeichnis- und Dateiberechtigungen stehen nur auf NTFS-Dateisystemen zur Verfügung. Erst unter diesem Dateisystem lassen sich Berechtigungen präzise und genau erteilen.

Neue beschränkte Verzeichnisberechtigung hinzufügen

Beschränkte Verzeichnisberechtigungen lassen sich auch wiederum mit dem Explorer oder über den Ordner ARBEITSPLATZ hinzufügen. Die Vorgehensweise mit dem Windows NT 4-Explorer besteht darin, daß Sie zunächst das gewünschte Verzeichnis auf einer NTFS-Partition auswählen und mit der rechten Maustaste das dazugehörige Kontextmenü öffnen. Im Gegensatz zu den Freigaben werden Verzeichnisbeschränkungen über die Option EIGENSCHAFTEN eingerichtet.

Nach Betätigen dieser Option wird das Dialogfenster EIGENSCHAFTEN VON VERZEICHNIS auf dem Bildschirm angezeigt. Sollten Sie in diesem Dialogfenster nur die Register ALLGEMEIN und FREIGABE zur Verfügung gestellt bekommen, handelt es sich mit größter Wahrscheinlichkeit bei dem gewählten Verzeichnis um ein Verzeichnis auf eine FAT-Partition oder CDFS-Partition.

Auf einer NTFS-Partition gehört zu den Eigenschaften eines Verzeichnisses auch das Register SICHERHEIT. Durch Anklicken des Schriftzuges SICHERHEIT holen Sie das dazugehörige Dialogfenster in den Bildschirmvordergrund.

Über den Schalter BERECHTIGUNGEN gelangen Sie zum Dialogfenster für die Einrichtung neuer Verzeichnisberechtigungen. Allerdings sind auch individuelle Veränderungen an den Verzeichnisberechtigungen möglich.

Die Gruppe JEDER ist dort schon mit Vollzugriff eingetragen. Dies ist nur eine Vorgabeeinstellung, die über den Schalter ENTFERNEN gelöscht werden kann. Durch Betätigung der Schaltfläche HINZUFÜGEN erhalten

Sie ein Auswahlfenster mit allen eingerichteten Gruppen und über BE-NUTZER ANZEIGEN auch alle eingerichteten Benutzer des Servers oder der Domäne.

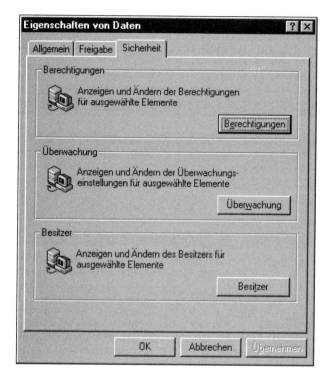

Abb. 17.5: Eigenschaften von Verzeichnis - SICHERHEIT

Aus dieser Liste können Sie jetzt bequem neue Gruppen und Benutzer auswählen und mit HINZUFÜGEN in die Liste der Zugriffsberechtigungen übertragen. Über den Pfeilschalter ZUGRIFFSART bestimmen Sie für jede übertragene Gruppe oder jeden Benutzer die entsprechende Zugriffsberechtigung.

Mit diesen Einstellungen sind zunächst nur Standard-Zugriffsberechtigungen erteilt. Beschränkte Verzeichniszugriffsberechtigungen vergeben Sie, indem Sie zuerst eine eingetragene Gruppe oder Benutzer aus der Liste der Zugriffsberechtigten mit Doppelklick der linken Maustaste anwählen. Erst jetzt zeigt sich das Dialogfenster mit allen verfügbaren Verzeichniszugriffsberechtigungen.

Durch Aktivieren des jeweiligen Kontrollkästchens können Sie die detaillierte Zugriffsberechtigung für die gewählte Gruppe oder den/die Benutzer bestimmen.

Abb. 17.6:
Dialogfenster -
BESCHRÄNKTER
VERZEICHNIS-
ZUGRIFF

Beschränkte Dateiberechtigungen

Zugriffsberechtigungen sind bei Verwendung eines NTFS-Dateisystems nicht nur auf Verzeichnisse und deren Unterverzeichnisse beschränkt. Die Vergabe von Zugriffsberechtigungen kann so detailliert vorgenommen werden, daß Sie sogar nur für einzelne Dateien gültig ist.

Die beschränkten Dateiberechtigungen sind:

Lesen / Read (R)
Mit dieser Berechtigung können Verzeichnisse, Unterverzeichnisse und Dateien sowie deren Attribute eingesehen werden.

Schreiben / Write (W)
Erlaubt es, Dateien und Unterverzeichnisse hinzuzufügen

Ausführen / Execute (X)
Diese Berechtigung erlaubt es, in vorhandene Unterverzeichnisse zu wechseln.

Löschen / Delete (D)
Berechtigt zum Löschen von Verzeichnissen

Berechtigungen ändern / Change Permissions (P)
Erlaubt es, die Berechtigungen für die Verzeichnisse zu ändern

Besitz übernehmen / Take Ownership (O)
Mit dieser Verzeichnisberechtigung kann der Besitz eines Verzeichnisses übernommen werden.

Die Angabe der erteilten Berechtigungen erfolgt meist nur unter Verwendung der Buchstaben zur englischen Bezeichnung. Gemäß dieser Angaben entsprechen die Berechtigungen LESEN, SCHREIBEN, AUSFÜHREN und BERECHTIGUNGEN ÄNDERN der Abkürzung (RWXDP).

Das Festlegen einer neuen Zugriffsberechtigung für Dateien entspricht im weitesten Sinne der Vorgehensweise bei Verzeichnissen. Die Berechtigungen können entweder über den ARBEITSPLATZ oder mit dem WINDOWS NT 4-EXPLORER erteilt werden. Beachten Sie aber, daß Sie dafür nicht nur das entsprechende Verzeichnis, sondern die gewünschte Datei markieren müssen.

Standardberechtigungen unter Windows NT 4

So detailliert die Möglichkeiten der Vergabe von Berechtigungen unter Verwendung der beschränkten Zugriffsberechtigungen auch sind, kann es in der Praxis doch sehr mühsam sein, alle Berechtigungen auf diese Art und Weise zu erteilen.

Auch Microsoft hat das eingesehen und aus diesem Grund vernünftige Kombinationen der beschränkten Zugriffsrechte zu Standardberechtigungen zusammengefaßt. Auch in diesem Fall wird wieder zwischen Standardberechtigungen für Verzeichnisse und Dateien unterschieden. Standardberechtigungen für Verzeichnisse betreffen das gewählte Verzeichnis und die darin befindlichen Dateien.

Standardberechtigungen für Dateien sind dagegen nur für die jeweilige Datei gültig.

Standardberechtigungen für Verzeichnisse einsehen und erteilen

Wie bei den beschränkten Verzeichnis- und Dateiberechtigungen sind auch die Standardberechtigungen wahlweise über den Ordner ARBEITSPLATZ, DATEI-MANAGER (WINFILE.EXE) oder den WINDOWS NT 4-EXPLORER zu erteilen.

Wählen Sie mit dem Explorer das gewünschte Verzeichnis mit der rechten Maustaste an, und wählen Sie aus dem dargestellten Kontextmenü die Option EIGENSCHAFTEN aus. Wechseln Sie nun zum Register SICHERHEIT, und betätigen Sie darin die Schaltfläche BERECHTIGUNGEN.

Sie befinden sich jetzt im Dialogfenster VERZEICHNISBERECHTIGUNGEN. In diesem Fenster werden die jeweiligen Gruppen und Benutzer angezeigt, die über irgendwelche erteilten Berechtigungen in diesem Verzeichnis verfügen. Die Anzeige der Berechtigungen ist aufgeteilt in Angabe der Standardberechtigung, der beschränkten Verzeichnisberechtigung und der beschränkten Dateiberechtigung. Daraus resultiert beispielsweise der Eintrag

```
Vollzugriff (Alle) (Alle)
```

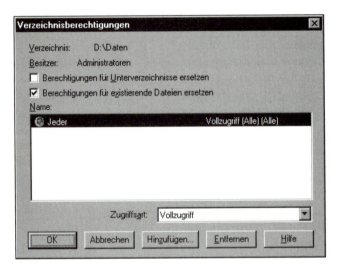

Abb. 17.7: VERZEICHNISBERECHTIGUNGEN

Durch Anklicken des Pfeilschalters zum Feld ZUGRIFFSART können die Standardberechtigungen für die ausgewählte Gruppe oder den/die Benutzer verändert werden. Folgende Standardberechtigungen und daraus resultierende beschränkte Zugriffsberechtigungen stehen zur Auswahl:

KEIN ZUGRIFF (KEIN) (KEIN)
Ein Zugriff auf das Verzeichnis ist nicht möglich. Wird diese Einstellung für einen Benutzer gewählt, hat dieser auch keinen Zugriff, selbst wenn er einer zugriffsberechtigten Gruppe angehört.

ANZEIGEN (RX) (NICHT ANGEGEBEN)
Diese Angabe berechtigt zum Anzeigen von Verzeichnis- und Dateinamen. Auch das Ändern von Unterverzeichnissen ist möglich. Sind keine anderen Verzeichnis- und Dateiberechtigungen erteilt, kann mit dieser Berechtigung nicht auf Dateien zugegriffen werden.

LESEN (RX) (RX)
Diese Berechtigung erlaubt es, die Namen von Dateien und Verzeichnissen einzusehen, Unterverzeichnisse zu verändern und den Inhalt von Dateien zu lesen oder Programme auszuführen.

HINZUFÜGEN (WX) (NICHT ANGEGEBEN)
Es können Unterverzeichnisse und Dateien dem entsprechenden Verzeichnis hinzugefügt werden. Ein Zugriff auf Dateien ist allein mit dieser Berechtigung nicht möglich.

HINZUFÜGEN UND LESEN (RWX) (RX)
Hiermit berechtigen Sie eine Gruppe oder einen Benutzer, Unterverzeichnis- und Dateinamen einzusehen, Unterverzeichnisse zu verändern, den Inhalt von Dateien zu lesen und Programme auszuführen. Außerdem können Dateien und Unterverzeichnisse dem betreffenden Verzeichnis hinzugefügt werden.

ÄNDERN (RWXD) (RWXD)
Diese Berechtigung erlaubt es, die Namen von Dateien und Unterverzeichnissen einzusehen, Änderungen an bestehenden Unterverzeichnissen vorzunehmen, den Inhalt von Dateien zu lesen und Programme auszuführen sowie Dateien und Unterverzeichnisse dem Verzeichnis hinzuzufügen.

Zusätzlich kann der Inhalt von Dateien geändert werden und Verzeichnisse mit den darin enthaltenen Dateien gelöscht werden.

VOLLZUGRIFF (ALLE) (ALLE)
Mit dieser Berechtigung sind alle möglichen Berechtigungen erteilt. Sie erlaubt uneingeschränkten Zugriff auf das Verzeichnis und die darin befindlichen Dateien. Die Berechtigung VOLLZUGRIFF ermöglicht auch das Löschen von Dateien des Verzeichnisses, unabhängig von gesondert erteilten Dateiberechtigungen.

Bei der Vergabe von Standardberechtigungen für Verzeichnisse ist zu beachten, daß sich diese Berechtigungen nur auf das gewählte Verzeichnis, darin enthaltene Dateien und neu angelegte Unterverzeichnisse und Dateien auswirkt. Schon bestehende Unterverzeichnisse und darin enthaltene Dateien sind mit dieser Berechtigung nicht einbezogen.

Erweiterung der Standardberechtigungen für Unterverzeichnisse

Um die Standardberechtigungen auch für Unterverzeichnisse und die darin enthaltenen Dateien gültig werden zu lassen, muß im Dialogfenster VERZEICHNISBERECHTIGUNGEN das Kontrollkästchen mit der Beschriftung

```
Berechtigungen für Unterverzeichnisse ersetzen
```

aktiviert werden. Erst dann vererben sich die Berechtigungen vom ausgewählten Verzeichnis bis hin zum letzten Unterverzeichnis in diesem Verzeichnisbaum.

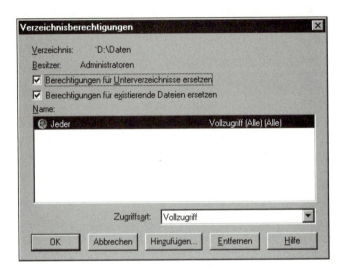

Abb. 17.8:
Dialogfenster -
VERZEICHNIS-
BERECHTIGUNGEN

Möchten Sie dagegen, daß sich die erteilten Verzeichnisberechtigungen ausschließlich auf das gewählte Verzeichnis und nicht die darin enthaltenen Dateien auswirken, muß das Kontrollkästchen

    Berechtigungen für existierende Dateien ersetzen

deaktiviert werden. Somit bleiben zuvor erteilte Dateiberechtigungen erhalten.

Standardberechtigungen für Dateien einsehen und erteilen

Die Standardberechtigungen von Windows NT 4 sind nicht nur für Verzeichnisse und die darin befindlichen Dateien zu erteilen. Wie bei den beschränkten Zugriffsberechtigungen ist auch die gezielte Vergabe solcher Berechtigungen für Dateien möglich.

Auch hier kann die Auswahl der entsprechenden Datei über den ARBEITSPLATZ, den WINDOWS NT 4-EXPLORER oder sogar mit dem betagten DATEI-MANAGER (WINFILE.EXE) durchgeführt werden.

Wählen Sie beispielsweise mit dem Explorer das Verzeichnis und darin die gewünschte Datei mit der rechten Maustaste an, und wählen Sie aus dem dargestellten Kontextmenü die Option EIGENSCHAFTEN aus. Wechseln Sie nun zum Register SICHERHEIT, und betätigen Sie darin die Schaltfläche BERECHTIGUNGEN.

Standardberechtigungen unter Windows NT 4

Sie befinden sich jetzt im Dialogfenster DATEIBERECHTIGUNGEN. In diesem Fenster werden die jeweiligen Gruppen und Benutzer angezeigt, die über irgendwelche speziell erteilte Berechtigungen für diese Datei verfügen.

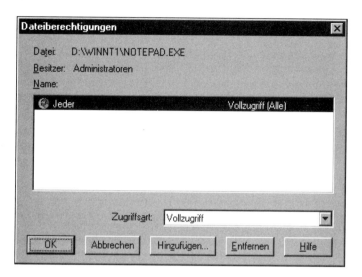

Abb. 17.9: Dialogfenster - DATEIBERECHTIGUNGEN

Die Anzeige der Berechtigungen unterscheidet sich etwas von der Darstellung für Verzeichnisberechtigungen. Hier wird ausschließlich die gewährte Standardberechtigung und die daraus resultierenden beschränkten Berechtigungen angezeigt.
Beispiel:

LESEN (RX)

Durch Anklicken des Pfeilschalters zum Feld ZUGRIFFSART können die Standard-Dateiberechtigungen für die ausgewählte Gruppe oder den/die Benutzer verändert werden. Folgende Standardberechtigungen und daraus resultierende beschränkte Zugriffsberechtigungen stehen zur Verfügung:

KEIN ZUGRIFF (KEINE)
Ein Zugriff auf die Datei ist nicht möglich. Wird diese Einstellung für einen Benutzer erteilt, hat dieser auch keinen Zugriff, selbst wenn er einer zugriffsberechtigten Gruppe angehört.

LESEN (RX)
Mit dieser Berechtigung kann ein Benutzer oder eine Gruppe den Inhalt von Dateien einsehen oder Programme ausführen.

ÄNDERN (RWXD)
Diese Berechtigung erlaubt es, den Dateiinhalt einzusehen, Programme auszuführen, Dateien zu verändern oder zu löschen.

VOLLZUGRIFF (ALLE RECHTE)
Mit dieser Berechtigung ist es außer dem Einsehen, Verändern oder Löschen der Datei auch möglich, Dateiberechtigungen zu erteilen und die Datei in Besitz zu nehmen.

Berechtigungen von der Eingabeaufforderung aus einsehen und verändern

Für viele Aktionen bietet Windows NT 4 nicht nur Programme für die grafische Benutzeroberfläche, sondern auch Kommandozeilenbefehle an. So auch für das Setzen und Sichten von Zugriffsberechtigungen. Das Programm trägt den Namen CACLS.EXE.

Die Syntax lautet:

```
CACLS Dateiname [/T] [/E] [/C] [/G Benutzer:Zugriff]
  [/R Benutzer] [/P Benutzer:Zugriff] [/D Benutzer]
```

Dabei bedeuten die einzelnen Parameter:

/T
Alle Änderungen an der ACL (*Access Control List*) wirken sich nicht nur im gewählten Verzeichnis, sondern auch auf alle Unterverzeichnisse und darin enthaltene Dateien aus.

/E
Mit diesem Parameter werden Änderungen zu bestehenden ACL-Einträgen hinzugefügt und nicht ersetzt.

/C
Änderungen werden trotz erkannter Zugriffsverweigerungen fortgesetzt. In diesem Fall werden Änderungen nur für Verzeichnisse und Dateien durchgeführt, bei denen Sie über ausreichende Berechtigung verfügen.

/G Benutzer:Zugriff
Mit dieser Angabe werden den Benutzern die Zugriffsrechte

R   Lesen

C   Ändern / Schreiben

F   Vollzugriff

erteilt.

/R Benutzer
Dieser Parameter entzieht einem Benutzer die festgelegten Zugriffsberechtigungen (nur gültig mit der Option /E).

/P Benutzer:Zugriff
Mit dieser Angabe können für einen Benutzer die Zugriffsberechtigungen ersetzt werden. Die gültigen Rechte sind:

N   Keine Berechtigung

R   Lesen

C   Ändern / Schreiben

F   Vollzugriff

/D Benutzer
Der Zugriff für den angegebenen Benutzer wird verweigert.

Beispiel:

Um dem Benutzer DONALD die Zugriffsrechte für das Verzeichnis "Daten" zu entziehen, geben Sie an der Eingabeaufforderung

```
CACLS Daten /E /R Donald↵
```

ein. Die Rückmeldung könnte lauten:

```
Bearbeitetes Verzeichnis D:\DATEN
```

Strategien der Vergabe von Berechtigungen

Für manchen mag es mittlerweile etwas verwirrend geworden sein, auf welche Art und Weise ein Benutzer zu seinen Zugriffsberechtigungen gelangt. Man muß dabei immer daran denken, daß nicht alle Varianten, nur weil man sie schließlich bezahlt hat, unbedingt genutzt werden müssen.

Durch Einsatz bestimmter Strategien bei der Vergabe von Zugriffsberechtigungen kann man die Administration von Windows NT 4 sehr leicht und überschaubar gestalten. Es sind dabei nur eine gewisse Anzahl von Punkten bei der Verwaltung zu beachten. Die wichtigsten meiner Meinung nach sind:

- Fassen Sie alle Benutzer mit gleichen Aufgaben, und somit den gleichen benötigten Berechtigungen, zu Gruppen zusammen. Ein

Benutzer erhält mit der Gruppenmitgliedschaft auch die Rechte der Gruppe. Haben mehrere Gruppen unterschiedliche Rechte auf Verzeichnisse oder Dateien, so addieren sich diese Rechte für den Benutzer.

- Legen Sie für jedes typische Aufgabengebiet eine Gruppe an, oder verwenden Sie die vordefinierten Gruppen.

- Geben Sie der Gruppe JEDER die Berechtigungen, die alle Benutzer im Netzwerk oder auf dem Computer gleichermaßen benötigen. Achten Sie dabei auch auf die voreingestellten Rechte. Oft bringen diese Berechtigungen eine schwerwiegende Sicherheitslücke mit.

- Globale Gruppen erhalten ihre Berechtigungen erst durch die Mitgliedschaft in einer lokalen Gruppe oder die direkte Vergabe von Berechtigungen an einer Ressource.

- Planen Sie die Vergabe von Berechtigungen so einfach wie möglich, und versuchen Sie strukturiert vorzugehen. Haben Sie sich für eine Vorgehensweise entschieden, sollte dieses Prinzip auch beibehalten werden. Erst dadurch bleiben die Rechtestrukturen überschaubar und leicht zu warten.

- Erteilen Sie nur in nicht zu vermeidenden Ausnahmefällen den Benutzern persönliche Berechtigungen, da eine solche Vorgehensweise arbeitsaufwendiger und weniger überschaubar ist.

Besitzer von Verzeichnissen und Dateien

Die Begriffe "In Besitz nehmen" oder "Besitzer einer Datei oder Verzeichnisses" sind in diesem Kapitel häufig erwähnt worden. Aber was hat es eigentlich mit dem "Besitz" auf sich? Stellen Sie sich einfach mal die Situation vor, Sie würden aus der Liste Zugriffsberechtigter für ein Verzeichnis (*Access Control List* = ACL) alle berechtigten Gruppen und Benutzer löschen. Dem ersten Anschein nach kann kein Benutzer mehr auf dieses Verzeichnis zugreifen oder irgendwelche Veränderungen vornehmen. Doch glücklicherweise ist das nicht der Fall.

Selbst wenn alle Einträge in der Zugriffssteuerungsliste (ACL) gelöscht sind, existiert ein nicht direkt sichtbarer Eintrag. Dieser Eintrag beinhaltet den Besitzer des Verzeichnisses oder der Datei. Ein solcher Besitzer hat immer Vollzugriff auf ein Verzeichnis oder eine Datei.

Als Vorgabe ist immer derjenige der Besitzer, der dieses Verzeichnis oder die Datei angelegt hat. Eine Ausnahme tritt erst in Kraft, wenn jemand mit ausreichenden Berechtigungen den Besitz darauf übernommen hat.

Der Vorteil beim Besitz eines Verzeichnisses oder einer Datei liegt darin, daß ein Benutzer mit seinen Verzeichnissen und den selbst angelegten Dateien machen kann, was er will, ohne immer erst den Administrator darum bitten zu müssen - und das unabhängig von den Einträgen in der Liste mit den Zugriffsberechtigungen.

Besitzer ermitteln

Um in Erfahrung zu bringen, wer der Besitzer einer Datei oder eines Verzeichnisses ist, markieren Sie das Objekt zunächst mit der rechten Maustaste und wählen aus dem Kontextmenü die Option EIGENSCHAFTEN. Wechseln Sie nun zum Register SICHERHEIT, und betätigen Sie die Schaltfläche BESITZER. Ein kleines Dialogfenster zeigt den Verzeichnisnamen mit vollständigem Pfad an und den Besitzer dieser Datei oder des Verzeichnisses.

Verfügen Sie selbst über die notwendigen Rechte, können Sie durch Betätigen von BESITZ ÜBERNEHMEN sich zum Besitzer ernennen.

Abb. 17.10: Anzeige - Besitzer eines Verzeichnisses

Verzeichnis- und Dateiattribute

Eine weitere Möglichkeit, das Dateisystem eines Computers mit bestimmten Regeln und Restriktionen zu versehen, sind Verzeichnis- und Dateiattribute. Solche Attribute sind nicht gruppen- oder benutzerspezifisch und werden an die Verzeichnisse und Dateien direkt vergeben.

Verzeichnis- und Dateiattribute können nicht von zusätzlich erteilten Zugriffsberechtigungen umgangen werden und haben immer Vorrang. Somit ist eine Datei mit dem Attribut SCHREIBGESCHÜTZT auch für den

Administrator schreibgeschützt. Auch er kann zunächst keine Änderungen daran vornehmen. Allerdings hat er das Recht, diese Attribute zu verändern und danach seine Änderungen vorzunehmen.

Windows NT 4 verwendet folgende Attribute:

SCHREIBGESCHÜTZT (READ-ONLY)
Diese Datei kann nur gelesen und nicht verändert werden.

ARCHIV (ARCHIVE)
Diese Datei ist seit der letzten Datensicherung neu hinzugekommen oder verändert worden. Dieses Attribut wird automatisch gesetzt und auch in der Regel von den Programmen zur Datensicherung (Backup/Restore) nach der Sicherung wieder entfernt.

KOMPRIMIERT (COMPRESSED)
Eine Datei oder ein Verzeichnis mit diesem Attribut wird von Windows NT 4 komprimiert auf dem Datenträger gespeichert. Dieses Attribut steht nur auf NTFS-Datenträgern zur Verfügung. Die Kompressionsrate dieses Verfahrens ist abhängig vom Dateityp.

VERSTECKT (HIDDEN)
Verzeichnisse und Dateien mit diesem Attribut sind für den normalen Befehl DIR nicht mehr sichtbar.

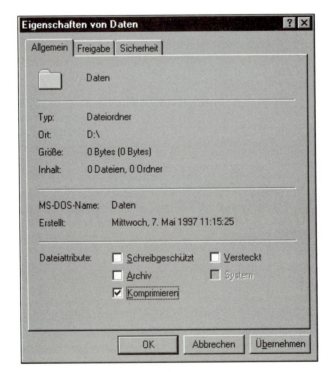

Abb. 17.11: Exploreranzeige - Verzeichnisattribute

SYSTEM (SYSTEM)
Dieses Attribut kennzeichnet eine Datei als Systemdatei. Solche Dateien sind mit dem DIR-Befehl nicht sichtbar und können auch nicht kopiert, geändert oder gelöscht werden.

In der DOS-Eingabeaufforderung können die Attribute mit Ausnahme von KOMPRIMIERT mit dem Befehl ATTRIB eingesehen und gesetzt werden. Für das Attribut KOMPRIMIERT gibt es dagegen den Befehl COMPACT. Mit diesem Befehl kann das Attribut gesetzt oder aufgehoben werden.

Attribute einsehen und verändern

Um die Attribute für ein Verzeichnis zu sichten oder zu setzen, markieren Sie bei Verwendung des Windows NT 4-Explorers zuerst das Verzeichnis mit der rechten Maustaste und wählen anschließend die Option EIGENSCHAFTEN. Im Register ALLGEMEIN sind im unteren Drittel des Dialogfensters die Dateiattribute zu erkennen.

Verfügen Sie über die notwendigen Berechtigungen, können Sie die Attribute durch Aktivieren oder Deaktivieren des jeweiligen Kontrollkästchens setzen oder aufheben.

Mit OK kann das Dialogfenster EIGENSCHAFTEN VON VERZEICHNIS wieder geschlossen werden.

Win 16- Anwendungen und DOS unter Windows NT 4

KAPITEL 18

18 · Win 16-Anwendungen und DOS unter Windows NT 4

In diesem Kapitel geht es um die Ausführung und Kompatibilität von Win 16-Anwendungen, DOS-Programmen und Befehlen in der DOS-Box von Windows NT 4. Es ist zwar nicht die ideale Lösung, unter einem 32-Bit-Betriebssystem 16-Bit-Anwendungen zu verwenden. Aber in verschiedenen Fällen bleibt einem nichts anderes übrig, wenn das benötigte Programm nur als 16-Bit-Anwendung für Windows 3.x vorliegt.

Daran haben auch die Entwickler von Microsoft gedacht. Windows NT 4 besitzt ein separates 16-Bit-Subsystem für Windows 3.x-Anwendungen. Das hört sich im ersten Moment ja ideal und vollkommen abwärtskompatibel an. Leider ist das nicht ganz der Fall. Dieses 16-Bit-Subsystem hat bei weitem nicht die Kompatibilität wie zum Beispiel Windows 95. Viele Windows 3.x-Programme versagen unter Windows NT 4 einfach ihren Dienst.

Ich möchte an dieser Stelle keine Liste der funktionierenden oder nichtfunktionierenden Programme aufführen. Soviel kann aber gesagt werden, 16-Bit-Programme zu starten, die versuchen direkt auf die Hardware zuzugreifen, ist vor vornherein zum Scheitern verurteilt. So etwas läßt Windows NT 4 nicht zu.

Trotzdem ist der Betrieb lauffähiger 16-Bit-Programme unter Windows NT 4 mit mehr Systemsicherheit verbunden, als dies unter Windows 3.x oder Windows 95 der Fall ist. Windows 3.x-Programme haben die unangenehme Eigenschaft, des öfteren sich gegenseitig in ihren Speicherbereichen in die Quere zu kommen. Ein solches Verhalten führt im günstigsten Fall zum Absturz der Anwendungen, bewirkt aber in den meisten Fällen, daß auch das gesamte System mit ins Verderben gerissen wird. Das kommt davon, wenn man sich einen gesamten Speicherbereich teilen muß.

Windows 3.x-Anwendungen in einem Speicherraum

Windows NT 4 dagegen stellt Windows 3.x-Anwendungen standardmäßig einen bestimmten Speicherraum für die Ausführung zur Verfügung. Diesen Speicherbereich teilen sich alle 16-Bit-Anwendungen. Bei einem Speicherkonflikt stürzen dann zwar alle 16-Bit-Programme ab, aber Windows NT 4 bleibt davon unberührt.

Die Nutzung des zur Verfügung gestellten Speicherbereichs für solche Programme geschieht automatisch beim Aufruf. Ein Doppelklick auf das Symbol eines solchen Programms bewirkt, daß dieses Programm im reservierten Speicherbereich für 16-Bit-Applikationen ausgeführt wird.

Ausführung von Win 16-Anwendungen in einem Speicherraum

Für die Ausführung dieser Programme sind keine besonderen Vorkehrungen zu treffen. Klicken Sie einfach das betreffende Symbol mit einem Doppelklick an, und es wird sofort ausgeführt wie jede andere Anwendung auch. Alternativ dazu kann das Programm auch über START-AUSFÜHREN in die Eingabezeile mit Pfad und Programmname eingetragen und anschließend gestartet werden.

Win 16-Anwendungen in getrennten Speicherbereichen

Es gibt noch eine Steigerung bei der voran beschriebenen Systemsicherheit: das Ausführen von Win 16-Anwendungen in getrennten Speicherbereichen. Damit ist gewährleistet, daß sich die Windows 3.x-Programme nicht gegenseitig zum Absturz bringen. Bei einem Fehler stellt lediglich das betroffene Programm seinen Dienst ein.

Nachteil dieser Art der Ausführung von Win 16-Anwendungen ist der erheblich höhere Speicherbedarf. Jeder Anwendung muß vom System genügend Speicher in ihrem getrennten Bereich zur Verfügung gestellt werden.

Ausführung von Win 16-Anwendungen in getrennten Speicherbereichen

Um Win 16-Programme geschützt in getrennten Speicherbereichen ablaufen zu lassen, ist zusätzlich eine weitere Einstellung zu treffen. Im Eingabefenster START-AUSFÜHREN muß vor der Bestätigung mit OK nach Eingabe des Pfades und Programmnamens noch das Kontrollkästchen GETRENNTER SPEICHERBEREICH aktiviert werden. Erst dann bekommt die Anwendung ihren eigenen geschützten Speicherbereich zugewiesen.

Diese Art der Ausführung ist natürlich ein sehr mühseliger Weg. Da ist der Doppelklick auf ein Symbol bedeutend einfacher. Auch über diesen Weg ist die Ausführung von Win 16-Anwendungen möglich.

Installieren Sie die 16-Bit-Windows-Anwendung wie immer, lassen Sie gegebenenfalls eine Programmgruppe erstellen, oder legen Sie das dazugehörige Programmsymbol auf dem Windows NT 4-Desktop ab.

Abb. 18.1:
Eingabefenster
START-AUSFÜHREN

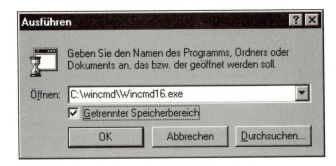

Sobald Sie das Symbol mit der rechten Maustaste anklicken, öffnet sich ein Kontextmenü, das unter anderem auch die Option EIGENSCHAFTEN enthält. Durch Anwählen dieser Option erhalten Sie ein Dialogfenster mit drei Registern zu den Eigenschaften des Programms. Im Register VERKNÜPFUNG finden Sie jetzt auch das Kontrollkästchen, mit dem Sie bestimmen können, daß dieses Programm immer in einem getrennten Speicherbereich ausgeführt werden soll.

Mit OK bestätigen Sie diese Einstellung, und von nun an kann der Start des Programms in einem getrennten Speicherbereich mit einem Doppelklick auf das Symbol erfolgen.

Abb. 18.2:
Eigenschaften
von Win 16-
Anwendung

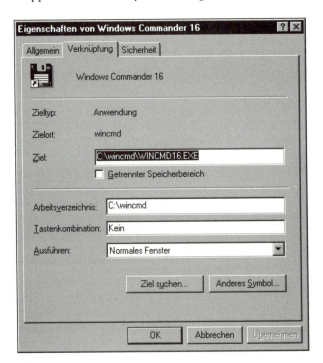

DOS-Anwendungen unter Windows NT 4

Auch etwas betagte DOS-Anwendungen können in beschränktem Maße unter Windows NT 4 ausgeführt werden. Voraussetzung dafür ist auch wieder, daß diese Programme keine direkten Zugriffe auf die Hardware vornehmen. Durch diese strenge Bedingung scheiden schon sehr viele Programme von vorneherein aus. Dazu gehören über 90% aller Spiele, da die in der Regel mit eigenen Routinen auf die Grafik-Hardware zugreifen.

Trotzdem gibt es einige Programme, die ihren Dienst problemlos unter Windows NT 4 verrichten. Einstellungen zur Ausführung solcher Programme werden unter den Eigenschaften des betreffenden Programms vorgenommen.

AUTOEXEC.BAT und CONFIG.SYS

Diese beiden von DOS her bekannten Startprogramme existieren mit etwas anderer Bedeutung auch unter Windows NT 4. Beim Start wertet Windows NT 4 zwar die Datei AUTOEXEC.BAT aus, aber es werden nur die möglicherweise vorhandenen Anweisungen PATH, PROMPT und SET berücksichtigt. Die Datei CONFIG.SYS bleibt ganz außen vor und hat für Windows NT 4 keine Bedeutung, da alle Gerätetreiber zum System gehören und entsprechende Einstellungen in der Registrierdatenbank (Registry) gespeichert werden.

AUTEXEC.NT und CONFIG.NT

Außer den beiden Startdateien AUTOEXEC.BAT und CONFIG.SYS kennt Windows NT 4 noch Dateien mit der Bezeichnung CONFIG.NT und AUTOEXEC.NT. Diese Dateien werden für die Ausführung von DOS-Programmen unter Windows NT 4 verwendet. Im Gegensatz zu den Konfigurationsdateien eines DOS-PC, können an der Datei AUTOEXEC.NT und CONFIG.NT Änderungen ohne Neustart des Computers vorgenommen werden. Sie werden bei Ausführung eines DOS-Programms unter Windows NT 4 immer wieder neu ausgelesen.

Eigenschaften von DOS-Programmen

Das Verhalten und die Darstellung von DOS-Anwendungen legen Sie mit den Einstellungen zu den Eigenschaften fest und nicht mehr mit den sogenannten PIF-Dateien. Um diese Eigenschaften einzusehen und zu ändern, klicken Sie das Programmsymbol entweder über den Arbeitsplatz, auf dem Desktop oder im Explorer-Fenster mit der rechten Maustaste an.

Im Kontextmenü wählen Sie die Option EIGENSCHAFTEN an, und Sie erhalten ein umfangreiches Dialogfenster mit sechs verschiedenen Registern.

Diese Register tragen die Bezeichnungen:

- ALLGEMEIN
- PROGRAMM
- SCHRIFTART
- SPEICHER
- BILDSCHIRM
- SONSTIGES

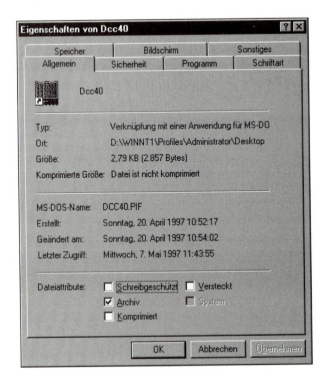

Abb. 18.3: Eigenschaften von DOS-Anwendung - ALLGEMEIN

Allgemein

Im Register ALLGEMEIN erhalten Sie für das DOS-Programm Standardinformationen, wie zum Beispiel: Dateigröße, Erstellungsdatum, Speicherort und Dateiname. Änderungen sind in diesem Register nur an den Dateiattributen möglich.

Programm

In diesem Dialogfenster kann das Arbeitsverzeichnis, der Verweis auf eine Stapelverarbeitungsdatei sowie eine Tastenkombination für den Aufruf des Programms oder Wechsel angegeben werden. Solche Tastenkombinationen müssen [Strg] und/oder [Alt] enthalten. Bei einem Konflikt mit Zugriffstasten anderer Windows-Programme ist die Verwendung nicht möglich.

Zusätzlich läßt sich in diesem Register festlegen, in welcher Fenstergröße das Programm ablaufen soll. Mit dem Kontrollkästchen NACH BEENDEN SCHLIESSEN bestimmen Sie, ob das MS-DOS-Fenster nach Beendigung des Programms automatisch geschlossen wird oder noch geöffnet bleibt.

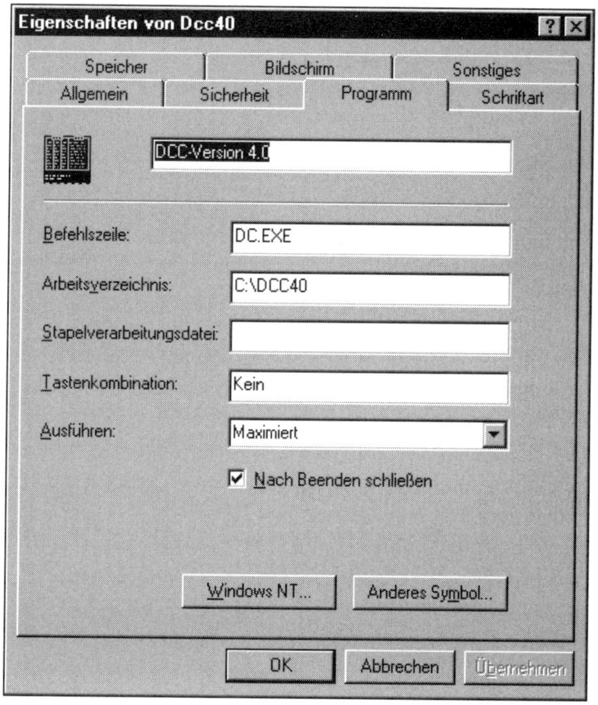

Abb. 18.4: Eigenschaften von DOS-Anwendung - PROGRAMM

Schriftart

Dieses Register der DOS-Programmeigenschaften erlaubt es, Schriftart und Schriftgröße für die MS-DOS-Fenster zum Programm zu wählen. Eine Vorschau am unteren Fensterrand erleichtert die Auswahl.

Bei den Schriftarten unterscheidet man zwischen Bitmap- und True-Type-Fonts. Beide Varianten können für die Darstellung im DOS-Fenster verwendet werden.

Abb. 18.5: Eigenschaften von DOS-Anwendung - SCHRIFTART

Speicher

In diesem Register wird der Arbeitsspeicher für das DOS-Programm zugewiesen. DOS unterscheidet zwischen konventionellem Arbeitsspeicher (Conventional Memory), Expansionsspeicher (EMS) und Erweiterungsspeicher (XMS). Aus diesem Grund läßt sich für das betreffende Programm auch jeder dieser Speicherbereiche gesondert zuweisen.

Wird im Bereich KONVENTIONELLER SPEICHER das Kontrollkästchen GESCHÜTZT aktiviert, bekommt das Programm seinen eigenen getrennten Speicherbereich zugewiesen.

Bildschirm

In diesem Register sind Einstellungen für die Darstellung im DOS-Fenster vorzunehmen. Sie bestimmen unter anderem, ob das betreffende Programm im Fenster oder im Vollbildmodus laufen soll. Über den Pfeilschalter ANFANGSGRÖSSE legen Sie die Anzahl der darzustellenden Zeilen für das Programm fest.

Abb. 18.6:
Eigenschaften
von DOS-
Anwendung -
SPEICHER

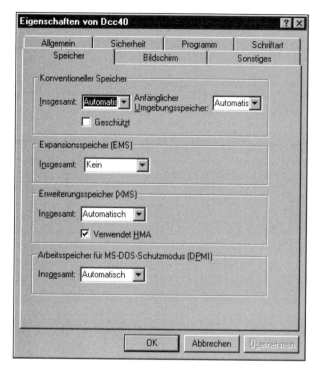

Im Bereich FENSTER kann ein zusätzliche Symbolleiste für das DOS-Fenster eingeblendet und bewirkt werden, daß alle Einstellungen bei erneutem Start wieder berücksichtigt werden.

Der Abschnitt LEISTUNG erlaubt es, eine ROM-Emulation durch den Bildschirmtreiber zu aktivieren und eine dynamische Arbeitsspeicherreservierung vorzunehmen. Diese dynamische Speicherreservierung ist interessant für Programme, die sowohl im Text- als auch im Grafikmodus arbeiten. Je nach Darstellungsmodus wird weniger Arbeitsspeicher benötigt, der bei aktiviertem Kontrollkästchen anderen Anwendungen wieder zur Verfügung steht.

SONSTIGES
Dieses umfangreiche Register ist in sieben verschiede Abschnitte mit den Bezeichnungen

- VORDERGRUND
- HINTERGRUND
- LEERLAUFAKTIVITÄT
- ZUGRIFFSTASTEN VON WINDOWS
- MAUS
- ABBRUCH
- WEITERE OPTIONEN

unterteilt. Im Bereich VORDERGRUND bestimmen Sie, ob das automatische Aktivieren des Bildschirmschoners zulässig ist, wenn das DOS-Programm im Vordergrund aktiv ist.

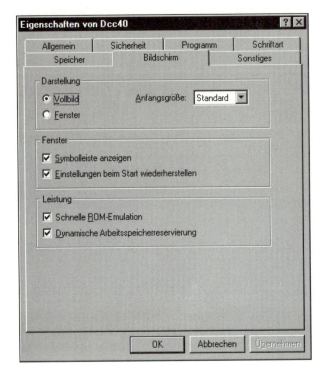

Abb. 18.7: Eigenschaften von DOS-Anwendung - BILDSCHIRM

Die Einstellung zu HINTERGRUND bewirkt mit aktiviertem Kontrollkästchen, daß keine Systemressourcen dem Programm zur Verfügung gestellt werden, wenn es im Hintergrund abgelegt ist.

LEERLAUFAKTIVITÄT legt den Zeitraum fest, in dem das Programm auf irgendwelche Tastatureingaben wartet, bis die Prozessorressourcen ihm entzogen und anderen Anwendungen zur Verfügung gestellt werden. Bei niedriger Leerlaufaktivität behält das Programm über einen längeren Zeitraum die CDU-Ressourcen.

Im Bereich ZUGRIFFSTASTEN FÜR WINDOWS legen Sie fest, welche Tasten und Tastenkombinationen für Windows NT reserviert bleiben sollen. Wird eines dieser Kontrollkästchen deaktiviert, ignoriert Windows NT 4 diese Tastenkombination während der Ausführung des Programms.

Das Kontrollkästchen EXKLUSIVER MODUS im Abschnitt MAUS reserviert die Mausbedienung ausschließlich für das DOS-Programm und stellt sie nicht mehr für Windows zur Verfügung.

Abb. 18.8:
Eigenschaften von DOS-Anwendung - SONSTIGES

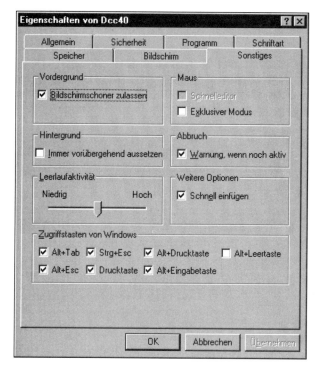

Aktivieren Sie das Kontrollkästchen im Bereich ABBRUCH, erhalten Sie jedesmal eine Warnmeldung, wenn Sie das laufende Programm abbrechen wollen. Die Warnmeldung weist Sie auf mögliche Datenverluste bei Abbruch des Programms hin.

Unter WEITERE OPTIONEN kann das schnelle Einfügen von Daten in das Programm deaktiviert werde. Dieses Deaktivieren ist jedoch nur notwendig, wenn Daten fehlerhaft eingefügt werden.

Mit OK bestätigen Sie alle Einstellungen zu den Eigenschaften des DOS-Programms und schließen das Dialogfenster.

Kommandozeilenbefehle von Windows NT 4

Obwohl Windows NT 4 ein Betriebssystem mit grafischer Benutzeroberfläche ist, bietet es dennoch zahlreiche parametergesteuerte Befehle für die DOS-Eingabeaufforderung. Die meisten dieser Befehle stammen ursprünglich von DOS. Andere wiederum sind Windows NT 4-spezifisch. Viele dieser Befehle beinhalten

Funktionen, die auch in den grafischen Utilities vorhanden sind. Es kann aber unter gewissen Umständen sehr hilfreich sein, auch die Kommandozeilenbefehle von Windows NT 4 zu kennen.

Im folgenden möchte ich alle Befehle für die Windows NT 4-Eingabeaufforderung in Stichworten auflisten. Detaillierte Hilfe zu jedem einzelnen Befehl erhalten Sie durch die Eingabe von

```
Befehl /? ⏎
```

oder

```
Help Befehl ⏎
```

auf dem Bildschirm. Die Eingabe von

```
Help convert
```

oder

```
convert /?
```

gibt folgende Meldung auf dem Bildschirm zurück:

```
Konvertiert FAT-Datenträger in NTFS.

CONVERT Laufwerk: /FS:NTFS [/V]

    Laufwerk   Gibt das Laufwerk an, das in NTFS konvertiert
               werden soll. Das aktuelle Laufwerk kann nicht
               konvertiert werden.
    /FS:NTFS   Der Datenträger wird in NTFS konvertiert.
    /V         Ausführliches Anzeigeformat während CONVERT aus-
               geführt wird.
```

Einige der nachfolgend aufgelisteten Befehle sind nur aus Kompatibilitätsgründen für DOS vorhanden und haben unter Windows NT 4 keine Bedeutung.

Befehle für die Eingabeaufforderung von Windows NT 4:

Tab. 18.1: Befehle für die Eingabeaufforderung

BEFEHL	FUNKTION
CLS	Löscht den Bildschirminhalt
CMD	Startet eine neue Instanz des Windows NT-Befehlsinterpreters
COLOR	Legt die Standardfarben für den Konsolenhinter- und -vordergrund fest
COMP	Vergleicht den Inhalt zweier Dateien oder zweier Sätze von Dateien

BEFEHL	FUNKTION
COMPACT	Zeigt die Komprimierung der Dateien auf NTFS-Partitionen an oder ändert sie
CONVERT	Konvertiert FAT-Datenträger in NTFS. Das aktuelle Laufwerk kann nicht konvertiert werden.
COPY	Kopiert eine oder mehrere Dateien an eine andere Position
DATE	Wechselt das eingestellte Datum oder zeigt es an
DEBUG	Debugger für DOS-Programme
DEL	Löscht eine oder mehrere Dateien
DIR	Listet die Dateien und Unterverzeichnisse eines Verzeichnisses auf
DISKCOMP	Vergleicht den Inhalt zweier Disketten
DISKCOPY	Kopiert den Inhalt einer Diskette auf eine andere Diskette
DISKPERF	Aktiviert oder deaktiviert Datenquellen für den Systemmonitor
DOSKEY	Bearbeitet Befehlseingaben, ruft Befehle zurück und erstellt Makros
ECHO	Zeigt Meldungen an oder schaltet die Befehlsanzeige ein/aus (ON/OFF)
EDIT	Menüorientierter DOS-Editor
EDLIN	Zeilenorientierter DOS-Editor
ENDLOCAL	Beendet die Begrenzung des Gültigkeitsbereiches von Änderungen
ERASE	Löscht eine oder mehrere Dateien
EXE2BIN	Konvertiert .EXE-Dateien in das Binärformat
EXIT	Beendet den Befehlsinterpreter CMD.EXE
EXPAND	Entpackt Microsoft-komprimierte Dateien
FC	Vergleicht zwei Dateien oder zwei Sätze von Dateien
FIND	Sucht in einer oder mehreren Dateien nach einer Zeichenfolge
FINDSTR	Sucht nach Zeichenketten in Dateien
FOR	Führt einen Befehl für jede Datei eines Satzes von Dateien aus
FORCEDOS	Erzwingt den Start von Programmen im DOS-Modus von Windows NT 4
FORMAT	Formatiert einen Datenträger für die Verwendung unter Windows NT
FTYPE	Zeigt die Dateitypen an, die bei den Dateierweiterungszuordnungen verwendet werden, oder ändert sie
GOTO	Setzt die Ausführung eines Stapelverarbeitungsprogramms an einer Marke fort
GRAFTABL	Ermöglicht Windows NT, im Grafikmodus einen erweiterten Zeichensatz anzuzeigen
GRAPHICS	Ermöglicht die Ausgabe des Bildschirminhalts auf einen Drukker

BEFEHL	FUNKTION
HELP	Zeigt Hilfe für Windows NT-Befehle an
IF	Verarbeitet Ausdrücke mit Bedingungen in einem Stapelverarbeitungsprogramm
IPXROUTE	Ermöglicht das Bearbeiten des IPX-Routing
KEYB	Stellt die Tastaturbelegung für ein bestimmtes Land ein
LABEL	Erstellt, ändert oder löscht die Bezeichnung eines Datenträgers
LOGVIEW	Einsehen von Protokolldateien des Migrationsprogramms für NetWare
MD	Erstellt ein Verzeichnis
MEM	Zeigt Arbeitsspeicherbelegung an
MKDIR	Erstellt ein Verzeichnis
MODE	Konfiguriert Geräte im System
MORE	Zeigt Daten seitenweise auf dem Bildschirm an
MOVE	Verschiebt eine oder mehrere Dateien
NTBOOKS	Ruft die Online-Dokumentation von Windows NT 4 auf
PATH	Legt den Suchpfad für ausführbare Dateien fest oder zeigt diesen an
PAUSE	Hält die Ausführung einer Stapelverarbeitungsdatei an
PENTNT	Prüft den lokalen Prozesor (Pentium) auf Fließkommafehler
POPD	Wechselt zu dem Verzeichnis, das durch PUSHD gespeichert wurde
PORTUAS	Überträgt eine LAN Manager 2.x-Benutzerdatenbank in die Windows NT 4-Benutzerdatenbank
PRINT	Ausgabe von Textdateien auf den Drucker
PROMPT	Modifiziert die Windows NT-Eingabeaufforderung
PUSHD	Sichert das aktuelle Verzeichnis für die Verwendung von POPD
QBASIC	Startet den Quickbasic-Interpreter
RD	Entfernt (löscht) ein Verzeichnis
RECOVER	Stellt von einem beschädigten Datenträger lesbare Daten wieder her
REM	Kommentarbefehl in einer Stapelverarbeitungsdatei oder in der Datei CONFIG.SYS
REN	Benennt eine oder mehrere Dateien um
RENAME	Benennt eine oder mehrere Dateien um
REPLACE	Ersetzt Dateien
RESTORE	Stellt mit BACKUP gesicherte Daten wieder her
RMDIR	Entfernt (löscht) ein Verzeichnis
SET	Setzt oder entfernt Windows NT-Umgebungsvariablen oder zeigt sie an
SETLOCAL	Startet die Begrenzung des Gültigkeitsbreiches von Änderungen

BEFEHL	FUNKTION
SHIFT	Verändert die Position ersetzbarer Parameter in einem Stapelverarbeitungsprogramm
SORT	Gibt Eingabe sortiert auf Bildschirm, Datei oder anderes Gerät aus
START	Startet ein eigenes Fenster, um das Programm auszuführen
SUBST	Weist einem Pfad eine Laufwerksbezeichnung zu
TIME	Stellt die Systemzeit ein oder zeigt sie an
TREE	Zeigt die Verzeichnisstruktur eines Laufwerks oder Pfads grafisch an
TYPE	Zeigt den Inhalt einer Textdatei an
VER	Zeigt die Versionsnummer von Windows NT 4 an
VERIFY	Legt fest, ob MS-DOS überwachen soll, daß Dateien korrekt auf Datenträger geschrieben werden
VOL	Zeigt die Bezeichnung und Seriennummer eines Datenträgers an
WELCOME	Öffnet das Begrüßungsfenster von Windows NT 4
XCOPY	Kopiert Dateien und Verzeichnisstrukturen

Eine besondere Bedeutung kommt dem Befehl NET zu. Dieser Befehl ist im eigentlichen Sinne eine Kombination vieler einzelner Netzwerkbefehle von Windows NT 4. Diese Befehle können dazu verwendet werden, "mal eben schnell" Änderungen an der Netzwerkumgebung vorzunehmen oder einzusehen.

Abb. 18.9:
Übersichtsanzeige der NET-Befehle

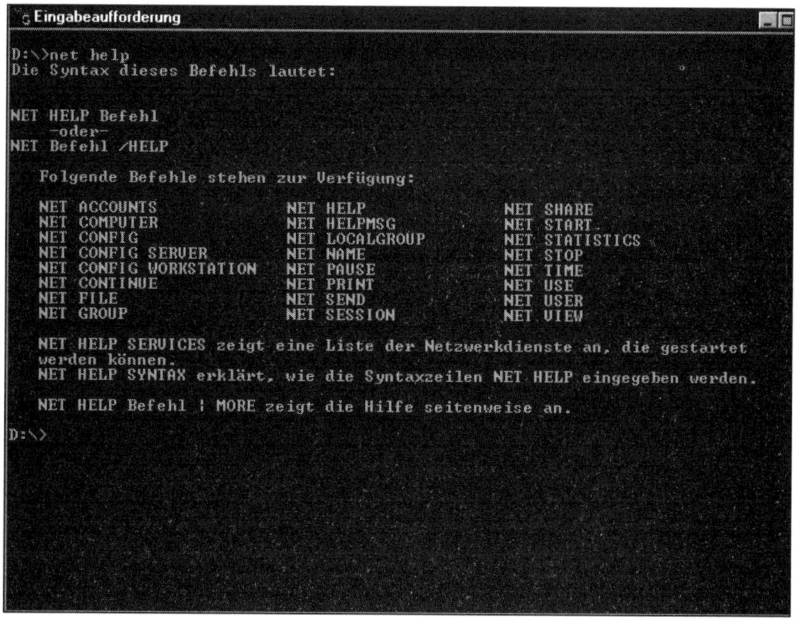

18 · Win 16-Anwendungen und DOS unter Windows NT 4

Eine Auflistung sämtlicher NET-Befehle erhalten Sie durch die Eingabe von

NET /? ⏎

oder

NET HELP ⏎.

Im folgenden Abschnitt werden alle NET-Befehle in alphabetischer Reihenfolge aufgeführt und mit wenigen Worten beschrieben. Ausführliche Hilfe erhalten Sie durch die Online-Dokumentation von Windows NT 4 oder die Eingabe von

NET Help *Befehl* /? ⏎.

Tab. 18.2: Die NET-Befehle

BEFEHL	FUNKTION
NET ACCOUNTS	Erlaubt das Bearbeiten der Benutzerdatenbank einer Domäne
NET COMPUTER	Computer zur Domäne hinzufügen oder entfernen
NET CONFIG SERVER	Zeigt Konfigurationsinformationen des Server-Dienstes an und läßt Dienste bearbeiten
NET CONFIG WORKSTATION	Zeigt Konfigurationsinformationen des Workstation-Dienstes an und läßt Dienste bearbeiten
NET CONTINUE	Ein mit NET PAUSE angehaltener Befehl wird fortgesetzt
NET FILE	Mit dieser Anweisung können von Benutzern geöffnete Dateien eingesehen, geschlossen und Dateisperrungen aufgehoben werden
NET GROUP	Anzeigen, hinzufügen, löschen und ändern von globalen Gruppen
NET HELP	Online-Hilfe zum Befehl NET oder einer NET-Option
NET HELPMSG	Informationen zu Netzwerkmeldungen und Warnungen gemäß der 4-stelligen Meldungs-ID
NET LOCALGROUP	Anzeigen, hinzufügen, löschen und ändern von lokalen Gruppen
NET NAME	Nachrichtennamen (Alias) hinzufügen, löschen oder ändern
NET PAUSE	Anhalten eines gestarteten Dienstes
NET PRINT	Bearbeiten von Druckaufträgen und Druckwarteschlangen
NET SEND	Nachrichten an Benutzer, Gruppen oder Nachrichtennamen versenden

BEFEHL	FUNKTION
NET SESSION	Anzeige von Sitzungsinformationen des Computers mit anderen Computern anzeigen
NET SHARE	Bearbeiten von Verzeichnis- oder Druckerfreigaben
NET START	Listet gestartete Dienste auf oder startet einen weiteren Dienst
NET STATISTICS SERVER	Zeigt Statistikinformationen zum Server-Dienst auf dem Bildschirm an
NET STATISTICS WORKSTATION	Zeigt Statistikinformationen zum Arbeitsstations-Dienst auf dem Bildschirm an
NET STOP	Beendet einen gestarteten Dienst
NET TIME	Zeigt die Systemzeit eines Computers/ Domäne an oder synchronisiert die Zeit mit einem anderen Computer/Domäne
NET USE	Verbindungen zu freigegebenen Verzeichnissen und Druckern anzeigen, einrichten oder aufheben
NET USER	Benutzerkontendatenbank eines als Server arbeitenden Computers anzeigen oder bearbeiten
NET VIEW	Freigegebene Verzeichnisse und Drucker eines bestimmten Computers auflisten

Druck-Konfiguration

KAPITEL 19

Daß das Drucken eine der wichtigsten Aufgaben für einen Computer ist, wird wohl keiner bezweifeln. Die meisten Anwendungsprogramme wären praktisch nutzlos oder zumindest stark eingeschränkt, wenn die Ausgabe auf einen Drucker nicht möglich wäre. Schleppte man unter DOS noch unzählige Druckertreiber für die verschiedensten Applikationen mit, hat sich das seit der Einführung von Windows stark verändert. Alle Windows-Applikationen nutzen die gleichen installierten Druckertreiber für die Ausgabe.

Windows beinhaltet eine einheitliche Druckerschnittstelle, die jeder Anwendung zur Verfügung steht und somit nur noch einen Druckertreiber verlangt.

Drucker einrichten

Zunächst wird die Einrichtung eines lokal angeschlossenen Druckers beschrieben. Die Nutzung eines Netzwerkdruckers und die Freigabe des Druckers für andere Benutzer wird in den folgenden Abschnitten ausführlich erläutert.

Klicken Sie zuerst im START-Menü unter EINSTELLUNGEN das Symbol mit der Bezeichnung DRUCKER an. Alternativ dazu gelangen Sie zum dazugehörigen Ordner über ARBEITSPLATZ und das darin befindliche Symbol DRUCKER. Haben Sie bisher noch keinen Drucker eingerichtet, finden Sie dort nur ein Symbol mit der Bezeichnung NEUER DRUCKER. Mit Doppelklick der linken Maustaste auf dieses Symbol starten Sie den Assistenten für die Druckereinrichtung.

Über das Startfenster des Assistenten legen Sie zunächst fest, ob der Drucker vom Arbeitsplatz (lokaler Drucker) oder über einen Druck-Server im Netzwerk (Netzwerkdrucker) verwaltet wird.

In diesem Beispiel wählen Sie ARBEITSPLATZ und bestätigen mit Klick auf WEITER. Es erscheint ein weiteres Dialogfenster, über das dem System mitgeteilt werden muß, wie der neue Drucker mit welchen Einstellungen angeschlossen ist. Zur Auswahl stehen als Vorgabe die Parallelports LPT1: bis LPT3:, die seriellen Anschlüsse COM1: bis COM4: sowie die Ausgabe des Druckauftrags in eine Datei. Über HINZUFÜGEN können noch weitere spezielle Anschlüsse ausgewählt werden.

Durch Betätigen der Schaltfläche EINSTELLUNGEN ÄNDERN kann zu den Parallelports die Fehlerwartezeit (Vorgabe 90 Sek.) und zu den seriellen Anschlüssen Angaben wie Baud-Rate, Datenbits, Parität, Stopbit u.a. eingestellt werden. Gerade bei seriell angeschlossenen Druckern muß darauf geachtet werden, daß die hier vorgenommenen Einstellungen mit denen des Druckers übereinstimmen. Bei dieser Beispielinstallation wird die Schnittstelle LPT1: mit den Vorgabewerten zur Fehlerwartezeit für den Anschluß des Druckers gewählt und die Wahl mit WEITER bestätigt.

Abb. 19.1:
Startfenster -
ASSISTENT FÜR DIE
DRUCKER-
INSTALLATION

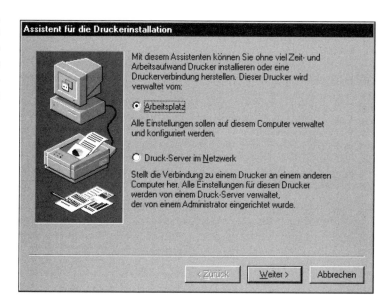

Abb. 19.2:
Auswahl für den
Druckeranschluß

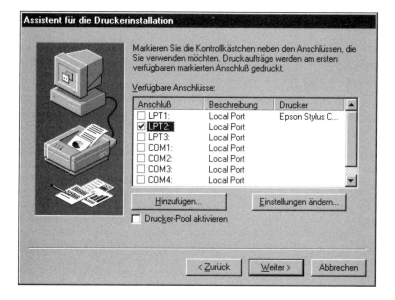

Nun werden Sie vom Installationsassistenten nach dem Hersteller und dem Druckermodell gefragt. In der linken Spalte des Dialogfensters kann der Hersteller und in der rechten Spalte das betreffende Druckermodell ausgewählt werden.

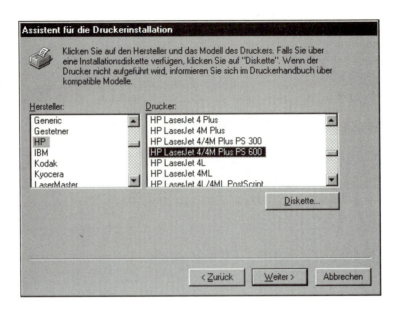

Abb. 19.3:
Auswahl Hersteller und Druckermodell

Ist Ihr verwendeter Drucker nicht gelistet und besitzen Sie Treiberdisketten vom Hersteller, kann über die Schaltfläche DISKETTE der benötigte Druckertreiber installiert werden. Mit Klick auf WEITER setzen Sie die Installation des Druckers fort.

Sie werden aufgefordert, einen eindeutigen Namen für den Drucker zu bestimmen. Als Vorgabe gibt Ihnen der Assistent den Namen des Druckermodells vor. Haben Sie mehrere Drucker des gleichen Typs im Einsatz, bietet sich in diesem Fall auch eine Namenskombination bestehend aus Modell und Standort an. Bestätigen Sie anschließend den gewählten Namen mit WEITER.

Über ein weiteres Dialogfenster fragt Sie der Installationsassistent, ob der neue Drucker im Netzwerk für andere Benutzer freigegeben werden soll. Da es sich bei dieser Beispielinstallation um einen ausschließlich lokal genutzten Drucker handelt, belassen Sie es bei der Vorgabe NICHT FREIGEGEBEN.

Mit WEITER wird das Dialogfenster geschlossen, und es wird Ihnen empfohlen, zur Überprüfung des angeschlossenen Druckers und des dazugehörigen Druckertreibers eine Testseite auszudrucken. Bestätigen Sie dieses Abfrage mit JA (EMPFOHLEN) oder lehnen Sie diesen Testdruck mit NEIN ab. Fortgesetzt wird die Installation anschließend mit Klick auf FERTIGSTELLEN.

Nun werden verschiedene Dateien für den ausgewählten Drucker benötigt. Über ein weiteres Dialogfenster werden Sie aufgefordert, den Pfad zu den Installationsdateien von Windows NT 4 anzugeben. Als Vorgabe bietet Ihnen das System den Laufwerksbuchstaben zum CD-ROM-Laufwerk und bei Intel-basierenden Systemen den Pfad \I386 an. Geben Sie den für Ihr System relevanten Pfad ein, und bestätigen Sie mit

OK. Sollten Sie den genauen Pfad nicht mehr wissen, kann auch über DURCHSUCHEN nach dem Verzeichnis über alle Laufwerke gesucht werden.

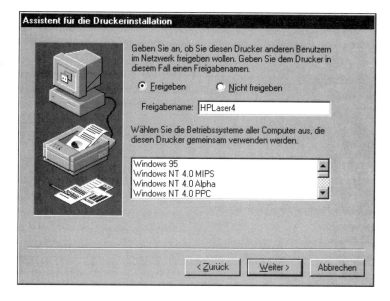

Abb. 19.4: Dialogfenster zur Freigabe des Druckers für andere Benutzer

Nach Abschluß des Kopiervorgangs wird der Installationsassistent automatisch geschlossen, und der neu eingerichtete Drucker wird als Symbol im Ordner DRUCKER dargestellt.

Abb. 19.5: Ordner mit eingerichteten Druckern

Druckerfreigabe im Netzwerk

Die Möglichkeit, einen Drucker für die Nutzung durch andere Benutzer im Netzwerk freizugeben, besteht nicht nur bei der Installation eines neuen Druckers wie oben beschrieben. Auch Nachträglich kann jeder Installierte Drucker dem Netzwerk zur Verfügung gestellt werden. Klikken Sie dazu im START-Menü unter EINSTELLUNGEN das Symbol mit der Bezeichnung DRUCKER an. Alternativ dazu gelangen Sie zum dazugehörigen Ordner über ARBEITSPLATZ und das darin befindliche Symbol DRUKKER. Gemäß der hier beschriebenen Installation finden Sie im Ordner DRUCKER schon das Symbol des gerade neu hinzugefügten Druckers.

Mit Klick der rechten Maustaste auf das betreffende Symbol öffnen Sie ein Kontextmenü mit verschiedenen Optionen. Eine Option trägt die Bezeichnung FREIGABE. Klicken Sie diesen Menüpunkt mit der linken Maustaste an, erhalten Sie ein umfangreiches Dialogfenster mit verschiedenen Registern für die Konfiguration der Freigabe und anderer Druckereigenschaften.

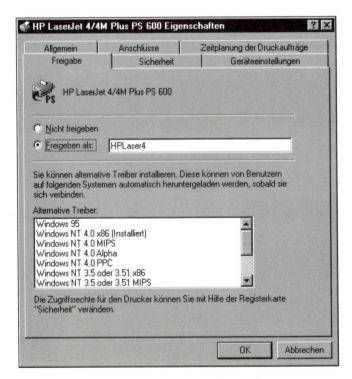

Abb. 19.6: Druckereigenschaften - FREIGABE

Zunächst dürfte noch das Optionsfeld NICHT FREIGEGEBEN aktiviert sein, da dieser Drucker als lokal genutzter Drucker installiert wurde. Wählen Sie deshalb im ersten Schritt die Option FREIGEGEBEN ALS an, und tragen Sie einen Freigabenamen für den Drucker in das betreffende Feld ein.

Des weiteren können alternative Treiber für die Nutzung des Druckers durch andere Betriebsysteme bestimmt werden. Markieren Sie dazu im Listenfenster in der unteren Hälfte des Dialogfensters alle Betriebssysteme der Computer, die den freigegebenen Drucker nutzen sollen. Diese alternativen Treiber werden den Stationen automatisch bei Verbindung zur Verfügung gestellt.

Sind alle Einstellungen getroffen, können Sie die Einrichtung der Druckerfreigabe mit OK fortsetzen. Es werden verschiedene zusätzliche Dateien für den ausgewählten Drucker benötigt. Über ein Dialogfenster werden Sie aufgefordert, den Pfad zu den Installationsdateien von Windows NT 4 anzugeben. Als Vorgabe bietet Ihnen das System den Laufwerksbuchstaben zum CD-ROM-Laufwerk und bei Intel-basierenden Systemen den Pfad \I386 an. Geben Sie den für Ihr System gültigen Pfad ein und bestätigen Sie mit OK.

Ist der Kopiervorgang beendet, wird das Dialogfenster automatisch geschlossen, und das Druckersymbol wird mit einer darunter gehaltenen Hand angezeigt. Diese Symbolik verwendet Windows NT bei jeder Art von Freigabe.

Bei Verwendung der Vorgabeeinstellungen zur Sicherheit darf jetzt jeder Benutzer diesen Drucker im Netzwerk für die Ausgabe seiner Druckaufträge nutzen.

Vorgabeeinstellungen für die Sicherheit sind:

ADMINISTRATOREN	-	VOLLZUGRIFF
DRUCK-OPERATOREN	-	VOLLZUGRIFF
ERSTELLER BESITZER	-	DOKUMENTE VERWALTEN
JEDER	-	DRUCKEN
SERVER-OPERATOREN	-	VOLLZUGRIFF

Installation zur Ausgabe auf einen Netzwerkdrucker

Bei dieser Beispielinstallation eines neuen Druckers wird davon ausgegangen, daß sich im bestehenden Netzwerk schon mindestens ein freigegebener Drucker befindet.

Wählen Sie im START-Menü unter EINSTELLUNGEN das Symbol mit der Bezeichnung DRUCKER an. Alternativ dazu gelangen Sie zum dazugehörigen Ordner über ARBEITSPLATZ und das darin befindliche Symbol DRUCKER. Mit Doppelklick der linken Maustaste auf das Symbol NEUER DRUCKER starten Sie den Assistenten für die Druckereinrichtung.

Über das angezeigte Dialogfenster fragt Sie der Installationsassistent, ob ein lokaler Drucker am Arbeitsplatz oder ein Drucker an einem Druck-Server im Netzwerk installiert werden soll. In diesem Fall wählen Sie das Optionsfeld DRUCK-SERVER IM NETZWERK an. Mit WEITER wird die getroffene Auswahl bestätigt und die Installation fortgesetzt. In dem nun angezeigten Dialogfenster wird das komplette Netzwerk mit den angeschlossenen Servern, Arbeitsstationen und freigegebenen Druckern angezeigt.

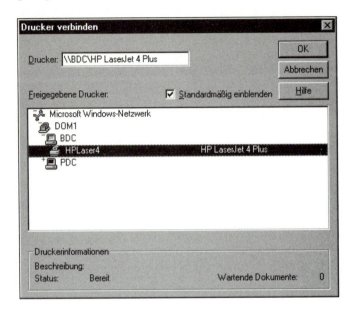

Abb. 19.7:
DRUCKER VERBINDEN - Anzeige des Netzwerks

Durch Doppelklick auf ein dargestelltes Computersymbol erweitern Sie die Darstellung um eine weitere Ebene, so daß auch die freigegebenen Drucker der jeweiligen Station angezeigt werden. Wählen Sie den gewünschten Drucker für die Ausgabe über das Netzwerk mit Mausklick an, und bestätigen Sie die Wahl mit OK.

Abb. 19.8:
Ordner mit freigegebenen Druckern und Netzwerkdrucker

Nach kurzem Augenblick erscheint die Meldung, daß der Netzwerkdrucker erfolgreich installiert ist. Wurde jedoch auf dem betreffenden Computer schon zuvor ein Drucker eingerichtet, fragt der Installationsassistent zusätzlich noch, ob der neue Drucker als Standarddrucker für Windows installiert werden soll. Schließlich kann es nur einen Standarddrucker geben.

Zum Abschluß der Installation betätigen Sie die Schaltfläche FERTIGSTELLEN. Es werden alle Dialogfenster geschlossen und der neue Drucker mit dem Symbol eines Netzwerkdruckers im Ordner dargestellt.

Zusätzliche Druckerfreigabe

Manchmal kann es sinnvoll und erforderlich sein, ein und denselben Drucker mit unterschiedlichen Freigabenamen dem Netzwerk zur Verfügung zu stellen. Damit wird die Möglichkeit geschaffen, verschiedenen Benutzern und Gruppen unterschiedliche Rechte für den Zugriff auf den Drucker zu erteilen.

Die Vergehensweise ist sehr einfach und entspricht in etwa der Einrichtung eines neuen Druckers. Starten Sie, wie schon in den vorangegangenen Abschnitten beschrieben, durch Doppelklick auf das Symbol NEUER DRUCKER den Assistenten für die Druckerinstallation. Wählen Sie als Druckerverbindung die Option ARBEITSPLATZ, und bestätigen Sie die Wahl mit WEITER.

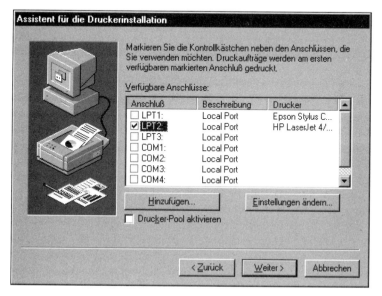

Abb. 19.9:
Auswahl Druckeranschluß

Als Anschluß markieren Sie das betreffende Kontrollkästchen des Ports, der schon zuvor für den freigegebenen Drucker verwendet wurde. Mit WEITER gelangen Sie zur Auswahl des Herstellers und Typs des Druckers. Markieren Sie aus der Liste wiederum den gleichen Druckertyp wie bei der Ersteinrichtung, und fahren Sie mit WEITER fort.

Ein Dialogfenster meldet, daß für den ausgewählten Druckertyp schon ein Treiber installiert ist, und empfohlen wird, diesen Druckertreiber beizubehalten.

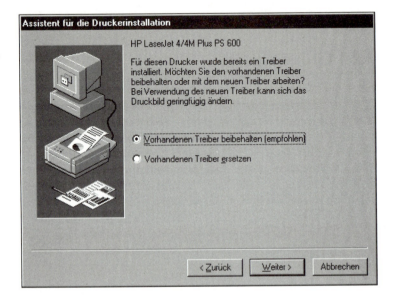

Abb. 19.10:
Hinweis -
Druckertreiber
beibehalten

Mit WEITER gelangen Sie zur Abfrage des Druckernamens und der Frage nach dem Standarddrucker für Windows-Programme. Als Vorgabe bietet der Assistent den bisherigen Druckernamen mit der Ergänzung (KOPIE 2) an. Nehmen Sie die gewünschten Einträge vor und fahren mit WEITER in der Installation fort.

Das nächste Dialogfeld fragt Sie, ob der neue Drucker dem Netzwerk zur Verfügung (freigegeben) gestellt werden soll. Wählen Sie die Option FREIGEBEN an, und tragen Sie einen eindeutigen Freigabenamen für den Drucker in das Feld zu FREIGABENAME ein. Der verwendete Name muß in jedem Fall ein anderer sein als der schon zuvor verwendete.

Sobald die Angaben mit WEITER bestätigt sind, erscheint die Abfrage zum Druck einer Testseite. Da es sich bei der hier beschriebenen Installation um den gleichen Drucker und Anschluß wie bei der Erstinstallation handelt, kann man sich diesen Test getrost sparen und mit NEIN antworten. Ein Klick auf FERTIGSTELLEN beendet die Druckereinrichtung und fügt ein weiteres Druckersymbol dem Ordner DRUCKER mit neuem Namen zu.

Abb. 19.11:
Mehrfache Freigaben für einen Drucker

Drucker konfigurieren

Für die meisten modernen Drucker lassen sich mehr oder weniger Umfangreiche Einstellungen für die Druckausgabe konfigurieren. Allerdings handelt es sich bei einer Vielzahl von Einstellungen um druckerspezifische Angaben. Aus diesem Grund finden Sie im folgenden lediglich die Einstellungen, die für jeden angeschlossenen Drucker gültig sind.

Zu den Dialogfenstern für die Druckerkonfiguration gelangen Sie durch Markieren des betreffenden Druckers und anschließenden Klick auf die Option EIGENSCHAFTEN im Menü DATEI oder das Kontextmenü über die rechte Maustaste.

Das Dialogfenster DRUCKERNAME EIGENSCHAFTEN wird mit dem Register ALLGEMEIN auf dem Bildschirm angezeigt. In diesem Register läßt sich zusätzlich ein Kommentar und Standortinformationen zum entsprechenden Drucker eintragen. Gerade bei einem freigegebenen Drucker können diese Informationen sehr nützlich sein. Über die Schaltfläche NEUER TREIBER läßt sich außerdem jederzeit ein neuer Treiber für diesen Drucker installieren.

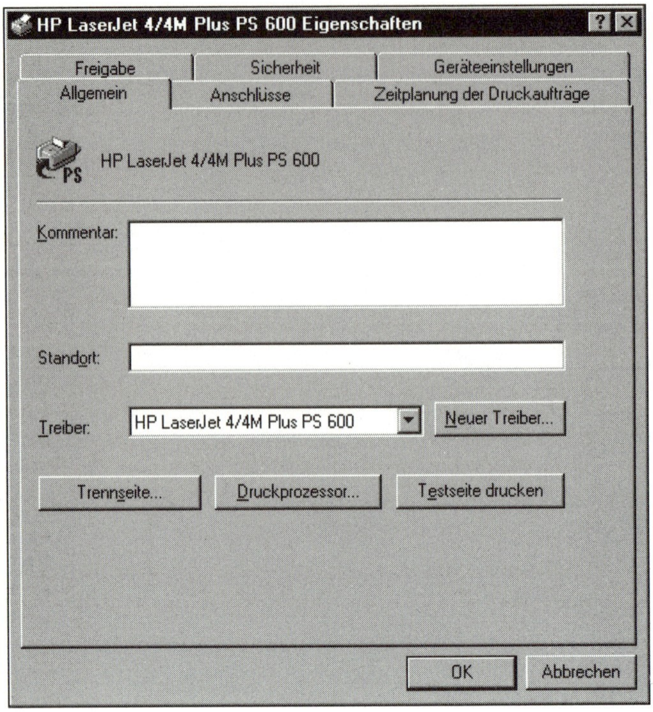

Abb. 19.12:
Drucker-
eigenschaften -
Register
ALLGEMEIN

Trennseiten

Eine weitere Option in diesem Register erlaubt die Definition einer Trennseite. Trennseiten sind gerade bei Netzwerkdruckern, die von vielen verschiedenen Anwendern genutzt werden, sehr sinnvoll. Diese Trennseiten werden vor jedem Druckauftrag zum Drucker geschickt. Somit ist auch bei einem hohen Druckaufkommen jeder einzelne Druckauftrag von weiteren ausgegebenen Druckaufträgen zu trennen. Zusätzliche Informationen geben auf Wunsch Auskunft über Benutzername, Datum und Uhrzeit.

Die Definition einer solchen Trennseite wird mit Hilfe bestimmter Steuercodes (Escape-Sequenzen) vorgenommen. Über diese Steuercodes können dem angeschlossenen Drucker verschiedene Anweisungen für die Ausgabe der Trennseite mitgeteilt werden. Jede Anweisung beginnt immer mit einem sogenannten Escape-Zeichen. Welches Zeichen dafür verwendet wird, bleibt Ihnen überlassen. Es sollte jedoch kein Zeichen sein, das einer anderen Funktion zugeordnet ist. Mit der Eingabe dieses Zeichens in der ersten Zeile der Trennseite legen Sie die Definition dafür fest.

In der folgenden Auflistung wird als Trennzeichen das Zeichen "\" verwendet. Diese Anweisungen stehen für die Gestaltung der Trennseite zur Verfügung:

Tab. 19.1: Anweisungen zur Gestaltung der Trennseite

STEUERCODE	BEDEUTUNG
\N	Bewirkt die Ausgabe des Benutzernamens
\D	Gibt das Druckdatum des Druckauftrags aus
\T	Druckt die Uhrzeit des Druckauftrags
\I	Gibt die Nummer des Druckauftrags aus
\L	Druckt alle folgenden Zeichen bis zum nächsten Steuercode aus
\B\S	Schaltet für den Ausdruck auf Blockzeichen-Modus mit einfacher Breite um
\B\M	Einschalten des Blockzeichen-Modus mit doppelter Breite
\U	Abschalten des Blockzeichen-Modus
\E	Führt einen Seitenvorschub durch
\F*datei*	Gibt die angegebene Datei direkt, ohne weitere Bearbeitung, auf dem Drucker aus
\Hnn	Sendet die mit nn angegebene hexadezimale Steuersequenz an den Drucker
\Wnn	Legt die maximale Breite der Trennseite in nn-Zeichen fest (Vorgabe 80 Zeichen)
\n	Bewirkt einen Zeilenvorschub um n-Zeilen (0-9)

Eine Trennseite unter Verwendung dieser Steuersequenzen können Sie am einfachsten mit dem Editor von Windows erzeugen. Aber auch vordefinierte Trennseiten sind schon vorhanden. Diese Tragen die Namen

- PLC.SEP
- PSCRIPT.SEP
- SYSPRINT.SEP

und befinden sich im Verzeichnis \SYSTEM32 von Windows NT.

Beispiel für eine Trennseite:

```
\
\8
\B\S
\LBanner
\U
\5
\LDruckauftrag von        :   \N\1
\LDruckauftragsnummer     :   \I\1
\LDruckdatum              :   \D\1
\LUhrzeit                 :   \T
```

Eine vordefinierte Trennseite kann über die Schaltfläche TRENNSEITE und mit der Eingabe von Dateinamen und Pfad angegeben werden.

Druckprozessor

Über diese Schaltfläche könnte ein bestimmter Druckprozessor ausgewählt werden. Zur Zeit beschränkt sich diese Auswahl auf den Druckprozessor WINPRINT. Die Aufgabe dieses Standard-Druckprozessors besteht darin, die Datenformate der Druckaufträge richtig zu verteilen. Mit anderen Druckprozessoren wäre es möglich, zusätzliche Datenformate zu verwalten, zu filtern oder zu konvertieren.

Zugriffsrechte und Sicherheitsbestimmungen für den Drucker

In vielen Fällen ist es nicht wünschenswert, daß jeder Benutzer seine Druckaufträge auf einem freigegebenen Drucker im Netzwerk ausgibt. Stellen Sie sich einfach mal den "Druck-Boom" vor, wenn ein teurer Farblaser plötzlich jedem für seine Ausdrucke zur Verfügung steht. Egal aus welchen Gründen auch immer, der Zugriff auf Netzwerkdrucker kann genauso wie auf alle anderen Komponenten im Netzwerk reglementiert werden.

Als Vorgabeeinstellung haben nur Administratoren, Druck-Operatoren und Server-Operatoren vollen Zugriff auf den Drucker. Benutzer können dagegen nur Drucken und ihre eigenen Druckaufträge verwalten.

Sichten und Einstellen der Zugriffsrechte für den Drucker

Unter den Eigenschaften eines Druckers befindet sich auch ein Register mit der Bezeichnung SICHERHEIT. Klicken Sie dieses Register mit der linken Maustaste an, um das Dialogfenster in den Bildschirmvordergrund zu holen. Über die darin befindliche Schaltfläche BERECHTIGUNGEN können die Zugriffsrechte für diesen Drucker eingesehen und verändert werden.

In dem dazugehörigen Dialogfenster DRUCKERBERECHTIGUNGEN sind alle Benutzer und Gruppen aufgelistet, die irgendwelche Zugriffsberechtigungen auf den gewählten Drucker haben. Durch Anwählen ei-

Zugriffsrechte und Sicherheitsbestimmungen für den Drucker

nes Benutzers oder Gruppe und mit dem Pfeilschalter mit der Bezeichnung ZUGRIFFSART können die jeweiligen Berechtigungen verändert werden.

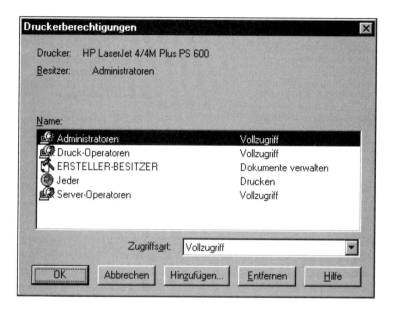

Abb. 19.13: Dialogfenster - DRUCKERBERECHTIGUNGEN

Die verschiedenen Arten von Zugriffsberechtigungen haben folgende Bedeutung:

ZUGRIFFSART	BEDEUTUNG
KEIN ZUGRIFF	Der Drucker kann von einer Gruppe oder einem Benutzer mit diesem Zugriffsrecht in keiner Weise genutzt werden.
DRUCKEN	Es können Druckaufträge ausgedruckt werden.
DOKUMENTE VERWALTEN	Benutzer oder Gruppen mit dieser Zugriffsart können Einstellungen zu den Druckaufträgen verändern. Dazu zählt das Anhalten, Starten, Fortsetzen und Löschen von Druckaufträgen in der Druckwarteschlange.
VOLLZUGRIFF	Sämtliche Einstellungen zum Drucker und zu Druckaufträgen, inklusive der Berechtigungen, können von Benutzern oder Gruppen mit diesem Zugriffsrecht verändert werden.

Über die Schaltfläche HINZUFÜGEN können weitere Gruppen oder Benutzer der Liste Zugriffsberechtigter hinzugefügt werden. Der Schalter LÖSCHEN entfernt die markierte Gruppe oder Benutzer.

Mit OK wird das Dialogfenster, nachdem alle Einstellungen getroffen sind, geschlossen.

Druckerüberwachung

Die Druckerüberwachung dient dazu, die Nutzung des Druckers zu protokollieren. Wählen Sie dazu im Register SICHERHEIT die Schaltfläche ÜBERWACHUNG an. Als Vorgabeeinstellung werden keine Ereignisse standardmäßig überwacht.

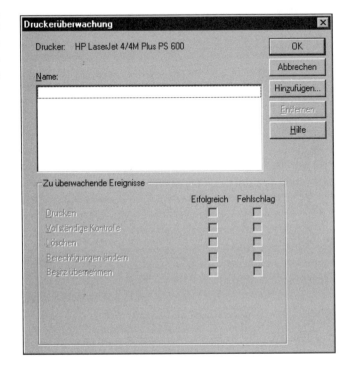

Abb. 19.14: Dialogfenster - DRUCKER-ÜBERWACHUNG

Bevor jedoch an dieser Stelle die Überwachung bestimmter Ereignisse für den Drucker eingestellt werden kann, muß die Überwachung mit dem Benutzer-Manager unter RICHTLINIEN aktiviert werden. Erst danach können nachfolgende Einstellungen übernommen werden.

Über HINZUFÜGEN können aus einer Liste nun bestimmte Gruppen oder Benutzer für die Überwachung der Druckaktivitäten ausgewählt werden. Erst wenn ein Benutzer oder eine Gruppe im Listenfenster NAME vorhanden ist, können auch Einstellungen für die zu überwachenden Ereignisse vorgenommen werden.

Wählen Sie eine hinzugefügte Gruppe oder Benutzer aus, und aktivieren Sie die Kontrollkästchen der Ereignisse, die für den Drucker überwacht werden sollen. Windows NT 4 unterscheidet dabei zwischen erfolgreichen und fehlgeschlagenen Ereignissen. Diese zu überwachenden Ereignisse können im Ereignisprotokoll von Windows NT 4 eingesehen und kontrolliert werden.

# Drucker-Pooling

Windows NT verwaltet Druckaufträge für einen Netzwerkdrucker in Druck-Warteschlangen. Standardmäßig reiht sich jeder neue Druckauftrag in diese Warteschlange ein. Unter Umständen kann es vorkommen, daß gerade mehrere umfangreiche Druckaufträge schnellstmöglich abgearbeitet werden müssen. Um solche Vorgänge zu beschleunigen, gibt es das sogenannte Drucker-Pooling. Dabei werden mehrere physikalische Drucker zu einem logischen Drucker zusammengefaßt. Diese Drucker müssen aber wirklich hundertprozentig in Hersteller, Typ und sogar Speicherausbau identisch sein, da Sie die gleichen Einstellungen und gleichen Druckertreiber verwenden.

Druckaufträge werden bei Verwendung eines Drucker-Pools jeweils an den ersten freien Drucker, genauer gesagt den ersten freien Port mit angeschlossenem Drucker, dieses Pools geleitet.

Einrichten des Drucker-Pools

Öffnen Sie zuerst den Ordner DRUCKER über den START-Knopf und die Option EINSTELLUNGEN oder aus dem Ordner ARBEITSPLATZ heraus. Markieren Sie den gewünschten Drucker, und wählen Sie entweder aus dem Menü DATEI oder über das Kontextmenü mit der rechten Maustaste die Option EIGENSCHAFTEN an. Wechseln Sie dort zum Register ANSCHLÜSSE.

Zunächst muß jetzt erst einmal der Drucker-Pool über das entsprechende Kontrollkästchen am unteren Rand des Dialogfensters aktiviert werden. Erst jetzt ist es möglich, mehrere Anschlüsse für den Drucker zu markieren.

Aktivieren Sie jetzt die Anschlüsse, an denen sich die identischen Drucker des Pools befinden, und bestätigen Sie die Einstellungen abschließend mit OK. Jetzt steht Ihnen der Drucker-Pool für die Ausgabe von Dokumenten zur Verfügung. Der Spooler von Windows NT verteilt die anstehenden Druckaufträge an den jeweils ersten freien Drucker.

Ein Klick auf OK schließt das Dialogfenster mit allen Einstellungen. Die letzte Schaltfläche mit der Bezeichnung BESITZER im Register SICHERHEIT gibt den aktuellen Besitzer dieses Druckers aus und erlaubt es, wenn genügend Zugriffsrechte vorhanden sind, den Besitz für dieses Gerät zu übernehmen.

Abb. 19.15:
Aktivierter Drucker-Pool

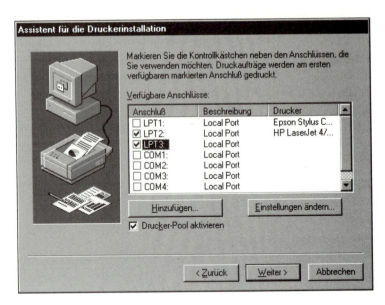

Verfügbarkeit und Prioritäten

Über das Register ZEITPLANUNG DER DRUCKAUFTRÄGE unter den Eigenschaften eines Druckers können die Verfügbarkeit eines Druckers und Druckauftragsprioritäten global festgelegt werden.

Abb. 19.16:
Dialogfenster - ZEITPLANUNG DER DRUCKAUFTRÄGE

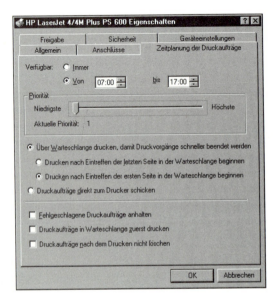

Bei der Einstellung VERFÜGBAR können Sie anstelle der Vorgabeeinstellung IMMER auch einen bestimmten Zeitraum angeben, zu dem dieser Drucker den Benutzern zur Verfügung steht. Druckaufträge, die außerhalb dieses Zeitraums an diesen Drucker geschickt werden, verbleiben bis zu Beginn des eingestellten Zeitraums in der Druckwarteschlange.

Mit dem Schieberegler PRIORITÄT kann die Priorität des Druckers über einen Bereich von 1 bis 99 eingestellt werden. Unter Zuhilfenahme dieser Option können Auftragsprioritäten festgelegt werden. Dazu muß dieser physikalische Drucker nur mehrfach mit anderen Namen freigegeben sein. Für jeden dieser logischen Drucker können unterschiedliche Prioritäten bestimmt werden.

Hat man beispielsweise den Drucker zum einen als LASER1 mit Priorität 1 und zum anderen als LASER2 mit Priorität 20 freigegeben, werden Druckaufträge an den logischen Drucker LASER2 immer vorrangig behandelt und abgearbeitet.

Die weiteren Einstellungen in diesem Register betreffen den Umgang mit anstehenden Druckaufträgen. Man kann zum Beispiel anstatt über eine Warteschlange Druckaufträge auch direkt zum Drucker ausgeben. Damit ist jedoch das Spooling (Zwischenspeichern der Aufträge auf Festplatte) außer Funktion.

Zusätzlich kann noch bestimmt werden, daß Druckaufträge nach dem Ausdruck nicht aus der Warteschlange gelöscht werden oder fehlgeschlagene Druckaufträge automatisch angehalten werden.

Druck-Server verwalten

Nicht nur der Drucker oder die Eigenschaften der Druckaufträge lassen sich konfigurieren. Auch der Druck-Server selbst erlaubt es, verschiedene Grundeinstellungen anzupassen. Öffnen Sie dazu am Druck-Server den Ordner DRUCKER und wählen aus dem Menü DATEI die Option SERVER-EIGENSCHAFTEN an. Sie erhalten ein Dialogfenster mit den Registern FORMULARE, ANSCHLÜSSE und OPTIONEN.

Im Register FORMULARE können verschiedene Papierformate angepaßt, hinzugefügt und gelöscht werden. Die Bezeichnung Papierformat ist in diesem Zusammenhang nicht ganz zutreffend, da außer den Abmessungen des Papiers auch noch der bedruckbare Bereich angegeben werden kann. Diese definierten Formulare stehen dann, je nach verwendetem Drucker, für die Ausgabe aus unterschiedlichen Einzugsschächten zur Verfügung. Die Zuordnung eines Einzugsschachts zu einem bestimmten Formular treffen Sie unter DRUCKEREIGENSCHAFTEN und über das Register GERÄTEEINSTELLUNGEN.

Abb. 19.17:
EIGENSCHAFTEN VON DRUCK-SERVER - FORMULARE

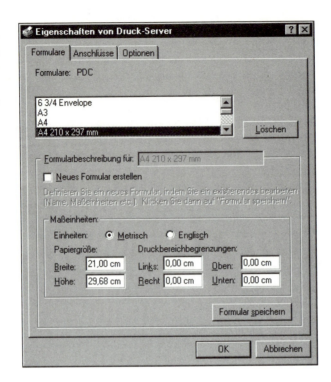

Über das Register ANSCHLÜSSE zu den Eigenschaften eines Druck-Servers läßt sich die aktuell konfigurierte Druckerzuordnung zum jeweiligen Port einsehen und außerdem jeder verfügbare Anschluß konfigurieren. Die Einstellungen dazu entsprechen den gleichen Angaben, wie Sie während der Druckereinrichtung vorzunehmen sind.

Ein weiteres Register der Druck-Server-Eigenschaften trägt die Bezeichnung OPTIONEN. Die darin vorzunehmenden Einstellungen gelten für den Druck-Server allgemein und betreffen somit auch jeden angeschlossenen Drucker. Sie legen dort fest, wo sich der Warteschlangen-Ordner für diesen Druck-Server befinden soll. Darin werden sämtliche anstehenden Druckaufträge temporär bis zur endgültigen Ausgabe zum Drucker zwischengespeichert. Sollte das angezeigte Laufwerk nicht mehr über genügend Speicherplatz verfügen, kann in dem dazugehörigen Eingabefeld ein anderes Laufwerk und Zielverzeichnis für die Druckwarteschlangen angegeben werden.

Bei Veränderung des Warteschlangen-Ordners ist ein Neustart des Computers notwendig.

Über weitere Einstellungen im Register OPTIONEN bestimmen Sie, welche Ereignisse zu den Druckwarteschlangen protokolliert werden sollen oder ob auftretende Fehler bei Client-Druckaufträgen akustisch auf dem Druck-Server gemeldet werden sollen.

Durch das aktivierte Kontrollkästchen ZU BENACHRICHTIGEN, WENN REMOTE-AUFTRÄGE GEDRUCKT WURDEN, wird festgelegt, daß jeder Benutzer, der von seiner Arbeitsstation einen Druckauftrag zu diesem Druck-Server erfolgreich gesendet hat, eine Meldung auf dem Bildschirm erhält, daß sein Druckauftrag ausgedruckt wurde.

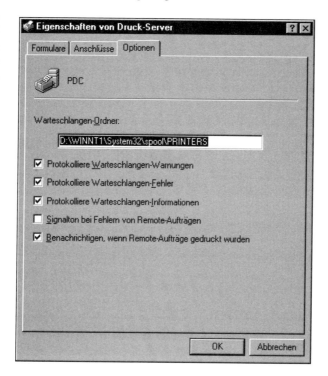

Abb. 19.18: EIGENSCHAFTEN VON DRUCK-SERVER - OPTIONEN

Verwalten von Druckwarteschlangen

Standardmäßig landet jeder verschickte Druckauftrag, bevor er endgültig auf dem Drucker ausgegeben wird, in einer Druckwarteschlange. Der Status in der Warteschlange zu einem Drucker kann durch Doppelklick auf das betreffende Druckersymbol eingesehen werden.

Es wird ein Informationsfenster mit dem Namen des Druckers auf dem Bildschirm angezeigt. In diesem Fenster sind alle noch anstehenden Druckaufträge mit verschiedenen Zusatzinformationen gelistet.

Diese Zusatzinformationen geben Auskunft über:

- Name des zu druckenden Dokuments

- Zustand des Druckauftrags (angehalten, wird gedruckt u.a.)

- Besitzer des Druckauftrags
- Anzahl der Seiten dieses Druckauftrags
- Größe des Druckauftrags in KByte
- Datum und Uhrzeit, wann dieser Druckauftrag verschickt wurde
- Auf welchen Anschluß wird der Druckauftrag ausgegeben

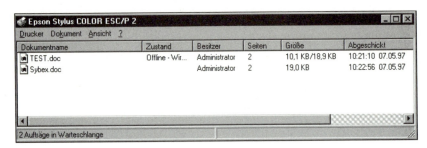

Abb. 19.19: Druckwarteschlange eines Druckers

Jetzt können über die Menüs DRUCKER und DOKUMENT noch verschiedene Einstellungen für den Drucker und die Druckaufträge vorgenommen werden. Über das Menü DRUCKER können die Eigenschaften des jeweiligen Druckers oder für die Dokumentausgabe getroffen werden.

Viel wichtiger für die Verwaltung von Druckwarteschlangen sind jedoch die Optionen DRUCKER ANHALTEN oder DRUCKAUFTRÄGE LÖSCHEN. Als Systemverwalter für ein Netzwerk ist Ihnen die Situation wohl bekannt, daß manche Benutzer erst nach Hilfe rufen, wenn selbst nach dem zehnten Abschicken eines Druckauftrags nichts aus dem Drucker kommt. Somit ist die Warteschlange vor der möglichen Problembeseitigung schon richtig gefüllt.

Über die Option DRUCKAUFTRÄGE LÖSCHEN werden nicht einzelne Druckaufträge, sondern der gesamte Inhalt der Warteschlange gelöscht. Überlegen Sie es sich also ganz genau, bevor Sie diesen Befehl ausführen.

Anders verhält es sich mit den Optionen im Menü DOKUMENT. Die darin verfügbaren Optionen betreffen immer nur die markierten Druckaufträge. Dabei ist auch eine Mehrfachmarkierung unter Zuhilfenahme der [Strg]-Taste möglich. Die möglichen Befehle erlauben es, Druckaufträge anzuhalten, fortzusetzen, neu zu starten oder mit ABBRECHEN zu löschen.

Drucken aus DOS und Windows für Workgroups 3.1x

Bei der Einrichtung und Freigabe eines Netzwerkdruckers wurde schon beschrieben, daß Windows NT und Windows 95-Computern der notwendige Druckertreiber für den Netzwerkdrucker vom Druck-Server zur Verfügung gestellt wird. So ist es jedoch nicht beim Einsatz von DOS-PCs oder Computern mit Windows für Workgroups 3.1x.

Druckeranbindung unter Windows für Workgroups

Solche PCs können zwar auch einen freigegebenen Netzwerkdrucker nutzen, müssen aber über einen eigenen lokal eingerichteten Druckertreiber verfügen. Unter Windows für Workgroups erfolgt die Anbindung an einen NT-Netzwerkdrucker in der gleichen Art, wie es über einen WfW-Server der Fall ist.

Öffnen Sie dazu die Systemsteuerung von Windows für Workgroups, und klicken Sie auf das darin befindliche Symbol DRUCKER. Entweder richten Sie einen neuen Drucker ein oder Sie möchten einem schon installierten Drucker einen neuen Anschluß zuweisen. Im zweiten Fall wählen Sie den Drucker im Listenfenster aus und betätigen die Schaltfläche VERBINDEN.

Über ein weiteres Dialogfenster bekommen Sie alle lokalen Anschlüsse aufgelistet. Wählen Sie dort die Schaltfläche NETZWERK an, und Sie erhalten eine grafische Darstellungen des Netzwerks. Durch Markieren des betreffenden Druck-Servers bekommen Sie im unteren Drittel des Dialogfensters die freigegebenen Drucker angezeigt.

Klicken Sie den gewünschten Drucker an, und bestätigen Sie die Wahl mit OK. Das Dialogfenster wird automatisch geschlossen, und die Druckumleitung einer lokalen Schnittstelle zu einem Netzwerkdrucker wird in dem Fenster für die Anschlußauswahl angezeigt.

Druckeranbindung unter DOS

Der erste Schritt unter DOS ist in jedem Fall die Installation eines passenden Druckertreibers. Unter DOS muß von der Eingabeaufforderung aus mit dem Befehl NET USE eine Verbindung zu einer freigegebenen Ressource, in diesem Fall einem Drucker, hergestellt werden. Die Syntax lautet:

NET USE *Port*: *NT-Server**Freigabe*

Soll beispielsweise die Ausgabe des lokalen Parallelports LPT1: zum Netzwerkdrucker HP4PLUS am Druckserver PRINTY umgeleitet werden, so lautet der Befehl:

NET USE LPT1: \\PRINTY\HP4PLUS ⏎

Welche Zuordnungen an der Arbeitsstation schon getroffen wurden, läßt sich durch Eingabe von

NET USE ⏎

in Erfahrung bringen.

Remote Access Service (RAS)

KAPITEL 20

Ein immer wichtigeres Thema ist die Kommunikation und damit die Verbindung zur Außenwelt. Mit Hilfe des RAS-Dienstes können sich entfernte Arbeitsstationen auf einem als RAS-Server arbeitenden Windows NT 4-Server per Modem, ISDN oder X.25 einwählen und so tätig werden, als wären Sie direkt mit dem Netzwerk verbunden. Unterstützt werden dabei die Betriebssysteme

- Windows NT
- Windows für Workgroups
- MS-DOS ab 3.1
- MS OS/2 ab 3.1
- PPP-Clients

Grundlagen RAS

Mit Hilfe des Remote-Clients baut dann die jeweilige Arbeitsstation die Verbindung zum RAS-Server, der auf einem Windows NT 4-Server ausgeführt wird, auf. Sobald die Anmeldung bestätigt ist, kann der Anwender sämtliche im LAN verfügbaren Dienste, wie zum Beispiel Zugriff auf Dateien und Drucker, sowie Meldungsdienste nutzen.

Auf der Seite des Remote-Clients können in der Regel die Standardprogramme weiter für den Zugriff auf die Ressourcen genutzt werden. So werden weiterhin Verbindungen zu Netzwerklaufwerken und anderen Ressourcen mit dem Explorer oder den dazu notwendigen lokal befindlichen Programmen durchgeführt. Dabei werden selbstverständlich auch zugeordnete Laufwerksbuchstaben oder UNC-Namen vom RAS-Dienst unterstützt, und somit haben auch Anwendungsprogramme keine Probleme mit der Arbeit über RAS, und nur in seltenen Fällen sind Änderungen notwendig.

Dabei darf der RAS-Dienst nicht mit Remote Control-Lösungen, wie es pcANYWHERE oder CarbonCopy sind, verwechselt werden. Bei einer Fernsteuerlösung (Remote Control) verwenden die entfernten Stationen nicht ihre eigenen Ressourcen (CPU, Arbeitsspeicher), sondern die des RAS-Servers.

Eine Anwendung wird nicht auf dem Remote-Client sondern auf dem angewählten RAS-Server ausgeführt. Übertragen werden dabei nur Tasten- oder Mauskommandos, und der RAS-Server schickt dementsprechend die Bildschirminformationen an den RAS-Client zurück.

Der Nachteil bei dieser Fernsteuerlösung liegt in der Regel in der geringen Performance, da ja immer umfangreiche Bildschirminformationen über die Leitung übertragen werden müssen. Außerdem erlauben die meisten Remote Control-Programme nur den Zugriff von einem Benutzer gleichzeitig, was auch wieder ein starke Einschränkung mit sich bringt.

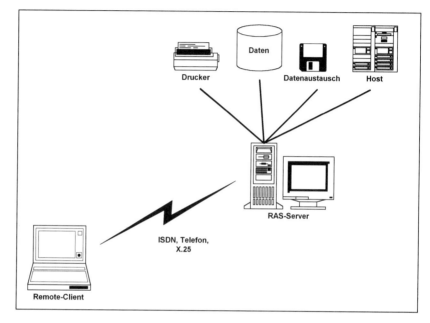

Abb. 20.1: Funktionsprinzip RAS-Dienst

Der RAS-Dienst von Microsoft dagegen ist ein echter softwarebasierender Multiprotokoll-Router. Ein RAS-Server kann 256 Remote-Stationen unterstützen, und trotzdem sind für die Ausführung meist weniger Hardware-Ressourcen notwendig als bei einer Remote Control-Lösung.

Es findet nur eine geringe Belastung auf der CPU des RAS-Servers statt, da eine ausgeführte Anwendung auf dem RAS-Client arbeitet. Dadurch wird auch der Datenverkehr über die Fernverbindung erheblich reduziert, da keine umfangreichen Bildschirminformationen transportiert werden müssen.

Komponenten des RAS-Dienstes

Der RAS-Dienst von Windows NT 4 besteht aus verschiedenen Einzelkomponenten. Dazu gehören in erster Linie der RAS-Server und die RAS-Clients. Aber diese beiden Komponenten können ohne dazugehörige RAS-Protokolle nicht miteinander kommunizieren.

Während innerhalb eines LANs die Protokolle wie TCP/IP, IPX oder NetBEUI die Kommunikation und den Transport der Datenpakete regeln und auch den Zugriff auf das Internet, NetWare oder UNIX-Server steuern, stellt Microsoft für die RAS-Verbindung die Protokolle PPP, SLIP und das spezielle Microsoft RAS-Protokoll zur Verfügung.

Eine weitere Komponente des RAS-Dienstes ist die Art der gewünschten Verbindung zwischen RAS-Client und RAS-Server. Dazu steht Ihnen eine normale Telefonleitung über Modem, ISDN, X.25, Nullmodem-Verbindung oder das PPTP (Point to Point Tunneling Protocol) zur Verfügung.

Ein zusätzliches Highlight stellen die Sicherheitselemente des RAS-Servers dar. Auch für die RAS-Clients gilt die gleiche Anmelde- und Domänensicherheit und Zugriffsschutz wie innerhalb eines lokalen Netzwerks. Durch die Möglichkeit des Einsatzes einer Rückruffunktion oder Datenverschlüsselung wird die Sicherheit noch weiter verbessert.

Protokolle

Windows NT 4 unterstützt im LAN und auch über RAS die Protokolle TCP/IP, IPX und NetBEUI. Somit können RAS-Clients sich mit jedem Microsoft-, UNIX- oder Novell NetWare-Netzwerk verbinden. Für die Verbindung kann das in der Remote Access-Welt etablierte Protokoll PPP (Point to Point Protocol) verwendet werden.

Je nach eingesetztem Protokoll im Netzwerk sind mehr oder weniger weitere Informationen für die Vergabe und Zuordnung von IP-Adressen oder IPX-Adressen notwendig. Eine Ausnahme stellt NetBEUI dar. Dieses Protokoll benötigt keine weiteren Angaben und ist nicht konfigurierbar. Allerdings wird dieses Protokoll nur in kleinen Arbeitsgruppen oder Mini-Netzwerken (Peer to Peer-Netzwerke) eingesetzt. MS-DOS und auch Windows für Workgroups-RAS-Clients benötigen NetBEUI.

RAS-Protokolle

Die Aufgabe der RAS-Protokolle ist die Steuerung der Datenübertragung über das WAN (Wide Area Network). Mit dem Betriebssystem und den lokalen Netzwerkprotokollen des RAS-Servers oder der RAS-Clients wird festgelegt, welche RAS-Protokolle der RAS-Client verwenden kann.

Vier verschiedene RAS-Protokolle stehen dabei zur Verfügung:

- PPP (Point to Point Protocol)
- SLIP (Serial Line Internet Protocol)
- Microsoft RAS-Protocol
- NetBIOS Gateway

PPP (Point to Point Protocol)

PPP stellt den eigentlichen Standard für Remote-Verbindungen dar. Mit Hilfe dieses Protokolls kann sich ein Client in beliebige RAS-Server, die dem PPP-Standard entsprechen, einwählen. Durch diese PPP-Kompatibilität des Windows NT 4-RAS-Servers wird es auch ermöglicht, daß sich RAS-Clients mit Software anderer Hersteller einwählen und auf das Netzwerk zugreifen können.

Nach dem Einwählen eines Remote-Clients mit PPP findet zuerst eine Verhandlung zwischen Server und Client statt, die durch Vereinbarung von bestimmten Datenblockregeln einen kontinuierlichen Datenfluß gewährleisten soll. Anschließend erfolgt die Bestätigung vom RAS-Server unter Zuhilfenahme der zusätzlichen PPP-Protokolle "PAP, CHAP und SPAP". Ist die Anmeldebestätigung für den RAS-Client abgeschlossen, kann die entfernte Arbeitsstation mit jedem unterstützten Protokoll (WinSockets, NetBIOS, RPC) Daten übertragen.

SLIP (Serial Line Internet Protocol)

Das SLIP stellt die ältere Variante eines Protokolls für RAS-Verbindungen dar und kommt in den meisten Fällen bei UNIX-RAS-Servern vor. Mit diesem Protokoll können Windows NT 4-RAS-Clients auf die Vielzahl von UNIX-Server per Fernverbindung zugreifen. Allerdings werden SLIP-Clients nicht vom Windows NT 4-RAS-Server unterstützt. Das Protokoll kann also nur auf der Client-Seite eingesetzt werden.

Microsoft RAS-Protokoll

Dieses Protokoll ist eine Eigenentwicklung von Microsoft und unterstützt den NetBIOS-Standard. Alle bisherigen RAS-Dienste unterstützen dieses Protokoll. Es wird von Clients unter Windows NT 3.1, Windows für Workgroups, MS-DOS und LAN-Manager verwendet. Als lokales Protokoll muß ein solcher Client NetBEUI verwenden.

NetBIOS-Gateway

In früheren Versionen von Windows NT und LAN-Manager waren für RAS-Verbindungen die NetBIOS-Gateways Standard. Diese Lösung wird auch weiter in der aktuellen Version Windows NT 4 unterstützt. Die Verbindung der RAS-Clienst geschieht über NetBEUI, und der RAS-Server übersetzt diese Datenpakete, wenn erforderlich, in Pakete von TCP/IP oder IPX.

Der Nachteil bei diesem RAS-Protokoll liegt darin, daß von den RAS-Clients keine Anwendungen auf dem Server ausgeführt werden können, die auf der Client-Seite IPX oder TCP/IP benötigen.

PPTP

Ab Windows NT 4 gehört ein weiteres sehr interessantes Protokoll zum Lieferumfang. Sein Name lautet PPTP oder ausgesprochen "Point to Point Tunneling Protocol"). Unter Verwendung dieses Protokolls ist es einem entfernten Client möglich, eine Verbindung zum Netzwerk über das Internet aufzubauen.

Diese Lösung ist in der Regel bedeutend kostengünstiger als die direkte Einwahl über Modem oder ISDN.

PPTP ermöglicht das Tunneling von IP, IPX und NetBEUI, so daß von der Client-Seite her weiterhin alle Protokolle, die auch im LAN vorliegen, genutzt werden können. Dadurch ist es den Unternehmen möglich, ein eigenes virtuales Netzwerk unter Verwendung des weltweiten Internets aufzubauen. Für die erforderliche Sicherheit dieser Verbindungen beim Datentransfer sorgen die PPTP-eigenen Verschlüsselungs- und Authentisierungsmechanismen.

Installation und Konfiguration des RAS-Dienstes

Nach diesen Seiten trockener Grundlagen zum RAS-Dienst geht es jetzt endlich an die Installation und anschließend an die Konfiguration des RAS-Dienstes. Bevor es jedoch an die Einrichtung der Software geht, müssen einige Hardware-Voraussetzungen erfüllt sein.

Hardware-Voraussetzungen

Um später den RAS-Dienst auch nutzen zu können, muß in jedem Fall eine Hardware-Komponente für die Verbindung zwischen RAS-Server und RAS-Client vorhanden und eingerichtet sein. Dafür kann entweder ein Modem, ISDN-Adapter, Null-Modem-Kabel oder eine X.25-Smart Card bei Verwendung eines X.25-Netzwerks eingesetzt werden.

Bei Verwendung von Modems sollte auf jeden Fall zuerst ein Blick in die Hardware-Kompatibilitätsliste (HCL) geworfen werden. Dort sind alle von Windows NT 4 unterstützten Modems aufgelistet. Um eine sichere Verbindung zwischen RAS-Server und RAS-Client zu erreichen, empfehle ich, auf beiden Seiten identische Modemtypen einzusetzen. Bei Modems unterschiedlicher Hersteller kann es unter Umständen zu Problemen beim Verbindungsaufbau oder der maximal zu erzielenden Übertragungsgeschwindigkeit kommen.

Die Einrichtung und Konfiguration von Modems oder ISDN-Adaptern können Sie in diesem Buch in Kapitel 9 nachlesen.

Installation der RAS-Software

Öffnen Sie zunächst das Fenster der Systemsteuerung über ARBEITSPLATZ oder über das START-Menü in EINSTELLUNGEN. Klicken Sie nun auf das Symbol NETZWERK, und wählen Sie anschließend das Register DIENSTE an. In einem Fenster werden alle bisher installierten Dienste aufgelistet.

Betätigen Sie nun die Schaltfläche HINZUFÜGEN, und es werden über ein weiteres Dialogfenster alle zusätzlich verfügbaren Dienste zur Auswahl angezeigt. Wählen Sie unter Verwendung des Rollbalkens am rechten Rand

RAS-DIENST (REMOTE ACCESS SERVICE)

an und bestätigen mit OK. Über ein Meldungsfenster werden Sie darauf hingewiesen, daß das Setup-Programm einige Dateien kopieren muß und die Windows NT 4-CD eingelegt werden soll. Geben Sie in dem angezeigten Eingabefeld den genauen Pfad und Laufwerksbuchstaben zu dem Installationsverzeichnis der NT-CD an und bestätigen Sie mit FORTSETZEN.

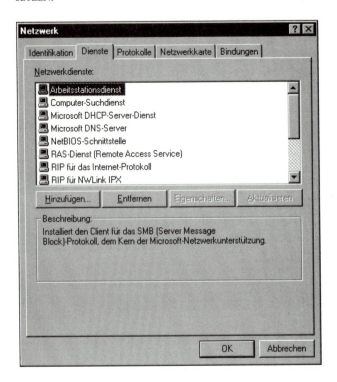

Abb. 20.2: Dialogfenster NETZWERK - DIENSTE

Über eine Fortschrittsanzeige in Form eines blauen Balkens werden Sie über den Kopiervorgang informiert. Nach Abschluß des Kopiervorgangs werden Sie über ein weiteres Dialogfenster aufgefordert, ein RAS-Gerät hinzuzufügen. Aus den verfügbaren RAS-fähigen installierten Geräten kann über den Pfeilschalter neben dem Modem-Eintrag ausgewählt werden.

Über das gleiche Fenster kann an dieser Stelle ein neues Modem oder ein X.25-Pad installiert werden. Ist das Modem gewählt und mit OK bestätigt, wird der Eintrag in das Listenfenster zum RAS-Setup übertragen.

Installation und Konfiguration des RAS-Dienstes

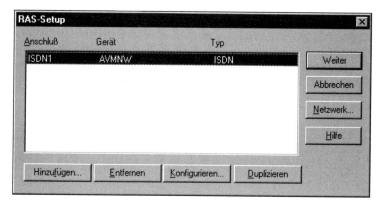

Abb. 20.3: Dialogfenster - RAS-SETUP

Konfiguration des RAS-Dienstes

Nachdem die benötigte RAS-Software installiert und ein RAS-fähiges Gerät hinzugefügt wurde, geht es an die Konfiguration des Dienstes. Über die Schaltfläche KONFIGURIEREN und das dazu gehörende Einstellfenster bestimmen Sie, welche Anschlußverwendung für den RAS-Dienst eingerichtet werden soll.

Über Optionsfelder kann zwischen

- NUR AUSGEHENDE ANRUFE
- NUR EINGEHENDE ANRUFE
- EIN- UND AUSGEHENDE ANRUFE

gewählt werden. Da es sich in diesem Beispiel ausschließlich um einen RAS-Server handeln soll, wähle ich die Anschlußverwendung NUR EINGEHENDE ANRUFE und bestätige die Wahl mit OK.

Weitere wichtige Konfigurationseinstellungen für den RAS-Dienst werden im Dialogfeld NETZWERKKONFIGURATION vorgenommen, das Sie durch Anklicken der Schaltfläche NETZWERK auf den Bildschirm bekommen. Dieses Dialogfenster ist unterteilt in einen Abschnitt für die Client-Protokolle und Server-Einstellungen. Je nach gewählter Anschlußverwendung ist entweder der eine oder andere Bereich nicht aktiv. In dem hier beschriebenen Beispiel ist es der Abschnitt CLIENT-PROTOKOLL.

Wählen Sie nun die jeweiligen Protokolle an, über die der Zugang eines RAS-Clients gestattet werden soll. Als Vorgabe sind die Protokolle NetBEUI, TCP/IP und IPX gestattet. Beachten Sie dabei, daß ein bestimmtes Protokoll sich nur verwenden läßt, wenn es sowohl auf dem RAS-Server als auch auf dem RAS-Client eingerichtet ist.

Abb. 20.4:
RAS-Dienst -
NETZWERK-
KONFIGURATION

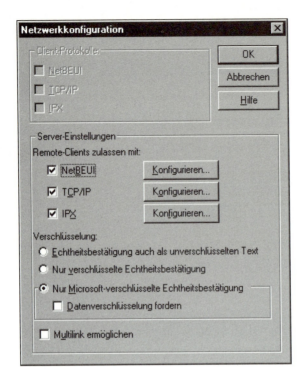

Für jedes zur Auswahl stehende Protokoll bei den Server-Einstellungen sind zusätzlich noch spezifische Konfigurationseinstellungen vorzunehmen.

NETBEUI
Die Konfiguration zu diesem Protokoll erfordert keine besonderen Einstellungen. Mit Klick auf KONFIGURIEREN können Sie über ein kleines Dialogfenster bestimmen, ob NetBEUI-Clients über die RAS-Verbindung auf das gesamte Netzwerk oder nur auf den RAS-Server selbst zugreifen können. Als Clients mit dem NetBEUI-Protokoll kommen beispielsweise Windows für Workgroups-Computer in Frage.

TCP/IP
Sollten sich RAS-Clients mit dem TCP/IP-Protokoll in den RAS-Server einwählen dürfen, markieren Sie das betreffende Kontrollkästchen und betätigen anschließend die Schaltfläche KONFIGURATION. Es öffnet sich das Dialogfenster mit der Bezeichnung RAS-SERVER TCP/IP-KONFIGURATION.

Auch in diesem umfangreicheren Dialogfenster legen Sie zunächst fest, ob der Zugriff auf das gesamte Netzwerk gestattet oder auf den als RAS-Server eingerichteten NT-Server beschränkt werden soll.

Bei der Wahl für das gesamte Netzwerk übernimmt der RAS-Server automatisch die Funktion eines IP-Routers im Netzwerk. Dafür muß jedoch im Dialogfenster zu den Eigenschaften von TCP/IP im Register ROUTING das Kontrollkästchen

IP-FORWARDING AKTIVIEREN

markiert werden.

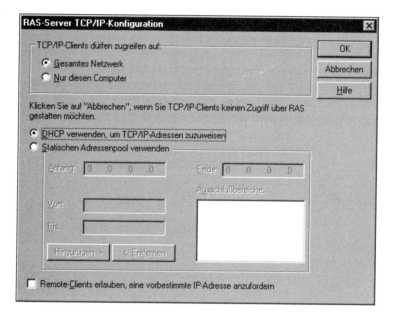

Abb. 20.5: RAS-SERVER TCP/IP-KONFIGURATION

Jeder RAS-Client benötigt zur Identifizierung eine eindeutige IP-Adresse. Dies kann entweder über einen im Netzwerk befindlichen DHCP-Server dynamisch geschehen oder durch statische IP-Adressen aus einem Adreßpool vorgenommen werden. Aus welchem Bereich diese IP-Adressen zugewiesen werden, kann über die Angaben zu ANFANG und ENDE bestimmt werden.

Möchten Sie daraus bestimmte IP-Adressen vorenthalten, können über die Angaben zu VON und BIS Adressen angegeben und mit den Schaltflächen HINZUFÜGEN und ENTFERNEN in das Feld AUSCHLUSSBEREICHE übertragen oder entfernt werden.

Wollen Sie zusätzlich gestatten, daß die RAS-Clients vom Server eine bestimmte IP-Adresse anfordern können, aktivieren Sie das Kontrollkästchen zu

REMOTE-CLIENST ERLAUBEN, EINE VORBESTIMMTE IP-ADRESSE ANZUFORDERN.

Die Bestätigung der Angaben durch Klick auf OK bringt Sie wieder zum Dialogfenster zur RAS-Dienst Netzwerkkonfiguration zurück.

IPX

Auch bei der Konfiguration dieses Protokolls wird zwischen Zugriff auf das gesamte Netzwerk oder dem RAS-Server unterschieden. Erlauben Sie den Zugriff auf das gesamte Netzwerk, muß der RAS-Server auch die Funktion eines IPX-Routers ausüben. Damit er diese Aufgabe erfüllen kann, müssen zusätzlich die beiden Dienste RIP FÜR NWLINK IPX und SAP-AGENT eingerichtet sein. Dies geschieht über das Dialogfenster NETZWERK in der Systemsteuerung im Register DIENSTE.

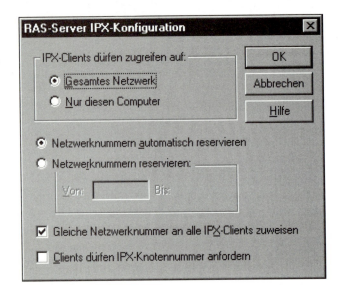

Abb. 20.6: RAS-SERVER IPX-KONFIGURATION

Ähnlich dem Protokoll TCP/IP muß auch unter IPX eine eindeutige Adressierung zur Identifikation des RAS-Clients gewährleistet sein. Der RAS-Dienst verwendet für diese Identifizierung die hexadezimale Netzwerkadresse, die einen Netzwerkstrang (Netzwerksegment) eindeutig kennzeichnet, und die Netzwerkknotennummer (Node-Adress) des RAS-Clients.

Wählen Sie die Option

NETZWERKNUMMERN AUTOMATISCH RESERVIEREN,

untersucht der RAS-Server das lokale Netzwerk nach bekannten Netzwerkadressen und vergibt an den RAS-Client eine noch nicht verwendete Netzwerkadresse.

Wählen Sie dagegen die Option

NETZWERKNUMMERN RESERVIEREN,

können bestimmte Netzwerkadressen ausschließlich für die RAS-Clients reserviert werden. Sie brauchen dazu nur eine eindeutige, noch nicht belegte Netzwerkadresse in das Feld VON einzutragen. Basierend auf den verfügbaren RAS-Anschlüssen wird die End-Netzwerkadresse automatisch ermittelt und in das Feld BIS eingetragen.

Sollen allerdings alle RAS-Clients die gleiche Netzwerknummer zugewiesen bekommen, aktivieren Sie das Kontrollkästchen

GLEICHE NETZWERKNUMMER AN ALLE IPX-CLIENTS ZUWEISEN.

Der NT-Server muß bei dieser Angabe für das IPX-Routing nur diese eine Netzwerkadresse in die RIP-Tabelle (RIP=Routing Information Protocol) aufnehmen, was den Verwaltungsaufwand erheblich verringert.

Außer der Eindeutigkeit der Netzwerknummer zur Identifizierung erhält jeder RAS-Client eine eindeutige Knotenadresse (Node Adress), die den jeweiligen Computer eindeutig im Netzwerksegment kennzeichnet. Damit es nicht zu Adreßkolisionen mit andern RAS-Clients kommt, sollte das Kontrollkästchen

CLIENTS DÜRFEN IPX-KNOTENNUMMERN ANFORDERN

deaktiviert bleiben. Mit OK schließen Sie das Konfigurationsfenster und kehren Zum Dialogfeld NETZWERKKONFIGURATION zurück.

Verschlüsselung

Unter den Angaben zu den gewährten Protokollen können in einem weiteren Abschnitt Einstellungen zur Verschlüsselung vorgenommen werden. Diese Verschlüsselung wird zur Beglaubigung der Anmeldung eines RAS-Clients bei der Einwahl verwendet. Wählen Sie dabei die Option

ECHTHEITSBESTÄTIGUNG AUCH ALS UNVERSCHLÜSSELTEN TEXT,

haben Sie zwar die geringste Sicherheit gewählt, aber auch die größtmögliche Kompatibilität zu RAS-Client-Software anderer Hersteller. Es wird jede Echtheitsbestätigung, die der RAS-Client anfordert (MS-CHAP, SPAP, PAP), akzeptiert.

Aktivieren Sie dagegen die Option

NUR VERSCHLÜSSELTE ECHTHEITSBESTÄTIGUNG,

erlauben Sie jede Echtheitsbestätigung des Servers mit Ausnahme von PAP.

Die sicherste Variante stellt wohl die Wahl von

NUR MICROSOFT VERSCHLÜSSELTE ECHTHEITSBESTÄTIGUNG

dar. Diese Angabe erlaubt nur Verbindungen, die zur Echtheitsbestätigung mit MS-CHAP verschlüsseln. Zudem kann mit dieser Angabe noch zusätzlich eine Datenverschlüsselung durch Aktivieren des entsprechenden Kontrollkästchens angefordert werden. Dadurch werden alle zwischen RAS-Client und RAS-Server übertragenen Daten mit Hilfe des Algorithmus "RAS Data Security Incorporated RC4" verschlüsselt.

Multilink

Als neue Option erlaubt Windows NT 4 nun auch das Bündeln von mehreren physikalischen RAS-Anschlüssen. Die Geschwindigkeit, die dadurch erzielt werden kann, entspricht der Summe der jeweiligen Einzelgeschwindigkeiten der physikalischen RAS-Geräte. Interessant ist dies in erster Linie bei Verwendung von ISDN. Aktivieren Sie das Kontrollkästchen

MULTILINK ERMÖGLICHEN,

können beispielsweise zwei mit jeweils 64 KBit/s arbeitende ISDN-B-Kanäle zu einem Übertragungskanal mit 128 KBit/s zusammengefaßt werden.

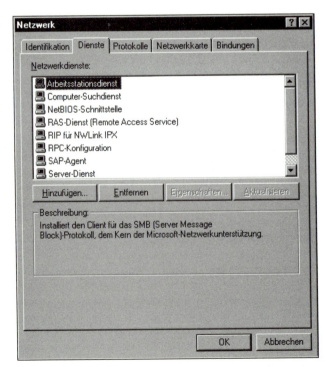

Abb. 20.7: NETZWERK - NETZWERKDIENSTE

Sind alle Einstellungen zur Netzwerkkonfiguration des RAS-Dienstes getroffen, bestätigen Sie mit OK, um zum Dialogfenster RAS-SETUP zurückzukehren. Mit WEITER wird die Installation des RAS-Dienstes abgeschlossen, und eine Setup-Meldung zeigt an, daß der RAS-Dienst eingerichtet ist und für die Administration das Programm RAS-VERWALTUNG oder der Benutzer-Manager im Ordner VERWALTUNG verwendet werden kann.

Ein Klick auf OK schließt das Meldungs-Fenster, und der RAS-Dienst wird in die Liste installierter Dienste im Ordner NETZWERK übertragen.

Mit OK schließen Sie auch dieses Dialogfenster, und Windows NT 4 überprüft und aktualisiert alle Bindungen. Ist dieser Vorgang abgeschlossen, werden Sie, damit die neuen Einstellungen wirksam werden, aufgefordert, den Computer neu zu starten.

Bedenken Sie, daß alle aufgeführten Einstellungen nicht nur für ein RAS-Gerät, sondern für die gesamte RAS-Konfiguration gültig sind. Eine kleine Besonderheit ist mir bei der Einrichtung der aktiven ISDN-Karte B1 von AVM aufgefallen. Wenn Sie dabei zuerst den CAPI- und WAN-Miniport-Treiber und den RAS-Dienst erst als letzte Komponente installieren, wird der ISDN-Adapter nicht als verfügbares RAS-Gerät angeboten. Installieren Sie jedoch den WAN-Miniport-Treiber als letzte Komponente, finden Sie auch den ISDN-Adapter unter den verfügbaren RAS-Geräten.

Installation des RAS-Clients

Möchte eine entfernte Arbeitsstation auf einen RAS-Server zugreifen, sind auch auf der Seite des Clients einige Vorbereitungen zu treffen. Obwohl auch DOS/Windows 3.x oder Windows für Workgroups-Arbeitsstationen auf einen RAS-Server zugreifen können, möchte ich mich bei der Beschreibung der Client-Installation und Konfiguration auf die Betriebssysteme Windows NT und Windows 95 beschränken.

Diese Betriebssysteme haben die notwendige RAS-Client-Software schon im Lieferumfang. Für DOS/Windows 3.x-oder Windows für Workgroups-Arbeitsstationen befindet sich die RAS-Client-Software auf der Windows NT 4-CD-ROM im Verzeichnis

\CLIENTS\RAS.

Im ersten Schritt müssen Sie den zukünftigen RAS-Client, je nach Konfiguration des RAS-Servers, mit einem Modem oder einer ISDN-Karte ausstatten und unter Windows NT oder Windows 95 auch einrichten. Zusätzlich sollte auf dem Client auch jedes erforderliche Netzwerkprotokoll und dazugehörige Komponenten eingerichtet sein.

Beispiel:

Der Zugang von einer Windows 95-Arbeitsstation auf den RAS-Server soll über das Transport-Protokoll TCP/IP erfolgen.
In diesem Fall müssen die Netzwerkkomponenten

CLIENT FÜR MICROSOFT-NETZWERKE

sowie

TCP/IP

eingebunden werden. Besonders wichtig ist es, zusätzlich das gewählte Protokoll auch an den DFÜ-Adapter zu binden.

RAS-Konfiguration unter Windows 95

Die RAS-Konfiguration für Windows 95 beginnt damit, daß Sie entweder über das Fenster ARBEITSPLATZ oder aus dem START-Menü über PROGRAMME/ZUBEHÖR die Option DFÜ-NETZWERK anwählen.

Es erscheint ein Fenster auf dem Bildschirm, das zunächst nur darauf hinweist, daß Sie mit dem DFÜ-Netzwerk Verbindungen zu anderen Computern per Modem aufnehmen können. Mit WEITER setzen Sie die Konfiguration des DFÜ-Netzwerks fort. Es erscheint ein weiteres kleines Dialogfenster, über das Sie aufgefordert werden, einen Namen für die neue Verbindung anzugeben und ein Modem auszuwählen.

Dazu zählen selbstverständlich nicht nur eingerichtete Modems, sondern auch installierte ISDN-Adapter, die als Modems gelistet werden. Ein Beispiel dafür geben die CAPI-Port-Treiber von AVM. Nach Einrichtung dieser Treiber werden für den installierten ISDN-Adapter mehrere Modems für verschiedene Funktionen dargestellt.

Abb. 20.8:
Dialogfenster -
NEUE VERBINDUNG
ERSTELLEN

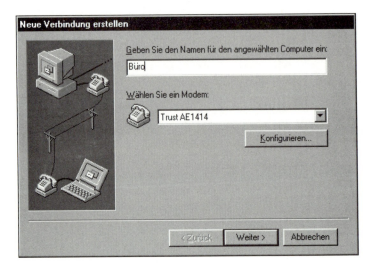

Nach einem Klick auf WEITER muß in die Felder des neuen Dialogfensters Ortskennzahl, Rufnummer und Landeskennzahl für die Verbindung zum entfernten Computer angegeben werden. Ein erneuter Klick auf WEITER bestätigt die Eingaben, und ein Meldungsfenster bestätigt die Einrichtung der neuen DFÜ-Netzwerk-Verbindung.

An jedem Punkt dieser Einrichtung kann über ZURÜCK jeweils ein Schritt zurück gewechselt werden. Abgeschlossen wird die Einrichtung der neuen Verbindung wiederum mit WEITER.

Wenn jetzt erneut das Symbol DFÜ-NETZWERK mit Doppelklick angewählt wird, erscheint nicht direkt der voran beschriebene Installationsassistent, sondern ein gleichnamiger Ordner mit einem Symbol zur gerade eingerichteten Verbindung und einem Symbol für das Einrichten einer weiteren DFÜ-Verbindung mit dem Assistenten.

Damit ist jedoch die RAS-Client-Installation noch nicht abgeschlossen. Klicken Sie das Symbol der soeben eingerichteten Verbindung mit der rechten Maustaste an, und wählen Sie aus dem Kontextmenü die Option EIGENSCHAFTEN aus. Es wird ein Dialogfenster mit dem Namen der Verbindung auf dem Bildschirm angezeigt. In diesem Dialogfenster kann nachträglich die Rufnummer geändert, das Modem konfiguriert und der Server-Typ gewählt werden.

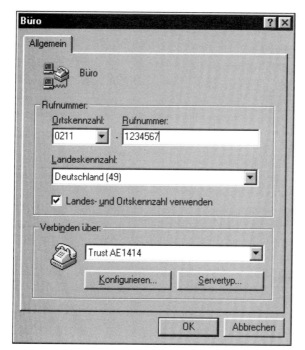

Abb. 20.9: Eigenschaften zu DFÜ-Verbindung

Betätigen Sie die Schaltfläche SERVERTYP, um zur Auswahl des Server-Typs, den Transportprotokollen und verschiedenen anderen Optionen zu gelangen. Im Listenfeld TYP DES DFÜ-SERVERS sollte

PPP: WINDOWS 95, WINDOWSNT 3.5, INTERNET

eingetragen sein. Markieren Sie zudem die Kontrollkästchen zu den gewünschten Protokollen für die DFÜ-Verbindung und zu den erweiterten Optionen.

Diese Optionen bedeuten:

AM NETZWERK ANMELDEN
Ist dieses Kontrollkästchen aktiv, versucht das DFÜ-Netzwerk eine Anmeldung mit dem Benutzernamen und Paßwort der Arbeitstation.

SOFTWAREKOMPRIMIERUNG AKTIVIEREN
Durch die Software-Komprimierung für alle aus- und eingehenden Daten kann der Datentransport unter Umständen erheblich beschleunigt werden. Auch diese Einstellung ist als Vorgabe aktiviert.

VERSCHLÜSSELTES KENNWORT FORDERN
Diese Einstellung gibt an, daß von dem Computer nur verschlüsselte Kennworte für die Anmeldung verwendet werden. Damit wird eine erhöhte Sicherheit gewährleistet, die jedoch auch von dem angewählten Computer unterstützt werden muß.

Protokolle des RAS-Clients

Auf der RAS-Client-Seite werden die Transportprotokolle NetBEUI, IPX/SPX-kompatibles Protokoll und TCP/IP unterstützt. Als einziges Protokoll läßt sich TCP/IP noch zusätzlich konfigurieren. Betätigen Sie dazu die Schaltfläche TCP/IP-EINSTELLUNGEN. In dem daraufhin erscheinenden Dialogfenster können die verschiedensten Einstellungen vorgenommen werden.

Im ersten Abschnitt bestimmen Sie, ob der Computer seine IP-Adresse vom Server zugewiesen bekommt oder eine statische Adresse erhält.

Der zweite Abschnitt in diesem Dialogfenster unterscheidet zwischen DNS- und WINS-Adressen von einem PPP-Server oder feste DNS- und WINS-Adressen für die gewählte Verbindung.

Die Kontrollkästchen am unteren Rand erlauben das Aktivieren der IP-Header-Komprimierung zur Geschwindigkeitssteigerung während einer DFÜ-Verbindung. Außerdem kann über das Kontrollkästchen

STANDARD-GATEWAY IM REMOTE-NETZWERK VERWENDEN

festgelegt werden, daß standardmäßig die IP-Adresse auf die WAN-Verbindung umgeleitet wird. OK bestätigt die vorgenommenen Änderungen und führt Sie zum Dialogfenster SERVERTYPEN zurück. Sind auch dort alle Einstellungen korrekt, kann auch das Fenster mit OK verlassen werden. Damit sind alle Einstellungen für die DFÜ-Netzwerk-Verbindung vorgenommen, und mit erneutem Klick auf OK wird auch dieses Fenster geschlossen.

Abb. 20.10: DFÜ-Netzwerk - TCP/IP-EINSTELLUNGEN

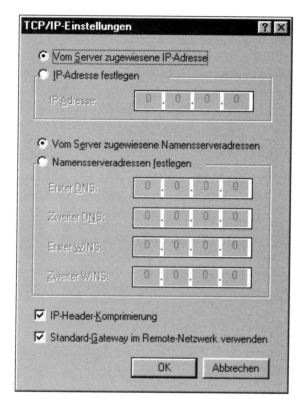

RAS-Konfiguration unter Windows NT 4

Die Konfiguration und Einrichtung eines RAS-Clients unter Windows NT 4 ähnelt stark der zuvor beschriebenen Vorgehensweise unter Windows 95. Eingeleitet wird die Einrichtung ebenfalls durch Anwählen des Symbols DFÜ-NETZWERK aus dem Ordner ARBEITSPLATZ oder des Menüs ZUBEHÖR.

Beim ersten Aufruf des DFÜ-Netzwerks erhalten Sie den Hinweis, daß das vom DFÜ-Netzwerk geführte Telefonbuch noch keinen Eintrag enthält. Klicken Sie auf OK, um mit Hilfe des Installationsassistenten einen neuen Eintrag hinzuzufügen.

Sie erhalten ein Dialogfenster auf dem Bildschirm für die Angabe eines Namens für die neue DFÜ-Verbindung. Aktivieren Sie zusätzlich das Kontrollkästchen

KEINE WEITEREN INFORMATIONEN ERFORDERLICH,

kann die Unterstützung des Assistenten mit der Angabe des Namens abgeschlossen werden, und alle weiteren Einstellungen müssen manuell vorgenommen werden. Bleibt das Kontrollkästchen deaktiviert, kann die Einrichtung über den Assistenten mit WEITER fortgesetzt werden.

Das nächste dargestellte Dialogfenster enthält Kontrollkästchen, die entsprechend des angewählten RAS-Servers aktiviert oder deaktiviert werden müssen.

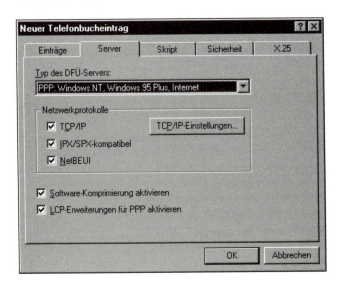

Abb. 20.11: Angaben für die Verbindung zum Server

Ein Klick auf WEITER führt Sie zum Auswahlfenster des gewünschten Geräts für die DFÜ-Verbindung. Markieren Sie eines der eingerichten DFÜ-Geräte aus der Liste, und bestätigen Sie mit WEITER.

Als nächstes werden Sie nach der Rufnummer dieser Verbindung gefragt. Es kann in dem dazugehörenden Dialogfenster entweder die komplette Rufnummer direkt eingegeben oder zusätzliche Einstellungen zu den Wahlparametern gewählt werden. Über den Schalter ANDERE erhalten Sie ein kleines Dialogfenster, das sich wie ein Telefonregister führen läßt. In diesem Dialogfenster können alle Telefonnummern abgelegt und als Telefonliste für die Verwendung im DFÜ-Netzwerk genutzt werden.

Mit Klick auf WEITER ist die Einrichtung des DFÜ-Netzwerks abgeschlossen, und über ein Meldungsfenster werden Sie aufgefordert, durch Betätigen der Schaltfläche FERTIGSTELLEN den neuen Telefonbucheintrag zu speichern. Das Fenster wird geschlossen, der Eintrag gespeichert, und anschließend wird direkt die Möglichkeit gegeben, sofort die eingerichtete DFÜ-Verbindung anzuwählen. Klicken Sie dazu auf die Schaltfläche WÄHLEN des Dialogfensters DFÜ-NETZWERK. BEENDEN schließt auch dieses Fenster, ohne die Verbindung aufzubauen.

Das Anwahlfenster erhalten Sie von nun an, sobald Sie das DFÜ-Netzwerk aufrufen.

Abb. 20.12: Windows NT - Anwahlfenster DFÜ-NETZWERK

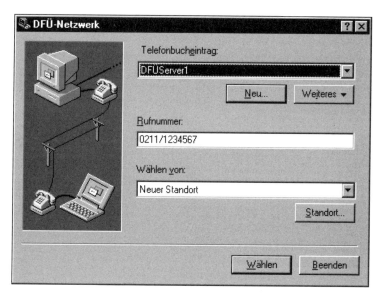

Bearbeiten eines Telefonbucheintrages

Um einen Telefonbucheintrag zu bearbeiten und für die DFÜ-Verbindung optimal anzupassen, klicken Sie im Anwahlfenster DFÜ-Netzwerk auf die Schaltfläche WEITERES. Sie erhalten eine Liste mit zusätzlichen Optionen für verschiedene Einstellungen. Wählen Sie die Option

EINTRAGS- UND MODEMEIGENSCHAFTEN BEARBEITEN,

um ein weiteres Dialogfenster mit der Bezeichnung TELEFONBUCHEINTRAG BEARBEITEN auf den Bildschirm zu bringen. Dieses Dialogfenster ist unterteilt in fünf verschiedene Register:

EINTRÄGE
In diesem Register können Eintragsname, Anmerkungen, Rufnummer und das zu verwendende Gerät geändert oder ausgewählt werden. Auch die Konfiguration des ausgewählten Modems ist über KONFIGURIEREN möglich.

Im Listenfenster WÄHLEN ist auch der Eintrag MEHRFACHLEITUNGEN auszuwählen und anschließend zu konfigurieren. Bei dieser Konfiguration können Sie die jeweiligen RAS-Anschlüsse auswählen, die für die Verbindung zum RAS-Server verwendet werden sollen. Besonders praktisch ist diese Option, um eine Kombination zweier ISDN-B-Kanäle (Channel-Bundling) für die RAS-Verbindung zu nutzen.

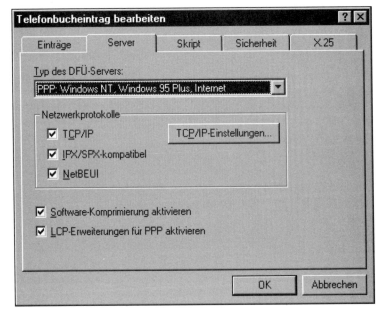

Abb. 20.13:
TELEFONBUCHEIN-
TRAG BEARBEITEN -
SERVER

Server
In diesem Register nehmen Sie alle Einstellungen vor, die für den Typ des ausgewählten RAS-Servers auf der Client-Seite notwendig sind. Dazu gehört in erster Linie der Typ des DFÜ-Servers und die benötigten Transport-Protokolle.

Script
In diesem Register kann bestimmt werden, ob vor und nach der Anwahl des RAS-Servers ein Skript ausgeführt werden soll, das die Anmeldung und weitere Aktionen automatisiert. Ist noch kein Skript angelegt und betätigen Sie die Schaltfläche SKRIPT BEARBEITEN, erhalten Sie im Editor ein Demoskript (SWITCH.INF) zur Anpassung angezeigt.

Der genaue Befehlssatz dieser Skriptbeschreibungssprache ist im Unterverzeichnis \SYSTEM32\RAS\ in der Datei SCRIPT.DOC nachzulesen.

Sicherheit
Dieses Register betrifft die Echtheitsbestätigung bei der Anmeldung an einem RAS-Server. Wählen Sie dabei die Option

BELIEBIGE ECHTHEITSBESTÄTIGUNG (EINSCHL. UNVERSCHLÜSSELTE) ANNEHMEN,

haben Sie zwar die geringste Sicherheit gewählt, aber auch die größtmögliche Kompatibilität zu RAS-Client-Software anderer Hersteller. Es wird jede Echtheitsbestätigung, die der RAS-Client anfordert, akzeptiert.

Aktivieren Sie dagegen die Option

NUR VERSCHLÜSSELTE ECHTHEITSBESTÄTIGUNG ANNEHMEN,

erlauben Sie jede Echtheitsbestätigung des Servers mit Ausnahme von PAP. Die sicherste Variante ist die Wahl von

NUR MICROSOFT VERSCHLÜSSELTE ECHTHEITSBESTÄTIGUNG ANNEHMEN.

Diese Angabe erlaubt nur Verbindungen, die zur Echtheitsbestätigung mit MS-CHAP verschlüsseln. Zudem kann mit dieser Angabe noch zusätzlich eine Datenverschlüsselung durch Aktivieren des entsprechenden Kontrollkästchens angefordert und sogar die Verwendung des aktuellen Benutzernamens und Kennworts erlaubt werden.

X.25
Einstellungen in diesem Register sind nur notwendig, wenn eine Verbindung zu einem X.25-Netzwerk aufgebaut werden soll. Wählen Sie in diesem Fall aus dem Listenfenster NETZWERK den entsprechenden Anbieter aus, und tragen Sie zusätzlich die dazugehörige X.25-Adresse für den Server ein. Optionale Angaben sind Benutzerdaten und Einrichtungen.

Abb. 20.14:
TELEFONBUCHEIN-
TRAG BEARBEITEN -
SICHERHEIT

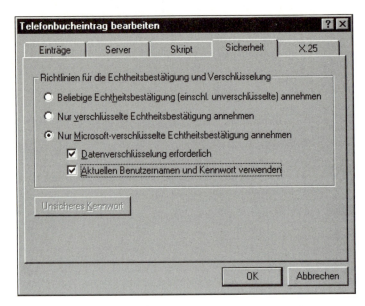

Sind alle Angaben ordnungsgemäß vorgenommen, bestätigen Sie mit OK die Einstellungen zum Telefonbucheintrag und schließen das Konfigurationsfenster wieder, und die Einrichtung des DFÜ-Netzwerks auf der Client-Seite ist abgeschlossen.

Telefonbucheinträge sind nicht nur für die Verbindung zu den RAS-Servern notwendig, auch für die Verbindung zum Internet-Provider kommen diese Einträge zum Einsatz.

RAS-Server verwalten

Bevor sich ein Benutzer von einem entfernten RAS-Client auf dem RAS-Server einwählen und sich anschließend auf dem Windows NT 4- Server oder in der Domäne anmelden kann, müssen diese Benutzer zuerst mit einer Berechtigung für den Zugang über RAS versehen werden.

Dazu stehen zwei verschiedene Programme zur Verfügung:

- Benutzermanager für Domänen

- RAS-Verwaltung

Beide Programme sind aus dem START-Menü über PROGRAMME-VERWALTUNG (ALLGEMEIN) anzuwählen.

RAS-Verwaltung

Nach dem Start der RAS-Verwaltung erscheint zunächst das Status-Fenster auf dem Bildschirm. Die Angaben in diesem Status-Fenster geben über folgende Informationen Auskunft:

- NT-Server, der die Funktion eines RAS-Servers übernimmt
- Zustand des RAS-Dienstes
- Anzahl der konfigurierten RAS-Anschlüsse
- Zur Zeit genutzte Anschlüsse
- Kommentar zu RAS

Über das Menü SERVER und die Option ANSCHLÜSSE oder einfach mit Doppelklick auf einen dargestellten RAS-Server im Statusfenster gelangen Sie zur Übersicht der vorhandenen DFÜ-Anschlüsse.

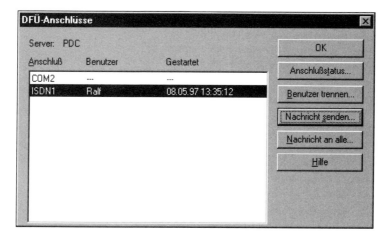

Abb. 20.15: RAS-Verwaltung - DFÜ-ANSCHLÜSSE

Durch Markieren eines aufgelisteten Anschlusses und anschließendes Betätigen der Schaltfläche ANSCHLUSSTATUS oder Doppelklick bekommen Sie ein Informationsfenster zum Anschlußstatus auf den Bildschirm. Ist der gewählte RAS-Anschluß gerade in Benutzung, bekommen Sie detaillierte Informationen zu dieser Verbindung.

Weitere Informationen zum gerade eingewählten Benutzer erhalten Sie über das Menü BENUTZER und die darin vorhandene Option AKTUELLE BENUTZER. Es erscheint ein Listenfenster mit allen gerade auf dem RAS-Server eingewählten Benutzern.

Wählen Sie einen Benutzer durch Markieren an, und betätigen Sie die Schaltfläche BENUTZERKONTO, um weitere Informationen zu diesem Benutzer zu erhalten. Änderungen an den Informationen zum Benutzerkonto lassen sich an dieser Stelle nicht vornehmen.

Abb. 20.16:
RAS-Verwaltung
- ANSCHLUSS-
STATUS

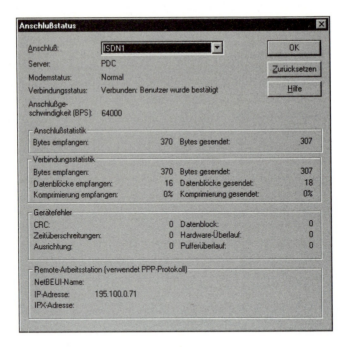

Das Informationsfenster zum Benutzerkonto gibt folgende Informationen aus:

- Benutzername
- Vollständiger Name
- Letzte Kennwortänderung
- Kennwort läuft ab
- Privilegienebene
- Rückrufprivileg
- Rückrufnummer

Zusätzlich können über das Dialogfenster RAS-BENUTZER auch Nachrichten an bestimmte oder alle Benutzer abgesetzt und sogar Benutzer vom RAS-Server getrennt werden. Das Trennen eines angemeldeten Benutzers sollte mit Bedacht vorgenommen werden, da es unter Umständen zu Datenverlusten kommen kann. Empfehlenswert ist es, dem betreffenden Benutzer zuvor eine Nachricht zukommen zu lassen.

Allerdings sollten Sie ihn dann nicht sofort trennen, sondern ihm auch die Chance einräumen, gegebenenfalls Dateien zu speichern und zu schließen!

RAS-Benutzer einrichten

Wie schon zu Beginn dieses Abschnitts besprochen wurde, können RAS-Benutzer entweder über die RAS-Verwaltung oder den Benutzer-Manager für Domänen verwaltet werden. In der RAS-Verwaltung wird das über die Option REMOTE-ZUGRIFFSBERECHTIGUNGEN im Menü BENUTZER vorgenommen.

Nach Ausführen dieser Option erhalten Sie ein weiteres Dialogfenster, in dem alle dem Server oder der Domäne bekannten Benutzer aufgelistet sind. Durch Markieren der jeweiligen Benutzer und Aktivieren des Kontrollkästchens.

DEM BENUTZER RAS-ZUGRIFFSRECHTE ERTEILEN

richten Sie den Benutzer als RAS-Benutzer ein.

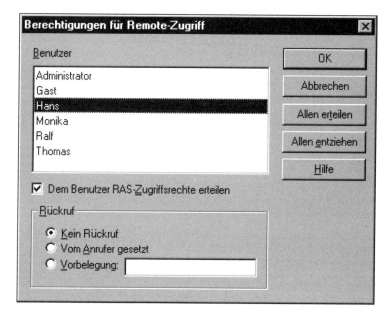

Abb. 20.17:
RAS-Verwaltung - BERECHTIGUNGEN FÜR REMOTE-ZUGRIFF

Für jeden zugelassenen RAS-Benutzer lassen Sie zusätzlich Einstellungen für Rückrufoptionen einstellen. Es stehen die Optionen

- Kein Rückruf
- Vom Anrufer gesetzt
- Vorbelegung

zur Auswahl. Mit der Option KEIN RÜCKRUF wird vom RAS-Server kein Rückruf zum Benutzer vorgenommen. Wählen Sie dagegen die Option VOM ANRUFER GESETZT, kann der RAS-Benutzer nach der Anmeldung die Rückrufnummer bestimmen.

Tragen Sie jedoch unter VORBELEGUNG eine Rufnummer ein, wird der betreffende Benutzer immer unter dieser voreingestellten Rufnummer zurückgerufen.

Über die Schaltfläche ALLEN ERTEILEN vergeben Sie automatisch allen Domänen-Benutzern die Berechtigung zum RAS-Zugang. ALLEN ENTZIEHEN entfernt sämtliche Berechtigungen.

Benutzermanager für Domänen

Einstellungen zu den RAS-Berechtigungen über das Programm BENUTZER-MANAGER FÜR DOMÄNEN werden in den Benutzereigenschaften vorgenommen. Markieren Sie aus der Liste der bekannten Benutzer einen oder direkt mehrere Benutzer unter Zuhilfenahme der (Strg)-Taste, und wählen Sie die Option EIGENSCHAFTEN aus dem Menü BENUTZER an. Alternativ können die Eigenschaften zu BENUTZER auch einfach durch Betätigen der Taste ⏎ nach dem Markieren aufgerufen werden.

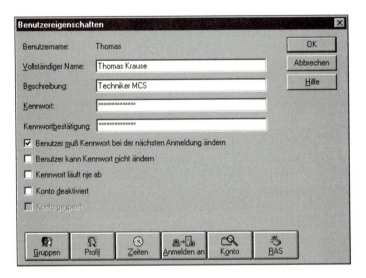

Abb. 20.18: Benutzer-Manager - BENUTZEREIGENSCHAFTEN

Im Dialogfenster BENUTZEREIGENSCHAFTEN befindet sich auch eine Schaltfläche mit der Bezeichnung RAS. Mit Klick auf diese Schaltfläche erscheint ein weiteres Dialogfenster mit Einstellungen zu den Einwählinformationen. Wie schon bei der Administration über die RAS-Verwaltung können dort dem Benutzer Einwählrechte erteilt und Rückrufoptionen festgelegt werden.

Abb. 20.19:
Benutzer-
Manager -
EINWÄHLIN-
FORMATIONEN

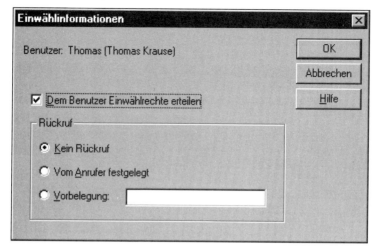

Mit OK bestätigen Sie die Angaben, und der Benutzer kann sich, entsprechend der gewählten Einstellungen, von einer als RAS-Client eingerichteten Arbeitsstation im Netzwerk einwählen. Dort kann er mit den gleichen Berechtigungen, wie Sie schon vom lokalen Netzwerk her bekannt sind, tätig werden.

Überwachen und Fehlerdiagnose

KAPITEL 21

21 • Überwachen und Fehlerdiagnose

Nicht immer läuft alles so einwandfrei, wie man es sich wünscht. Deshalb ist es besonders wichtig, das System sorgfältig zu überwachen und möglichen Fehlern gezielt auf die Spur zu kommen.

Fehler im System müssen sich nicht immer direkt in Form von Fehlermeldungen, System- oder Task-Abstürzen bemerkbar machen. Auch wenn ein Server viel zu langsam ist und nicht die erwartete Leistung bringt, stellt sich das für die Anwender wie ein Fehler, zumindest als störendes Problem dar.

In diesem Kapitel möchte ich Möglichkeiten zur Systemüberwachung, Fehlersuche und -diagnose aufzeigen.

Die Ereignisanzeige

Windows NT 4 bezeichnet jede signifikante Aktivität im System oder einer Applikation als "Ereignis". Systemkritische Fehler, wie zum Beispiel eine volle Festplatte oder von einer unterbrechungsfreien Stromversorgung gepufferte Stromausfälle, werden jedem Benutzer als Warnmeldungen mitgeteilt.

Das ist aber nur ein Bruchteil der Ereignisse, die vom System überwacht und kontrolliert werden. Würde jedes Ereignis sofort an alle Benutzer gemeldet werden, wäre es mit einem ungestörten Arbeiten vorbei. Man unterscheidet deshalb zwischen kritischen und nichtkritischen Ereignissen. Nichtkritische Ereignisse werden, gemäß der Konfiguration der Ereignisüberwachung, in eine Protokolldatei geschrieben. In dieser Protokolldatei werden sowohl erfolgreiche als auch erfolglose Aktionen als Ereignisse überwacht.

Welche Ereignisse überwacht werden sollen, muß der Administrator mit der Konfiguration der Ereignis-Überwachung festlegen.

Einrichtung und Konfiguration der Ereignisüberwachung (Auditing)

Es gibt verschiedene Ereignisse, die vom System überwacht werden können. Jede dieser Ereignis-Überwachungseinstellungen wird über ein anderes Administrationsprogramm eingerichtet und konfiguriert.

Zu überwachende Ereignisse sind:

- Systemereignisse
- Verzeichnis- und Dateizugriffe
- Druckerüberwachung
- Sicherheitsüberwachung

Systemereignisse

Standardmäßig werden von Windows NT 4 sämtliche Systemereignisse überwacht und protokolliert. Eine Übersicht der erfolgreichen und fehlgeschlagenen Systemereignisse erhalten Sie in der Ereignisanzeige. Zu diesem Programm gelangen Sie durch den START-Knopf über PROGRAMME / VERWALTUNG (ALLGEMEIN).

Die Anzeige ist in verschiedene Spalten mit den Bezeichnungen

- Datum
- Zeit
- Quelle
- Kategorie
- Ereignis
- Benutzer
- Computer

aufgeteilt.

Abb. 21.1: Ansicht EREIGNISANZEIGE

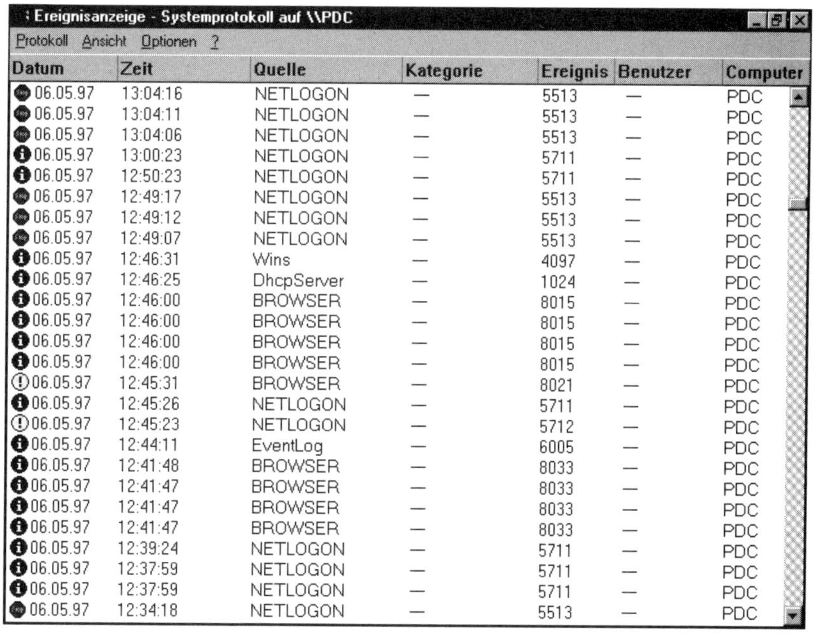

Datum	Zeit	Quelle	Kategorie	Ereignis	Benutzer	Computer
06.05.97	13:04:16	NETLOGON	—	5513	—	PDC
06.05.97	13:04:11	NETLOGON	—	5513	—	PDC
06.05.97	13:04:06	NETLOGON	—	5513	—	PDC
06.05.97	13:00:23	NETLOGON	—	5711	—	PDC
06.05.97	12:50:23	NETLOGON	—	5711	—	PDC
06.05.97	12:49:17	NETLOGON	—	5513	—	PDC
06.05.97	12:49:12	NETLOGON	—	5513	—	PDC
06.05.97	12:49:07	NETLOGON	—	5513	—	PDC
06.05.97	12:46:31	Wins	—	4097	—	PDC
06.05.97	12:46:25	DhcpServer	—	1024	—	PDC
06.05.97	12:46:00	BROWSER	—	8015	—	PDC
06.05.97	12:46:00	BROWSER	—	8015	—	PDC
06.05.97	12:46:00	BROWSER	—	8015	—	PDC
06.05.97	12:45:31	BROWSER	—	8021	—	PDC
06.05.97	12:45:26	NETLOGON	—	5711	—	PDC
06.05.97	12:45:23	NETLOGON	—	5712	—	PDC
06.05.97	12:44:11	EventLog	—	6005	—	PDC
06.05.97	12:41:48	BROWSER	—	8033	—	PDC
06.05.97	12:41:47	BROWSER	—	8033	—	PDC
06.05.97	12:41:47	BROWSER	—	8033	—	PDC
06.05.97	12:41:47	BROWSER	—	8033	—	PDC
06.05.97	12:39:24	NETLOGON	—	5711	—	PDC
06.05.97	12:37:59	NETLOGON	—	5711	—	PDC
06.05.97	12:37:59	NETLOGON	—	5711	—	PDC
06.05.97	12:34:18	NETLOGON	—	5513	—	PDC

Durch einen Doppelklick auf das jeweils protokollierte Ereignis erhalten Sie detaillierte Informationen mit einer kurzen Beschreibung. Sollten Ihnen zu viele Ereignisse dargestellt werden, besteht die Möglichkeit, über den Hauptmenüpunkt ANSICHT und die Option EREIGNISSE FILTERN eine selektierte Anzeige mit gewünschten Ereignisinformationen auf dem Bildschirm auszugeben.

In dem dazu gehörenden Dialogfenster kann unter anderem der Zeitraum für die Anzeige, die Art des Ereignisses sowie Quelle und Kategorie für die Ereignisanzeige bestimmt werden. Einstellungen bei diesem Filter löschen die nicht gewünschten Ereignisse nicht, sondern filtern lediglich die Ereignisse für die Darstellung auf dem Bildschirm.

Zu diesen globalen Filtereinstellungen kann auch gezielt die Anzeige auf einen bestimmten Benutzer, Computer oder eine Ereignis-ID beschränkt werden.

Über die Schaltfläche ZURÜCKSETZEN stellen sie die Einstellungen wieder auf die Vorgabe von Windows NT 4 ein.

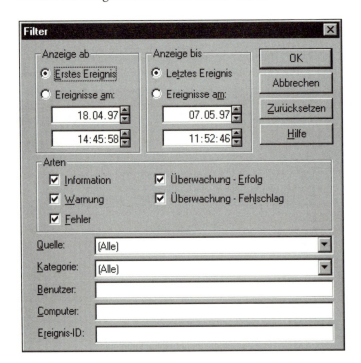

Abb. 21.2:
Ereignisanzeige -
FILTER

Verzeichnis- und Dateizugriffe

Die Überwachung von Ereignissen und somit auch Verzeichnis- und Dateizugriffe läßt sich sowohl auf einem Windows NT 4-Server als auch auf einer Windows NT 4-Workstation aktivieren. Das Einschalten der Überwachung geschieht über das Programm BENUTZER-MANAGER beziehungsweise den BENUTZER-MANAGER FÜR DOMÄNEN. Diese Programme können über START-PROGRAMME-VERWALTUNG(ALLGEMEIN) gestartet werden. Nach dem Start des Benutzer-Managers wählen Sie aus dem Hauptmenü RICHTLINIEN die Option ÜBERWACHEN an. Sie erhalten ein Konfigurationsfenster mit der Bezeichnung ÜBERWACHUNGSRICHTLINIEN auf dem Bildschirm. Nach Markieren der Option

DIESE EREIGNISSE ÜBERWACHEN

können die verschiedenen Ereignisse für die Systemüberwachung markiert werden. Für jedes Ereignis wird dabei zwischen ERFOLG und FEHLER unterschieden.

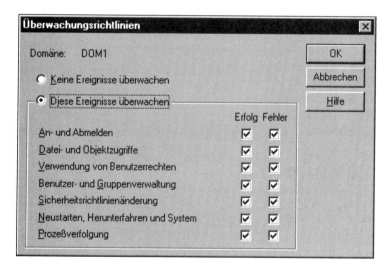

Abb. 21.3: Benutzer-Manager - ÜBERWACHUNGS-RICHTLINIEN

Mit OK bestätigen Sie die Einstellungen und schließen das Dialogfenster wieder. Damit ist zwar die Überwachung aktiviert, aber dem System noch nicht mitgeteilt worden, welche Verzeichnis- und Dateizugriffe gemäß diesem Beispiel überwacht und protokolliert werden sollen.

Die Auswahl der zu überwachenden Verzeichnis- und Dateizugriffe wird im NT-Explorer oder über den Ordner ARBEITSPLATZ durchgeführt. Markieren Sie das gewünschte Verzeichnis oder die Datei, und drücken Sie die rechte Maustaste, um das Kontextmenü zu öffnen. Wählen Sie daraus die Option EIGENSCHAFTEN an. Es erscheint ein Dialogfenster mit den Registern ALLGEMEIN, FREIGABE und SICHERHEIT. Bei Daten beschränkt sich die Auswahl an Registern auf ALLGEMEIN und SICHERHEIT, und bei ausführbaren Dateien finden Sie noch das Register VERSION.

Betätigen Sie im Register SICHERHEIT die Schaltfläche ÜBERWACHUNG, um das dazugehörige Dialogfenster auf den Bildschirm zu bringen. In diesem Dialogfenster können Sie festlegen, ob die Überwachung für Dateien und/oder Unterverzeichnisse gesetzt werden soll.

Mit HINZUFÜGEN erhalten Sie ein Listenfenster mit allen Gruppen und Benutzern. Wählen Sie daraus die zu überwachenden Benutzer und Gruppen für das gewählte Verzeichnis an, und übertragen Sie die Auswahl mit Klick auf HINZUFÜGEN in das Listenfenster NAMEN HINZUFÜGEN.

Ein Klick auf OK schließt das Auswahlfenster und überträgt die ausgewählten Gruppen und Benutzer in das Fenster zur Verzeichnis- oder Dateiüberwachung. Erst jetzt sind die Kontrollkästchen für die überwachenden Ereignisse zu markieren.

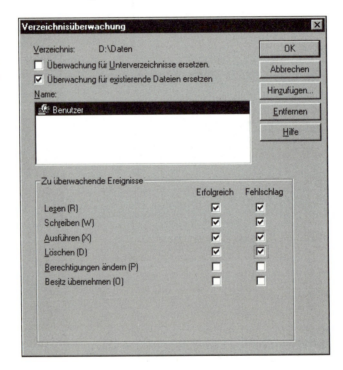

Abb. 21.4: Dialogfenster - VERZEICHNISÜBERWACHUNG

Aktivieren Sie die betreffenden Kontrollkästchen der Aktionen, die auf dem Verzeichnis oder der Datei überwacht und somit protokolliert werden sollen. Mit OK bestätigen Sie die Angaben, schließen das Dialogfenster und aktivieren die soeben gewählte Verzeichnis- oder Dateiüberwachung.

Zugriffe der ausgewählten Gruppen oder Benutzer werden jetzt im Ereignisprotokoll mitgeschrieben. Zum Sichten dieser Ereignisse öffnen Sie die Ereignisanzeige und wählen über das Menü PROTOKOLL die Option SICHERHEIT. Ähnlich der Anzeige für Systemereignisse werden in dem angezeigten Fenster alle überwachten Sicherheitsereignisse dargestellt. Ein Doppelklick auf ein Ereignis öffnet das Fenster für die Ereignisdetails.

Über die Schaltflächen VORHERIGES oder NÄCHSTES kann mit der Detailanzeige jedes protokollierte Ereignis eingesehen werden.

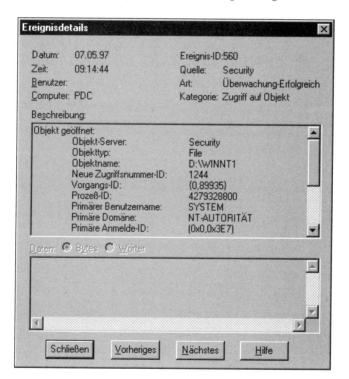

Abb. 21.5: Anzeige - EREIGNISDETAILS

Druckerüberwachung

Ob diese Überwachung in der Praxis oft eingerichtet wird, ist fraglich. Aber jedenfalls ist es möglich, die Ausgabe auf einen Drucker und Änderungen an der Druckerkonfiguration im Ereignisprotokoll festzuhalten. Die Konfiguration der zu überwachenden Ereignisse geschieht über die Eigenschaften des Druckers.

Öffnen Sie dazu den Ordner DRUCKER in der Systemsteuerung oder unter ARBEITSPLATZ. Es werden alle eingerichteten Drucker als Symbole in diesem Ordner dargestellt. Ein weiteres Symbol mit der Bezeichnung NEUER DRUCKER startet den Drucker-Assistenten.

Wählen Sie nun den zu überwachenden Drucker mit der rechten Maustaste an. Im angezeigten Kontextmenü betätigen Sie die Option EIGENSCHAFTEN. Unter den Eigenschaften des ausgewählten Druckers befindet sich auch ein Register mit der Bezeichnung SICHERHEIT. Dieses Register verfügt über die Schaltflächen

- BERECHTIGUNG
- ÜBERWACHUNG
- BESITZER.

Betätigen Sie die Schaltfläche ÜBERWACHUNG, wird ein weiteres Einstellfenster angezeigt.

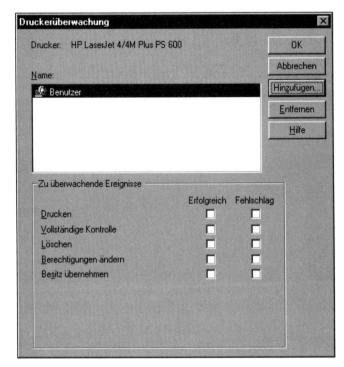

Abb. 21.6: DRUCKERÜBERWACHUNG

Mit HINZUFÜGEN und der darauf folgenden Auswahl können Gruppen oder Benutzer für die Überwachung ausgewählt werden. Erst wenn mindestens ein Benutzer oder eine Gruppe hinzugefügt ist, können die zu überwachenden Ereignisse festgelegt werden. Auch bei dieser Überwachung wird zwischen ERFOLGREICH und FEHLSCHLAG für jedes Ereignis unterschieden.

Je nach gewähltem Ereignis für den Drucker wird nach Bestätigung mit OK der Zugriff im Ereignisprotokoll festgehalten. Zugriffe auf den Drucker oder die Druckerkonfiguration gehören wie der Zugriff auf überwachte Verzeichnisse und Dateien zu den Sicherheitsereignissen und werden deshalb im entsprechenden Listenfenster der Ereignisanzeige aufgeführt.

Sicherheitsüberwachung

Das Aktivieren der Sicherheitsüberwachung ist generell für die Überwachung von Verzeichnis- und Dateizugriffen sowie die Druckerüberwachung notwendig. Erst mit den richtigen Einstellungen zu den Überwachungsrichtlinien ist das Protokollieren dieser Ereignisse möglich. Diese Einstellungen werden mit dem Benutzer-Manager beziehungsweise mit dem Benutzer-Manager für Domänen vorgenommen. Starten Sie dazu das Programm über START-PROGRAMME-VERWALTUNG (ALLGEMEIN). Das Startfenster listet alle eingerichteten Benutzer und Gruppen auf.

Für die Einstellungen zu den Überwachungsrichtlinien wählen Sie die Option ÜBERWACHEN aus dem Menü RICHTLINIEN an. Als Vorgabe ist in dem angezeigten Dialogfenster die Option

KEINE EREIGNISSE ÜBERWACHEN

aktiviert.

Sobald das Optionsfeld zu

DIESE EREIGNISSE ÜBERWACHEN

markiert ist, kann über die darunter dargestellten Kontrollkästchen festgelegt werden, welche Ereignisse im Ereignisprotokoll festgehalten werden sollen. Auch dabei wird wieder zwischen Erfolg und Fehlschlag unterschieden.

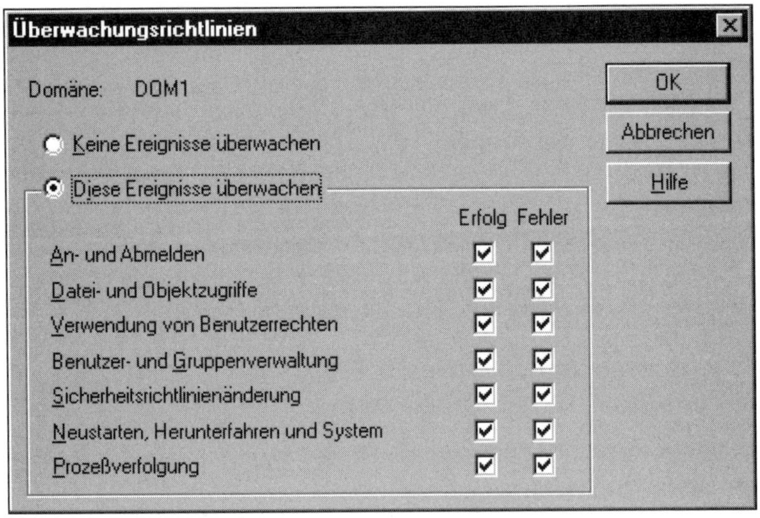

Abb. 21.7:
Benutzer-
Manager -
ÜBERWACHUNGS-
RICHTLINIEN

Anwendungsprotokolle

Noch eine Art von Überwachungsprotokoll. Die Einträge zu diesem Protokoll werden nicht direkt von Windows NT 4 gesteuert. Es handelt sich dabei um Ereignisse, die von Applikationen im System erzeugt werden. Es kann sich dabei um erkannte Dateifehler einer Datenbank handeln oder gewünschte Rückmeldungen anderer Anwendungen.

Ich möchte nochmals darauf hinweisen, daß es sehr wichtig sein kann, nicht einfach alle Ereignisse zu protokollieren, sondern gezielt nur die Ereignisse zu überwachen, die für Wartung und Administration notwendig sind. Das Ereignisprotokoll wächst sehr schnell bis zum eingestellten Maximum an und ist unter Umständen dann sehr unübersichtlich.

Fehlersuche und Problembehebung

Obwohl in den vorangegangen Kapitel immer wieder auf die Stabilität von Windows NT 4 hingewiesen wurde, können auch bei einem solchen System unter Umständen Probleme auftreten. Dazu gehören weniger Systemfehler als fehlerhafte Anwendungsprogramme oder Falschkonfiguration.

Ich möchte an dieser Stelle nicht bestimmte Soft- und Hardware nennen, sondern vielmehr die Fehlerdiagnose und Problembehebung allgemein beschreiben.

Dr. Watson

Wenn von irgendeinem Anwendungsprogramm ein Fehler, beispielsweise eine Speicherschutzverletzung, verursacht wird, endet das unter Windows NT 4 glücklicherweise nicht mit einem vollständigen Systemabsturz. Trotzdem schaut das System nicht tatenlos zu. Der Windows NT-Debugger mit der Bezeichnung Dr. Watson für Windows NT wird aktiv.

Insbesondere für Programmentwickler kann dieses Programm sehr hilfreich sein, um versteckte Programmfehler aufzuspüren. Dieses Programm befindet sich im Verzeichnis \SYSTEM32 des Windows NT 4-Stammverzeichnisses und trägt den Programmnamen DRWTSN32.EXE.

Nach dem Aufruf des Programms kann über ein Dialogfeld "Dr.Watson" konfiguriert werden.

Abb. 21.8:
Dr. Watson für Windows NT

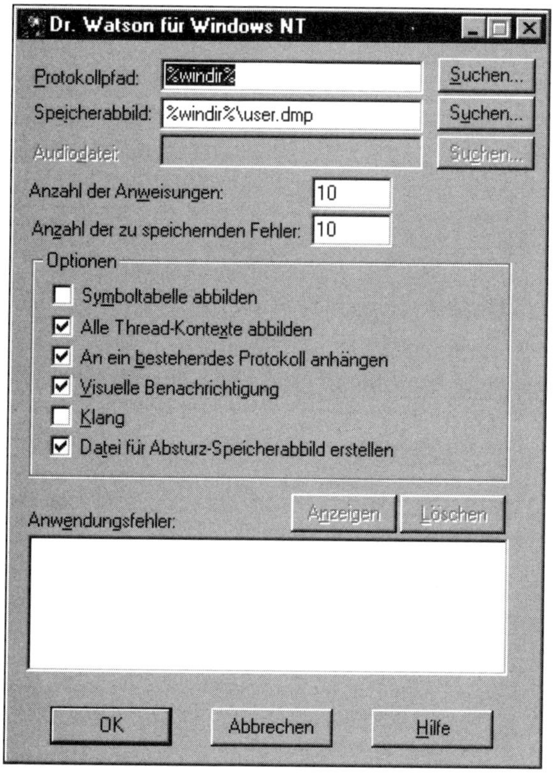

Für die Konfiguration dieses NT-Debuggers sind keine pauschalen Aussagen zu treffen, da dies vom Verhalten und der Aufgabe des jeweiligen Programms abhängig ist.

Für die Art und Weise der Warnhinweise von Dr.Watson sind die Kontrollkästchen

KLANGDATEI

VISUELLE BENACHRICHTIGUNG

und

KLANG

zuständig. Wird VISUELLE BENACHRICHTIGUNG aktiviert, legen Sie damit fest, daß Dr.Watson ein Meldungsfenster mit OK-Schaltfläche bei einem erkannten Fehler auf dem Bildschirm einblendet. Dieses Fenster wird, falls es nicht vorher mit OK bestätigt wird, nach spätestens fünf Minuten wieder automatisch ausgeblendet.

Mit der Angabe einer Klangdatei (WAV-Datei) und aktiviertem Kontrollkästchen KLANG bestimmen Sie zusätzlich noch die Tonausgabe bei einer Fehlererkennung.

Verhalten von Dr.Watson

Wenn ein Anwendungsfehler auftritt, wird Dr.Watson automatisch gestartet. Er speichert die Debug-Informationen in einer Protokolldatei mit dem Namen DRWTSN32.LOG, die standardmäßig im Stammverzeichnis von Windows NT 4 liegt. Es handelt sich bei dieser Protokolldatei um eine Textdatei, die mit jedem Editor oder ASCII-Viewer eingesehen werden kann.

Zusätzlich besteht noch die Möglichkeit, eine binäre Datei mit einem Speicherabbild (Memory-Dump) zu erstellen, die in den NT-Debugger zur ausführlichen Diagnose geladen werden kann. Außerdem speichert Dr.Watson auch jeden Eintrag im Ereignisprotokoll der Ereignisanzeige von Windows NT 4.

NTHQ (NT Hardware Query Tool)

Nicht nur Anwendungen können Fehler unter Windows NT 4 verursachen, auch die Hardware kann bei Problemen verantwortlich sein. Windows NT 4 bietet außer der schon in Kapitel 12 beschriebenen Windows NT-Diagnose noch ein weiteres Programm, um die Hardware-Konfiguration des Systems zu ermitteln. Die Bezeichnung lautet NTHQ (Windows NT Hardware Query Tool).

Es handelt sich dabei nicht um ein direkt per Mausklick ausführbares Programm, sondern eher um eine vollständige Diagnose-Diskette, die dafür gesondert erstellt werden muß.

Wechseln Sie dazu auf der Windows NT 4-CD in das Verzeichnis \SUPPORT\HQTOOL.

In diesem Verzeichnis finden Sie drei Dateien. Legen Sie jetzt eine leere formatierte 1,44-Mbyte-Diskette in das Diskettenlaufwerk, und starten Sie die Stapeldatei MAKEDISK.BAT. Anhand der Imagedatei NTHQ wird automatisch eine bootfähige Diskette mit den zusätzlich benötigten Dateien erstellt.

Nach dieser Prozedur booten Sie den PC neu mit der eingelegten NTHQ-Diskette. Es wird danach eine 4 MByte große RAM-Disk angelegt und eine ZIP-Datei darin entpackt. Anschließend wird automatisch das Programm NTHQ.EXE unter einem "Mini-Windows" gestartet.

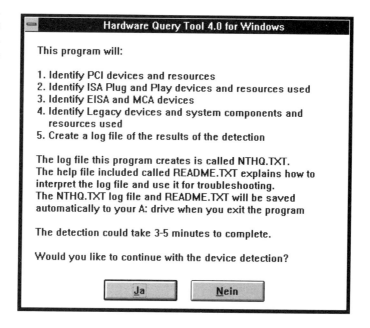

Abb. 21.9: Startbildschirm - NTHQ

Es erscheint ein Startbildschirm mit einigen Hinweisen zur Funktion des "Hardware Query Tools" in Englisch. Die meisten Zusatzprogramme für Windows NT 4 sind ausschließlich in Englisch verfügbar. Bestätigen Sie das Fenster mit Mausklick auf Yes, und es erscheint die Abfrage, welche Hardware-Erkennungsmethode Sie nutzen möchten.

Mit erneutem Klick auf Yes entscheiden Sie sich für eine umfassende (comprehensive) Methode. Wählen Sie jedoch No, wird nur eine kurze oberflächliche Hardware-Überprüfung durchgeführt. In diesem Beispiel entscheide ich mich für die ausführlichere Überprüfung und bestätige mit Yes.

Anhand eines blauen Balkens wird während dieser Überprüfung der Fortschritt angezeigt. Die ganze Prozedur nimmt einige Minuten in Anspruch. Nach Abschluß wird ein neues Dialogfenster mit den ermittelten Systeminformationen angezeigt.

Bei der Anzeige kann zwischen Informationen zu

- SYSTEM
- MOTHERBOARD
- NETWORK
- VIDEO
- STORAGE
- ALL DEVICES
- OTHER

gewählt werden. Zusätzlich besteht die Möglichkeit, die Informationen auf einen direkt angeschlossenen Drucker auszugeben oder in einer Datei zu speichern. Diese gespeicherte Datei trägt die Bezeichnung NTHQ.TXT und ist mit jedem Editor einzusehen.

Das Programm NTHQ ist kein Windows NT 4-Programm, sondern kann auf jedem PC mit genügend Arbeitsspeicher ausgeführt werden. Nicht nur unter Windows NT 4 können so Hardware-Informationen gesammelt und zur Problembeseitigung genutzt werden.

Auszug aus der Datei NTHQ.TXT:

```
Hardware Detection Tool For Windows NT 4.0 Beta 2
Master Boot Sector Virus Protection Check
Hard Disk Boot Sector Protection: Off.
No problem to write to MBR

ISA Plug and Play Add-in cards detection Summary Report

No ISA Plug and Play cards found in the system
ISA PnP Detection:   Complete

EISA Add-in card detection Summary Report
Scan Range: Slot 0 - 16
Slot 0: EISA System Board
EISA Bus Detected: No
EISA Detection:   Complete

Legacy Detection Summary Report

System Information
Device: System board
```

```
Can't locate Computername
Machine Type: IBM PC/AT
Machine Model: fc
Machine Revision: 00
Microprocessor: Pentium
Conventional memory: 655360
Available memory: 32 MB
BIOS Name: Award
BIOS Version: REV 1.0
BIOS Date: 10/08/96
Bus Type: ISA
```

STOP-Fehler (Blue Screen)

Diese Art von Fehlern zählt wohl zu den gefürchtetsten unter Windows NT 4. Sobald der einwandfreie Betrieb des Betriebssystems entweder bei der Systeminitialisierung oder sogar im laufenden Betrieb erheblich gestört wird, setzt der Betriebssystemkern von Windows NT eine auf blauem Bildschirm dargestellte STOP-Meldung ab.

Beim Auftreten eines solchen schwerwiegenden Fehlers führt das System standardmäßig folgende Aktionen durch:

- Ereignis in das Systemprotokoll schreiben
- Warnmeldungen an die Administratoren absetzen
- Sichern des Systemspeichers in einer Speicherabbilddatei
- Automatischer Neustart des Servers

Diese angezeigte STOP-Meldung auf dem blauen Bildschrim gibt einige Informationen zum aufgetretenen Fehler aus, die aus dem STOP-Code, HEX-Informationen und den Namen der daran beteiligten Programmroutinen besteht.

Das Sichern des Systemspeichers in einer Speicherabbilddatei kann unter Umständen nützlich bei der Behebung eines STOP-Fehlers sein. Der technische Kundendienst einer Software-Firma benötigt möglicherweise diese Datei, um das aufgetretene Problem zu analysieren und zu beheben. Diese Datei trägt immer den Namen MEMORY.DMP. Wollen Sie mehrere dieser Dateien sichern, benennen Sie die Datei nach dem Neustart des Systems um.

Konfiguration der Wiederherstellung

Möchten Sie das Verhalten von Windows NT 4 bei einem STOP-Fehler beeinflussen, kann das in der Systemsteuerung unter SYSTEM durchgeführt werden. Nach Doppelklick auf das gleichnamige Symbol gelangen Sie zum Dialogfenster SYSTEMEIGENSCHAFTEN mit verschiedenen Registern.

Unter dem Register STARTEN/HERUNTERFAHREN finden Sie im Abschnitt WIEDERHERSTELLUNG Kontrollkästchen für das Verhalten des Systems bei einem STOP-Fehler. Als Vorgabe sind alle oben aufgeführten Aktionen aktiviert.

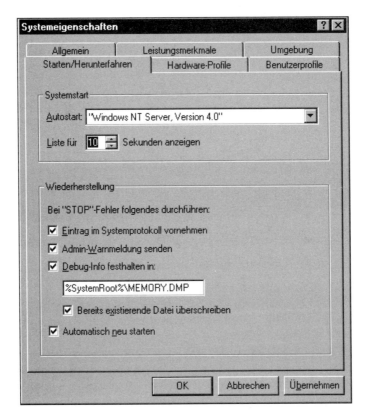

Abb. 21.10: SYSTEMEIGENSCHAFTEN – STARTEN/HERUNTERFAHREN

Versierte Programmierer können eine Problemanalyse der Speicherabbilddatei (MEMORY.DMP) auch mit den mitgelieferten Debugg-Programmen von Windows NT 4 selbst durchführen. Diese Programme tragen je nach verwendetem Prozessortyp die Bezeichnungen ALPHAKD, I386KD, MIPSKD oder PPCKD und befinden sich auf der Windows NT 4-CD im Verzeichnis
\SUPPORT\DEBUG.

Fehlersuche und Problembehebung

Diese Kernel-Debugger werden von der Kommandozeile aufgerufen und gestatten es zudem, auch während des laufenden Betriebes den Kernel von Windows NT 4 zu überwachen.

Zusätzlich finden Sie in dem Verzeichnis noch weitere Hilfsprogramme zur Behandlung der Speicherabbilddatei. Diese Programme tragen die Bezeichnungen:

DUMPFLOP.EXE
Kopiert die Datei MEMORY-DMP auf Disketten

DUMPCHK.EXE
Überprüft die Protokolldatei MEMORY.DMP

DUMPEXAM.EXE
Extrahiert bestimmte Informationen aus der Datei MEMORY.DMP

Anhang A: Glossar

Häufig verwendete Fachbegriffe

10Base 2/5/T Spezifikation zum Betreiben von Ethernets mit verschiedenen Leitungsarten

Abschlußwiderstand

Widerstand am Ende eines Busses, einer Leitung oder eines Kabels. Die Enden dieser Leitungen müssen, um die Erzeugung eines Echos durch das Signal zu verhindern, abgeschlossen werden.

Account

Kontoführung eines Benutzers, womit die Nutzung verschiedener Netzwerkressourcen protokolliert und damit später auch berechnet werden kann

Adreßbus

Anzahl von Leitungen, mit deren Hilfe der Mikroprozessor den verfügbaren Arbeitsspeicher adressiert. Ein 80286-Prozessor verfügt zum Beispiel über 24 Adreßleitungen, so daß er in der Lage ist, 16 MByte (2^{24}) zu adressieren.

Adresse

Identifikationskennung eines bestimmten Knotens (Arbeitsstation) im Netz

ANSI

Kürzel für American National Standards Institute. Eine Behörde mit der Aufgabe, Normen für Zeichencodes und Signalübertragungsschemata zu entwickeln und zu veröffentlichen.

API

Abk. für "Application Program Interface". Das API bildet die Schnittstelle zwischen Anwenderprogramm und Betriebssystem. Es stellt Funktionen bereit, auf die jedes Programm zugreifen kann.

Arbeitsstation

An ein Netzwerk angeschlossener PC. Mit diesem Computer können Anwendungs- oder Dienstprogramme ausgeführt werden. Andere Bezeichnungen für solche PCs sind Client oder Workstation.

ARCnet

Attached Resource Computer Network. Ein von der Firma Datapoint in den siebziger Jahren entwickeltes Netzwerkübertragungssystem. Die Übertragungsgeschwindigkeit liegt bei 2,5 MBit/s und ist dadurch nicht mehr auf dem aktuellen Stand. Es wurde durch die Hardware-Kompatibilität zu IBM-3270-Terminals schnell zum ersten kommerziell erfolgreichen LAN-System. Hat auch heute noch große Beliebtheit durch günstige Preise bei der Hardware und der Verkabelung. Als Übertragungsmedium werden in den meisten Fällen Koaxialkabel verwendet.

ARP

Abkürzung für "Adress Resolution Protocol". Methode, um Internet-Adressen in Ethernet-Adressen umzuwandeln.

ASCII

Abkürzung für "American Standard Code for Information Interchange". Texte im ASCII-Format beinhalten keine Steuerzeichen oder Formatierungsmerkmale und können somit zwischen verschiedenen Programmen ausgetauscht werden. Der ASCII-Zeichensatz besteht aus den ersten 128 (0-127) Zeichen des ANSI-Zeichensatzes.

Asynchron

Bei dieser Übertragungsmethode müssen die Zeitintervalle zwischen einzelnen Zeichen nicht gleich lang sein. Es werden zur Synchronisation sogenannte Start- und Stoppbits hinzugefügt.

AT

Abk. für Advanced Technology, wurde von IBM zur Kennzeichnung von PCs mit 80286-Prozessor verwendet

Attribute

Merkmale eines Verzeichnisses oder einer Datei. An bestimmten Attributen, unter NetWare auch Flags genannt, erkennt das System, welche Operationen mit dem Verzeichnis oder der Datei durchzuführen sind.

Baudrate

Signalmodulationsrate bei der seriellen Kommunikation

BBS

Bulletin Board System. System für elektronische Mitteilungen.

Benutzerkennung

Zugewiesener Name eines Netzwerkbenutzers. Unbedingt notwendig für die Anmeldung in einem Netzwerk, kann nur vom Systemverwalter einem bestimmten Benutzer zugewiesen werden.

Bindery

Dabei handelt es sich um eine Novell-spezifische Datenbank, die Informationen über Benutzer, den Server und einige andere Objekte des Netzwerkes beinhaltet.

BIOS

Basic Input/Output System. Damit wird ein während des Computerbetriebes ständig aktiver Speicherbereich eines ROM-Bausteines bezeichnet. Dieser ROM-Speicher beinhaltet Routinen für die Ein- und Ausgabe sowie zur Überwachung von Peripheriegeräten wie Tastatur und Bildschirm. Ohne diese Routinen, das BIOS, ist ein Rechner nicht funktionsfähig. Da es sehr viele verschiedene Prozessoren und Motherboard-Konzeptionen gibt, ist das BIOS eines Computers sehr stark geräteabhängig und nicht ohne weiteres auszutauschen.

Bit

Die kleinste Informationseinheit in der EDV. Ein Bit kann den Wert 0 oder 1 annehmen.

Block

Kleinste Einheit eines Speicherplatzes auf einem Datenträger, die auf einmal zugewiesen werden kann. NetWare 3.12 erlaubt Blockgrößen von 4, 8, 16, 32 und 64 KByte.

BNC-Stecker

Kleiner Koaxialstecker, der z.B. Anwendung bei der Thin-Ethernet- oder Cheapernet-Verkabelung findet

Booten

Das Booten ist das eigentliche Starten des Computers. Es werden dabei die Betriebssystem-Routinen geladen, und der Rechner steht danach zur Benutzung bereit. Das Booten bei Servern wird auch als Hochfahren bezeichnet.

Boot-EPROM

Speicherchip, der ausgelesen (ROM - Read only Memory), aber auch wieder elektrisch programmiert (EP) werden kann. Dadurch wird es dem Arbeitsplatzrechner ermöglicht, mit dem Server zu kommunizieren und in einem Netzwerk tätig zu werden, auch wenn dieser Computer über kein eigenes Laufwerk verfügt.

Boot-Sektor

Sektor 0 auf einem mit MS-DOS formatierten Datenträger. Der Boot-Sektor enthält die physikalischen Daten über den Datenträger und den sogenannten Urlader (Bootstrap-Routine).

Bridge

Siehe unter Brücke

Broadcast

Rundspruch an alle in einem Netzwerk angeschlossenen Stationen

Brücke

Gerät zum Verbinden verschiedener Netzwerke. Man unterscheidet zwischen internen Brücken (Bridges) und externen Brücken. Interne Brücken sind mehrere Netzwerkadapter in einem Server zur Realisation und Verbindung verschiedener Netzwerke. Eine externe Brücke kann im anderen Falle eine Arbeitsstation sein, die mehrere Netze unterschiedlicher Topologien miteinander verbindet. Moderne Brücken sind außerdem in der Lage, empfangene Datenpakete zu filtern und sie dann weiterzugeben.

Btrieve

Umfangreiches schlüsselindiziertes Datenverwaltungssystem. Btrieve läuft auf NetWare-Servern (Server-gestützt) und auf Arbeitsstationen (Client-gestützt).

BUS-Topologie

Netzwerk-Topologie, bei der alle angeschlossenen Stationen über ein gemeinsames Übertragungsmedium (den BUS) miteinander verbunden sind. Ethernet ist das bekannteste Netzwerksystem, welches diese Topologie verwendet.

Cache-Speicher

Als Cache-Speicher bezeichnet man einen sehr schnellen Zwischenspeicher. Man unterscheidet zwei Arten von Cache. Zum einen gibt es das sogenannte System-Cache, das als Zwischenspeicher zwischen CPU und Hauptspeicher geschaltet ist.

Es besteht aus sehr schnellen statischen RAM-Bausteinen mit Zugriffszeiten von 20 bis 30 Nanosekunden. Bei den modernen PCs mit den Prozessoren 80386 und 80486 liegt die Größe dieses Pufferspeichers bei 16 KByte bis 256 KByte. Zudem verfügt der Prozessor 80486 noch über ein internes Cache von 8 KByte. Ein spezieller Chip arbeitet als Controller für den Zwischenspeicher des System-Cache und schafft durch ausgeklügelte Algorithmen eine Trefferquote von bis zu 95 Prozent. Das bedeutet, der Prozessor findet in 95 von 100 Fällen die von ihm benötigten Daten noch im Cache.

Die zweite Form des Cache ist das Festplatten-Cache. Dabei handelt es sich um ein softwaregesteuertes Cache, das einen bestimmten Speicherbereich oberhalb von 1 MByte als Zwischenspeicher verwendet. In diesem Cache werden gelesene Daten der Festplatte für die CPU und den Hauptspeicher bereitgehalten, um weitere langsame Zugriffe auf die Festplatte zu verringern.

CISC

Eine der wichtigsten Prozessor-Architekturen. Der Begriff CISC steht für Complex Instruction Set Computer und beschreibt Prozessoren, die in der Lage sind, mit einem komplexen Befehl mehrere Speicheroperationen gleichzeitig auszuführen. Mit Hilfe sogenannter Microcodes, einem Microprogramm in einem ROM-Bereich auf dem Chip, werden die Aufgaben bewältigt, komplexe Instruktionen in einfache Teilbefehle aufzuteilen und direkt auf dem Chip auszuführen. CISC-Prozessoren vereinfachen durch die Komplexität ihrer Befehle die Arbeit von Compilern, allerdings steigen die Anforderungen an die Steuereinheit des Prozessors, mit der die Ausführung der Befehle koordiniert wird.

Client

Auch Workstation genannt, ist eine Arbeitsstation, die innerhalb des Netzes die Dienste des Servers in Anspruch nimmt. Dazu zählt das Versenden von Daten, das Drucken und die Kommunikation zwischen den verschiedenen Arbeitsstationen.

Cluster

Meist 4 KByte großer Speicherblock bei mit MS-DOS formatierten Festplatten/Disketten, in die Dateien aufgeteilt werden, um den Platz optimal zu nutzen.

CMOS RAM

Complimentary Metal Oxide Silicon RAM-Speicher. Im batteriegepufferten CMOS-RAM wird die Systemkonfiguration des PC abgelegt.

CPU

(Central Processing Unit) der Zentralprozessor des Computersystems

CSMA/CD

Mit dem CSMA/CD- (Carrier Sense Multiple Access with Colision Detection) Verfahren wird ein ganz bestimmtes Zugriffsverfahren auf Netzwerke bezeichnet. Bei diesem Verfahren hören alle Stationen das Übertragungsmedium ab und senden ihre Daten erst dann, wenn das Kabel frei ist. Dazu gehört noch die automatische Erkennung von Kollisionen, wenn mehrere Stationen gleichzeitig senden. Es wird dann ein automatischer Mehrfachzugriff durch Zeitversetzung realisiert.

Dämpfung

Abschwächung der Intensität eines Signals, gemessen in Dezibel. Nimmt die Dämpfung zu, verliert das Signal an Intensität.

Dateiattribut

Bestimmte Einschränkungen des Zugriffs auf Dateien. Dateiattribute haben eine höhere Priorität als die persönlichen Rechte eines Benutzers.

Datenträgersegmente

Physikalische Untereinheit eines Datenträgers. Ein Datenträger kann bis zu 32 Datenträgersegmente haben. Bei NetWare-Partitionen beträgt die Anzahl maximal 8 Datenträgersegmente.

DCB

Disk Coprocessor Board oder auf deutsch Festplattenkoprozessorkarte

Dedicated Server

Bei einem dedizierten Server handelt es sich um einen Server, der zusätzlich nicht mehr als Arbeitsstation eingesetzt werden kann. Er übernimmt ausschließlich die Steuerungsaufgaben des Netzwerks. Das Gegenstück dazu sind nondedicated Server, die zu ihren Netzwerkfunktionen auch noch als Arbeitsstation eingesetzt werden.

Disk Duplexing

Technisches Erzeugen einer Fehlertoleranz. Durch zwei eingesetzte Festplatten-Controller wird gleichzeitig auf zwei Festplatten geschrieben.

Diskless Workstation

Hierbei handelt es sich um eine diskettenlose und festplattenlose Arbeitsstation. Das Starten des Computers wird nicht durch eine eingebaute Festplatte oder eingelegte Startdiskette vorgenommen, sondern durch eine Startdatei direkt vom Server.

DLL

Während der Ausführung von Programmen benutzte Bibliothek mit verschiedenen Funktionen

DNS

Abkürzung für "Domain Name System". Es handelt sich dabei um eine Datenbank für HOST-Namen. DNS übersetzt die HOST-Namen in die entsprechende IP-Adresse.

Domäne

Die Domäne oder auch Domain bezeichnet in einem Netzwerk die Zusammenfassung von Ressourcen unter einer gemeinsamen Steuerung.

Domänen-Controller

Der Server in einer Domäne, der zur Verwaltung dieser Domäne eingesetzt wird. Jede Domäne muß über einen Domänen-Controller verfügen.

DOS

Disk Operating System. Das eigentliche Betriebssystem des Computers. Stellt die Schnittstelle zwischen Benutzer und Computer dar. Ohne Betriebssystem ist kein Computer in der Lage, seine Aufgaben zu erledigen. Weitere bekannte Betriebssysteme sind UNIX und OS/2.

Druckauftrag

Datei, die so lange im Verzeichnis der Druckwarteschlange (Queue) gespeichert ist, bis sie gedruckt werden kann

Druck-Spooler

Software zur Kontrolle und Steuerung der wartenden Druckaufträge. Jeder Druckauftrag wird temporär in einer Warteschlange abgelegt und erst zum Drucker geschickt, wenn der Drucker bereit ist.

Druckwarteschlange

Bei der Druckwarteschlange, auch Queue genannt, handelt es sich um ein Verzeichnis, in dem die einzelnen Druckaufträge abgelegt werden. Wenn der ihr zugeordnete Drucker bereit ist, übernimmt der Druck (Print)-Server den Druckauftrag aus der Druckwarteschlange und sendet ihn an den Drucker.

Duplex

Bezeichnung einer Zweiwegeverbindung mit der Eigenschaft, gleichzeitig zu senden und zu empfangen. Wird auch als Vollduplex bezeichnet. Halbduplex bedeutet zur gleichen Zeit entweder senden oder empfangen.

Dynamische Konfiguration

Funktionsmerkmal von Novell NetWare, mit dessen Hilfe der NetWare-Server nach Bedarf und Verfügbarkeit Ressourcen zuordnet

EISA

(Extended Industry Standard Architecture) BUS-System für PCs. Alternative zu IBMs Microchannel Architecture (MCA) und im Gegensatz zu MCA kompatibel zum AT-BUS- System von IBM.

E-Mail

Electronic Mail. Kommunikationssysteme innerhalb von Netzwerken für die Übermittlung von Nachrichten und Daten.

Emulation

Simulation eines Systems, einer Funktion oder eines Programms

Ethernet

Im Palo Alto Research Center von Xerox entwickeltes 10 MBit/s LAN. Das dem Ethernet zugedachte Protokoll XNS gilt als Ausgangspunkt für Novells IPX. Der maximale Datendurchsatz hängt von der Anzahl der angeschlossenen Rechner und deren momentanen Aktivitäten ab. Es gibt verschiedene Ethernet-Versionen, die sich verkabelungstechnisch unterscheiden. Bei Ethernet greifen alle angeschlossenen Stationen auf ein gemeinsames Übertragungsmedium zu.

Expanded Memory

Zusatzspeicher oberhalb von 1 MByte, der durch den Einsatz spezieller Treiber zugänglich gemacht wird. Dieses Zugriffsverfahren zur Nutzung des Speichers oberhalb der 1-MByte-Grenze wurde von Lotus, Intel und Microsoft (LIM) entwickelt.

Extended Memory

Speicherbereich oberhalb von 1 MByte. Durch bestimmte Verwaltungsprogramme kann dieser Speicherbereich von Computern mit den Prozessoren 80286, 80386 und 80486 genutzt werden. Diese Treiber müssen dafür dem XMS-Standard entsprechen (Extended Memory Specification). Der entscheidende Vorteil gegenüber EMS ist die beträchtlich höhere Geschwindigkeit.

FAT

Mit der Abkürzung FAT wird die Dateizuordnungstabelle (File Allocation Table) einer Diskette oder Festplatte bezeichnet. Sie gibt dem Betriebssystem Auskunft über die Cluster-Belegung.

FDDI

Norm für den Betrieb von Glasfaserverkabelungen mit einem Datendurchsatz von 100 MBit/s. FDDI bedeutet Fiber Distributed Data Interface.

Fehlertoleranz

Möglichkeit von NetWare, Daten auf unterschiedlichen Speichereinheiten mehrfach zu speichern und dadurch vor Verlust zu schützen. Es gibt mehrere Stufen der Fehlertoleranz (SFT-Level).

Fileserver

Computer in einem Netzwerk, der seine Systemressourcen anderen Computern im Netz zur Verfügung stellt und die Steuerungsaufgaben des Netzwerkes übernimmt.

FTP

File Transfer Protocol. Nutzt das Protokoll TCP, um Dateien zwischen Computern sicher zu übertragen.

Gateway

Schnittstelle zur Kopplung unterschiedlicher Netze. Die Art der verschiedenen Netze ist kaum relevant. Häufig werden Gateways zur LAN-Host-Kopplung verwendet.

Hashing

Prozeß zur Vereinfachung des Zugriffs auf eine Datei auf einem großen Datenträger. Bei diesem Prozeß wird die wahrscheinliche Adresse einer im Cache-Speicher oder auf der Festplatte gespeicherten Datei errechnet.

Halbduplex

Siehe Duplex

High Memory

RAM-Bereich mit einer Größe von 384 KByte zwischen 640 KByte und 1 MByte. Bei modernen PCs wird dieser Speicherbereich als Shadow-RAM für BIOS-Funktionen und das EMS-Fenster genutzt.

Hotfix

Sicherheitseinrichtung von Novell zur dynamischen Markierung defekter Festplattenspeicherblöcke. Werden defekte Speicherblöcke entdeckt, schreibt das System die Daten an eine andere sichere Stelle auf der Festplatte die sogenannte Hot Fix Area. Alle fehlerhaften Sektoren werden in einer speziellen Tabelle für fehlerhafte Plattenbereiche eingetragen. So markierte Blöcke sind dann für die weitere Benutzung gesperrt. Das Hotfixing gehört zur Sicherheitsstufe SFT I (System Fault Tolerance) der größeren Novell-NetWare-Versionen und wird zum Beispiel von NetWare Lite nicht unterstützt.

HPFS

Abkürzung für "High Performance File System". 32-Bit-Dateisystem von IBM OS/2.

Inherited Rights Mask

Bei der Inherited Rights Mask von NetWare 3.xx handelt es sich um eine Schablone für Verzeichnisse, die für die Weitervererbung der schon vorhandenen Rechte zuständig ist. Bei den 286er-NetWare-Versionen bis zur Version 2.2 existiert für Verzeichnisse die sogenannte Maximum Rights Mask, die im Gegensatz zur IRM nur für das aktuelle Verzeichnis gültig ist. Bei der Inherited Rights Mask werden die vergebenen Einschränkungen auch auf alle Unterverzeichnisse wirksam.

Interne IPX-Netzwerknummer

Logische Netzwerknummer, die einen bestimmten Fileserver kennzeichnet. Jeder Server im Netzwerk muß über eine aus bis zu 8 Hexadezimalzeichen bestehende eindeutige IPX-Netzwerknummer verfügen.

Interrupt

Dieses Signal setzt ein Programm für eine gewisse Zeit außer Kraft und übergibt die Kontrolle an das Betriebssystem, wenn Ein- oder Ausgabeaktionen erforderlich werden.

IPX

Internetwork Packet Exchange. Dies ist das bei Novell-Netzwerken gültige Übertragungsprotokoll. Es basiert auf dem von Xerox entwickelten XNS-Protokoll und zeichnet sich durch hohen Datendurchsatz und geringen Speicherbedarf aus.

IRQ

Interrupt Request. Anfrage an den Computer, einen Interrupt wegen Ein- oder Ausgabeaktivitäten auszulösen.

Jukebox

Hochleistungsspeichereinheit, die über einen automatischen Plattenwechslermechanismus nach Bedarf die im Laufwerk befindliche optische Platte austauschen kann.

Knoten

Anschluß- oder Schaltstelle in einem Netzwerk.

Koaxialkabel

Kabelart für Verbindungen innerhalb eines Netzwerks. Besteht aus einer inneren mit einer Isolierschicht überzogenen Kupferleitung und einem äußeren Kupfergeflecht oder einer elektrisch leitenden Folie.

Kommunikationsprotokolle

Regeln oder Konventionen, nach denen ein Programm oder ein Betriebssystem mit zwei oder mehreren Endpunkten kommuniziert.

Knotenadresse

Nummer, anhand derer eine Netzwerkkarte eindeutig identifiziert werden kann.

LAN

Bedeutet Local Area Network. Es handelt sich dabei um lokale Netze, die auf ein Grundstück beschränkt sind. Die Datenübertragung eines LANs besitzt in der Regel so hohe Geschwindigkeiten, daß keine Wartezeiten durch die Entfernungen von maximal einigen Kilometern entstehen.

Locking

Eingesetzte Methode, um Dateien vor mehrfachen Zugriffen im Netz zu schützen. Wenn eine Datei durch ein Anwendungsprogramm geöffnet wurde, wird durch die Dateisperrung (File Locking) der gleichzeitige Zugriff durch dieses oder ein anderes Programm ausgeschlossen. Bei Datenbankprogrammen wird häufig ein sogenanntes Record Locking vorgenommen, so daß nur ein Datensatz und nicht die ganze Datenbank gesperrt wird.

Login Script

Bei einem Login-Script handelt es sich um eine Startdatei, die durch das Anmelden eines Benutzers in einem Netz ausgeführt wird. In diesem Script werden Anweisungen, die für den Netzwerkbetrieb des Benutzers notwendig sind, z.B. Laufwerks- oder Pfadzuordnungen, ausgeführt. Bei den großen Novell-Netzwerkbetriebssystemen kann jedem Benutzer ein eigenes Login-Script zugewiesen werden. Außerdem gibt es dort auch die Möglichkeit, zusätzlich noch ein System-Login-Script, das für jeden Benutzer gültig ist, einzurichten.

LSL

Link Support Layer (Link-Support-Schicht). Verbindungsschicht zwischen dem LAN-Treiber des NetWare-Servers und den Kommunikationsprotokollen wie IPX, AFP oder TCP/IP.

Mainframe

Bezeichnung für einen großen Zentralrechner

Mapping

Zuordnen von logischen Laufwerksbezeichnungen zu bestimmten Verzeichnissen auf einem Fileserver. Bei den größeren Netzwerkbetriebssystemen von Novell wird zwischen logischen Laufwerkszuordnungen und Suchlaufwerken unterschieden. Suchlaufwerke stellen eine Pfaderweiterung für die Arbeitsstation dar.

MCA

Micro Channel Architecture. Grundlage für den von IBM verwendeten Micro Channel Bus bei den PS/2-Modellen.

MHS

Message Handling Service. Programm zum Austausch von Daten zwischen verschiedenen Programmen und Dateien über Gateways auf andere Computer und Netzwerke. Wird zum Verbinden verschiedener E-Mail-Systeme eingesetzt.

Mirroring

Sicherheitsmechanismus von NetWare 2.2, 3.12 und 4.x. Mirroring gehört zum SFT-Level II. Man versteht unter Mirroring das Spiegeln von einer Festplatte auf eine andere, so daß beide den gleichen Inhalt haben. Im Gegensatz zum Duplexing wird das Mirroring über einen Festplatten-Controller ausgeführt. Beim Ausfall einer Festplatte übernimmt sofort die andere Festplatte deren Funktion. Das Aktualisieren erfolgt ständig automatisch. Durch das Mirroring und die Möglichkeit, zwei Festplatten zugleich von einem Controller anzusprechen, ergibt sich somit auch noch zusätzlich zu der höheren Datensicherheit eine Performance-Steigerung.

Multitasking

Das gleichzeitige Erledigen mehrerer Aufgaben von einem Computer.

Multiuser

Gleichzeitiges Arbeiten mehrerer Benutzer an einem Computer.

MVS/VM

MVS/VM ist das meistverwendete Betriebssystem von IBM-Großrechnern.

Name-Space

Spezielles Modul (NLM) von NetWare, durch das die Speicherung von DOS-fremden Dateien auf einem Server ermöglicht wird. Diese Dateien erscheinen für die Benutzer an den unterschiedlichsten Arbeitsstationen in der jeweiligen systemeigenen Namenskonvention.

NET.CFG

Systemstartdatei für Arbeitsstationen, ähnlich der CONFIG.SYS bei DOS. In dieser Datei sind Konfigurationsangaben enthalten, die beim Starten der Arbeitsstation ausgelesen und ausgeführt werden.

NetBios

Network Basic Input Output System. Von IBM eingeführte DOS-Erweiterung, um einem PC Netzwerkfunktionen zur Verfügung zu stellen. Stellt einen Standard dar, der auch von vielen Peer-to-Peer-Netzwerkbetriebssystemen unterstützt wird.

NetWare

Ist die Bezeichnung des meistverbreiteten Netzwerkbetriebssystems der Welt. 1983 von Novell vorgestellt, verbindet es heute PCs, Minicomputer und Großrechner aller Standards.

Netzwerk

Verbindung zwischen zwei oder mehr Computern, die dadurch in der Lage sind, Ressourcen untereinander zu teilen.

Netzwerkschnittstellenadapter

Benötigte Steckkarte für jeden PC, der an ein Netzwerk angeschlossen werden soll. Zählt zu den Hardware-Voraussetzungen eines Computers in einem Netzwerk.

Network Computing

Das Verbinden verschiedener Computer unterschiedlicher Betriebssysteme mit dem Ziel, gemeinsam Ressourcen zu nutzen. Vorteile sind Flexibilität, Kommunikation, Datensicherheit und Performance.

Netzwerkadresse

Netzwerknummer, mit der ein Kabelsegment eines Netzwerks eindeutig identifiziert wird. Man bezeichnet sie auch als "externe IPX-Netzwerknummer".

NLM

Das sind die NetWare Loadable Modules von Novell NetWare 3.12 und 4.x. Es handelt sich dabei um ladbare Netzwerkbetriebssystem-Erweiterungen. Im Gegensatz zu den VAPs von NetWare 286 können NLMs beliebig geladen und wieder entfernt werden.

Node-Address

Die Node-Address ist die Netzwerkknotenadresse einer Arbeitsstation. Es handelt sich dabei um eine eindeutige Adresse jeder einzelnen Arbeitsstation zur Erkennung im Netzwerk.

ODI

Open Data-Link Interface. Die ODI-Schnittstelle ist eine normierte Schnittstelle für Transportprotokolle, um eine Netzwerkschnittstellenkarte ohne jegliche Sharing-Konflikte zu betreiben.

OSI

Von der International Standards Organization (ISO) festgelegtes Siebenschichtenmodell zur Vereinheitlichung der Kommunikation zwischen Computern.

OS/2

Multitasking-Betriebssystem von IBM für Computer mit Intel-Prozessoren.

Parität

Verfahren, mit dem übertragene Daten auf Fehler überprüft werden.

Partition

Logische Einheit, in die eine Festplatte aufgeteilt werden kann.

Passiv-Hub

Gerät, mit dem ein Übertragungssignal in bestimmten Netzwerktopologien aufgespalten werden kann.

Paßwort

Codewort für einen Benutzer. Muß vom Benutzer nach der Benutzerkennung eingegeben werden. Es dient hauptsächlich zur Erhöhung der Datensicherheit und schützt das ganze System vor unberechtigtem Eindringen.

Peer-to-Peer

Kategorie von Netzwerksystemen, bei denen es keine dedizierten Server gibt. Jeder Rechner kann sowohl Server- als auch Client-Funktionen übernehmen. Peer-to-Peer-Netze stellen eine kostengünstige Lösung bei kleineren Netzwerken gegenüber den Server-Betriebssystemen dar. Novell NetWare Lite ist ein solches Peer-to-Peer- Netzwerkbetriebssystem.

Plattenspiegelung

Automatisches Kopieren von Dateien einer Fileserver-Festplatte auf eine andere Fileserver-Festplatte.

Printserver

Ein Rechner, der zur Entlastung des Fileservers sämtliche Aufgaben zur Verwaltung von Druckaufträgen und Druckwarteschlangen übernimmt. Bei Novell NetWare kann es sich um einen Fileserver oder eine Arbeitsstation handeln, die als dedizierter Printserver arbeitet. Bei Novell NetWare Lite kann kein Printserver eingesetzt werden.

Protokolle

Spezifikationen, die Regeln und Verfahrensweisen für die Kommunikation zwischen Rechnern im Netzwerk festlegen. Produkte verschiedener Hersteller können innerhalb eines Netzwerks miteinander kommunizieren, wenn sie den Regeln gleicher Protokolle folgen. Bis heute konnte sich noch kein weltweiter Standard durchsetzen. Die bekanntesten Protokolle sind: IPX/SPX, TCP/IP, X.25 und SDLC.

Queue

Warteschlange in einem Netzwerk mit einer Liste von Aufträgen, die auf ihre Abarbeitung warten. Ein Beispiel dafür sind die Druckwarteschlangen für einen Netzwerkdrucker.

Ressourcen

Zu verwaltende Komponenten eines Netzwerks.

Registry

Registrierdatenbank von Windows NT und Windows 95. Enthält benutzer- und systemspezifische Einstellungen.

Rightsizing

Damit wird das schrittweise Ablösen von Großrechnern und Minicomputern durch den Einsatz von PCs in lokalen Netzen unter Beibehaltung der bestehenden Funktionalität bezeichnet.

Ring

Bezeichnung für eine Netzwerktopologie, bei der die zu übertragenden Daten von jeder Station zur nächsten weitergegeben werden. Jede in einem Ring eingesetzte Arbeitsstation hat im Netz einen eindeutigen Vorgänger und auch eindeutigen Nachfolger. Die bekannteste Ring-Topologie ist das von IBM entwickelte Token-Ring-Verfahren.

RIP

(Router Information Protocol) Protokoll, durch das Leitweginformationen zwischen Routern in einem NetWare-Verbundnetz ausgetauscht werden können.

ROM

Read-Only Memory. Ein ROM ist ein nicht überschreibbares Speicherelement mit festem Programm.

Router

Verbindungsgerät zur Übertragung von Paketen oder Datenrahmen, die spezielle Protokolle beinhalten. Moderne Router können mit verschiedenen Protokollgruppen gleichzeitig arbeiten. Ein X.25-Router wird ein Ethernet-Datenpaket auch wieder hundertprozentig in ein Ethernet-System schicken können.

RS-232C

Elektrische Norm, identisch mit der V.24 von CCITT für Schnittstellen. RS-232C gilt für die seriellen Ports in einem PC.

SAA

System Application Architecture. Gruppe von IBM verfaßten Spezifikationen für das Zusammenarbeiten zwischen Benutzer und Anwendungsprogramm. SAA stellt einen Versuch dar, das Aussehen und Handling von Anwendungsprogrammen zu normieren.

SAP

(Service Advertising Protocol) Ein Protokoll, mit dem Server ihre Dienste in einem NetWare-Verbundnetz anzeigen können. Server zeigen ihre Services an und ermöglichen es Routern auf diese Weise, eine Datenbank mit Informationen zu den aktuellen Verbundnetz-Servern zu erstellen und zu verwalten.

Schnittstelle

Verbindungsstelle oder Verbindung logischer oder physikalischer Art.

SDLC

Synchronous Data Link Control. Ein von IBM definiertes Kommunikationsprotokoll zur Verbindungssteuerung von Großrechnern.

Semaphore

Semaphoren finden Einsatz, um die maximale Anzahl von Stationen zu begrenzen, die auf ein bestimmtes Programm zugreifen, oder die Anzahl der gleichzeitig zu verwendenden Programme einer Arbeitstation zu begrenzen.

Server

Steuerungsrechner in einem Netzwerk. Ein Server stellt seine Festplattenressourcen, Dateien, Drucker oder Datenübertragungsdienste den anderen im Netzwerk angemeldeten Stationen zur Verfügung. Er ist verantwortlich für die Verwaltung und Steuerung des gesamten Netzwerks.

SFT

Durch SFT (System Fault Tolerance) wird dem Netzwerk die Möglichkeit gegeben, sich von möglichen Ausfällen zu erholen. Realisiert wird SFT bei Novell in drei Stufen SFT I, SFT II und SFT III.
SFT I beinhaltet:

Erstellen von FAT-Duplikaten. NetWare erstellt zwei Dateizuordnungstabellen und speichert sie auf verschiedene Plattenzylinder.

Hotfixing. Nach jedem Schreiben auf der Server-Platte wird ein Kontrollesen ausgeführt. Damit wird sichergestellt, daß die Daten zumindest zu dem Zeitpunkt lesbar sind, zu dem sie geschrieben wurden. Wird durch das Kontrollesen ein fehlerhafter Sektor erkannt, markiert NetWare diesen Sektor als fehlerhaft und trägt diesen Sektor in einer Tabelle der fehlerhaften Sektoren ein. Die Daten werden ohne Unterbrechung des Server-Betriebes automatisch in einen sicheren Bereich, der Hot Fix Area, geschrieben.

SFT II als nächste Steigerung der Datensicherheit beinhaltet:

Spiegeln von Server-Festplatten mit einem Festplatten-Controller (Mirroring) oder mit getrennten Controllern (Disk-Duplexing).

TTS (Transaction Tracking System). Es wird das Zurückschreiben unvollständiger Transaktionen vermieden.

SFT III als sicherster Schutzmechanismus bietet das Spiegeln kompletter Fileserver. Im Netzwerk werden zwei vollkommen identische Fileserver eingesetzt, die sich gegenseitig kontrollieren. Sobald einer der beiden Server ausfällt, übernimmt ohne Unterbrechung sofort der andere Fileserver alle anfallenden Aufgaben.

SMTP

Abkürzung für "Simple Mail Transfer Protocol". Ermöglicht den Versand von ASCII-Nachrichten zu Postfächern auf TCPIP-Hosts.

SNA

Systems Network Architecture. Netzwerkarchitektur von IBM mit festgelegten Protokollen, Formaten und Funktionen zum Verbinden von IBM-Produkten.

SPX

(Sequenced Packet Exchange - Sequentieller Paketaustausch) Erweiterung des IPX-Protokolls mit Überwachungsfunktion für die Daten

STARTUP.NCF

Eine der Systemstartdateien des NetWare-Servers, in der einige Treiber geladen und Parameter gesetzt werden können

Stern

Netzwerk-Topologie, bei der alle Komponenten so zusammengeschlossen werden, daß sich alle Wege in einem Zentrum, beim Zentralrechner, treffen

Streamer

Eingesetztes Bandlaufwerk zur Datensicherung. Die Kapazitäten liegen mittlerweile im Gigabyte-Bereich.

Supervisor

Der Supervisor ist der eingesetzte Systemverwalter eines Netzwerkes. Er ist für die gesamte Verwaltung des Fileservers zuständig. Nur dem Supervisor oder gleichgestellten Benutzern ist es möglich, neue Benutzer einzurichten, bestehende Definitionen zu verändern oder zu löschen. Er ist zuständig für die Zuordnung sämtlicher Netzwerk-Ressourcen, was auch benutzbare Server-Festplattenkapazität oder die Zuteilung von angeschlossenen Netzwerkdruckern beinhaltet. Es besteht keine Möglichkeit, die Benutzerkennung eines Supervisors zu löschen.

TCP/IP

Transmission Control Protocol/Internet Protocol. Weltweit verbreiteter Standard verschiedener Datenübertragungsprotokolle. Er kommt hauptsächlich in der UNIX-Welt vor und wird in absehbarer Zeit trotz aller Normungsbemühungen von OSI nicht abgelöst werden. Hat sich seit der Entwicklung in den siebziger Jahren sehr schnell zum Industriestandard entwickelt.

Terminator

Abschlußwiderstand, der zur Vermeidung von Reflexionen an beiden Enden einer Ethernet-Verkabelung angebracht werden muß.

Token Passing

Zugriffsprotokoll, bei dem ein sogenanntes Token im Netz zirkuliert, das für den Transport der verschickten Datenpakete eingesetzt wird.

Token Ring

Verdrahtungsschema und Zugriffsprotokoll für Stationen eines Netzwerks, die in einem logischen Ring angeordnet sind. Zentraler Bestandteil eines Token Ring ist der Ringleitungsverteiler, von dem aus die Arbeitsstationen verkabelt werden. Dieser eingesetzte Ringleitungsverteiler erkennt den Ausfall einer Arbeitsstation oder eines Kabelsegments sofort und überbrückt diese automatisch. Diese von IBM eingeführte Architektur wird in der IEEE-Norm 802.5 beschrieben.

Topologie

Es wird unterschieden zwischen physikalischer und logischer Topologie. Die physikalische Topologie beschreibt, wie die Verkabelung des Netzwerks ausgeführt ist. Dagegen beschreibt die logische Topologie den Weg des Datenflusses. Die bekanntesten Topologien sind Stern, Bus und Ring. Neben diesen drei Grundformen existieren verschiedene Mischformen.

Treiber

Programm, das eine Software-Schnittstelle zwischen der LAN-Software und der Hardware der Netzwerkschnittstellenkarte bildet

UNIX

Von AT&T entwickeltes klassisches Multiuser- und Multitasking-Betriebssystem für Minicomputer

VAP

Value Added Process. Betriebssystemerweiterung der Novell-NetWare-Versionen 2.xx. VAPs können bei Bedarf während des Startvorgangs des Netzwerkbetriebssystems hinzugeladen werden. VAPs werden zur Steuerung von Hardware-Erweiterungen oder für die Benutzung zusätzlicher Protokolle eingesetzt.

VMS

Eines der Betriebssysteme für DEC-VAX-Computer von Digital Equipment

WAN

Wide Area Network. Mit WAN bezeichnet man ein Netzwerk, das weltweite Entfernungen überbrücken kann. Dabei werden modernste Kommunikationseinrichtungen wie Satelliten oder Glasfaserkabel eingesetzt. Als Kommunikationsprotokoll wird in diesem Bereich X.25 eingesetzt.

X.25

Kommunikationsprotokoll für paketvermittelte Datenübertragung. Dies ist eines der sichersten und meistverbreiteten Protokolle und wird auch von der deutschen Bundespost bei Datex-P verwendet. Es handelt sich bei X.25 um eine CCITT-Norm, die genau beschreibt, wie Computer Zugriff auf ein paketvermittelndes Netz haben.

Zugriffsprotokoll

Das Zugriffsprotokoll bestimmt die Regeln, mit denen ein Arbeitsplatzrechner Daten in einem Netzwerk versendet, und hilft, Kollisionen zu vermeiden. Bekannteste Beispiele sind CSMA (Carrier Sense Multiple Access) und Token Passing.

Anhang B: NT-Ressourcen im Internet

Die ideale Quelle für Informationen, Updates, Patches, Demo-Programme und Shareware für Windows NT ist das Internet. Kein anderes Informationsmedium bietet mehr. Um Ihnen einige Zcit des Suchens zu ersparen, habe ich nachfolgend einige interessante Adressen zum Thema Windows NT und Shareware zusammengestellt.

Microsoft Deutschland
www.microsoft.de

Microsoft USA
www.microsoft.com
www.microsoft.com/ntserver
www.microsoft.com/backoffice

Windows NT Home Pages

BackOffice Resource Center *by Beverly Hills Software*
backoffice.bhs.com/

Chris Schinkel's Windows NT Page
www-it.fanshawec.on.ca/bis1425.htm

CMP's NT Solution Center
ntsolutions.cmp.com

Computer Resources on the Net *by Craig Kulesa*
loke.as.arizona.edu/~ckulesa/computer.html

David's Windows NT Homepage *by David Videchak*
infoweb.magi.com/~dvjeol/winnt.html

Digital's Windows NT InfoCenter *by digital*
www.windowsnt.digital.com/

EBS MicroSystems: Windows NT Resources on The Web
www.tcp-ip.com/winnt/

EMWAC Home Page
emwac.ed.ac.uk/

Abb. B.1:
CMP's NT Solution Center

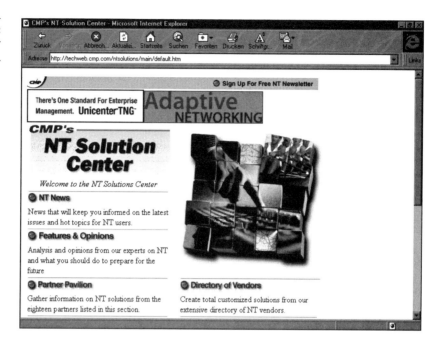

Eric's Road-Side Stand *by Eric Sites*
www.asksam.com/eric/

Essential Windows NT Software on the Net *by Ross Cutler*
www.cs.umd.edu/~rgc/nt.html

Frank Condron's Windows Page -Windows NT
windows.rust.net/winnt.html

HarborNet: Windows NT Sources
www.harbornet.com/winnt/sources.html

Helpful Windows NT Links *by NCD Systems*
www.ncd.com/External/XTD/WinCtrSupport/Helpful/index.html

iNformaTion by Roger M. Marty
rmm.com/nt/

Information on Windows NT by KUMC
infotech.kumc.edu/winnt/

InterGreat Windows NT Universe by Software, Inc.
www.intergreat.com/winnt/winnt.htm

Internet Resources for Windows NT by Microsoft
internet.microsoft.com/tools/tools.htm

Jack's Windows NT Information Source Site by Jack Naoumov
millennium.vest.msk.ru/

JCC's Windows NT Home Page by JCC Consulting, Inc.
www.jcc.com/wnt.html

LaunchPad - Windows NT by Università di Modena
www.casa.unimo.it/launchpad/winnt.htm

Le Club NT (French)
www.suptel.fr/nt/nt.htm

Microsoft Windows NT by Marcelo Gallardo
ata.princeton.edu/talks/winnt/winnt.html

Microsoft Windows NT on MIPS Systems by MIPS Technologies
www.mips.com/windows_nt/Win_NT.html

MS Windows NT Sites
www.indirect.com/www/ceridgac/ntsite.html

Naked Wandering Minstrels
www.pathcom.com/~obe/wanderer.html

Network Specialist NT Home Page by KUMC
infotech.kumc.edu/

NT Internals by Mark Russinovich and Bryce Cogswell
www.ntinternals.com/

NT — The Next Generation! by Charles Boone
mama.indstate.edu/users/avenger/

NTLinkList by Ishtiaque Ahmed
ahmed.4wing.upmc.edu/web/ntlinks.html

NT Links by Action Systems Incorporated
www.actioninc.com/ntlink~1.htm

NTweb by Jason Perlow
www.lantug.org/ntweb/
NT Web Server Tools by NetSmith, Inc.
smith.stic.net/NT_TOOLS.HTM

Abb. B.2:
NT Internals

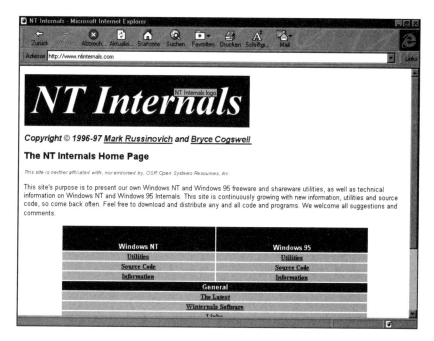

One-Stop Windows NT Site by digitalNATION
www.windows-nt.com/

Online NT Index by Jason A. Kalich Computer Consultants
www.kalich.com/NTolidx/NTolidx.html

OpenGL Software for Windows NT by 3Dlabs
www.3Dlabs.com/ogldemos.html

Paul Thurrott - Windows NT 4.0
www.getnet.com/~thurrott/winnt.html

Points of Departure - Windows NT *by Information Technology Unit, University of Reading*
mclachlan.rdg.ac.uk/Departures/nt_links.htm

Prism Research - Windows NT, SQL, 'n Stuff
www.ozemail.com.au/~prism1/ntlinks.html

Resource Guide for Windows 3.5 NT Server Websites *by Manfacturers Information Net*
mfginfo.com/htm/website.htm

Prosolve Windows NT Information Center
www.prosolve.com/pages/WindowsNT/

Self-Reported Windows NT Links *by Sam Houston State University Network Access Initiative*
COBA.SHSU.edu/messages/nt-list.htm

Sangria's Place *by Sang K. Choe*
sangria.inlink.com/

The Capital Windows NT Page *by Charles Kelly*
cpcug.org/user/ckelly/cwinnt.html

The -NT- Registry
www.umd.umich.edu/~cwilli/

The Windoze NT Page *by David Moulton*
www.math.ubc.ca/~davidm/winNT.html

Tomas Olovsson's Hotlist
www.cc.chalmers.se/~olovsson/links.html

UT Austin - Windows NT Resources
www.utexas.edu/cc/services/nt/

Walter S. Arnold / Sculptor favorite links
www.mcs.com/~sculptor/scullink.html#NT

Wayne's NT Web *by Wayne L. Boline*
www.ahoynet.com/~scanman/sjonnt.htm

Windows95 & NT Central *by QUBE MicroSolutions*
www.hway.net/qube/qube.html

WindowsNT.com - Home Page
www.windowsnt.com/

WindowsNT.net - Home Page
www.windowsnt.net/

Windows NT *by Dirk Schwarze*
www.wi-inf.uni-essen.de/~schwarze/nt/nt.html

Windows NT FTP & WWW Sites *by Johannes Karanitsch*
zditf2.arcs.ac.at/~johannes/nt.html

Windows NT Home Page *by Info Nederland*
nt.info.nl/english/

Windows NT Information *by Dale Ross*
www.vnet.net/users/daleross/winnt/winnt.html

Windows NT Information Stuttgart
www.informatik.uni-stuttgart.de/misc/nt/nt.html

Windows NT Information Center! *by Dale Ross*
www.vnet.net/users/daleross/winnt/winnt.html

Windows NT Interactive Archive *by James A. Canale*
www.voicenet.com/~eib69/

Windows NT Magazine
www.winntmag.com/

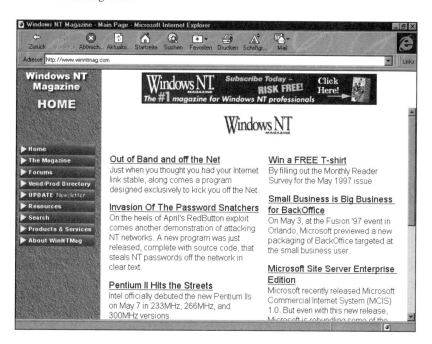

Abb. B.3:
Windows NT Magazine

Windows NT on the Internet *by John Neystadt*
www.neystadt.org/winnt/

Windows NT Power Index *by Final Bit Solutions*
www.fbsolutions.com/power.htm

Windows NT Resource Center *by Beverly Hills Software*
www.bhs.com/

Windows NT Resources in Wonderland
wonderland.dial.umd.edu/documents/WindowsNT/NTResources.html

Windows NT Resource Site *by Chancellor & Chancellor, Inc.*
www.chancellor.com/ntmain.html

Windows NT One Stop Shop *by NetSite Graphics, Inc.*
www.mainelink.net/~peteb/

Windows NT on the Internet *by Andreas Wernitznig*
ftp-waldoek.boku.ac.at/aw/ntintern.htm

Windows NT Software for PowerPC *by Motorola, Inc.*
www.mot.com/SPS/PowerPC/links/sw/windows_nt/nt_home.html

Windows NT Support *by Glenn Smith, University of Texas Computation Center*
shadowland.cc.utexas.edu/nt/nt.htm

Windows NT Unofficial Web Page
www.corcom.com/duplantis/winnt.html

Windows NT User's Information *by Ki-ichiro Sato, Science University of Tokyo*
crab590.it.osha.sut.ac.jp/NT/index.html

Windows NT Web Server Tools *by Jim Buyens*
www.primenet.com/~buyensj/ntwebsrv.html

Windows NT Web Site *by Anthony Gatlin*
edge.edge.net/~agatlin/

WinNT Software & Hardware Sites *from Burkholder & Associates*
www.hookup.net/~rpb/ba/ntsw.html

Windows NT Programming

MarkG's Win32 Programming Page
www.epix.net/~markga/

Device Driver Development for MS Windows NT *by CHSW Corporation*
www.albany.net/~danorton/ddk/

NT Developer Internet Resources *by Robert Mashlan*
www.csn.net/~rmashlan/windev/NT.html

Developer's Resource Page *by John Fricker Software Development*
www.mind.net/jfs/devres.html

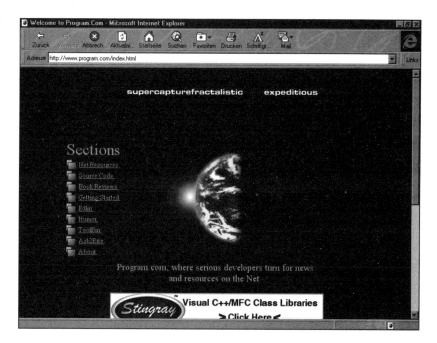

Abb. B.4: Developer's Resource Page

MFC / Win32 / Visual C++ Resources on the Web *by Foundation Software Systems*
www.webcom.com/~sleslie/resources.html

UNIX to Win32 Porting Guide *by DataFocus Incorporated*
www.datafocus.com/port/pg-homep.htm

Search Engines

Yahoo Windows NT Page - Yahoo search on „Windows NT"
www.yahoo.com/yahoo/Computers/Operating_Systems/Windows_NT/

Tribal Voice search on „Windows NT"
www.tribal.com/
search.exe?p=windows+nt&i=on&s=a&w=w&l=100

WebCrawler - WebCrawler search on „Windows NT"
www.webcrawler.com/cgi-bin/
WebQuery?searchText=windows+nt&andOr=and&maxHits=100

Lycos
agent2lycos.cs.cmu.edu/

Lycos search on „nt"
agent2lycos.cs.cmu.edu/cgi-bin/
pursuit?query=nt&first=1&maxhits=100&minterms=1&minscore=0.01&terse=off

Lycos search on „windows nt"
agent2lycos.cs.cmu.edu/cgi-bin/
pursuit?query=nt&first=1&maxhits=100&minterms=1&minscore=0.01

Lycos Windows NT-based Server nt"
salvator.mt.cs.cmu.edu/

Lycos search on „nt"
salvator.mt.cs.cmu.edu/cgi-dos/
pursit.exe?query=nt.&first=1&maxhits=100&minterms=1&minscore=0.01&terse=off

Lycos search on „windows nt"
salvator.mt.cs.cmu.edu/cgi-dos/
pursit.exe?query=windows+nt&maxhits=100&minterms=1&minscore=0.01

InfoSeek
www2.infoseek.com/
InfoSeek search on „NT"
www2.infoseek.com/Titles?qt=%22NT%22

InfoSeek search on „Windows NT"
www2.infoseek.com/Titles?qt=%22Windows+NT%22

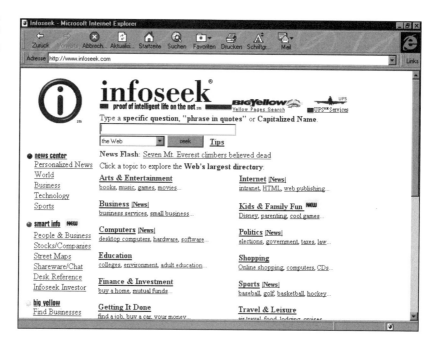

Abb. B.5:
InfoSeek

Deutschsprachige Windows NT Seiten

Deutsche Home Page University Support Center Karlsruhe
jerusalem.windows-nt.uni-karlsruhe.de/default.htm

Windows NT Page von Bernhard Stumpf
coli.uni-sb.de/~bestu/winnt.html

SLIP mit Windows NT von Peter Mandrella
www.worms.fh-rpl.de/~mandrel/ntslip.html

RAS-PPP über ISDN von Bernhard Stumpf
rw00dc01.jura.uni-sb.de/Projects/ntras/

John Lee's Blue Page: Windows NT
www.informatik.uni-oldenburg.de/~johnlee/winnt.html

Microsoft Internet Call Center am TecO
ms-internet.teco.uni-karlsruhe.de/

Abb. B.6:
Microsoft Internet Call Center am TecO

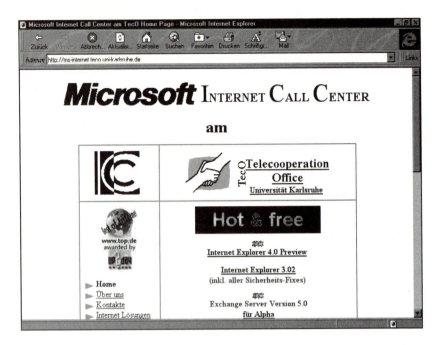

Windows 95/NT FAQ von Frank Ullrich
members.aol.com/ullrichf/index.html

Kurze Einführung in Microsoft Windows NT 3.51 von Peter Baeumle
www.bg.bib.de/~dozbm/unterricht/nt/nt351.html

ZRZ Forum - Windows NT der Technischen Universität Berlin
www.tu-berlin.de/zrz/dienste/netz/NT/

InfoSeiten - Windows NT
info.seiten.de/themen/windowsnt/

Windows NT Download Sites

WinSite (formerly CICA)
www.winsite.com/

Windows NT Archive
www.winsite.com/winnt/

Last 100 uploads
www.winsite.com/hot/winnt.html

Search
www.winsite.com/cgi-bin/supersearch

SimTel
www.coast.net/SimTel/

Windows NT
www.coast.net/SimTel/nt.html

GNU Windows NT Ports
www.coast.net/SimTel/gnu/nt.html

New
www.coast.net/SimTel/new_nt.html

Search
www.coast.net/cgi-bin/SimTel/ntidx

FTP University of Cologne
ftp.uni-koeln.de/pc/win32

WinNT local
flp.uni-koeln.de/pc/win32/winnt-local

WinNT CICA Mirror
flp.uni-koeln.de/pc/win32/winnt-cica

WinNT Winsock
flp.uni-koeln.de/pc/win32/winnt-winsock

CSUSM Windows Shareware Archive: NT Section
coyote.csusm.edu/cwis/winworld/nt.html

FUNET
nic.funet.fi/index-en.html
WinNT section
nic.funet.fi/pub/win-nt/

NT JumpStation   *by Net Results, Inc*
www.garply.com/tech/comp/sw/pc/nt/

Digitals's Alpha
www.garply.com/tech/comp/sw/pc/nt/alpha.html

Intel's X86
www.garply.com/tech/comp/sw/pc/nt/x86.html

Abb. B.7:
FUNET

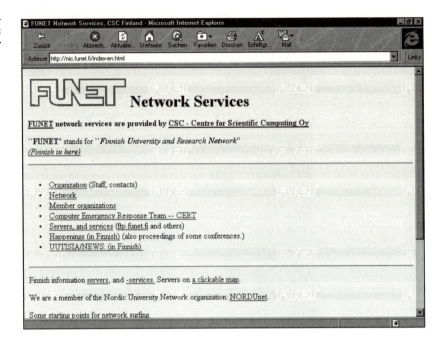

The Server's NT Internet Archive
www.the-server.com/nt.htm

The Digital Road Map CDROM *by Digital Equipment Corporation*
www-usa.partner.digital.com/www-swdev/pages/Home/TECH/software/
WNT-roadmap/welcome.htm

MS Windows NT Software *by Digital Equipment Corporation*
www.windowsnt.digital.com/ftp/indexhtp.htm

Jumbo *by Jumbo Inc.*
www.jumbo.com/

Windows NT Files
www.jumbo.com/pages/windowsnt
Leo.org's NT section
www.leo.org/cgi-bin/leo-dls/pub/comp/os/winnt/00-index.html

Download sites of the European University Support Centers (USC, EMWAC) see here
/rick/nt/ntuscs.html

Windows NT File Archive *by the University of Texas at Austin*
ftp.cc.utexas.edu/mircolib/nt/

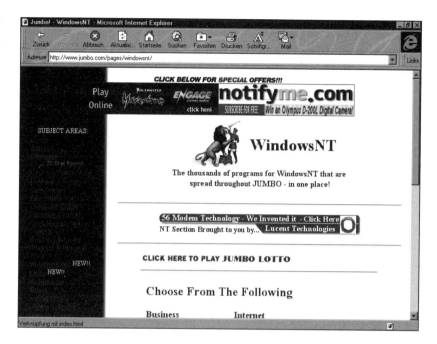

Abb. B.8:
Windows NT Files

Network Access Initiative NT Server *by Sam Houston State University*
COBA.SHSU.edu/

NT related software Package *by Sam Houston State University*
COBA.SHSU.edu/packages

The Windows NT & Windows 95 Files Archive *by Tangent Computer*
tsw.tangent.com

Application Center *by Beverly Hills Software*
www.bhs.com/application.center/
www.bhc.com/winnt/
(FTP)
ftp.bhs.com

iNformaTion Application Archive *by The Marty Group*
rmm.com/cgi-shl/dbml.exe?action=query&template=/NTWebNet/
appctr&udir=NEW
(FTP)
rmm.com/pub/
rmm.com/

Windows NT Software Package
www.ensta.fr/internet/windows/

Other Windows 32bit Download Sites

CSUSM Windows Shareware Archive: Windows 95 Section
coyote.csusm.edu/cwis/winworld/win95.html

FTP University of Cologne
ftp.uni-koeln.de/pc/win32

Win95 local
ftp.uni-koeln.de/pc/win32/win95-local

Win95 CICA Mirror
ftp.uni-koeln.de/pc/win32/win95-cica

Win95 Winsock
ftp.uni-koeln.de/pc/win32/win95-winsock

CICA
www.cica.indiana.edu/cgi-bin/checkftp

Win95 Archive
www.cica.indiana.edu/pub/pc/win95/

SimTel
www.acs.oakland.edu/oak.html

Windows 95
www.acs.oakland.edu/oak/SimTel/SimTel-win95.html
(FTP)
www.oak.oakland.edu/SimTel/WIN95

TUCOWS
www.tucows.com/

Winsock Apps List
www.tucows.com/t95.html

European Mirror
www.fh-reutlingen.de/tucows/

Consummate Winsock Apps Page
cwsapps.texas.net/
(Mirror)
cws.wilmington.net/

Process Software's Windows 95 Archive
www.process.com/win95/win95ftp.htm

The NetEx Unofficial Windows 95 Software Archive
www.netex.net/w95/windows95/

The Windows Source
metro.turnpike.net/M/mphacker/programs.html

The Best Windows 95 Software! *by Phil Jones*
biology.queensu.ca/~jonesp/win95/software/software.html

Win95-NET Software Archive *by Mark Leary*
www.pcix.com/win95/software.html

Windows95.com 32-bit Shareware *by Steve Jenkins*
www.windows95.com/apps/

ShareStuff - win95 directory listing *by UNISYS*
www.sharestuff.com/sharew/w95index.htm

Search Engines

Virtual Software Library
vsl.cnet.com/

New Arrival
vsl.cnet.com/cgi-bin/vsl-master/New?

Quick Search Form
vsl.cnet.com/cgi-bin/vsl-master/QuickForm

Power Search Form
vsl.cnet.com/cgi-bin/vsl-master/CatForm?

New arrivals: Windows NT
vsl.cnet.com/cgi-bin/vsl-master/FindNew?category=MS-WindowsNT&days=60-days&search=%3F-=Descriptions&hits=1000

New arrivals: Windows 95
vsl.cnet.com/cgi-bin/vsl-master/FindNew?category=MS-Windows95&days=60-days&search=%3F-=Descriptions&hits=1000

New arrivals: Windows NT
vsl.cnet.com/cgi-bin/vsl-master/Charts?category=MS-WindowsNT

New arrivals: Windows 95
vsl.cnet.com/cgi-bin/vsl-master/Charts?category=MS-Windows95

Bitte öffnen Sie auf der CD-ROM die Datei Inhalt.TXT für weitere Informationen.

Auf der CD finden Sie eine Auswahl an Tools für NT, die ein Arbeiten mit NT 4.0 erleichtern soll. So finden Sie zum Beispiel Tools für den Registry und für diverse Netzwerkfunktionen.

Stichwortverzeichnis

16-Bit-Subsystem 382

A

Access Control List 82, 376
ACL 82, 376
Adapter-Identifizierung 131
Administrator 337, 339
Administrator-Kennwort 43
Administratorkonto 29
Administratorpaßwort 29
Adreßauflösungsprotokoll 263
Adreßklassen 259
Aktualisierungszeit 231
akustische Signale 153
alleinstehender Server 30, 242
Ändern 371, 373
Anmeldearbeitsstation 347
Anmeldeoptionen 331
Anmeldeskript 110, 120, 345
Anmeldeskriptdatei 112
Anmeldeskriptname 112
Anmeldezeitbeschränkung 346
Anmeldezeiten 346
Anschlagverzögerung 178
Anschlüsse 153
Anschlußverwendung 431
Antwortdateien 67
Anwendungen 238
Anwendungsprotokolle 462
Anzeigeoptionen 162
Applikations-Server 244
Arbeitsgruppe 241, 240, 327
Arbeitsspeicher 388
Arbeitsspeicherreservierung 389
ARC-Namen 101
ARP 263
ASCII 473
asymmetrisches Multiprocessing 22

Attrib 379
Attribute 377
Auditing 454
Auflösung 135
Aufrüstung 56, 57
Auslagerungsdatei 16, 174, 218
AUTOCHK.EXE 96
AUTOEXEC.BAT 97, 385
AUTOEXEC.NT 97, 385

B

Backup Domänen-Controller 30
Balkendiagramm 230
Bandlaufwerk 28, 157
Basisverzeichnis 112, 346
BDC 30
Befehlsspeicher 162
Benutzer 82, 336, 340
Benutzer-Manager 107, 336, 343
  für Domänen 336
Benutzerbegrenzung 363
Benutzerkonten 336, 337, 344, 448
  Datenbank 336
Benutzerprofil 106, 178, 345
Benutzerrechte 352, 354
Berechtigungen 80, 360
beschränkte Dateiberechtigungen 368
beschränkte Verzeichnisberechtigungen 366
Besitz übernehmen 377
Besitzer 376, 377
Betriebsmodi 11
Bildschirmadapter 133
Bildschirmfrequenz 134, 135
Bildschirmschoner 156
Bildschirmschriftarten 156
Bildwiederholfrequenz 53
Binärcode 75

Bindungen 50, 168, 329
BIOS-Einstellung 61
BIOS-Hersteller 216
BIOS-Version 216
Blue Screen 467
Boot-Auswahlmenü 94
Boot-Diskette 102
Boot-Menü 99
Boot-Partition 29
BOOT.INI 93, 99, 103, 175
BOOTPRelay 301
BOOTSECT.DOS 93
Bridges 264
Broadcast-Adresse 261
Bussystem 8

C

CACLS.EXE 374
CAPI 146, 437
CAPI-Port-Treiber 438
CAPI-Treiber 147
CD-Kennummer 40, 61
CD-ROM-Laufwerk 9, 32
Channel-Bundling 444
CHAP 427
Client für Microsoft-Netzwerke 331
Client-Lizenz 31
Client-Protokolle 431
Client-Software 318
Client-Stationen 240
Clients 243
CLS 392
Cluster 185
CMD 392
COLOR 392
COMP 392
COMPACT 393
Compact 379
Complete Trust Domain Model 251
Computername 41, 327
CONFIG.NT 97, 385
CONFIG.SYS 97, 385

Control-Objekte 14
CONTROL.EXE 152
CONVERT 393
CONVERT.EXE 57
COPY 393
CPU-Nutzung 236
CRASHDEBUG 101
Cursorblinkgeschwindigkeit 178
Cursorgröße 162

D

Darstellung 156
Datagramm 262
DATE 393
Datei-Manager 369
Dateiattribute 377
Dateisystem 28
Dateiüberwachung 458
Dateizugriffe 457
Datenfernübertragung 138
Datenflußkontrolle 142
Datenkompression 185
Datenkomprimierung 142
Datenpaketlänge 280
Datenquellen 229
Datensicherung 28
Datenträgersatz 188, 200
Datenträgerüberprüfung 60
Datentyp 74
Datenverschlüsselung 436
Datum/Uhrzeit 158
DEBUG 393
Debug-Informationen 464
Debugger 468
DEL 393
Demand-Paging 16
Desktop 156
Dfü-Netzwerk 438, 443
Dfü-Server 440
Dfü-Verbindung 442
DHCP 271, 292
    Relay-Agent 300

DHCP-Adreßbereiche 295
DHCP-Broadcasts 301
DHCP-Manager 293
DHCP-Server 272, 293, 433
Diagnoseinformationen 225
Diagnoseprogramme 26
Dienstattribute 221
Dienste 158, 219
DIR 393
DISKCOMP 393
DISKCOPY 393
DISKPERF 393
Dispatcher-Objekte 14
DMA 125
DMA-Datenleitung 125
DMA-Kanäle 125
DNS 270, 310, 440
DNS-Manager 312
DNS-Server 270, 299, 310
Docking-Station 177
Domain Naming System 270
Domäne 50, 240, 248, 327
Domänen-Admins 341
Domänen-Benutzer 341
Domänen-Controller 30, 42, 245
Domänen-Gäste 342
Domänen-Modell 244
Domänen-Namen 311
Domänenanmeldung 331
Domänenkonzept 42
Domänenverantwortung 30
DOS 318, 319, 421
DOS-Anwendungen 385
DOS-Bootdiskette 29, 92
DOS-Box 382
DOS-Netzwerk-Client 322
DOSKEY 393
DOSNET.INF 59
Dr. Watson 463
Druck-Operatoren 340, 412
Druck-Server 417
Druckaufträge 412
　löschen 420

Druckauftragsprioritäten 416
Drucken 400
Drucker 160
Drucker-Pool 415
Drucker-Pooling 415
Druckerberechtigungen 412
Druckereigenschaften 404
Druckereinrichtung 400
Druckerfreigabe 404
Druckerinstallation 160
Druckerkonfiguration 409
Druckermodell 401
Druckerschnittstelle 400
Druckersymbol 405
Druckertreiber 402
Druckerüberwachung 414, 460
Druckprozessor 412
Druckwarteschlange 417 f.
DRWTSN32.EXE 463
Dual-CAPI-Treiber 146
Dual-Prozessor 24
DUMPCHK.EXE 469
DUMPEXAM.EXE 469
DUMPFLOP.EXE 469
Duplexing 202
DWORD 75
dynamische Namensauflösung 302

E

ECHO 393
Echtheitsbestätigung 435, 445
Echtzeit-Analyse 216
EDIT 393
EDLIN 393
Einfügemodus 162
Eingabehilfen 160
Einwählinformationen 450
Einwählrechte 450
einzelne Domäne 245
Electronic Mail 264
ENDLOCAL 393
ERASE 393

Ereignisanzeige 454, 456
Ereignisse überwachen 84, 356
Ereignisüberwachung 454
Ersteller-Besitzer 342
erweiterte Partition 198
erweiterter Datenträgersatz 201
Erweiterungskarten 126
Escape-Sequenzen 410
ESDI 35
Ethernet 255
EXE2BIN 393
Executive 23
EXIT 393
EXPAND 393
Expanded-Memory 481
Export-Server 115
Extended-Memory 482

F

Farbdarstellung 164
Farbpalette 135
Farbtiefe 53
FAT 28
FAT-Dateisystem 36, 184
FC 393
Fehlertoleranz 203
Fehlerüberprüfung 211
Fenstergröße 162
Fensterposition 162
Fensterpuffergröße 162
Ferndiagnose 226
Festplatte 126
Festplatten-Manager 193, 198
Festplattenduplizierung 202
Festplattenspeicher 27
Festplattenspiegelung 202
File Transfer Protocol 263
File-Server 244
FIND 393
FINDSTR 393
FOR 393
FORCEDOS 393

FORMAT 393
Formatoptionen 195
Freigabeberechtigungen 360, 361
Freigabename 408
FTP 263
   Server 299
FTYPE 393

G

Gast 337, 340
Gastzugänge 338
Gateways 281
   Adresse 286
Gebietsschema 165, 180
Gerätekonflikte 223
Gerätetreiber 161
getrennte Speicherbereiche 383
globale Gruppen 246, 339
GOTO 393
Grafik-BIOS 217
Grafik-Chipsatz 217
Grafikadapter 217
Grafikeinstellung 54
Grafikkarte 52, 134
GRAFTABL 393
GRAPHICS 393
Gruppen 82, 246, 338
   hinzufügen 351
Gruppennamen 351

H

HAL 14, 95, 216
HAL.DLL 103
Hardware Abstraction Layer 14
Hardware Query Tool 465
Hardware-Informationen 71, 466
Hardware-Probleme 26
Hardware-Profile 158, 161, 177, 178
Hardware-Ressourcen 222
Hardwarekompatibilitätsliste 26
Hardwarekonflikte 92
Hardwareplattformen 6

Hardwareüberprüfung 92
Hardwarevoraussetzungen 6, 318
Hauptschlüssel 71
HCL 27
HELP 394
hexadezimale Einträge 76
High-Memory 483
Hintergrundmuster 155
Hinzufügen und Lesen 371
HKEY_USERS 71
HKEY_CLASSES_ROOT 70
HKEY_CURRENT_CONFIG 71
HKEY_CURRENT_USER 71
HKEY_LOCAL_MACHINE 70
Host-Adapter 7, 169
HOST-ID 259
Host-Name 265, 295
HOSTS 266
HPFS 184
   Dateisystem 56

I

I/O-Basis-Adresse 123
I/O-Manager 14
IDE 35
   Controller 169
IF 394
Import-Server 117
Impulswählverfahren 146
INI-Dateien 70
Installation 26
Installationsassistent 40, 47, 401
interaktiv 342
interne Netzwerknummer 254
internet Information Server 47
Internet-Protokoll 258
Interrupt 122
Inventarisierung 227
IP 258
IP-Adresse 258, 271, 276, 332
IP-Adressen-Array 297
IP-Adressen-Zuordnung 272

IP-Forwarding 282
IP-Router 433
IPCONFIG 300
IPX 434
IPX-Adresse 254
IPX-Router 434
IPX-Routing 435
IPX/SPX 253, 440
IPXROUTE 394
ISDN 146, 436
ISDN-Adapter 429
ISDN-Karte 147

J, K

Jeder 342
Kein Zugriff 373
Kennwort 344
Kennwortalter 353
Kennwortbestätigung 344
Kennwortlänge 353
Kennwortlisten 244
Kennwortzyklus 353
Kernel-Debugger 469
Kernel-Modus 11
KEYB 394
Knotenadresse 258
Kommandozeilenbefehle 391
Kommunikation 138
Komponentenauswahl 62
Kompression 201
Konfigurationsdateien 66, 103
Konfigurationsinformationen 27
Konten-Operatoren 341
Kontenrichtlinien 352
Konto 347
konventioneller Speicher 388

L

LABEL 394
Ländereinstellungen 164
Landeskennzahlen 144
Laptops 177

Last Known Good 92
Last Known Good Menu 95
Laufwerke 217
Laufwerkszuordnungen 64
Laufzeitbibliotheken 20
Leases 298
Leerlaufaktivität 390
Leistungsmerkmale 173
Lesen 371, 373
Lizenzierung 31, 41, 165
Lizenzangaben 40
Lizenzierungsmethode 165
Lizenzvertrag 40
LMHOSTS 267
Local Procedure Call Facility 17
logisches Laufwerk 197
Logon Script 110
LOGVIEW 394
lokale Gruppen 246, 338
Lokalinstallation 56
Loopback-Adresse 260, 279
LPC 17

M

MAC-Adresse 258, 298
Macintosh 318
Massenspeichergeräte 60, 169
Master Domain Model 248
Master-Domäne 248
Masterverzeichnisse 117
Maus 166
Mauseinstellungen 166
Mauszeiger 166
MD 394
Mehrfach-Master-Domäne 249
Mehrfachleitungen 444
Mehrfachselektion 349
Mehrfrequenzverfahren 146
MEM 394
Memory-Management-Unit 18, 19
MEMORY.DMP 467
Microkernel 13

Microsoft RAS-Protokoll 428
Mikro-Kernel 23
Mirror Sets 189
MKDIR 394
MMU 18
MODE 394
Modem 138, 166, 430
Modem-Befehle 143
Modemtyp 138
Modulationstyp 143
MORE 394
MOVE 394
Multiboot-System 28
Multicast-Adressen 260
Multilink 436
Multimedia 167
Multiple Master Domain Model 249
Multiprocessing 21
Multitasking 21

N

Namensauflösung 266
Namenskonventionen 218, 343
NDIS 148
NDIS WAN Miniport-Treiber 148
NET 395
NetBEUI 252, 426, 432, 440
NetBEUI-Protokoll 274
NetBIOS 428
NetBIOS-Gateway 428
NetBIOS-Namen 267
NETZ-ID 259
Netzwerk 342
Netzwerk-Client-Manager 318
Netzwerk-Informationen 224
Netzwerk-Modell 30
Netzwerk-Server 64
Netzwerkadresse 286
Netzwerkbindungen 50
Netzwerkdienste 48, 62, 168
Netzwerkdrucker 400, 405
Netzwerkkarte 8, 47, 50, 168, 254

Netzwerkknotennummer 434
Netzwerkkomponenten 328
Netzwerklaufwerk 334
Netzwerknummern 434
Netzwerkperformance 320
Netzwerkprotokolle 48, 252
Netzwerksegment 255
Netzwerkumgebung 331
Netzwerkwarnung 231
NIC 274
Node-Address 258
Node-Adress 434
Notebooks 177
Notfalldiskette 43, 62, 65, 103, 213
Novell NetWare 64
NT 4 Resource Kit 67
NT-Architektur 10
NT-Ausführungsschicht 34
NT-Debugger 463
NT-Diagnose 216
NT-Eingabeaufforderung 162
NTBOOKS 394
NTBOOTDD.SYS 93, 103
NTDETECT 94
NTDETECT.CHK 95
NTDETECT.COM 93, 103
NTFS 28, 184, 360
NTFS-Dateisystem 36
NTFS-Partitionen 29
NTHQ 464
NTLDR 93, 103
NTOSKRNL 95
ntuser.dat 107
ntuser.dat.log 107
ntuser.man 107
NWLink IPX/SPX 253

O

Objekt-Manager 16
Offline-Bearbeitung 86
OLE-Datenbank 70
OpenGL 156

Ortskennzahl 145
OS/2 64, 318
OSLOADER.EXE 103

P

Page-Frames 19
PAGEFILE.SYS 19, 174, 218
PAP 427
Papierformate 417
Parallelports 400
Paritätsinformationen 191
Partitionen 36, 187, 194
PATH 394
PAUSE 394
PCMCIA 168
PDC 29
Peer to Peer-Netzwerk 240
PENTNT 394
PERFMON.EXE 227
PING 278, 310
Ping 267
PING.EXE 333
Plus! 156
POPD 394
Popup-Schnittstelle 322
Port-Adresse 123
PORTUAS 394
POSIX 184
PPP 426, 427
PPTP 426, 428
preemptiv 21
Primärer Domänen-Controller 29, 42
PRINT 394
Profil 345
PROMPT 394
Protected-Mode 11
PROTOKOL.INI 323
Protokollansicht 232
Protokolldatei 233, 454
Protokolle 168, 252
Protokollgröße 357
Protokollierung 233

Proxy-Server 161
Prozeß-Manager 17, 23
Prozesse 17, 237
Prozessor 27
Pull-Partner 305
Push-Partner 305
PUSHD 394

Q, R

QBASIC 394
QuickEdit-Modus 162
Rahmentyp 255
RAID 0 190, 192
RAID 1 192
RAID 2 192
RAID 3 192
RAID 4 192
RAID 5 191, 193
RAID-Level 192
RAS 348, 424
RAS-Anschluß 447
RAS-Client 439
RAS-Client-Software 437
RAS-Dienst 425, 429
RAS-Protokolle 426
RAS-Server 424, 431
RD 394
RDISK 43, 66
RDISK.EXE 198, 213
RECOVER 394
Redirector 321
REG_BINARY 73
REG_DWORD 74
REG_EXPAND_SZ 74
REG_MULTI_SZ 74
REG_SZ 73, 74
REGBACK.EXE 89
REGEDIT.EXE 70
REGEDT32.EXE 70
Regenerationsprozeß 208
Registrierdatenbank
    70, 73, 77, 120, 171

Registriereinträge 57
Registrierschlüssel 85
Registrierungseditor 70
Registrierungsschlüssel 81
Registrierungsschlüsselberechtigungen 81
REGREST.EXE 89
REM 394
Remote Access Services 348
Remote Control 424
Remote-Benutzer 354
Remote-Client 424
Remote-Computer 365
Remote-Verbindung 227
Remote-Zugriffsberechtigungen 449
REN 394
RENAME 394
REPLACE 394
Replikation 117
Replikations-Operator 341
Replikationsbenutzer 117
Replikationseinstellungen 119
Replizierung 245
Reportansicht 234
Resource-Kit 89
Ressourcen 222
Ressourcen-Administration 250
Ressourcen-Verteilung 250
Ressourcenanzeige 229
RESTORE 394
Richtlinien für Konten 353
RIP 288
RIP für NWLink IPX 434
RIP-Routing 256
RIP-Tabelle 435
RMDIR 394
ROUTE 285
Router 264
Routing 256
Routing-Dienst 281
Routing-Tabelle 287
Routing-Tabellen 284
Rückrufoptionen 449
Rufeinstellungen 141

S

SAP-Agent 434
Schlüssel 70
  speichern 86
  suchen 79
  wiederherstellen 88
Schlüsseldatei 88
Schlüsseleintrag 79
Schlüsselnamen 72
Schnittstelle 154
Schriftart 156, 168
Schriftgrad 135
Schriftgröße 162, 388
SCSI 7
SCSI Interrogator 130
SCSI-Adapter 35, 130, 169
SCSI-Hostadapter 127, 128
SCSITool 130
SCSIZIP.EXE 131
Security Access Manager 336
Security Reference Monitor 17
Segmentadresse 257
Segmente 200
Selbsttest 279
Seriennummer 216
Server 29, 170, 240
Server-Lizenz 31
Server-Manager 364
Server-Operatoren 340, 412
Server-Typ 42
Service-Manager 96
SET 394
SETLOCAL 394
Setup-Boot-Diskette 34
Setup-Disketten 31
SHIFT 395
Sicherheit 28, 366
Sicherheits-ID 350
Sicherheitsmerkmale 71
Sicherheitsrichtlinien 352
Sicherheitsüberwachung 461
Sicherungs-Domänen-Controller 42, 245
Sicherungs-Operatoren 341
Single Domain Model 245
Skript 445
SLIP 427
SMP 21
SMSS.EXE 96
SMTP 264
SNMP 264
SNMP-Agent 264
SNMP-Manager 264
Software 171
Software-Komponenten 46
Softwarekomprimierung 440
SORT 395
SOS 102
Soundkarte 167
Spannungsspitzen 182
SPAP 427
Speicherabbilddatei 467
Speicherausbau 27
Speicherausnutzung 218
Speicherbedarf 6
Speichereinheit 29
Speichernutzung 236
Speicherplatzbeschränkung 114
Speicherplatzüberprüfung 59
Speicherreservierung 21
Speicherverwaltung 18
Spiegelpartition 189
Spiegelsatz 204
Spiegelung 202
Spooling 417
SPX 253
Standard-Anmeldename 327
Standard-Berechtigungen 366
Standard-Gateway 277, 290
Standard-IP-Segment 262
Standard-VGA 40
Standardberechtigungen 369
Standarddrucker 407
Standorteinstellungen 144
Stapeldatei 110
START 395

Startart von Diensten 160, 219
Startsoftware 32
Startvarianten 161
statistische Informationen 225
STOP-Code 467
STOP-Fehler 467
Streifensätze 189
Stripe Sets 186, 189, 204
  mit Parität 207
  ohne Parität 205
Struktur entfernen 86
Struktur laden 86
Subnet-Mask 274, 277, 286, 332
Subnetze 281
SUBST 395
Subsysteme 14
Swap-File 19
symmetrisches Multiprocessing 13, 22
Synchronisation 204
SYSEDIT.EXE 99
System 342
SYSTEM.INI 98, 323
Systemdienste 158
Systemereignisse 455, 459
Systemmonitor 227, 232
Systemressourcen 216
Systemstart 175
Systemsteuerung 152, 327
Systemvariable 74, 175

T

TAPI 143
TAPI-Treiber 181
Task-Manager 5, 235
Tastatur 178
Tastaturtyp 180
TCP 262
TCP/IP 257, 274, 432, 440
  unter Windows 3.11 325
  unter Windows 95 332
TCP/IP-Header 280
Teilbaum 70, 79, 86

Telefonbucheintrag 444
Telefoniedienste 181
Telefontreiber 180
TELNET 264
Testbild 135
Textmodus 40
Threads 17
TIME 395
Token-Ring 255
Topologie 318
Transportprotokolle 252
TREE 395
Trennseiten 410
Tunneling 428
TYPE 395

U

Überspannung 182
Übertragungsgeschwindigkeit 140
Überwachungsrichtlinien 356, 457, 461
UDP 262
Uhrzeit 51
Umgebungsvariablen 111
UNC-Schreibweise 33, 108
unterbrechungsfreie Stromversorgung 181
Upgrade 56
User Account 336
User Datagram Protocol 262
User-Modus 11, 12
USV 181

V

VER 395
verbindliche Benutzerprofile 106
Verbindungseinstellungen 140
VERIFY 395
Verschlüsselung 435
Versionserkennung 60
Versionsnummer 60
Verzeichnisanzeige 71
Verzeichnisreplikation 114, 115, 170

Verzeichnisreplikationsdienst 114, 341
Verzeichniszugriffe 457
Verzeichniszugriffsberechtigungen 367
VFAT 28
Video-Darstellung 168
Vines 64
Virtual-Memory 16
Virtual-Memory-Manager 16
virtueller Arbeitsspeicher 174
VOL 395
Vollzugriff 371, 374
Volume Set 188, 200
Volumes 187
vordefinierte Gruppen 339

W

Wahrheitswerte 76
WAN-Umgebung 51
WAN-Verbindung 441
Warnungsansicht 230
Web-Server 299
WELCOME 395
Wertnamen 78
Wiederherstellung 176, 468
Win 16-Anwendungen 382
WIN.INI 98
Win32-Subsystem 96
Windows 3.1 318, 319
Windows 3.x-Anwendungen 382
Windows 95 318, 328
Windows 95-Benutzerprofile 109
Windows für Workgroups 3.11 324

Windows für Workgroups 3.1x 318
Windows NT 4-Komponenten 172
Windows NT-Server 242
Windows-Explorer 333
WINFILE.EXE 369
WINLOGON.EXE 96
WINMSD.EXE 216
WINNT 65
WINNT32 58, 65
WINS 302, 440
WINS-Client 309
WINS-Manager 302
WINS-Server 272, 302
WINS-Unterstützung 308

X

X.25 429, 445
XCOPY 395

Z

Zeichenketten-Editor 76
Zeichenkettentyp 74
Zeitscheiben 21
Zeitzone 51
Zonen-Definition 313
Zonendatei 314
Zugriffsart 82
Zugriffsberechtigungen 360, 365 f., 375
Zugriffsrechte für Drucker 412
Zugriffssteuerungsliste 376
Zuordnungseinheiten 196

Wir suchen heute:
Die Autoren und Programmierer von morgen!

SYBEX ist durch seine qualitativ hochwertigen Computerfachbücher und Softwareprodukte bekannt.

Ein sich ständig erweiternder Stamm von Spezialisten sorgt dafür, daß wir unsere Leser stets mit aktuellem Top-Know-how versorgen können.

Deshalb halten wir kontinuierlich die Augen auf nach qualifizierten Autoren und Programmierern. Sind Sie interessiert? Trauen Sie sich zu, zeit- und zielgruppengerechte Computerfachliteratur zu schreiben, oder möchten Sie für uns Software programmieren? Dann sollten Sie sich bei uns melden. Bitte schicken Sie uns eine aussagekräftige Vorstellung, wir melden uns dann bei Ihnen.

SYBEX-Verlag GmbH,
Abtlg. Marketing,
Erkrather Str. 345-349,
40231 Düsseldorf
Postfach 15 03 61
40080 Düsseldorf

Natürlich können Sie den Erstkontakt auch online knüpfen, und zwar unter **www.sybex.de**

☒ Ihre Meinung zählt!
7257

Wir machen Bücher für SIE – deshalb interessiert es uns brennend, was Sie von unseren Büchern halten. Marktforschungsdaten helfen uns zu wissen, wie Sie sich das ideale Computerfachbuch vorstellen.

*Erfüllt das Buch **inhaltlich** Ihre Erwartungen?*

- ❏ Mehr als ich erwartet habe
- ❏ Genau das, was ich erwartet habe
- ❏ Weniger, als ich erwartet habe

*Sind **Inhaltsverzeichnis** und **Index** ausführlich genug?*

- ❏ Ja, ich konnte die gesuchten Infos schnell finden
- ❏ Nein, ich habe oft vergeblich gesucht

*Gefällt Ihnen das **Layout** des Buches?*

- ❏ Ja, das Layout ist schön übersichtlich
- ❏ Das Layout interessiert mich nicht
- ❏ Nein, das Layout stört den Lesefluß

*Hat Sie das **Cover** des Buches angesprochen?*

- ❏ Ja, es ist auffallend und peppig
- ❏ Ich achte nicht auf die Covergestaltung
- ❏ Nein, das Cover gefällt mir nicht

*Wie beurteilen Sie den **Schreibstil**:*

- ❏ Leicht verständlich
- ❏ Mit etwas Anstrengung verständlich
- ❏ Zu technisch

*Ihr **Gesamturteil**: Ist das Buch sein Geld wert?*

- ❏ Na klar!
- ❏ Gerade noch akzeptabel
- ❏ Nein, es ist zu teuer

Wie sind Sie auf dieses Buch aufmerksam geworden?

- ❏ Es stand im Buchregal
- ❏ Durch eine Anzeige oder den SYBEX-Katalog
- ❏ Es wurde mir empfohlen

*Haben Sie früher schon mal ein **SYBEX-Buch** gekauft?*

- ❏ Ja
- ❏ Weiß ich nicht
- ❏ Nein

Möchten Sie noch eine konkrete Anregung zum Buch loswerden?

Und jetzt noch einige Fragen zu Ihren Bedürfnissen:

Zu welchen Themen wünschen Sie sich Computerfachliteratur?

Wie würden Sie sich selbst bezeichnen:

- ❑ PC-Einsteiger
- ❑ Fortgeschrittener Anwender
- ❑ Experte und Tüftler

Benutzen Sie Ihren PC

- ❑ hauptsächlich privat
- ❑ hauptsächlich beruflich
- ❑ beruflich und privat?

Wie sind Sie hardwaremäßig ausgestattet?

- ❑ 386
- ❑ 486
- ❑ Pentium
- ❑ CD-ROM-Laufwerk
- ❑ Modem
- ❑ ISDN-Karte

Verraten Sie uns Ihr Alter?

Danke fürs Mitmachen. Natürlich behandeln wir Ihre Angaben vertraulich und geben die Daten an keinen Dritten weiter. Bitte senden Sie diese Seiten an:

SYBEX-Verlag GmbH,
Abtlg. Marketing,
Erkrather Str. 345-349,
40231 Düsseldorf
Postfach 15 03 61
40080 Düsseldorf

 Natürlich können Sie auch online Ihre Meinung loswerden, und zwar unter: **www.sybex.de**

Internet-Know-how von A-Z

Das Internet Buch (erweiterte Neuauflage)
Nolden/Franke
Das Internet Buch beschreibt die Aspekte des Internet in ausführlicher und umfassender Form.
1008 Seiten + CD-ROM
ISBN 3-8155-**0238**-1
DM 79,-/ öS 577,-/ sFr 68,-

**Publizieren im Internet
(erweiterte Neuauflage)**
Ebner, Thomas
Dieses Buch richtet sich an alle, die Web-Seiten erstellen wollen.
624 Seiten + CD-ROM
ISBN 3-8155-**7228**-2
DM 69,-/ öS 504,-/ sFr 58,-

SYBEX-Bücher erhalten Sie im Buchhandel, Fachhandel und im Warenhaus.

Bestellen können Sie jetzt auch in T-Online und im Internet!

SYBEX-Verlag GmbH, Erkrather Str. 345-349, 40231 Düsseldorf, Tel.: 02 11 / 97 39-0,
Fax: 02 11 / 97 39-199, T-Online: sybex#, CompuServe: go sybex, Internet: www.sybex.de

Die unentbehrlichen Helfer zu Windows NT

Das Windows NT 4 Workstation Buch
Schieb, Jörg
Dieses Buch ist ein unverzichtbares und praktisches Nachschlagewerk, das Ihnen nicht nur verrät, wie Windows NT 4.0 funktioniert, sondern vor allem auch jede Menge Tips, Tricks und Kniffe präsentiert.
1184 Seiten + CD-ROM, ISBN 3-8155-**0255**-1
DM 79,-/öS 577,-/sFr 68,-

Windows NT 4 Treiber CD
Golla, Andreas F.
Auf dieser CD finden Sie die neusten Treiber für Windows NT 4.
CD-ROM + 8 Seiten
ISBN 3-8155-**9946**-6
DM 29,95/öS 228,-/sFr 25,- (unverbindl. Preisempfehlung)

Bücher und Software vom SYBEX-Verlag erhalten Sie im Buchhandel, Fachhandel und im Warenhaus.
Bestellen können Sie auch in T-Online und im Internet!

SYBEX-Verlag GmbH, Erkrather Str. 345-349, 40231 Düsseldorf, Tel.: 0211/9739-0,
Fax: 0211/9739-199, T-Online: sybex#, Internet: www.sybex.de

SYBEX

Umfassendes Wissen zu Excel und Word

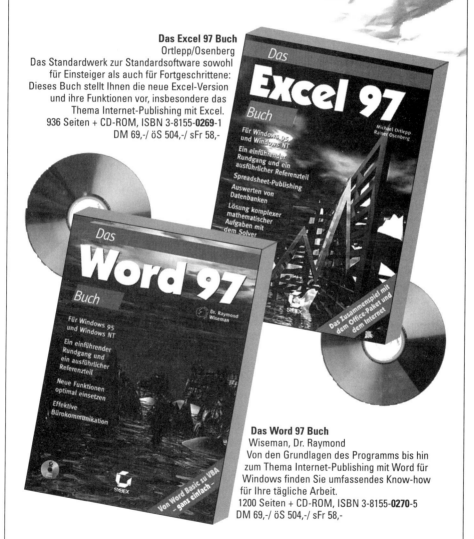

Das Excel 97 Buch
Ortlepp/Osenberg
Das Standardwerk zur Standardsoftware sowohl für Einsteiger als auch für Fortgeschrittene: Dieses Buch stellt Ihnen die neue Excel-Version und ihre Funktionen vor, insbesondere das Thema Internet-Publishing mit Excel.
936 Seiten + CD-ROM, ISBN 3-8155-**0269**-1
DM 69,-/ öS 504,-/ sFr 58,-

Das Word 97 Buch
Wiseman, Dr. Raymond
Von den Grundlagen des Programms bis hin zum Thema Internet-Publishing mit Word für Windows finden Sie umfassendes Know-how für Ihre tägliche Arbeit.
1200 Seiten + CD-ROM, ISBN 3-8155-**0270**-5
DM 69,-/ öS 504,-/ sFr 58,-

**Bücher und Software vom SYBEX-Verlag erhalten Sie im Buchhandel, Fachhandel und im Warenhaus.
Bestellen können Sie auch in T-Online und im Internet!**

SYBEX-Verlag GmbH, Erkrather Str. 345-349, 40231 Düsseldorf, Tel.: 0211/9739-0,
Fax: 0211/9739-199, T-Online: sybex#, Internet: www.sybex.de

Experten-Know-how rund um Windows NT

Network Press: Windows NT Server 4
Minasi/Anderson/Creegan
Das Buch erläutert ausführlich, wie Sie ein Netzwerk mit Windows NT Server 4 von Anfang an aufbauen. Es schildert außerdem, wie Sie NT in ein bestehendes Netzwerk wie NetWare, OS/2 LAN Server, Macintosh- und IBM-Netze integrieren.
984 Seiten + CD-ROM, ISBN 3-8155-**7221**-5
DM 129,-/öS 942,-/sFr 108,-

Network Press:
MS Internet Information Server 2.0
Dyson, Peter
Das Buch gibt Ihnen eine ausführliche Einführung in die Konzeption und Gestaltung eines Web-Servers. Als Basis dient der Internet Information Server, der mit Windows NT 4.0 ausgeliefert wird. Die Themen: Installation, Konfiguration, Datensicherheit, Tips und Tricks etc.
736 Seiten + CD-ROM, ISBN 3-8155-**7235**-5
DM 98,-/öS 715,-/sFr 85,-

**Bücher und Software vom SYBEX-Verlag erhalten Sie im Buchhandel, Fachhandel und im Warenhaus.
Bestellen können Sie auch in T-Online und im Internet!**

SYBEX-Verlag GmbH, Erkrather Str. 345-349, 40231 Düsseldorf, Tel.: 0211/9739-0,
Fax: 0211/9739-199, T-Online: sybex#, Internet: www.sybex.de

SYBEX

Praxislösungen für Internetprogrammierer

internet.profi.praxis: CGI mit Perl
Deep/Holfelder
Dieses Buch ist eine Schritt-für-Schritt-Anleitung, um erstaunliche interaktive CGI-Programme mit Perl zu programmieren. Es zeigt u.a. Tools und Techniken, um dynamische Dokumente, Datenbank-Abfrage-Tools, interaktive Grafiken etc. zu entwickeln.
352 Seiten, ISBN 3-8155-**2017**-7
DM 59,-/öS 431,-/sFr 48,-

internet.profi.praxis: Visual J++
Murray/Pappas
Mit diesem Buch können Sie das Potential von Microsofts Java-Entwicklungsumgebung VisualJ++ gezielt entdecken. Das Buch behandelt das breite Spektrum der Java-Programmierung, dabei liegt der Schwerpunkt auf praxisnahen, sofort einsetzbaren Lösungen.
560 Seiten + CD-ROM, ISBN 3-8155-**2016**-9
DM 59,-/öS 431,-/sFr 48,-

Bücher und Software vom SYBEX-Verlag erhalten Sie im Buchhandel, Fachhandel und im Warenhaus.
Bestellen können Sie auch in T-Online und im Internet!

SYBEX-Verlag GmbH, Erkrather Str. 345-349, 40231 Düsseldorf, Tel.: 0211/9739-0, Fax: 0211/9739-199, T-Online: sybex#, Internet: www.sybex.de

Fordern Sie ein Gesamtverzeichnis unserer Verlagsproduktion an:

SYBEX-Verlag GmbH
Erkrather Str. 345-349
D-40231 Düsseldorf
Tel.: (02 11) 97 39-0
Fax: (02 11) 97 39-1 99

So erreichen Sie uns online:
T-Online / BTX: sybex#
CompuServe: go sybex
Internet: www.sybex.de